토마스 아퀴나스 신학대전 36

지혜와 현명

이 상 섭 옮김

제2부 제2편
제45문 - 제56문

신학대전 36
지혜와 현명

2023년 5월 25일 교회인가(원주교구)
2023년 8월 30일 1판 2쇄 발행

간행위원 | 손희송 주교 정의채 몬시뇰 이재룡 신부(위원장)
　　　　　안소근 수녀 윤주현 신부 이상섭 교수 정현석 교수
　　　　　박승찬 교수 이경상 신부 임경헌 박사 조동원 신부

지은이 | 토마스 아퀴나스
옮긴이 | 이상섭
펴낸이 | 이재룡
펴낸곳 | 한국성토마스연구소

우편주소 | 25244 강원도 횡성군 우천면 경강로산전7길 28-53
전화번호 | 033) 344-1238
전자우편 | stik2019@naver.com
홈페이지 | http://www.stik.or.kr
출판등록 | 제2018-000003호 2018년 6월 19일
인쇄제작 | 오엘북스

ⓒ 한국성토마스연구소

보급 | 한국출판협동조합_가톨릭출판사, 교보문고, 알라딘, 예스24
전화 | 02) 716-5616

값 35,000원

ISBN 979-11-981560-5-1　94160
ISBN 979-11-969208-0-7(세트)　94160

Summa Theologiae, vol.36
by St. Thomas Aquinas
Korean translation copyright ⓒ 2023 by St. Thomas Institute in Korea
All rights reserved
Published by St. Thomas Institute in Korea

　이 책은 저작권법에 따라 보호를 받는 저작물이므로 무단전재와 복제를 금지하며, 이 책의 내용 전부 또는 일부를 이용하려면 반드시 저작권자인 한국성토마스연구소의 서면 동의를 받아야 합니다.

토마스 아퀴나스 신학대전 36

지혜와 현명

S. Thomae Aquinatis
SUMMA THEOLOGIAE

이 상 섭 옮김

제2부 제2편
제45문 - 제56문

한국성토마스연구소

차 례

성 요한 바오로 2세 교황의 격려와 축복의 말씀 / xi
교황 레오 13세의 회칙 발췌문 / xvi
성 요한 바오로 2세 교황의 회칙 발췌문 / xix
『신학대전』 완간을 꿈꾸며 / xxiv
『신학대전』 간행계획 / xxvii
일러두기 / xxix
일반 약어표 / xxxiii
성 토마스 작품 약어표 / xxxv
'지혜와 현명' 입문 / xl

제45문 지혜의 선물에 대하여 / 3
    제1절 지혜를 성령의 선물 가운데 하나로 셈해야 하는가? / 3
    제2절 지혜는 지성을 주체로 삼고 있는가? / 11
    제3절 지혜는 오직 사변적이기만 한가, 아니면 실천적이기도 한가? / 17
    제4절 지혜는 은총 없이, 사죄와 함께 있을 수 있는가? / 23
    제5절 지혜는 은총을 받은 모든 이들 안에 있는가? / 27
    제6절 일곱째 참행복이 지혜의 선물에 대응하는가? / 33

제46문 어리석음에 대하여 / 43
    제1절 어리석음은 지혜와 대립하는가? / 43
    제2절 어리석음은 죄인가? / 51
    제3절 어리석음은 색욕의 자식인가? / 55

제47문 현명 자체에 대하여 / 61
  제1절 현명은 인식 능력 안에 있는가, 아니면 욕구 능력 안에 있는가? / 63
  제2절 현명은 실천이성에만 속하는가, 아니면 사변이성에도 속하는가? / 69
  제3절 현명은 개별 사물을 인식하는가? / 75
  제4절 현명은 덕인가? / 79
  제5절 현명은 특수한 덕인가? / 87
  제6절 현명은 도덕적 덕에 목적을 지정하는가? / 93
  제7절 도덕적 덕에서 중용을 발견하는 것이 현명에 속하는가? / 99
  제8절 명령함은 현명의 주된 행위인가? / 103
  제9절 염려는 현명에 속하는가? / 109
  제10절 현명은 다수의 다스림으로 확장되는가? / 113
  제11절 자기 자신의 선에 관련된 현명은 공동선에 미치는 현명과 종에 있어 동일한가? / 119
  제12절 현명은 신하에게 있는가, 아니면 오직 군주에게만 있는가? / 125
  제13절 현명은 죄인들에게 있는가? / 129
  제14절 현명은 은총을 받은 모든 이에게 있는가? / 135
  제15절 현명은 본성적으로 우리에게 내속하는가? / 141
  제16절 현명은 망각을 통해 상실될 수 있는가? / 147

제48문 현명의 부분들에 대하여 / 153
  단일 절. 현명의 세 부분은 적합하게 배정되는가? / 153

제49문 현명의 통전적 부분들 각각에 대하여 / 165
  제1절 기억은 현명의 부분인가? / 165
  제2절 이해는 현명의 부분인가? / 173
  제3절 습득력은 현명의 한 부분인가? / 179

    제4절 영민은 현명의 부분인가? / 183
    제5절 이성(논변)은 현명의 부분으로 간주되어야 하는가? / 189
    제6절 예견은 현명의 부분으로 간주되어야 하는가? / 193
    제7절 주도면밀은 현명의 부분으로 간주되어야 하는가? / 199
    제8절 신중은 현명의 부분으로 간주되어야 하는가? / 203

제50문 현명의 종속적 부분들에 대하여 / 209
    제1절 통치적 현명을 현명의 종으로 간주해야 하는가? / 209
    제2절 정치적 현명을 현명의 부분으로 주장하는 것은 적합한가? / 215
    제3절 경제적 현명은 현명의 종으로 간주되어야 하는가? / 219
    제4절 군사적 현명은 현명의 종으로 간주되어야 하는가? / 225

제51문 현명의 잠재적 부분들에 대하여 / 229
    제1절 심사숙고는 덕인가? / 229
    제2절 심사숙고는 현명과 구별되는 덕인가? / 235
    제3절 판단력은 덕인가? / 241
    제4절 분별력은 특수한 덕인가? / 247

제52문 숙고의 선물에 대하여 / 253
    제1절 숙고를 성령의 선물 가운데 하나로 간주해야 하는가? / 253
    제2절 숙고의 선물은 현명의 덕에 대응하는가? / 259
    제3절 숙고의 선물은 본향에서도 남아 있는가? / 265
    제4절 자비와 관련된 다섯 번째 참행복은 숙고의 선물에 대응하는가? / 271

제53문 경솔함에 대하여 / 277
    제1절 경솔함은 죄인가? / 279

제2절 경솔함은 특수한 죄인가? / 285

제3절 성급함은 경솔함 아래 포함되는 죄인가? / 293

제4절 무분별은 경솔함에 포함되는 특수한 죄인가? / 297

제5절 강인하지 못함은 경솔함 아래 포함되는 악습인가? / 303

제6절 앞서 말한 악습들은 색욕으로부터 생겨나는가? / 307

제54문 게으름에 대하여 / 313

제1절 게으름은 특수한 죄인가? / 313

제2절 게으름은 현명과 대립하는가? / 319

제3절 게으름은 사죄일 수 있는가? / 323

제55문 현명과 유사성을 갖는, 현명에 대립하는 악습에 대하여 / 331

제1절 육의 현명은 죄인가? / 333

제2절 육의 현명은 사죄인가? / 337

제3절 교활함은 특수한 죄인가? / 343

제4절 속임수는 교활함에 속하는 죄인가? / 349

제5절 사기는 교활함에 속하는가? / 353

제6절 현세적 사물에 대해 염려하는 것은 법에 맞는가? / 357

제7절 사람은 미래에 대해 염려(걱정)해야 하는가? / 363

제8절 그러한 악습들은 인색으로부터 기인하는가? / 369

제56문 현명에 속하는 계명들에 대하여 / 375

제1절 십계명 가운데 현명에 대한 어떤 계명이 주어졌어야 했는가? / 375

제2절 현명에 대립하는 악습들을 금지하는 계명들이 옛 법에 적합하게 제안되었는가? / 381

주제 색인 / 386
인명 색인 / 395
고전작품 색인 / 396
성경 색인 / 398

FROM THE VATICAN

April 26, 1994

Dear Father Tjeng,*

His Holiness Pope John Paul II was indeed pleased to learn that a Korean translation of the *Summa Theologiae* of Saint Thomas of Aquinas is being published. He warmly encourages you and your collaborators in this enterprise, which will lead not only to a better knowledge of the teachings and method of the one whom Pope Leo XIII called "inter Scholasticos Doctores, omnium princeps et magister"(Leo XIII, *Aeterni Patris*, No. 22), but also to a most fruitful encounter between Christian philosophy and theology and the intellectual traditions of Korea.

Only recently, His Holiness referred to the unique place of Saint Thomas in the history of thought by stating that "the philosophical and theological synthesis which he elaborated is a solid, lasting possession for the Church and humanity"(*Great Prayer*, 16 March 1994, No. 6). That synthesis flows from the principle that there is a profound and inescapable harmony between the truths of reason and

---

* The Reverend Paul Tjeng Eui-Chai

성 요한 바오로 2세 교황의 격려와 축복의 말씀

친애하는 정의채 바오로 신부님,

교황 요한 바오로 2세 성하께서는 성 토마스 아퀴나스의 『신학대전』이 한국어로 번역·출판되고 있다는 소식을 들으시고 매우 기뻐하십니다. 이 작업에 참여하는 이들을 따뜻한 마음으로 격려하십니다. 이 작업은 교황 레오 13세 성하께서 "스콜라 학자들의 수장(首長)이며 스승"(레오 13세, 『영원하신 아버지』 22항)이라고 부르신 성 토마스의 가르침과 방법에 대해 보다 깊은 이해를 하게 할 뿐만 아니라 그리스도교의 철학과 신학이 한국의 전통 사상과 만나 매우 풍요로운 결실을 맺게 할 것입니다.

교황 성하께서는 최근에도 "성 토마스가 집대성한 철학적·신학적 종합은 교회와 온 인류의 건실하고 항구한 자산입니다."(『위대한 기도』 1994년 3월 16일, 6항)라고 하시어, 사상사에 있어 성 토마스가 차지하는 독보적인 위치를 확인하셨습니다. 성 토마스가 이룩한 종합은 이성의 진리와 신앙의 진리 사이에는 근본적이고 불가피한 조화가 존재한다는 원리로부터 비롯됩니다.(제8차 국제 토마스 회의에서의 말씀 : 1980년 9월 13일, 2항 참조)

those of faith.(cf. *Address to Eighth International Thomistic Congress* : 13 September 1980, No. 2)

The heart of Saint Thomas'reflection is man's relationship to God, his Creator and Lord. He sees man as proceeding from creative divine wisdom and returning to the Father on the basis of an elevation of the human intellect and will, through the grace of Christ's redemptive love. Indeed, he defines man as "the horizon of creation in which heaven and earth join, like a link between time and eternity, like a synthesis of creation."(Ibid., No. 5)

For Saint Thomas, true philosophy should faithfully mirror the order of things themselves, otherwise it ends by being reduced to an arbitrary subjective opinion. "This realistic and historical method, fundamentally optimistic and open, makes St. Thomas not only the 'Doctor Communis Ecclesiae', as Paul VI calls him in his beautiful Letter *Lumen Ecclesiae*, but the 'Doctor Humanitatis', because he is always ready and disposed to receive the human values of all cultures."(Ibid., No. 4) Is this approach itself not a solid point of contact with the great philosophical systems of the East and a sure promise of a very fruitful dialogue between the intellectual traditions of East and West? Such a dialogue in turn is the obligatory path of the progress of human culture, as well as a requisite for a deeper inculturation of Christianity among the peoples of the vast continent of Asia.

His Holiness values the present translation as an important

성 토마스 사상의 핵심은 인간이 자신의 창조자이며 주님이신 하느님과 맺고 있는 관계입니다. 성 토마스는 인간을 하느님의 창조적 지혜에서 출발하여, 인간 자신의 지성과 의지를 고양(高揚)시키는 그리스도의 구원적 사랑의 은총에 힘입어 아버지께로 다시 돌아가는 존재로 봅니다. 바로 그렇기 때문에 성 토마스는 "인간을 하늘과 땅이 만나는 창조의 지평, 시간과 영원의 연결고리, 또는 창조의 종합"으로 정의합니다.(같은 곳, 5항)

사실 성 토마스가 보기에 참다운 철학이란 실재 자체의 질서를 성실하게 반영하여야 합니다. 만일 그렇지 못하다면 철학이란 한낱 인위적인 주관적 견해로 전락하고 말 것입니다. "근본적으로 낙관적이고 개방적이며, 실재주의적이고 역사적인 이 방법은, 바오로 6세 성하께서 『교회의 빛』이라는 아름다운 서한에서 그를 지칭한 것처럼, 성 토마스를 '교회의 보편적 스승'일 뿐만 아니라 '인류의 스승'이 되게 해 줍니다. 그것은 성 토마스가 언제나 모든 문화 속에 포함되어 있는 인간적 가치들을 받아들일 준비가 되어 있기 때문입니다."(같은 곳, 4항) 이러한 그의 입장이야말로 동양의 위대한 철학 체계들과의 만남을 가능케 하는 건실한 기반이자, 동(東)과 서(西)의 지성적 전통 사이의 창조적 교류를 약속하는 것이 아니고 무엇이겠습니까? 그리고 이와 같은 교류는 인류 문화가 발전해 가야 할 도정(道程)임과 동시에 아시아라는 방대한 대륙에 사는 민족들에게 그리스도교가 더 깊이 토착화되기 위한 필수조건인 것입니다.

교황 성하께서는 현재 진행되고 있는 번역 작업을 그런 숭고한 목적

contribution to these lofty goals. He invokes an abundance of divine blessings upon the authors, publishers and readers of this masterpiece of Christian philosophy and theology.

With good wishes, I am

Sincerely yours in Christ,

Card. Angelo Sodano

Cardinal Angelo Sodano
Secretary of State

을 달성하는 데 기여하는 중요한 작업으로 평가하고 계십니다. 교황 성하께서는 그리스도교 철학과 신학에 관한 이 위대한 걸작을 번역하는 이와 출판하는 이와 읽는 이 모두에게 주님의 풍성한 축복이 내리기를 기도드리십니다.

1994년 4월 26일

그리스도 안에서 만사형통하시기를 빌며,
바티칸국 국무성 장관
추기경 안젤로 소다노

교황 레오 13세의 회칙 발췌문

『영원하신 아버지』(Aeterni Patris, 1879)

[1879년 8월 4일에 반포된 이 회칙의 원제목은 『가톨릭 학교들에서 성 토마스 데 아퀴노의 정신에 따라 교육되어야 하는 그리스도교 철학에 관하여』 (De philosophia christiana ad mentem sancti Thomae Aquinatis Doctoris Angelici in scholis catholicis instauranda)이다.]

30. 그러므로 더할 나위 없이 타당한 이유를 가지고 상당수의 철학자들이 철학을 쇄신하기 위해서는 토마스 데 아퀴노의 놀라운 가르침을 그 순수한 광채 속에서 회복시켜야 한다고 믿고 헌신적으로 투신하였습니다.

그리고 저에게, 이 '천사적 박사'라는 수원(水源)으로부터 영구히 풍부하게 흘러넘치는 가장 순수한 지혜의 강물을 온 세계 젊은이들에게 넉넉하게 마시게 하는 일보다 더 소중하고 바람직한 일은 없다는 점을 모든 이에게 확실하게 일러두는 바입니다.

32. 그리고 신앙에서 멀어져서 가톨릭교회의 가르침을 미워하는 사람들 가운데 상당수는 오직 이성만을 유일한 스승이며 안내자로 삼는다고 선언하고 있습니다. 가톨릭 신앙으로써 그들을 치유하고 은총으로 돌아오게 하려면, 하느님의 초자연적 도우심 다음으로는 교부들과 스콜라 학자들의 건전한 가르침보다 더 적절한 것은 없습니다. 이들은

신앙의 튼튼한 토대, 그 신적인 기원, 그 확실한 진리, 그 증명 논거, 인류에게 가능해진 은혜, 그리고 이성과의 완전한 조화 등을 증명하였고, 또 너무도 명료하고 강력했기 때문에, 주저하는 자들과 허풍떠는 자들까지도 회심시키기에 충분했습니다.

타락한 이론들의 해악 때문에 우리가 모두 목격하고 있듯이 매우 심각한 위험에 노출되어 있는 가정과 시민사회조차도, 만일 대학과 학교들에서 교회의 가르침에 가장 일치되는 건전한 교육이 시행되기만 했더라면 분명 훨씬 더 평온하고 확실한 기반 위에 서 있을 수 있었을 것입니다. 우리는 바로 이런 가장 건전한 가르침을 토마스 데 아퀴노의 작품들 속에서 발견합니다. 왜냐하면 오늘날 방종으로 변형되고 있는 자유의 진정한 본성, 법칙과 그 힘, 자명한 원리들의 영역, 더 높은 권위에 대한 마땅한 복종, 인간 상호간의 사랑 등에 대한 토마스의 가르침들은 사회질서의 평온과 대중의 안녕에 위험하기 짝이 없는 새로운 법의 원리들을 전복시킬 수 있는 대단히 강력하고 꺾일 수 없는 힘을 지니고 있기 때문입니다.

36. 특별히 신중한 분별력을 가지고 그대들[전 세계 주교들]이 뽑은 스승들[신학교와 가톨릭 대학교 교수들]은 자기 제자들의 정신이 성 토마스 데 아퀴노의 가르침으로 관통될 수 있도록 깊은 노력을 기울여야 하며, 그의 가르침이 다른 모든 이론에 견주어 얼마나 튼튼하고 월등한지를 분명히 해야 합니다. 그대들이 설립한 (또는 설립할) 학부들은 그의 가르침을 해설하고 옹호하며 흔한 오류들을 논박하는 데 활용할 수 있어야 합니다.

그리고 그대들은 정통 가르침 대신에 이런저런 허풍떠는 이론들에

말려들거나, 진정한 가르침 대신에 타락한 이론들에 현혹되지 않도록 성 토마스의 지혜가 그 원천으로부터, 또는 적어도 뛰어난 지성들의 확실하고 한결같은 판단에 따르면 그 원천에서 흘러나와 아직도 맑고 투명하게 흐르는 저 강물들로부터 탐구될 수 있도록 조처해야 합니다. 그리고 같은 원천에서 나왔다고들 말하기는 하지만 실제로는 이질적이고 해로운 저 시냇물에서 젊은이들의 정신을 멀리 떼어놓도록 최선의 노력을 기울여야 합니다.

성 요한 바오로 2세 교황의 회칙 발췌문

『신앙과 이성』(Fides et Ratio, 1998)

43. 이 오랜 발전 과정에서 성 토마스 데 아퀴노(St. Thomas de Aquino)는 특별한 자리를 차지하고 있습니다. 그것은 그가 가르친 내용 때문만이 아니라 당대의 아랍 사상과 유다교 사상과 나눈 대화 때문입니다. 그리스도교 사상가들이 고대 철학, 특히 아리스토텔레스의 보화들을 재발견하고 있던 시대에, 성 토마스는 신앙과 이성 사이의 조화에 영예로운 자리를 배정한 위대한 공로를 가지고 있습니다. 이성의 빛과 신앙의 빛은 둘 다 하느님에게서 오는 것이고, 따라서 양자 사이에는 어떠한 모순도 있을 수 없다고 그는 논증하고 있습니다.

더욱 근본적으로, 토마스는 철학의 일차적 관심사인 자연(natura)이 하느님의 계시를 이해하는 데 적극적으로 기여할 수 있다는 것을 인정합니다. 따라서 신앙은 이성을 두려워할 필요가 없고, 오히려 이성을 추구하고 그것에 대해서 신뢰를 가지고 있습니다. 은총이 자연에 의존하고 자연을 완성시키듯이, 신앙은 이성에 의존하고 이성을 완성합니다. 신앙을 통해서 조명받을 때, 이성은 죄의 불복종 때문에 오는 연약성과 한계로부터 해방되어, 삼위일체 하느님에 대한 지식으로 고양되는 데 요구되는 힘을 얻게 됩니다. 비록 신앙의 초자연적인 성격을 강조하기는 했지만, 이 '천사적 박사'(Doctor Angelicus)는 신앙이 지니고 있는 합리적 성격의 중요성을 간과하지 않았습니다. 참으로 그는 이 이해 가능성의 깊이를 천착해 들어가 그 의미를 밝혀낼 수 있었습니다. 신앙은 어떤 의미에서 일종의 '사고 훈련'(exercitium cogitationis)입니다. 그리고 인간 이성은, 어쨌든 자유롭게 심사숙고해서 내리는 선택으로 얻어지는 신앙의 내용들에 동의한다고 해서, 무효화되는 것도 아니고 그 품위가 손상되는 것도 아닙니다.

바로 그렇기 때문에 교회는 한결같이 성 토마스를 사고의 스승이며 올바른 신학자의 전형으로 추천해온 것입니다. 이 점에 관해서 저는 선임자인 하느님의 종 교황 바오로 6세께서 천사적 박사의 서거 700주년[1974년]의 기회에 하신 말씀을 상기하고 싶습니다. "의심할 바 없이, 토마스는 진리에의 용기, 새로운 문제들을 직면할 때의 정신의 자유, 그리고 그리스도교가 세속 철학이나 편견으로 감염되는 것을 허용하지 않는 사람들의 지적 정직성 등을 최고도로 소유하고 있었습니다. 따라서 그는 그리스도교 사상사 속에서 언제나 새로운 철학과 보편적 문화에 이르는 길의 선구자로 남아 있습니다. 그가 찬란한 예언자적 통찰력으로 신앙과 이성 사이의 새로운 만남에서 제시한 요점과 해결의 씨앗은 세계의 세속성(saecularitas)과 복음의 근본성 사이의 화해였고, 따라서 세상과 그 가치들을 부정하려는 자연스럽지 못한 경향을 피하면서도 동시에 초자연적 질서의 숭고하고 준엄한 요구들로써 신앙을 지킬 수 있었습니다."

44. 성 토마스의 또 하나의 위대한 통찰은, 지식이 지혜로 성장해 가게 되는 과정에서 성령의 역할을 깊이 깨닫고 있었다는 사실입니다. 그의 『신학대전』(Summa Theologiae)의 앞머리에서 아퀴나스는, 성령의 선물로서 천상의 것들에 대한 지식으로의 통로를 열어주는 지혜의 우위성을 날카롭게 보여주고 있습니다. 그의 신학은 우리가 신적인 것들

에 대한 신앙과 지식에 밀접하게 연관되어 있는 지혜의 특성을 이해할 수 있게 해줍니다. 이 지혜는 천성적으로(per connaturalitatem) 알려지게 됩니다. 그것은 신앙을 전제로 하고 있고, 결국 신앙 자체의 진리에 입각한 올바른 판단을 형성해 줍니다. "성령의 선물들 가운데 하나인 지혜는 지성적 덕 가운데서 발견되는 지혜와는 구별됩니다. 이 두 번째 지혜는 연구를 통해서 얻어지지만, 첫 번째 지혜는 야고보 사도가 말하고 있는 것처럼 '높은 데서 옵니다.' 이것은 또한 신앙과도 구별되는데, 그것은 신앙이 신적인 진리를 있는 그대로 받아들이기 때문입니다. 그러나 지혜의 선물은 신적인 진리에 따라서 판단할 수 있게 해줍니다."

그렇지만 이 지혜에 어울리는 우위성은 천사적 박사가 철학적 지혜와 신학적 지혜라는 지혜의 다른 두 개의 보충적 형태들이 있다는 것을 간과하게 만들지 않습니다. '철학적 지혜'는 자연적인 제약을 가지고 있는 지성의 실재 탐구 역량에 기초를 두고 있고, 신학적 지혜는 계시에 기초를 두고 신앙의 내용들을 탐구하여 하느님의 신비에 접근해 갑니다.

"진리는 누가 발설하든지 간에 모두 성령으로부터 오는 것"(omne verum a quocumque dicatur a Spiritu Sancto est)임을 깊이 확신하고 있던 성 토마스는 그의 진리 사랑에 공평무사했습니다. 그는 어디에서든지 진리를 추구하였고, 진리의 보편성을 입증하는 데 전력을 다했습니다. 교회의 교도권은 그에게서 진리를 향한 열정을 인정하였습니다. 그리고 정확히 그것이 일관되게 보편적이고 객관적이며 초월적인 진리의 지평 속에 머무르기 때문에, 그의 사상은 '인간 지성이 결코 생각해낼 수 없었을 높은 경지'에 도달했습니다. 그는 정당하게도 '진리의 사도'(apostolus veritatis)라고 불릴 수 있을 것입니다. 확고하게 진리만을 추구하는 토마스의 실재주의(realismus)는 진리의 객관성을 인정하고 '현상'의 철학뿐만 아니라 '존재'의 철학(philosophia essendi)까지도 제시할 수 있습니다.

57. 그러나 교도권은 철학 이론들의 오류들과 일탈들을 지적하기만 하는 것은 아닙니다. 이에 못지않은 관심을 가지고 교회 교도권은 철학적 탐구의 진정한 쇄신의 기본 원리들을 강조하고 특정 방향을 지시하기도 합니다. 이 점에서 교황 레오 13세께서는 회칙 『영원하신 아버지』(Aeterni Patris)에서 교회 생활을 위해 역사적으로 매우 중요한 일보를 내디디셨습니다. 왜냐하면 그 회칙은 오늘날까지도 온전히 철학만을 위해 작성된 유일한 권위 있는 교황 문헌으로 남아 있기 때문입니다. 이 위대한 교황께서는 신앙과 이성 사이의 관계에 관한 제1차 바티칸공의회의 가르침을 발전시키는 가운데, 철학적 사고가 신앙과 신학에 얼마나 깊이 공헌하는지를 보여주셨습니다. 한 세기 이상이 지났지만 그 회칙이 담고 있는 실천적이고 교육적인 통찰들은 그 중요성을 조금도 잃어버리지 않았습니다. 특히 성 토마스의 철학이 지니고 있는 그 어느 것에도 비할 수 없는 가치에 관한 강조는 더욱 그렇습니다. '천사적 박사'의 사상에 대한 쇄신된 강조야말로 교황 레오 13세께는 신앙의 요구들에 부합되는 철학의 활용을 활성화시키는 최선의 길로 비쳐졌습니다. "성 토마스는 이성과 신앙을 날카롭게 구분하였습니다. 그러나 이 양자를 조화시켜 각각 자신의 권리와 품위를 고스란히 간직하게 할 수 있었습니다."

78. 이 성찰들의 빛 속에서, 교도권이 왜 반복적으로 성 토마스 사상의 공로들을 격찬하고 그를 신학 연구의 인도자이며 전형(典型)으로 삼았는지가 명백히 드러납니다. 이것은 순수하게 철학적인 문제들에 대해서 어떤 입장을 취하기 위해서도 아니고, 또 특정 이론들에 대한 호감을 표시하기 위한 것도 아니었습니다. 교도권의 의도는 언제나, 성 토마스가 어떤 의미에서 진리를 추구하는 모든 사람을 위한 진정한 전형인지를 보여주자는 것이었습니다. 실상 그의 성찰 속에서 이성의 요구들과 신앙의 힘이, 일찍이 인간 사고가 이룩한 가장 고상한 종합을 발견합니다. 왜냐하면 그는 이성에게 고유한 모험을 평가 절하함이 없이, 계시를 통해서 도입된 근본적인 새로움을 옹호할 수 있었기 때문입니다.

『신학대전』 완간을 꿈꾸며

그리스도교 2000년 역사에서는 물론 인류 문화사에서도 경이로운 불후의 걸작으로 인정받고 있는 방대한 『신학대전』을 대역판으로 간행하는 이 대사업은 정의채(鄭義采) 몬시뇰의 혜안과 용단에서 비롯되었다. 몬시뇰께서는 그리스도교 전래 200주년(1784-1984년)을 기념한 다음해인 1985년에 첫 권을 발간한 이래 꾸준히, 어려운 여건 가운데서도 고군분투하며 전체 3부 60권(보충부까지 포함하면 72권) 가운데 10권을 직접 번역하였고, 2006년 즈음부터는 소장 학자들에게도 번역 지침을 주어 과제를 분담하고 또 탈고 단계에서는 직접 감수를 통해 지도 편달함으로써 5권을 더 출간하였다. 여기에는 강윤희 신부, 김율 교수, 김정국 신부, 김춘오 신부, 윤종국 신부, 이상섭 교수, 이진남 교수, 채이병 박사 등이 참여했고, 막바지에는 이재룡 신부도 가담했다. 그렇게 해서 제1부를 모두 마치고, 인간의 윤리 문제(제2부 전체)의 궁극 목표인 '행복'에 관해 논하는 첫 다섯 문제(제16권)까지 출간해냈다.

이제까지 도서 출판을 통한 복음 전파를 카리스마로 삼고 있는 '바오로딸수도회'가 어려운 출판 여건 속에서도 큰 희생을 기꺼이 감내하며 몬시뇰의 피땀 어린 노력을 묵묵히 뒷받침해 왔다. 몬시뇰과 수도회에 깊은 존경과 감사의 뜻을 전하고 싶다.

그런 가운데 서울대교구 교구장이신 염수정(廉洙政) 추기경은 2016년 8월, 15년 뒤에 맞게 될 천주교 조선교구 설정 200주년(1831-2031년)까지는 『신학대전』을 완간해야겠다는 큰 계획을 세우고 이미 번역

진에 합류하고 있던 이재룡 신부를 그 전담 책임자로 임명하였다. 계획대로 추진된다면, 그리스도교가 이 땅에 들어온 지 근 반세기 만에 교구가 설정됨으로써 제대로 체제를 갖춘 당당한 지역 교회가 되었듯이, 『신학대전』도 근 반세기 만에 완간될 것이다.

전담 책임을 맡은 이재룡 신부는 우선 '한국성토마스연구소'(St. Thomas Institute in Korea)를 설립하고, 바오로딸출판사와 긴밀히 상의하며 이제까지 몬시뇰께서 추진해온 출간사업을 계승하여, 완간된 부분과 진행 중인 작업들을 총점검하고 향후 사업 일정을 확정하여 2017년 12월 천주교조선교구설정 200주년기념 신학대전간행사업(2019-2031년)이라는 제목으로 교구장님께 보고드렸다. 간행위원단 구성은 손희송 주교, 정의채 몬시뇰, 이재룡 신부(위원장), 안소근 수녀, 윤주현 신부, 이상섭 교수, 정현석 박사로 단순화하였다. 2019년부터 13년간 매년 분책 4-5권씩을 번역해낸다는, 다소 무리한 계획이었지만, 최근 완간된 일어 역본(2007년)과 대만에서 발간된 한역본(2009년)도 자극제가 되어 200주년을 넘지 않도록 서두르기로 하였다.

2019년 말, 감사하게도 총 12개년(2020-2031년)에 걸친 천주교조선교구설정 200주년기념 신학대전간행사업이 문화체육관광부의 '국고지원사업'으로 선정되었다. 사업의 중심 내용은 당연히 『신학대전』의 나머지 부분인 분책 50권('보충부' 포함)의 간행이지만, 여기에 보조장치 3권(『입문』, 『총색인』, 『요약』)과 선결 필수 사업으로 판단되는 3권의 사전(『성 토마스 개념사전』, 『교부학사전』, 『라틴어사전』) 간행을 추가하였다.

이제부터 시작이지만, 여기까지 오는 데에도 우여곡절을 거쳐야 했는데, 매일 묵주기도 5단을 바치며 성모님과 토마스 아퀴나스 성인님께 도움을 청했고, 고비 때마다 기묘한 방식으로 도와주시는 주님 섭리의 손길을 느꼈다. 그리고 많은 분들의 도움을 받았다. 존경하는 교구장님과 정진석(鄭鎭奭) 추기경님을 비롯한 교구 주교님들과 다른 주교님들, 동창 신부님들과 선후배 신부님들, 그리고 사업을 하시는 몇몇 지인들의 적극적인 격려와 지원 외에도, 일선 사목 현장에서 동고동락했던 잠실, 오류동, 혜화동 성당의 교우들과 교리신학원 제자들도 꾸준히 정기적으로 도움을 주고 있다. 그리고 세 차례에 걸친 국고지원 신청 과정에서 적극적인 행정적 지도와 격려를 아끼지 않은 문화체육관광부의 장우일 종무관과 실무진, 만만찮은 대응자금 문제 때문에 어려움을 겪고 있을 때 길을 열어주고 적극적인 지지를 보내 준 김영국 신부님과 이경상 신부님을 비롯한 학교법인 가톨릭학원 신부님들의 도움이 컸다. 마지막으로, 지난해에 무리한 계획과 국고 지원 신청 과정 때문에 출판 일정이 겹치고 뒤엉겨 절망적인 국면에 처했을 때 흔쾌히 도움의 손길을 내밀고 끝까지 동행하기로 한 '기쁜소식'의 전갑수 사장님께 감사의 뜻을 전하고 싶다.

이렇게 많은 분들의 기대와 성원을 받으며 전능하신 하느님의 보호와 우리나라의 주보(主保)이신 성모 마리아의 도우심과 '인류의 스승'(Doctor Humanitatis)인 토마스 성인의 전구에 힘입어 벅찬 희망을 안고 대여정의 첫걸음을 내딛는다.

2020년 성모성월에
한국성토마스연구소에서
간행위원장 이재룡 신부

『신학대전』 간행계획
(2031년 완간)

[제1부]
01 (ST I, 1-12) 하느님의 존재, 정의채 옮김, 1985. 3판 2014.
02 (ST I, 13-19) 하느님의 생명, 정의채 옮김, 1993. 2판 2014.
03 (ST I, 20-30) 하느님의 작용과 위격, 정의채 옮김, 1994. 2판 2000.
04 (ST I, 31-38) 위격들의 구별, 정의채 옮김, 1997.
05 (ST I, 39-43) 위격들의 관계, 정의채 옮김, 1998.
06 (ST I, 44-49) 창조, 정의채 옮김, 1999.
07 (ST I, 50-57) 천사, 윤종국 옮김, 2010.
08 (ST I, 58-64) 천사의 활동, 강윤희 옮김, 2020.
09 (ST I, 65-74) 우주 창조, 김춘오 옮김, 2010.
10 (ST I, 75-78) 인간, 정의채 옮김, 2003.
11 (ST I, 79-83) 인간 영혼의 능력, 정의채 옮김, 2003.
12 (ST I, 84-89) 인간의 지성, 정의채 옮김, 2013.
13 (ST I, 90-102) 하느님의 모상으로 창조된 인간, 김율 옮김, 2008.
14 (ST I, 103-114) 하느님의 통치, 이상섭 옮김, 2009.
15 (ST I, 115-119) 우주의 질서, 김정국 옮김, 2010.

[제2부 제1편]
16 (ST I-II, 1-5) 행복, 정의채 옮김, 2000.
17 (ST I-II, 6-17) 인간적 행위, 이상섭 옮김, 2019.
18 (ST I-II, 18-21) 도덕성의 원리, 이재룡 옮김, 2019.
19 (ST I-II, 22-30) 정념, 김정국 옮김, 2020.
20 (ST I-II, 31-39) 쾌락, 이재룡 옮김, 2020.
21 (ST I-II, 40-48) 두려움과 분노, 채이병 옮김, 2020.
22 (ST I-II, 49-54) 습성, 이재룡 옮김, 2020.
23 (ST I-II, 55-67) 덕, 이재룡 옮김, 2020.
24 (ST I-II, 68-70) 성령의 선물, 채이병 옮김, 2020.
25 (ST I-II, 71-80) 죄, 안소근 옮김, 2020.
26 (ST I-II, 81-85) 원죄, 정현석 옮김, 2021.
27 (ST I-II, 86-89) 죄의 결과, 윤주현 옮김, 2021.
28 (ST I-II, 90-97) 법, 이진남 옮김, 2020.
29 (ST I-II, 98-105) 옛 법, 이경상 옮김, 2021.
30 (ST I-II, 106-114) 새 법과 은총, 이재룡 옮김, 2021.

[제2부 제2편]
31 (ST II-II, 1-7) 신앙, 박승찬 옮김, 2022.
32 (ST II-II, 8-16) 신앙(II), 박승찬 옮김, 2022.
33 (ST II-II, 17-22) 희망, 이재룡 옮김, 2022.
34 (ST II-II, 23-33) 참사랑, 안소근 옮김, 2022.
35 (ST II-II, 34-44) 참사랑(II), 안소근 옮김, 2022.
36 (ST II-II, 45-56) 지혜와 현명, 이상섭 옮김, 2023.
37 (ST II-II, 57-62) 정의
38 (ST II-II, 63-79) 불의

39 (ST II-II, 80-91) 종교와 경신
40 (ST II-II, 92-100) 종교와 경신(II)
41 (ST II-II, 101-122) 사회적 덕
42 (ST II-II, 123-140) 용기
43 (ST II-II, 141-154) 절제
44 (ST II-II, 155-170) 절제(II)
45 (ST II-II, 171-178) 예언과 은사
46 (ST II-II, 179-182) 활동과 관상
47 (ST II-II, 183-189) 사목과 수도생활

[제3부]
48 (ST III, 1-6) 육화하신 말씀
49 (ST III, 7-15) 그리스도의 은총
50 (ST III, 16-26) 하느님과 인간 사이의 중재자
51 (ST III, 27-30) 동정녀 마리아
52 (ST III, 31-37) 그리스도의 유년기
53 (ST III, 38-45) 그리스도의 생활
54 (ST III, 46-52) 그리스도의 수난
55 (ST III, 53-59) 예수 부활
56 (ST III, 60-65) 성사
57 (ST III, 66-72) 세례와 견진

58 (ST III, 73-78) 성체성사
59 (ST III, 79-83) 영성체
60 (ST III, 84-90) 고해성사(*절필)

[보충부]
61 (ST Sup, 1-11) 통회
62 (ST Sup, 12-20) 보속과 열쇠
63 (ST Sup, 21-28) 냉담과 대사
64 (ST Sup, 29-33) 병자성사
65 (ST Sup, 34-40) 성품성사
66 (ST Sup, 41-49) 혼인성사
67 (ST Sup, 50-62) 혼인장애
68 (ST Sup, 63-68) 재혼
69 (ST Sup, 69-74) 죽음과 심판
70 (ST Sup, 75-86) 육신의 부활
71 (ST Sup, 87-96) 최후심판과 성인들
72 (ST Sup, 97-99) 단죄받은 자들
73 (***)   [신학대전 요약]
74 (***)   [신학대전 입문]
75 (***)   [총색인]

일러두기

1. 『신학대전』의 대구조(macro-structura)

1.1. 성 토마스는 불후의 걸작인 이 방대한 작품을 신플라톤주의의 '발원-귀환'이라는 웅장한 구도를 활용하여 구성하고 있다. 그래서 제1부는 만물이 하느님으로부터 나오는 발원(發源, exitus) 과정이고, 제2부는 만물이 하느님께로 되돌아가는 귀환(歸還, reditus) 여정이며, 제3부는 그 귀환의 길 또는 수단이 되어주신 구세주의 위업(偉業)을 다루고 있다. 보충부는 일찍 찾아온 그의 죽음 때문에 미완으로 남게 된 (제3부의) 공백을 그의 제자, 혹은 제자 그룹이 그의 초창기 작품으로부터 관련 내용을 정리하여 옮겨다 채워 넣은 보완 부분이다.

1.2. 'I'(Prima Pars)은 제1부, 'I-II'(Prima Pars Secundae Partis)는 제2부 제1편, 'II-II'(Secunda Pars Secundae Partis)는 제2부 제2편, 'III'(Tertia Pars)은 제3부, 그리고 'Sup.'(Supplementum)은 보충부의 약식 기호들이다.

1.3. 지금 우리의 기획처럼, 방대한 『신학대전』의 내용을 나누어 출간하는 경우에, 분책(分冊)의 기초가 되는 단위로, 여러 개의 문(quaestio)들이 한데 모여 이루는 공동의 주제인 'tract.'(tractatus)를 '논고'(論考)라고 부른다.

1.4. 'q.'(quaestio)라고 표기되는 단위를 '문'(問)이라고 부른다.

1.5. '문'에서 제기된 문제를 해결하기 위해서는 필요한 만큼의 분절

작업(articulatio)이 요구되는데, 이렇게 세분된, 실질적인 논의의 기본 단위를 이루는 'a.'(articulus)를 '절'(節)이라고 부른다.

2. 절의 세부 구조(micro-structura)

각각의 절에서 본격적으로 논의되는 세부 내용은 규칙적인 형식으로 구성되어 있고, 크게 두 부분으로 대별된다. 먼저 권위 있는 가르침들이 찬-반(贊反)으로 제시되고, 다음에 저자 자신의 해결책이 제시된다.

2.1. 첫 번째 부분에서는 먼저, 중세 스콜라 학자들의 기본적인 학문 방법인 '권위'(auctoritas), 곧 성경과 교부들, 그리고 때로는 고대 철학자들을 비롯한 사상가들로부터 해당 주제에 대한 가르침들 가운데 (곧 제시될 필자의 입장에 반대되는) '부정적인' 가르침들이 엄선하여 제시된다. 곧 '반론들'(objectiones)로서, 보통 세 개 정도가 제시되는데, '반론 1'(obj.1), '반론 2'(obj.2)라 부른다.

2.2. 다음으로는 (역시 권위들 가운데에서) 그에 대해 반대되는, 곧 저자의 입장을 지지하는 긍정적인 가르침이 (보통은 하나) 제시된다. 곧 '재반론'(sed contra)이다.

2.3. 저자 자신의 독창적 해결책이 제시되는 두 번째 부분도 또다시 두 부분으로 구별되는데, 먼저 '답변'(Respondeo) 부분에서는 그 주제에 대한 저자 자신의 해결책이 제시되며, 가끔은 '본론'(corpus)이라고 불리기도 한다.

2.4. 그런 다음에 '해답'(solutio) 부분에서는 '답변'에서 확인한 결론들을, 앞머리에 제시되었던 반론들 하나하나에 대해 적용한다. 원문

에서 라틴어로 'ad1', 'ad2' 등으로 표시되는 것을 우리는 '제1답', '제2답' 등으로 부른다.

3. 본문과 각주에서의 유의 사항

3.1. 번역 대본은 비판본인 레오판(ed. Leonina)을 주로 따르고 있는 마리에티판이다: S. Thomas Aquinatis, *Summa Theologiae*, cum textu ex recensione Leonina, Taurini-Romae, Marietti, 1952.

3.2. (괄호) 속의 내용은 라틴 원문에 있지만, 길고 복잡한 문장 구조가 조금이나마 시각적으로 간명해지도록 역자가 임의로 괄호로 묶은 것이다.

3.3. [꺾쇠괄호] 안의 단어나 구절은 해당 라틴어 원문에는 없으나, 문맥상 요구된다고 판단되는 내용을 삽입한 것이다.

3.4. 성경은 기본적으로 한국천주교주교회의에서 발행한 『성경』을 따르지만, 내용에서 차이가 있는 경우에는 역자가 라틴 원문에 충실하게 번역하고, 각주에 『성경』 구절을 제시하였다.

3.5. 다양한 종류의 각주에 대해 아라비아 숫자로 일련번호를 매겼다. 단, 마리에티판의 권말에 추가주(adnotationes)로 실려 있는 내용을 번역한 경우에는 일련번호에 이어 '(*추가주)'라는 별도의 표시를 했다.

4. 약어표에 관하여

4.1. 일반적인 약어들을 '일반 약어표'로 제시하였다.

4.2. 성 토마스의 작품들에 대해서는 약어표를 따로 제시하였다.

4.3. 성경 약어에 대해서는 가톨릭교회에서 통용되는 일반 관례를 따른다.

4.4. 성 아우구스티누스를 비롯한 교부들의 작품들에 대해서는 한국교부학연구회가 펴낸 『교부 문헌 용례집』(수원가톨릭대학교출판부, 2014)을 따른다.

4.5. 아리스토텔레스를 비롯한 고대 사상가들의 작품들에 대한 약어는 한국서양고전철학회 등에서의 일반적인 관례를 준용한다.

일반 약어표

a.	절(articulus). 예) '제1절', '제7절' 등.
aa	여러 절들(articuli). 예) aa.1-3은 '제1절에서 제3절까지'를 가리킴.
ad1, ad3	제1답, 제3답: 절(articulus)을 시작하면서 제기되었던 반론들(objectiones)에 대해, 일일이 '해답'(solutio) 부분에서 해결책으로 제시하는 답변들.
c.	장(capitulum).
c.	본론(corpus) 곧 '답변'(Respondeo)을 가리킴.
Can.	카논(Canon: 공의회의 장엄 결정문).
Cf.	참조(conferire).
d.	구분(divisio). 특히 『명제집』과 『명제집 주해』에서 기본 틀로 제시될 때, '제1구분', '제2구분'으로 표기. 예) 『명제집 주해』 제1권 제2구분 제1문 제3절. (많이들 'divisio'와 혼용하고 있는 'distinctio'는 '구별'.)
DH	『덴칭거-휘너만』 혹은 『규정-선언 편람』(Denzinger-Hunermann이 1991년부터 편찬).
DS	『덴칭거-쇤메처』 혹은 『규정-선언 편람』(Denzinger-Schoenmetzer가 1963년부터 편찬).
Ibid.	같은 작품 또는 같은 곳(Ibidem).
ID.	같은 저자(Idem).
lect.	강(lectio). 예) '제1강', '제2강' 등(단, 서술문에서 지칭 시에는 '강독'.)
lib.	권(liber). 예) '제1권', '제2권' 등.
ll.	행(行, lineae).
loc. cit.	인용된 곳(loco citato).
n.	번(numerum) 또는 그대로 'n'. 예) '2번' 또는 'n.2'.
obj.	반론(objectio). 예) '반론1', '반론2' 등.

op. cit.	이미 인용된 작품(opere citato).
parall.	병행 문헌(paralleli).
PG	미뉴, 『그리스 교부 전집』(Migne, Patrologia Graeca).
PL	미뉴, 『라틴 교부 전집』(Migne, Patrologia Latina).
Proem.	머리말(Proemium).
Prol.	머리글(Prologus).
q.	문(quaestio). 예) '제1문', '제89문' 등(단, 간혹 서술 문장 중 특정 '문'을 가리킬 때에는 '문제'라고 지칭할 수도 있다.) 예문) "창조에 관해 논하는 이 '문제'는…."
qc.	소문제(quaestiuncula) (주로『명제집 주해』에 나타남.)
qq.	여러 문들(quaestiones) 예) qq.57-59는 '제57문에서 제59문까지'를 가리킴.
Resp.	답변(Respondeo)[=본론].
s.c./sc	재반론(Sed contra) 또는 '그러나 반대로'. (보통은 재반론이 하나이지만, 드물게 번호와 함께 두세 개가 제시되기도 한다. 이때에는 '재반론 1', '재반론3' 등으로 표기한다.)
sol.	해답(solutio)(단, 기본 틀 가운데에서 반론1에 대한 해답[ad1], 반론2에 대한 해답[ad2] 등은 '제1답', '제2답' 등이라고 지칭.)
tract.	논고(tractatus: 여러 문들이 함께 모여 이루는 논의 주제).

성 토마스 작품 약어표

In Sent., I, d.3, q.1, a.3, qc.1, ad1	『명제집 주해』 제1권 제3구분 제1문 제3절 제1소문제 제1답
ScG, I, II	『대이교도대전』 제1권, 제2권
ST(* 생략)	『신학대전』
I, q.1, a.1, ad2	『신학대전』 제1부 제1문 제1절 제2답
I-II	『신학대전』 제2부 제1편
II-II	『신학대전』 제2부 제2편
III	『신학대전』 제3부
Sup.	『신학대전』 보충부
Catena Aurea	『황금 사슬』 또는 『4복음서 연속주해』
Compendium Theol.	『신학 요강』
Contra doct. retrah.	『소년의 수도회 입회를 비난하는 전염병과도 같은 가르침 논박』
Contra err. Graec.	『그리스인들의 오류 논박』
Contra impugn.	『전례와 수도회를 거스르는 자들 논박』
De aetern. mundi	『세상 영원성』
De anima	『영혼에 관한 토론문제』 또는 『영혼론』
De articulis fidei	『신앙 요목』
De beatitudine	『참행복』 또는 『진복』
De caritate	『참사랑』 또는 『참사랑에 관한 토론문제』
De correct. Frat.	『형제적 충언』 또는 『형제적 충언에 관한 토론문제』
De demonstratione	『증명론』
De diff. verbi Domini	『하느님의 말씀과 인간의 말의 차이』
De dilex. Dei et prox.	『하느님 사랑과 이웃 사랑』

De dimens. indeterm.	『무한의 크기』
De divinis moribu	『하느님의 습성』
De duo. praecep. char.	『사랑의 이중계명』
De empt. et vend.	『신용거래』 또는 『매매론』
De ente et ess	『존재자와 본질』 또는 『유(有)와 본질(本質)에 대하여』
De eruditione principis	『군주 교육』
De expos. missae	『미사 해설』
De fallaciis	『오류론』
De fato	『운명론』
De forma absol.	『사죄경 형식』
De humanitate Christi	『그리스도의 인성』
De instantibus	『순간론』
De intellectu et intell.	『지성과 가지상』
De inventione medii	『수단의 발명』
De iudiciis astr.	『점술가의 판단』
De magistro	『교사론』 또는 『교사에 관한 토론문제』
De malo	『악론』 또는 『악에 관한 토론문제』
De mixtione element.	『요소들의 혼합』
De motu cordis	『심장 운동』
De natura accidentis	『우유의 본성』
De natura generis	『유(類)의 본성』
De natura loci	『장소의 본성』
De natura luminis	『빛의 본성』
De natura materiae	『질료의 본성』
De natura syllog.	『삼단논법의 본성』
De natura verbi intell.	『지성의 말의 본성』
De occult. oper. naturae	『자연의 신비로운 작용』
De officio sacerdotis	『사제의 직무』

De perf. vitae spir.	『영성생활의 완성』
De potentia	『권능론』 또는 『권능에 관한 토론문제』
De potentiis animae	『영혼의 능력들』
De principiis naturae	『자연의 원리들』
De principio individ.	『개체화의 원리』
De propos. mod.	『양태명제론』
De purit. consc. et modo conf.	『양심의 순수함과 고백 양식』
De quat. oppositis	『네 대당(對當)』
De quo est et quod est	『그것에 의해 '있는 것(존재)'과 '있는 것(본질)'』
De rationibus fidei	『신앙의 근거들』
De regimine Iudae.	『유다인 통치』
De regimine princ.	『군주통치론』
De secreto	『비밀』
De sensu resp. singul. et intellectu resp. univ.	『감각과 개체, 지성과 보편자』
De sensu respectu singul.	『개별자 감각』
De sortibus	『제비뽑기』
De spe	『희망론』 또는 『희망에 관한 토론문제』
De spir. creat.	『영적 피조물』 또는 『영적 피조물에 관한 토론문제』
De sub. sep.	『분리된 실체』
De tempore	『시간론』
De unione Verbi Incarn.	『육화하신 말씀의 결합』 또는 『육화하신 말씀의 결합에 관한 토론문제』
De unit. vel plurit. formarum	『형상의 단일성 여부』
De unitate Intell.	『지성단일성』
De usuris in communi	『고리대금』
De veritate	『진리론』 또는 『진리에 관한 토론문제』
De virt. card.	『사추덕』 또는 『사추덕에 관한 토론문제』
De virtutibus	『덕론』 또는 『덕에 관한 토론문제』
Ep. ad comitissam	『플랑드르 백작부인 회신』

Ep. ad duciss. Brabant.	『브라방의 백작부인 서신』
Ep. exhort. de modo stud.	『학업 방식에 관한 권고 서한』
Hymn.: Adoro Te	『찬미가: 엎드려 흠숭하나이다』
In Anal. post., I, II	『분석론 후서 주해』 제1권, 제2권
In Cant. Canticor.	『아가 주해』
In De anima, I, II	『영혼론 주해』 제1권, 제2권
In De cael., I, II	『천지론 주해』 제1권, 제2권
In De causis	『원인론 주해』
In De div. nom.	『신명론 주해』
In De gen. et corrupt.	『생성소멸론 주해』
In De hebd.	『주간론 주해』
In De mem. et remin.	『기억과 회상 주해』
In De meteora	『기상학 주해』
In De sensu et sensato	『감각과 감각대상 주해』
In De Trin.	『삼위일체론 주해』
In decem praecept.	『십계명 해설』
In Decretal.	『교령 해설』
In Ep. ad Col.	『콜로새서 주해』
In Ep. ad Ephes.	『에페소서 주해』
In Ep. ad Hebr.	『히브리서 주해』
In Ep. ad Philem.	『필레몬서 주해』
In Ep. ad Philipp.	『필리피서 주해』
In Ep. ad Rom.	『로마서 주해』
In Ep. I ad Cor.	『코린토 1서 주해』
In Ep. II ad Cor.	『코린토 2서 주해』
In Ep. I ad Thess.	『테살로니카 1서 주해』
In Ep. Pauli	『바오로 서간 주해』
In Ethic., I, II	『니코마코스 윤리학 주해』 제1권, 제2권
In Hieremiam	『예레미야서 주해』

In Ioan.	『요한복음서 주해』
In Iob	『욥기 주해』
In Isaiam	『이사야서 주해』
In Matth.	『마태오복음서 주해』
In Metaph., I, II	『형이상학 주해』 제1권, 제2권
In orat. dominicam	『주님의 기도 해설』
In Periherm., I, II	『명제론 주해』 제1권, 제2권
In Phys., I, II	『자연학 주해』 제1권, 제2권
In Pol., I, II	『정치학 주해』 제1권, 제2권
In Psalm.	『시편 주해』
In salut. angelicam	『성모송 해설』
In Symbolorum	『사도신경 해설』
In Threnos	『애가 주해』
Officium de fest. Corp. Dom.	『성체축일 성무일도』
Orationes	『기도문』
Primus tract. de univers.	『보편자 제1론』
Principium	『취임 강연』
Quaestiones Disp.	『토론문제집』
Quodlibet., I, II	『자유토론문제집』 제1 자유토론, 제2 자유토론
Resp. ad 108	『108문항 회신』
Resp. ad 30	『30문항 회신』
Resp. ad 36	『36문항 회신』
Resp. ad 42(43)	『42(43)문항 회신』
Resp. ad 6	『6문항 회신』
Resp. ad Abba. Casin.	『몬테카시노 아빠스 회신』
Secundus tract. de univers.	『보편자 제2론』
Sermones	『설교집』
Summa totius logicae	『총논리학 대전』
Tabula Ethicorum	『윤리학 도표』

'지혜와 현명' 입문

『신학대전 제36권』은 제2부 제2편 제45문에서 제56문까지의 번역이다. 여기에는 '참사랑(caritas)'에 대한 논고 전체(제23문~제46문)의 마지막 부분인 '지혜(sapientia)'와 그 악습을 다루는 제45문과 제46문의 번역과, 제47문에서 제56문에 걸쳐 있는 '현명(prudentia)'에 대한 논고의 번역이 포함되어 있다.

참사랑에 대응하는 성령의 선물로서 지혜와 도덕적 덕으로서 현명은 모두 어느 정도 '인식' 또는 지식과 관련이 있다는 점에서 공통점이 없지는 않지만, 참사랑과 현명이 서로 구별되는 덕(virtus)인 만큼 입문도 두 부분으로 나누어 논의하는 것이 이해에 도움이 될 것으로 보인다.

A. '지혜' 입문

I. '지혜' 논고의 자리매김

위에서 언급했듯이 제45문과 제46문은 참사랑에 대한 긴 논의의 한 부분을 차지하기 때문에 이에 대한 이해를 위해 참사랑에 대한 고찰 안에서 이 문제들의 위치를 간략하게 살펴보는 것이 도움이 될 것이다. 그리고 다시 이를 이해하기 위해서는 '참사랑'에 대한 고찰이 『신학대전』 내에서 차지하는 위치에 대한 고찰이 도움이 될 터인데, 이에 대해서는 곧 살펴볼 '현명에 대한 입문'에서 간략하게 언급될 것이다.

토마스의 참사랑에 대한 고찰은 참사랑 자체, 참사랑의 행위, 참사랑에 대립하는 악습, 참사랑의 계명 및 참사랑에 대응하는 성령의 선물 및 그것에 대립하는 악습의 순서로 진행된다. 조금 더 세부적으로 보면 먼저 참사랑 자체의 고찰과 관련해서 참사랑 그 자체(제23문), 참사랑의 주체(제24문), 참사랑의 대상(제25문) 그리고 질서(제26문)가 고찰되고, 참사랑의 행위와 관련해서는 그것의 주요 행위인 사랑(dilectio, 제27문), 참사랑의 주요 행위로부터 생겨나는 내적 효과로서 즐거움(제28문), 평화(제29문), 자비(제30문)가, 그리고 참사랑의 외적 효과로서 선행(제31문), 자선(제32문), 형제적 교정(제33문)이 순서대로 고찰된다.[1]

이어서 참사랑에 대립하는 것들 가운데 참사랑의 주요 행위에 대립하는 것인 미움(제34문)을 먼저 다루고, 참사랑의 내적 효과에 반대되는 것들을 다룬다. 이와 관련해서 내적 효과인 즐거움에 반대되는 나태(제35문)와 질투(제36문), 또 다른 내적 효과인 평화와 대립하는 불화(제37문), 논쟁(제38문), 이교(제39문), 전쟁(제40문), 싸움(제41문) 및 반란(제42문)을 다루며, 참사랑의 외적 효과인 선행과 형제적 교정에 반대되는 걸림돌(제43문)을 다룬다. 이어서 참사랑의 계명인 하느님 사랑과 이웃사랑의 계명(제44문)을 고찰한다.[2] 이상의 내용을 『신학대전 제34권』과 『신학대전 제35권』이 담고 있다. 이러한 순서로 진행해온 참

---

[1] 토마스 아퀴나스, 『신학대전34: 참사랑』, 안소근 옮김, 한국성토마스연구소, 2022, xl쪽 참조.
[2] 토마스 아퀴나스, 『신학대전35: 참사랑(II)』, 안소근 옮김, 한국성토마스연구소, 2022, xxxviii쪽 참조.

사랑에 대한 논의는 이제 참사랑에 속하는 성령의 선물인 지혜에 대한 논의(제45문) 및 이에 대립하는 악습인 어리석음에 대한 논의(제46문)로 마무리된다.

먼저 성령의 선물로서 지혜에 대해서 고찰된다. 간략하게 말하자면 성령의 선물은 "세례 받은 사람의 영혼 안에 삼위일체에 의하여 주입된 상태들로, 이로써 그 사람은 자신의 구원을 위한 성령의 충동을 온순하게 받아들이게 된다."[3] 토마스 아퀴나스는 『신학대전』 제2부 제1편 제68문에서 일곱 가지 성령의 선물(성령칠은)에 대해 일반적으로 고찰하는데, 그에 따르면 성령의 선물은 각각 지혜(sapientia), 통찰(이해, intellectus), 의견(숙고, consilium), 굳셈(용기, fortitudo), 지식(scientia), 효경(경건, pietas), 경외(두려움, timor)이다.(I-II, q.68, a.4) 일곱 가지 선물의 수와 종류에 대해서 토마스는 자신의 덕 이론을 바탕으로 "인간적 행위의 원리가 될 수 있는 인간의 모든 기능에 덕이 있듯이", 성령의 선물도 이 기능에 있기 때문에 이 기능의 수만큼의 선물이 있다고 말한다. 그런데 인간적 행위의 원리가 되는 인간의 기능에는 이성과 욕구 능력이 있고, 이성은 다시 이론(사변)이성과 실천이성으로 나뉘며, 각각의 이성에 있어서 진리의 파악과 판단이 구별된다. 이에 따라 이론이성에 대응하는 선물로 진리의 파악을 위한 '통찰(이해)'과 올바른 판단을 위한 '지혜', 그리고 실천이성에 대응하는 선물로 진리의 파악

---

3. 바티스타 몬딘, 「성령의 선물」, 『성 토마스 개념사전』, 이재룡·안소근·윤주현 옮김, 한국성토마스연구소, 2020, pp.324-325, 인용은 324쪽. 이 입문에서 '성령의 선물'에 대해서는 이 부분을 참조하였다. 이 외에 토마스 아퀴나스에게서 '성령의 선물'에 대해서는 박준양, 「성령의 선물」 입문」, 토마스 아퀴나스, 『신학대전24: 성령의 선물』, 채이병 옮김, 한국성토마스연구소, 2020, xxxvi-li쪽 참조. Cf. Ulrich Horst, *Die Gaben des Heiligen Geistes nach Thomas von Aquin*, Berlin: Akademie Verlag, 2001.

과 관련하여 '의견(숙고)', 올바른 판단을 위한 '지식'이 있어 이 선물들을 통해서 이성이 성령의 충동을 받아들이기 위해 준비된다. 한편 욕구 능력과 관련해서 다른 이들에 대한 관계에서 '효경', 자기 자신과의 관계에서 위험스러운 것에 대한 두려움에 저항하는 '굳셈', 그리고 쾌락적인 것에 대한 무질서한 욕망에 저항하는 '경외'가 있어, 이를 통해 욕구 능력이 성령의 충동을 온순하게 받아들일 준비 상태에 놓이게 된다.(I-II, q.68, a.4)

제2부 제1편 제68문에서 일곱 가지 선물에 대한 일반적 논의를 하였고, 각각의 선물에 대해서는 그것에 대응하는 덕을 고찰할 때 상세하게 다룬다.⁴ 토마스는 이 일곱 가지 선물 가운데 '지혜의 선물'을 참사랑의 맥락 안에서 고찰하고 있고, 이것이 제45문의 주제를 이루고 있다.

II. '지혜' 논고의 주요 내용 요약

토마스는 먼저 제45문에서 성령의 선물로서 지혜에 대해 고찰하고, 제46문에서는 이에 대립하는 악습으로서 어리석음에 대해 고찰한다.

1. 지혜에 관하여(제45문)

아리스토텔레스는 "지혜를 제일 원리들, 제일 원인들에 대한 인식

---

4. 일곱 가지 선물이 일곱 가지 덕(세 가지 신학적 덕과 네 가지 도덕적 덕) 각각에 대응하지는 않는다. 즉 통찰(이해, II-II, q.8)과 지식(II-II, q.9)은 신앙에, 경외(II-II, q.19)는 희망에, 지혜(II-II, q.45)는 참사랑에, 의견(숙고, II-II, q.52)은 현명에, 효경(II-II, q.121)은 정의에, 굳셈(II-II, q.139)은 용기에 대응하는 선물이며, 절제에 대응하는 선물은 언급되지 않는다.

과 직접 연결"하여, 그것을 "근본들을 발견하고 규명하는 지식"으로 이해했다.[5] 아리스토텔레스를 따라 토마스도 지혜는 "그것을 통해서 다른 것들에 대해 가장 확실하게 판단이 내려지며, 그것에 따라 모든 것들이 질서 지어져야 하는 최고 원인을 고찰"한다고 말한다. 그런데 최고 원인은 "단적으로" 파악될 수도 있고, "어떤 특정한 유 안에서" 파악될 수도 있다. 이에 따라 "어떤 특정한 유 안에서 최고 원인을 인식하고 이를 통해서 그 유에 속하는 모든 것에 대해 판단을 내리고 질서 지울 수 있는 이"는 그 특정한 유의 관점에서, 예를 들어 "의술이나 건축술에서 지혜로운 이"라고 말할 수 있고, 반면 "하느님이신, 단적인 최고 원인을 인식하는 이"는 "신적인 규칙을 통해서 모든 것을 판단하고 질서 지을 수 있는 한에서 단적으로 지혜로운 이"라고 말할 수 있다. 그런데 인간은 "성령을 통해서" 후자의 판단을 따르게 되기 때문에, 이러한 맥락에서 지혜는 "성령의 선물"이라고 해야 한다고 토마스는 말하고 있다.(제1절)

제2부 제1편의 성령의 선물에 대한 일반적 고찰에 따르면 '지혜'는 이론(사변)이성에 대응하는 선물로 파악되지만, 성령의 선물로서 지혜에 대한 상세한 고찰은 참사랑에 대한 고찰의 맥락에서 이루어지고 있다. 그런데 토마스는 참사랑의 주체는 이성적 욕구인 의지라고 말했기 때문에(II-II, q.24, a.1), 욕구와 이성 가운데 어떤 것이 지혜의 주체인가라는 물음은 어려움을 낳을 수 있다. 이와 관련하여 토마스는 "지혜는 신적 근거에 따르는 판단의 어떤 올바름을 포함"하는데, 이 올바른 판단은 한편으로 "이성의 완전한 사용에 따라" 내려질 수 있고, 다른 한

---

[5]. 바티스타 몬딘, 「지혜」, 『성 토마스 개념사전』, 696-698쪽, 여기에서는 696쪽 참조.

편으로 "'그것에 대해 판단이 내려져야 하는 것'과의 어떤 '공동 본성성(connaturalitas)'에 근거해서" 내려질 수 있다고 말한다. 다시 말해 판단은 이성의 작용이고 그런 한에서 올바른 판단은 이성을 완전하게 사용함으로써 내려질 수도 있지만, 만일 '그것에 따라 우리가 올바른 판단을 내리게 되는 신적 규칙'과 일종의 '공동 본성성'을 통해 하나로 연결되어 있다면, 우리는 신적인 것에 대해 올바른 판단을 내릴 수 있다는 것이다. 그런데 이러한 연결은 참사랑을 통해 일어난다. 이에 따라 토마스는 성령의 선물로서 지혜는 올바른 판단을 내리는 행위를 하는 이성 안에 '본질'을 갖지만, 원인의 관점에서 고찰하면 인간과 하느님을 연결하는 참사랑을 통해서 신적인 사물과의 어떤 공동 본성성이 생겨나는 한에서 '의지 안에 있다'고 주장한다.(제2절)

이 문제는 곧바로 지혜가 사변적인가 아니면 실천적이기도 한가라는, 지혜의 성격에 대한 물음과 연결된다. 토마스에 따르면 지혜의 선물은 단적인 의미에서 제일 원리인 신적인 것이 그 자체로 관상되는 한에서 사변적 성격을 갖지만, 제일 원리를 그것을 통해서 우리가 인간사에 대해 판단을 내리고 또한 신적 규칙을 통해 인간적 행위를 지도하는 한에서 주목한다면, 제일 원리의 인식에 관여하는 지혜의 선물은 실천적 성격도 갖게 된다.(제3절)

이어서 토마스는 성령의 선물로서 지혜를 가진 이가 과연 사죄를 범할 수 있는가, 아니면 역으로 사죄를 범한 이가 지혜로울 수 있는가라는 물음을 제기하고 이에 대하여 부정적으로 답한다. 토마스에 따르면 성령의 선물로서 지혜는 "신적인 것과의 공동 본성성 또는 결합에 근거하여", 신적 사물에 대하여 또는 신적 규칙을 통해서 신적 사물이 아닌 다른 사물들에 대하여 올바른 판단을 내린다. 그런데 신적인 것과의 이 공동 본성성 또는 결합은 참사랑에 의해 생겨나는 것이기 때문에, 성령의 선물로서의 지혜는 참사랑을 전제하고 있다. 그러므로 사죄(peccatum mortale)가 성령에 반하는 죄인 한에서, 성령의 선물인 지혜가 사죄와 함께 있을 수 없다는 것이다.(제4절)

지혜는 은총을 받은 모든 이에게 있지만, 이들은 "서로 다른 등급으로" 지혜를 얻는다. 즉 "어떤 이들은 신적인 것의 관상과 관련해서 더 심원한 신비를 인식하고 또 그것을 다른 이들에게 드러낼 수 있는 한에서, 그리고 또한 신적 규칙에 따른 인간적인 것의 지도와 관련해서는 신적 규칙에 따라 자신뿐만 아니라 다른 이들도 질서 지울 수 있는 한에서, 더 높은 정도로 지혜의 선물을 지각한다." 이렇게 다른 이보다 높은 정도로 지혜를 받는 것은 모든 이에게 공통적인 것이 아니고, '거저 주어지는 은총(무상은총)'에 따른 것이기 때문에, 은총을 받은 모든 이가 동일한 정도로 지혜를 받는 것은 아니라고 해야 한다.(제5절)

지혜에 관한 마지막 물음은 '일곱째 참행복'과의 관계에 관한 것이다. 토마스에 따르면 "행복하여라, 평화를 이루는 사람들. 그들은 하느님의 자녀라 불릴 것이다."라고 한 일곱째 참행복은 '상급의 관점에서' 그리고 '공로의 관점에서' 모두 지혜의 선물에 적합하다고 한다. 공로의 관점에서 보자면, 평화는 "질서의 평온"을 의미하며, 질서를 세우는 것은 지혜에 속하기 때문에 평화로움이 지혜에 돌려지는 것이 적합하다. 그리고 상급의 관점에서 보자면, "하느님의 아들은 태어나신 지혜"이고, "지혜의 선물을 지각함으로써 인간은 하느님의 아들 됨"에 속하게 되기 때문에 지혜의 선물에 일곱째 참행복이 대응한다고 토마스는 말한다.(제6절)

2. 제46문: 어리석음에 대하여

토마스는 제46문에서 성령의 선물인 지혜와 대립하는 '어리석음(stultitia)'에 대해 세 가지 물음을 제기한다. 어리석음과 관련해 제기된 첫 번째 물음은 '어리석음'과 지혜의 대립 여부이다. 이에 대해 토마스는 최고 원인에 따라 내려지는 판단에 있어서 결함을 겪는 사람을 '어리석은' 사람이라고 하는데(제1절 제1답), 이러한 의미의 '어리석음'은 '단적으로 최고의 원인'을 인식하는 지혜와 대립하는 '지혜롭지 못함(insipientia)'과 같은 것이라고 한다. 이에 따라 토마스는 어리석음은 지혜와 대립하는 악습이라고 말한다. 이러한 점에서 어리석음은 영적 감각의 단순한 부정인 '단순함(fatuitas)'과 달리, 지혜에 있는 "섬세하고 통찰력 있는 판단 감각"이 결여된, "마음의 무딤(hebetudo)과 감각의 마비(obtusio)"를 포함한다.(제1절)

이렇게 어리석음은 "최종 목적이고 최고선으로서 최고 원인"과 관련된 판단을 내림에 있어 "감각의 우둔함"을 포함한다. 그런데 이러한 우둔함이 사람이 타고난 본성적으로 무질서한 성향 때문이라면 이러한 어리석음은 죄가 되지 않지만, 자신의 의지로 "자신의 감각을 세속 사물에 몰입"시키고 그 결과 "신적인 것을 지각"하는 데 있어 어리석게 된다면 그러한 어리석음은 자발적 행위로서 죄가 된다고 한다.(제2절) 한편 사람들이 세속적인 것에 몰입하게 되는 가장 큰 이유는 그것이 쾌락을 주기 때문이다. 토마스에 따르면 "영혼을 가장 잠식하는 가장 큰 쾌락"은 성적 쾌락이다. 이에 따라 그는 목적의 방식으로 다른 죄를 파생시키는 죄종(peccatum capitale) 가운데 성적 쾌락에 관여하는 색욕(luxuria)이 사람들을 가장 세속적인 것에 몰입하게 하고 그 결과 신적인 것에 대한 판단에 있어 어리석음을 범하게 만든다고 주장한다.

즉 죄로서 어리석음은 색욕으로부터 가장 빈번히 태어난다는 것이다.
(제3절)

이상으로 '지혜' 논고에 대한 입문을 마치고 36권의 핵심 주제인 '현명'에 대한 입문으로 넘어가겠다.

B. '현명' 입문

I. '현명'에 대한 논고 개괄

1. 현명에 대한 논고의 『신학대전』 내 자리매김

토마스 아퀴나스는 『신학대전』 제2부 제2편 제47문에서 제56문에 걸쳐 네 가지 주된 덕(사추덕) 가운데 하나인 '현명(prudentia)'에 대해 고찰한다. 『신학대전』을 신플라톤주의적 '발원-귀환(exitus-reditus)'의 도식으로 읽으려는, 물론 그에 대한 반론도 적지 않은, 슈뉘의 해석에 따르면 이 작품의 제2부 전체는 "이성을 갖춘 피조물의 하느님을 향한 움직임"을 다루고 있다.[6] 한편 제2부는 다시 제1편과 제2편으로 구성되어 있는데, 먼저 제1편은 칸트의 용어를 사용하면 "도덕(윤리) 형이상학"으로 그 성격을 규정할 수 있다. '도덕 형이상학'으로서 제2부 제1편에서 토마스는 '인간적 행위(도덕적 행위 또는 자발적 행위)'를 '주제'로서 고찰하고, 이 주제의 내적 원리 및 외적 원리에 대해서도 함께 고

---

6. Cf. M.-D. Chenu, OP, *Das Werk des Hl. Thomas von Aquin*, Übersetzer Otto M. Pesch, OP, Graz-Wien-Köln, 1982, pp.343ff. 한편 슈뉘의 도식과 이에 대한 비판에 대해서는 테오 코부쉬, 「13. 은총(I-II, qq.109-114)」(이재룡 옮김), 스테픈 포프(편), 『아퀴나스의 윤리학』, 이재룡·김도형·안소근·윤주현 옮김, 한국성토마스연구소, 2021, 282-297쪽, 여기에서는 282-283쪽 참조.

찰한다. 바로 이러한 맥락에서 토마스는 인간적 행위의 내적 원리 가운데 하나인 덕에 대한 이론을 제1편 제55문에서 제70문에 걸쳐 전개하고, 특히 제57문에서 '현명'에 대해서도 다섯 가지 지성적 덕 가운데 하나로서 고찰하고 있다.[7]

토마스에 따르면 인간적 행위는 최종 목적, 즉 '참행복(beatitudo)'을 지향하고 있으며, 그것의 내적 원리로서 '습성' 및 '덕'과 더불어, 최종적인 외적 원리인 '은총'에 의해 이 최종 목적으로 향하는 운동을 하게 된다. 참행복은 인간적 행위의 최종 목적으로서 인간 본성에 설정된 목적이지만, 참행복 자체는 초본성적 목적이어서 그것에 이르는 길은 인간 본성의 능력을 넘어서는 것이며, 따라서 "이를 위한 특별한 덕인 은총의 덕"이 요구되기 때문이다.[8]

이로써 토마스는 아리스토텔레스의 덕 이론을 받아들이면서도 이 덕 이론을 보완 또는 완성하는, 즉 인간의 의지가 참행복을 향할 수 있게 하는 신앙, 희망, 참사랑이라는 세 가지 신학적 덕, 즉 은총에 의해 '주입된' 덕에 대한 고찰을 덕 이론 안에 도입한다. 『신학대전』 제2부 제2편의 주요 내용은 이같이 제1편에서의 도덕 형이상학적 맥락에서 일반적으로 전개된 덕 이론의 구체적 전개로서, 전통적인 네 가지 도덕적 덕에 더해 세 가지 신학적 덕에 대한 상세한 고찰로 이루어진다. 이 고찰은 신학적 덕(신앙, 희망, 참사랑)에서 도덕적 덕(현명, 정의, 용기 및 절제)의 순서로 진행된다.

---

7. 이 부분에서 전개되는 덕 이론 일반에 대해서는 이재룡, 「덕입문」, 토마스 아퀴나스, 『토마스 아퀴나스 신학대전 23: 덕(I-II, 55-67)』, 이재룡 옮김, 한국성토마스연구소, 2020, xl-lxxvi쪽 참조.
8. 테오 코부쉬, 「은총(I-II, qq.109-114)」, 283-284쪽 참조.

2. 토마스 아퀴나스의 '현명' 개념의 근본 특성

'현명'은 제2부 제2편에서 전체적으로 보면 네 번째로 고찰되지만, 도덕적 덕 가운데에서는 첫 번째 고찰 대상에 속한다. 도덕적 덕은 "인간 및 인간적 행위를 선하게 만드는 것"으로서 인간적 행위의 내적 원리이다. 토마스 아퀴나스에게 도덕적 행위(인간적 행위)는 (실천)이성과 욕구를 통해 수행된다. 그런데 그는 욕구를 감각적 욕구와 이성적 욕구, 즉 의지로 나누며, 감각적 욕구를 다시 분노적(irascibilis) 욕구와 욕망적(concupiscibilis) 욕구로 세분한다. 이러한 구분에 상응하여 도덕적 덕은 분노적 욕구의 덕(용기), 욕망적 욕구의 덕(절제), 이성적 욕구의 덕(정의), —이 셋은 '욕구의 덕'이다— 그리고 실천이성의 덕(현명)이라는 네 가지 덕, 즉 사추덕(四樞德)으로 나뉘게 된다.(I-II, q.56; q.61, a.2)

현명은, 엄밀하게 말하자면 지성적 덕에 속한다.[9] 물론 토마스도 아리스토텔레스를 따라 지성(이성)을 사변이성(이론이성)과 실천이성으로 구분하며, 사변이성의 덕에 지혜(sapientia), 이해(intellectus) 및 지식(scientia)을, 그리고 실천이성의 덕에는 기예(ars)와 현명을 포함시킨다. 그런데 중요한 것은 현명이 비록 실천이성의 덕에 속하지만, 또한 동시에 도덕적 덕 가운데 하나로 규정된다는 사실이다. 이 점을 이해하기 위해서 현명과 같이 실천이성의 덕에 속하는 기예와 현명의 차이를 살펴볼 필요가 있다. 토마스에 따르면 "기예는 '만들어져야 하는 어떤 작품들의 올바른 근거(ratio recta aliquorum operum faciendorum)"(I-II, q.57, a.3)이고, 그런 한에서 기예 역시 "작용적(행위적) 습성(habitus op-

---

[9] 이하의 설명에 대해서는: Cf. Daniel Westberg, *Right Practical Reason. Aristotle, Action, and Prudence in Aquinas*, New York, 1994, pp. 187-197; 제임스 키넌, 「17. 현명의 덕(II-II, qq.47-56)」(안소근 옮김), 스테픈 포프(편), 『아퀴나스의 윤리학』, 353-368쪽을 주로 참조, 요약하였다.

erativus)"(I-II, q.57, a.3)으로 규정된다. 그런데 여기에서 주목해야 할 점은 기예가 어떤 의지(voluntas)로 작동하는지는 중요하지 않고, 오직 기예의 결과물, 즉 '만들어진 것'의 선이 관건이라는 점이다. 반면 현명은 "행할 수 있는 것의 올바른 근거(recta ratio agibilium)"(I-II, q.57, a.4)로서 의지와의 연관성을 포함한다. 토마스에 따르면 "인간적 행위의 영역에서는 목적이 마치 사변적 영역에서의 원리들과 같은 위치에 있"기 때문에, "행위의 올바른 근거인 현명에는 '인간이 목적과 관련하여 올바로 배열되어 있음'이 요구된다." 바로 그러한 이유로 기예는 비록 실천이성의 덕이지만 올바른 욕구를 전제하지 않는 반면, 현명의 본질 규정에는 "의지의 올바름(rectitudo voluntatis)"이 포함되며(I-II, q.57, a.4), 바로 여기에 기예와 현명의 결정적 차이가 있다.

이에 따라 토마스는 "현명은 인간적 삶을 위해 최고로 필요한 덕"이라고 말한다. 그 이유는 "'온전한 복지(bene vivere)'는 '잘 행위함(bene operari)'에 있기 때문이고, "'어떤 사람이 잘 행위'하기 위해서는 '무엇을 행하는가(quid faciat)'뿐 아니라 '어떻게 행하는가(quomodo faciat)'도 요구"되기 때문이다. 즉 충동적으로 또는 정념이 시키는 대로 아무렇게나 행위 해서는 안 되고, "올바른 선택에 따라(secundum rectam electionem) 행위"해야 한다는 것이다.(I-II, q.57, a.5) 그런데 선택은 "목적을 향해 있는 것", 즉 '수단'에 관여하는 것이다. 올바른 선택을 위해서는 먼저 욕구가 합당한 목적을 향해 질서 지어져야만 하고, 다른 한편 실천이성의 측면에서도 합당한 목적을 향해 있는 것(수단)에 대해 적합하게 질서 지어져 있어야 한다. 토마스에 따르면 현명이 바로 실천이성이 수단과 관련해서 적합한 상태에 있도록, 실천이성을 완성하는 덕이다. 따라서 현명은 '잘 살기' 위해 필수적으로 요구되는 덕이라 할 수

있다.(I-II, q.57, a.5)

이렇게 현명은 합당한 목적이 주어진 상태에서 합당한 '목적을 향해 있는 것', 즉 합당한 목적의 달성에 적합한 수단을 선택하는 기능을 수행한다. 다시 말해 현명은 목적을 전제하고 목적에 적합한 수단에 관여할 뿐, 목적을 지정하는 작용은 현명에 속하지 않는다는 것을 의미한다. 그러므로 현명은 도덕적 행위에 관여하는 실천이성의 덕에 속하지만, 실천이성을 전체적으로 완성하는 덕은 아니다. 이러한 맥락에서 토마스는, 사변이성의 작용과 관련하여 원리의 이해(intellectus principiorum)와 원리에 근거한 추론(ratiocinari)을 구별하듯이, 도덕적 행위에 관여하는 실천이성의 덕에도 행위의 제일 원리에 대한 습성인 양지(良知, synderesis)와 이 원리들을 특수한 행위에 적용하는 현명을 구분하고 있다.[10]

인간은 합당한 목적에 올바른 방식으로 도달하기 위해 '행해야 하는 행위'를 하고 '행해서는 안 되는 행위'를 회피해야 한다. 이에 따라 실천이성은 어떤 행위가 합당한 목적을 위해 적절한 행위인지 숙고하고 판단해야 한다. 물론 숙고와 판단에도 현명의 덕이 관여하지만, 토마스에 따르면 현명의 덕은 무엇보다도 그렇게 잘 숙고하고 올바르게 판단된 행위를 실행에 옮기도록 하는 덕이다. 그래서 토마스는 행위의 '명령'이 현명의 가장 중요한 기능이고 그런 점에서 현명은 바로 합당한 목적에 이르기에 적합한 행위들이 무엇인지 숙고하고, 그 가운데 가장 적합하다고 판단된 행위를 실행하도록 명령함으로써 실천이성을 완성하는 덕이라고 본다. "잘 명령하는 덕(quae est bene praeceptiva)"으로

---

10. 현명과 목적의 관계, 양지와 현명의 구별과 관계에 대해서는: 제임스 키넌, 「17. 현명의 덕(II-II, qq.47-56)」, 354-357쪽 참조.

서 현명은 심사숙고하고 올바르게 판단하며 옳고 그름을 분별하는 덕, 즉 심사숙고(eubulia), 판단력(synesis), 분별력(gnome)과 연결된다.(I-II, q.57, a.6)[11]

토마스 아퀴나스의 현명에 관한 이론이 아리스토텔레스의 프로네시스(phronesis) 이론에 빚진 것이 많다는 것은 부인할 수 없을 것이다. 그렇다 하더라도 아리스토텔레스의 그것과 결정적으로 차이가 나는, 그래서 결코 아리스토텔레스의 이론에서는 찾아볼 수 없는 요소가 현명에 대한 토마스의 이론에 있다. 『신학대전』, 특히 제2부에서 현명의 위치에 대한 고찰을 통해서 알 수 있듯이, 현명을 포함한, 그리스철학에서 주제화되었고 토마스가 받아들인 사추덕에 대한 논의는 세 가지 "신학적 덕", 즉 신앙, 희망 및 참사랑에 대한 논의 이후에 나온다. 토마스에 따르면 현명은 "잘 살기 위해 필수적인 덕"이며, 그것도 "인생의 한 부분이 아니라 인생 전체에 걸쳐" 잘 사는 것이 관건이 될 때 필수적인 덕이다.(II-II, q.47, a.13) 그런데 인생 전체의 목적인 "참행복"을 위해서는, 비록 참행복은 이생에서는 불완전하게 이를 수밖에 없더

---

11. 이상과 같은 '현명의 덕'의 본질적 특징 및 그것에 본래적으로 속하는 행위들을 Im(임경헌)은 다음과 같이 요약하였다: "(1) 현명은 보편적인 것이 아니라 특수한 것에 관여한다. 즉 현명의 목적은 보편적인 것을 아는 것이 아니라 구체적 행위를 규정하는 것이다…. (2) 무엇을 피하고 무엇을 추구해야 하는지 의지에 명령하는 것이 실천이성에 본래적으로 속한다. 따라서 실천이성의 추론적 덕인 현명의 과제는 무엇을 행하고 무엇을 행하지 말아야 하는지 의지에 명령하는 것이며, 이것이 또한 현명의 목적이다…. (3) 현명은 추론적(dianoetische) 덕이지만, 단순히 지식을 가진 사람이 현명한 사람이 아니라, 지식에 상응해서 실제로 행위하는 사람이 현명한 사람이다…. (4) 현명은 목적이 아니라 목적을 향해 있는 것에 관여한다. 올바른 목적을 위해 현명은 성격적 덕을 필요로 한다…. (5) 현명은 목적을 향해 있는 것에 관여하는데, 이것은 현명한 사람이 아무 목적이나 추구해도 좋다는 것을 의미하지 않는다…."(Kyunghun Im, *Praktische Vernunft bei Thomas von Aquin. Eine vergleichende Untersuchung mit Aristoteles in Bezug auf Synderesis, Gewissen, Wille und Klugheit*, Würzburg, 2019, pp.552-553). 한편 키넌(「17. 현명의 덕」) 은 현명의 기능을 "현명은 완성한다. …현명은 지도한다. …현명은 통합한다."는 말로 요약하였다.

라도, '하느님을 향한' "의지의 올바름"이 요구되며(I-II, q.4, a.4), 초자연적 목적을 향한 의지의 올바름을 위해서는 다시 은총의 도움이 필요하다. '하느님을 향한 사랑(참사랑)'에 의해 하느님을 향해 올바르게 질서 지어진 의지를 지닌 인간은 이제 그에 상응하여 참행복을 향한 것을 올바르게 숙고할 수 있는 완성된 상태의 현명을 성령으로부터 받게 된다. 토마스에 따르면 완전한 상태에서 덕은 서로 연결되고, "은총을 받은 이는 누구나 참사랑을 갖기" 때문에, "은총을 받은 이가 현명을 갖는 것은 필연적이다."(II-II, q.47, a.14). 이렇게 "현명은 성령에 의해 규제되고 움직여짐에 따라 최고로 완성되고 도움 받는다."(II-II, q.52, a.2). 그래서 아리스토텔레스와 달리 아퀴나스에게는 "획득된 덕"으로서 현명 외에 "주입된 덕"으로서 현명도 발견된다. 즉 토마스에 따르면 "구원의 필연성에 속하는 것과 관련하여 행위의 관점에서도 현명"(II-II, q.47, a.14, ad 2)이 있고, 이러한 현명을 "완전한 주입된 현명"이라 부를 수 있을 것이다.[12]

그리고 이러한 방식으로 현명을 포함한 도덕적 덕에 대한 고찰은 신학적 덕에 대한 고찰에 근거하며 그것에 이어 이뤄질 수 있게 된다.

---

12. 토마스의 "완전한 현명(prudentia perfecta)"과 "불완전한 현명(prudentia imperfecta)"의 구분에 대해서는: Cf. II-II, q.47, a.13. 토마스가 말하는 완전한 현명은 인생 전체에 대한 "전체 삶의 선한 목적과 관련하여 올바르게 숙고하고 판단하고 명령하는 현명"이고 죄인에게서는 발견될 수 없는 현명이므로 "주입된 덕"으로서 현명, 즉 "주입된 완전한 현명"을 가리킨다고 봐야 할 것이다. 그런데 '완전한 습득된 현명'을 제외하고 모든 획득된 현명은 모두 불완전한 현명으로서 '완전한 획득된 현명'은 없다는 입장(Angela McKay, "Prudence and Acquired Moral Virtue", The Thomist 69[2005], pp.535-55)과, 토마스에게 "완전한 획득된 현명"과 "불완전한 획득된 현명"의 구별이 발견된다는 입장(Thomas M. Osborne, Jr., "Perfect and Imperfect Virtues in Aquinas", The Thomist 71[2007], pp.39-64)이 대립한다.

II. 현명에 대한 논고의 주요 내용 요약

토마스는 제2부 제2편 제47문에서 제56문에 걸쳐 현명에 대해 고찰한다. 세부적으로 보면 제47문에서는 현명 자체에 대해서(1), 제48문에서 제51문까지는 현명의 부분들에 대해(2), 제52문에서는 현명에 상응하는 성령의 선물에 대해(3), 제53문에서 제55문에 걸쳐 현명에 대립하는 악습에 대해(4), 그리고 마지막으로 제56문에서 현명에 속하는 계명에 대해서(5) 고찰한다. 이를 순서대로 요약하면서 살펴보겠다.

1. 현명 자체에 대하여(제47문)

토마스는 제47문의 16절에 걸친 현명 자체에 대한 고찰에서 제48문 이하에서 다뤄질 현명과 관련된 다양한 고찰들을 어느 정도 선취하고 있다.

가장 먼저 토마스는 현명의 주체가 무엇인지 묻는다. 이와 관련하여 그는 "현명은 직접적으로 인식 능력에 속하는 것"이며, 특히 현명은 "현재 또는 과거를 근거로 미래의 인식"에 관여하기 때문에 감각이 아니라 그것의 주체로서 이성 안에 있다고 주장한다.(제1절) 그런데 현명은 "어떤 목적을 향한 질서에서 행해야 하는 것들"에 대한 숙고를 포함하기 때문에 정확하게 말하자면 사변이성이 아니라 실천이성 안에 있다고 말해야만 한다.(제2절) 실천이성의 목적은 인식된 것을 '행업(opus)', 즉 행위에 적용하는 것이다. 그러므로 현명은 보편적 원리에 대한 인식뿐 아니라 행위와 관련된 개개 사물들의 인식에 필수적으로 관여해야 한다.(제3절)

덕의 주체를 다룬 후에 토마스는 현명의 덕으로서의 특성 및 다른 덕과 종적으로 구별되는 특성들에 대해 고찰한다. 현명은 그것을 "소유한 이를 선하게 만들고, 그의 행업도 선하게 만드는" 덕 가운데 하나이다. 그런데 현명의 특징적인 사항 가운데 하나는, 실천이성의 덕으로서 현명은 지성적 덕의 규정을 포함하지만 올바른 욕구 없이는 일어날 수 없는 '행위로의 올바른 이성의 적용'을 필수적으로 포함하고 있기에, 도덕적 덕 가운데 하나로 규정된다는 것이다.(제4절) 한편 지성적 덕과 도덕적 덕의 규정을 모두 갖는 현명은 '우연적인 것'에 관여한다는 점에서 다른 지성적 덕(지혜, 지식 그리고 이해)과 구별되고, '행할 수 있는 것'에 관여한다는 점에서 실천이성의 또 다른 덕인 기예, 즉 '제작될 수 있는 것'에 관여하는 덕과 구별되며, 욕구적 능력을 주체로 갖는 다른 도덕적 덕(정의, 용기 및 절제)과 종적으로 구별되는(종별되는) 덕으로 이해해야 한다.(제5절)

이제 토마스는 다른 덕과 종적으로 구별되는 덕인 현명의 주된 행위에 대하여 설명한다. 토마스에게서 실천이성의 작용은 종종 사변이성의 작용과 비교하여 설명되곤 한다. 사변적 이성의 작용은 그것의 원리로서 '자연적으로 알려진 것'과 '그것으로부터 추론을 통해 얻어지는 결론'으로 이루어지는데, 실천이성의 작용도 이와 유비적인 방식으로 진행한다. 그런데 실천이성이 관여하는 행위의 영역에서는 목적이 사변적인 것의 원리와 같은 위치에 있고, 목적을 향해 있는 것, 즉 목적을 위한 수단이 결론의 위치에 놓여 있다. 토마스는 현명이 스스로 도덕적 덕에 목적을 지정하지 않고(이것은 '양지'의 임무이다) 다만 목적을 향해 있는 것들을 질서 있게 배치하는 작용을 수행한다고 말함으로써(제6절), 현명의 기능을 한정하면서 정확히 규정한다. 즉 현명은 목적이 아니라 목적에 이르는 행위에 관여하는 덕이라는 것이다.

토마스에 따르면 '올바른 이성과 조화됨'은 모든 도덕적 덕의 본래적 목적이다. 그런데 자연적 이성은 모든 이에게 이성에 따라 작용할 것을 지시하기 때문에 이 도덕적 덕의 본래적 목적은 자연적 이성에 따라 인간에게 지정되어 있다고 할 수 있다. 이 목적은 다름 아닌 '중용을 얻음'인데, 이와 관련하여 현명은 "어떻게 그리고 무엇을 통해 인간이 작용할 때 이성의 중용"에 도달하는지 결정하는 임무를 수행한다.(제7절)

현명은 '행할 수 있는 것에 관한 올바른 이성'으로 규정되었다. 토마스는 "행할 수 있는 것에 관한 이성의 행위"를 셋으로 구분한다. "숙고", 숙고된 것에 대한 "판단", 그리고 "숙고된 것과 판단된 것을 작용으로 적용"하는 "명령"이 그것들이다. 그런데 숙고와 판단은 사변이성도 수행하는 것이기 때문에 이 가운데에서 명령이 가장 실천이성의 목적에 가까운 것이라 할 수 있으며, 그래서 토마스는 명령이 현명의 가장 주된 행위라고 주장한다.(제8절) 바로 그러한 이유로 현명은 지성적 덕이면서 동시에 도덕적 덕으로 분류될 수 있다. 이처럼 현명이 숙고하고 판단한 것을 행위로 명령하는 행위를 주된 행위로 갖는다면, 이렇게 숙고하고 판단한 것이 행위로 이어지지 못하도록 하는 것에 대해 마음을 쓰고 '염려'하는 행위가 현명에 필요하며, 이로써 현명에는 행위의 명령과 함께 염려도 포함된다.(제9절)

현명은 행위자 한 사람에게만 국한된 덕이 아니라 다수에게도 미치는 덕으로 이해된다. 토마스에 따르면 "올바른 이성은 한 사람의 선보다 공동선이 더 좋다고 판단"한다. 그런데 현명은 "마땅한 목적에 이르는 수단들에 관해 올바르게 숙고하고, 판단하며 명령하는 것"이라고 하였다. 따라서 "현명은 오직 한 사람의 사적 선에만 관계하지 않고, 다수의 공동선과도 관계한다."(제10절) 이에 따라 현명은 "자기에게 고유한 선"을 향해 질서 지어진 현명('단적으로 말해지는 현명'), "가정이나 가족의 공동선을 향해 질서 지어진 현명(경제적 현명)", 그리고 "도시나 왕국의 공동선을 향해 질서 지어진 현명(정치적 현명)"으로 나뉘게 된다. 좋은 습성으로서 덕들의 종류는 다른 습성들과 마찬가지로 "형상적 규정에 따라 관찰되는 대상의 다름에 따라" 나뉜다. 그런데 현명이 관여하는 대상인 "목적을 향해 있는 모든 것들의 형상적 규정은 목적의 측면으로부터 관찰"되기 때문에, 서로 다른 목적들인 "한 사람의 고유한 선, 가족의 선, 도시 및 왕국의 선"이 현명을 종적으로 구별하게 된다는 것이다.(제11절)

그런데 위에서 말한 것처럼 현명은 그것의 주체로 [실천]이성 안에 있다. 토마스에 따르면 '다스림'과 '통치함'은 본래적으로 이성에 속하기 때문에, "모든 이는, 다스림과 통치에 참여하는 만큼", 즉 "모든 인간은 이성적이고, 이성의 판단에 따라 어느 정도 다스림에 참여하는 만큼", "그만큼 이성과 현명을 소유"한다고 말할 수 있다. 그러나 군주와 신하는 각기 다른 양태로 현명을 소유한다고 말해야 할 것이다.(제12절)

단적인 의미에서 현명은 죄인, 즉 악한 행위를 하는 사람에게서는 발견될 수 없는 덕이다. 이와 관련하여 토마스는 완전한 현명과 불완전한 현명을 구분한다. 즉 현명에는 첫째, "거짓 현명 또는 유사성을 통해(비유적으로) [현명이라고] 말해진 현명"(예를 들어 "악한 목적을 위해 이 목적에 부합하는 어떤 것들을 배치하는 이"의 경우), 둘째, "참되게 선한 목적에 편리한 길들을 발견하기 때문에 참된 현명"이라 할 수 있지만, 1) "목적으로 취한 그 선이 전체 인생의 공동 목적이 아니라, 어떤 특수한 업무의 공동 목적"인 경우("예를 들어 어떤 이가 업무 수행이나 항해에 편리한 길들을 발견했을 때, 현명한 업무 수행자 또는 현명한 선원이라 불리게 된다."), 또는 2) "현명의 주된 행위", 즉 "명령"하는 행위에 결함이 있는 경우("예를 들어 어떤 이가 전체 삶에 속하는 것들에 대해서도 잘 숙고하고 올바르게 판단하고서는 효과적으로 명령하지 않는 경우")에서처럼 "불완전한 현명", 셋째, "전체 삶의 선한 목적과 관련하여 올바르게 숙고하고 판단하고 명령하는" "참되고 완전한 현명"이 있다. 이 세 번째 현명은 "단적인 의미에서의 현명"으로서 죄인에게서는 발견될 수 없으며, 반면 첫 번째 현명은 오직 죄인들만이 갖는 현명이다. "반면 불완전한 현명은 선한 이와 악한 이에게 공통적"이다.(제13절)

그런데 토마스에 따르면 "덕은 연결되는 것이 필연적"이기 때문에, "하나의 덕을 가진 이는 모든 덕을" 갖게 되고, 한편 "은총을 받은 이는 누구나 참사랑을" 갖기 때문에, '은총을 받은 이'가 "모든 다른 덕을 갖는 것은 필연적"이다. 따라서 "현명은 덕이기 때문에, 은총을 받은 이가 현명을 갖는 것은 필연적이다."(제14절)

토마스에 따르면 "인생의 올바른 목적들은 결정"되어 있고, 인간에게는 이 목적들과 관련된 본성적 경향이—물론 그렇다고 모든 사람이 항상 이 경향에 따라 행위하는 것은 아니더라도—존재할 수 있다. 그러나 "인간사에서 목적을 향해 있는 것(수단)은 결정되어 있지 않"기 때문에, 이러한 목적을 향해 있는 것과 관련된 현명은 인간에게 본성적인 것이 아니다.(제15절)

위에서 살펴본 것처럼 현명은 지성적 덕의 특성만이 아니라 도덕적 덕의 특성을 갖는다. "현명의 주된 행위는 명령함인데, 이 명령함은 소유한 인식을 욕구와 작용에 적용하는 것이기 때문이다." 이것을 고려하면 인식의 부재를 가져오는 망각이 현명을 직접 파괴하지는 않지만,

망각을 통해 파괴될 수 있는 어떤 인식에 근거해서 현명이 명령을 내리게 되는 한에서 현명을 방해할 수는 있다고 말할 수 있다.(제16절)

2. 현명의 부분들(제48문~제51문)

토마스는 제48문에서 제51문에 걸쳐 현명의 부분들에 대해 고찰한다. 이와 관련하여 그는 먼저 "통전적 부분", "종속적 부분" 그리고 "잠재적 부분"으로 나눈다. 이 각각에 대해서 그는 예를 들어 설명한다. 즉 통전적 부분은 "벽, 천장 그리고 기초가 집의 부분이라고 할 때 그 부분의 의미"이고, 종속적 부분은 "소와 사자가 동물의 부분들이라고 말할 때와 같은 의미"의 부분, 그리고 잠재적 부분은 "생장적인 것, 감각적인 것이 영혼의 부분들이라고 말할 때와 같은 의미"의 부분을 가리킨다. 이렇게 세 종류의 부분을 나눈 후 토마스는 키케로, 마크로비우스, 아리스토텔레스 등으로부터 얻은 다양한 현명의 부분들의 목록, 즉 이성(ratio), 이해(intellectus), 주도면밀(circumspectio), 예견(providentia), 습득력(docilitas), 신중(cautio), 심사숙고(eubulia), 판단력(synesis) 그리고 분별력(gnome), 명석(eustochia)과 영민(solertia), 감각(sensus), 통치적 현명(regnativa), 군사적 현명(militaris), 정치적 현명(politica), 경제적 현명(oeconomica), 변증법적 현명(dialectica), 수사적 현명(rhetorica), 자연학적 현명(physica) 등을 체계적으로 분류한다.

이에 따라 토마스는 현명의 통전적 부분들은 "기억, 이성, 이해, 습득력과 영민함"—이것들은 인식을 하는 것인 한에서 현명에 속하는 부분들이다—그리고 "예견, 주도면밀 및 신중"—이것들은 인식을 행업에 적용함으로써 명령을 하는 한에서 현명에 속하는 부분들이다—등 여덟 부분을 포함하고, 종속적 부분들은 크게 "어떤 이가 자기 자신을 다스리는 현명과 어떤 이가 '다수'를 다스리는 현명"으로 나눈 후에, 후자를 다시 다수의 종에 따라 "군사적" 현명, "경제적" 현명, "통치적" 현명 또는 "정치적" 현명으로 세분한다. 한편 "잠재적 부분들" 또는 현명과 "연결된 덕"에는 숙고에 관한 "심사숙고", 공통적으로 발생하는 일들에 대한 판단과 관련된 "판단력" 그리고 때때로 공통적 법에서 벗어나는 사안들에 대한 판단과 관련된 "분별력"이 속한다고 말한다. 이에 따라 현명 자체는 명령함이라는 주된 행위에 관여하는 덕으로 파악된다.(제48문, 제1절)

이렇게 덕의 부분들을 분류한 후 토마스는 통전적 부분, 종속적 부분 및 잠재적 부분에 속하는 것들을 하나하나 고찰한다.

(1) 현명의 통전적 부분들(제49문)

토마스는 통전적 부분으로 여덟 가지를 언급한다. 위에서 살펴본 것처럼 이 여덟 가지 부분들은 인식인 한에서의 현명에 속하는 것들과 명령을 하는 한에서의 현명에 속하는 것들로 나뉘는데, 전자는 다시 인식을 각각 인식 자체, 인식의 획득, 그리고 인식의 사용 측면에서 고찰하여 더 자세하게 분류할 수 있다.

인식 자체와 관련해서는, 먼저 현명이 과거사에 관여하는 한에서 '기억'(제1절)이, 그리고 현재사와 관여할 경우 현재사가 필연적인지 아니면 우연적인지에 따라 각각 '이해' 및 '예지'(제2절)가 통전적 부분으로 현명에 속한다. "현명은 작용할 수 있는 우연적인 것"인 행위에 관여한다. 그런데 우연적인 것은 필연적으로 참된 것이 아니라 "대다수의 경우에 참인 것"에 근거해서 지도될 수밖에 없으며, '대다수의 경우에 참인 것'은 경험을 통해서 고찰할 수밖에 없고 경험은 많은 기억으로부터 나오기 때문에, 기억이 현명의 통전적 부분을 구성하게 된다.(제1절) 그리고 "이성의 모든 과정은 어떤 이해로부터 진행"해야 하며, "현명은 행할 수 있는 것의 올바른 이성이기 때문에, 현명의 전체 과정은 이해로부터 파생되는 것이 필연적"이고, 따라서 "이해는 현명의 부분으로 간주된다."(제2절)

인식의 획득과 관련해서, 그것이 가르침을 통해서 생겨나면 "습득력"(제3절)이, 반면 "발견을 통해서 생겨날 경우 "영민"(제4절)"이라는 부분을 생각할 수 있다. "현명은 특수한 작용할 수 있는 것에 관여"하는데, 사실 "작용할 수 있는 것"에는 무한히 많은 다름이 있어서 사람이 홀로 모든 것을 다 알 수는 없는 까닭에 경험이 많은 사람들로부터 배움이 필요하다. 현명의 부분으로서 습득력은 다른 사람의 가르침을 잘 받아들이는 것을 의미한다.(제3절) 다른 한편 현명한 이는 '행해야 할 것'에 대한 올바른 평가를 스스로 잘 획득하기 위해 "무엇이 적합한 행위인지 빠르게 발견하는 습성"인 영민을 갖는다.(제4절)

인식인 한에서 현명에는 마지막으로 인식의 사용과 관련해서 '알려진 것'을 근거로 '다른 것을 인식하거나 판단'하는 대로 나아가는 이성(논변)이 속한다.(제5절)

한편 명령과 관련하여, "어떤 것을 목적으로 질서" 짓는 예견이 속한다.(제6절) "현명은 본래적으로 목적을 향해 있는 것, 즉 수단"에 관여한다. 목적을 향해 이 수단을 마땅한 방식으로 질서 지우는 행위가 필요하며 이것이 본래적으로 현명에 속하는 일이다. 그런데 인간의 현명이 관여하는 행위는 필연적이지 않은 것이다. 그래서 필연성의 영역에 속하는 과거나 현재가 아닌 미래의 우연적인 것을 인생의 목적으로 질서 지우는 것이 필요하며, 예견이 바로 이러한 일을 한다.(제6절) 한편 현명은 업무의 "상황에 주목"하는 "주도면밀"(제7절), 그리고 "방해물을 피하는" "신중"(제8절)을 부분으로 갖는다. 현명이 관여하는 개별적 행위는 비록 그것이 자체로는 선한 것이라도 주위의 것(상황)에 의해 목적에 적합하지 않은 것으로 바뀔 수 있는 까닭에 이 상황을 잘 살피는 주도면밀이 현명에 속하게 된다.(제7절) 또한 행위의 영역에서는 선이 악과 섞여 있고, "선이 자주 악에 의해 방해를 받고 악은 선의 외양을 취하고 있"기 때문에 "선을 파악하여 악을 피하기 위해서 신중"이 통전적 부분으로서 현명에 필수적으로 속한다.(제8절)

(2) 현명의 종속적 부분들(제50문)

종속적 부분의 관점에서 현명은 '자기 자신을 다스리는 현명'과 '다수에 미치는 현명'으로 나뉘고 후자는 다시 "입법적 현명", "정치적 현명", "경제적 현명", "군사적 현명"으로 나뉜다. "현명에는 다스림과 명령함"이 속한다. 그래서 도시나 왕국을 다스리는 왕에게는 "통치적 [현명]"이라 부르는 현명이 속하고(제1절), 이와 대응하여 다스림을 받은 이들의 측면에서는, 이들이 "군주에 복종할 때 자기 자신을 지도하는 다스림의 올바름"으로 이해되는 "정치적 현명"이 속한다.(제2절) 그리고 토마스는 이것들과 종별되는 현명으로서, "하나의 개개 인격과 도시 또는 왕국 사이에서 중간적 위상"을 갖는 가정의 다스림에 관여하는 경제적 현명(제3절)을 현명의 종속적 부분으로서 고찰한다.

토마스에 따르면 자연은 한편으로는 "모든 개별 사물을 그 자체로 다스리는 것"을, 다른 한편으로는 "외적 공격과 부패에 저항하는 것"을 지향한다. 이에 상응해서 "이성에 따라 존재하는 것들"은 "정치적 현명을 통해서 공동선에 속하는 것을 적합하게 배치"하고, "군사적 현명을 통해서 적들의 공격을 물리친다."(제4절) 이에 따라 군사적 현명이 현명의 종속적 부분으로 분류된다.

(3) 현명의 잠재적 부분들(제51문)

현명의 잠재적 부분들로 토마스는 심사숙고, 판단력 및 분별력을 들고 있다. 이 부분들은 현명의 가장 중요한 행위인 명령에 선행하는 행위들, 즉 '행위해야 할 것에 대한 숙고'와 '이에 대해 숙고된 것에 대한 판단'과 관련된 덕들이다.

'심사숙고'는 숙고의 선성을 포함하는 덕이다. 심사숙고는 "좋은 것이라는 뜻의 'eu'와 숙고라는 뜻의 boule에 근거해 그렇게 불리는, 말하자면 '좋은 숙고' 또는 더 좋은 말로 '잘 숙고하는 것'이라는 뜻을 가진 말"이다.(제1절) 한편 "판단력은 행위에 대한 올바른 판단"을 가리킨다. 그런데 사람들이 숙고를 잘한다고 반드시 판단을 잘하는 것은 아니기 때문에, 숙고를 잘하는 것과 더불어 좋은 판단을 내리도록 하는 덕이 필요할 수밖에 없으며, 토마스는 이러한 덕을 판단력이라 부르고 있다.(제3절) 한편 판단은 항상 어떤 규칙이나 척도에 따라 내려지게 되는데, 어떤 공통적인 규칙으로 판단할 수 없는 사안에 대해서는 그 규칙보다 상위의 규칙에 의존해야 한다. 이처럼 상위의 규칙에 따르는 판단의 덕을 분별력이라 부르고 있다.(제4절) 이러한 방식으로 토마스는 현명의 잠재적 부분들을 심사숙고, 판단력 및 분별력으로 분류한다.

3. 현명에 대응하는 성령의 선물(제52문)

토마스는 "영혼이 성령에 의해 잘 움직여질 수 있도록 하는 어떤 상태"를 "성령의 선물"이라 부른다. 그런데 "하느님은 개별적인 모든 것을 움직여지는 것의 양태에 따라 움직인다." 이에 따라 하느님은 "이성의 탐색을 통해서 어떤 것을 행하도록 움직여지는" 이성적 피조물인 인간을 "숙고의 양태로" 움직이게 된다. 따라서 토마스는 숙고가 성령의 선물 가운데 하나라고 말한다.(제1절)

그에 따르면 "신적 이성에 대한 인간 이성의 올바름의 관계는 마치 높은 운동 원리에 대한 낮은 운동 원리의 관계처럼 비교"되기 때문에, "이성의 올바름을 포함하는 현명은 성령에 의해 규제되고 움직여짐에 따라 최고로 완성되고 도움 받는다." "그러므로 숙고의 선물은 현명을 돕고 완성하는 것으로서 현명에 대응"하는 것이라고 한다.(제2절)

그런데 "복된 이들도 알지 못하는 것들이 있다." 이에 따라 복된 이들은 그들이 알지 못하는 것에 대해서 "하느님께 자문"하고 가르침을 받는데, 이것 역시 '숙고'라 불린다. 그러므로 토마스에 따르면 천상 본향의 복된 이들에게도 숙고의 선물이 있다.(제3절)

이 숙고의 선물에는 자비의 행복이 대응한다. 숙고는 본래적으로 목적을 위해 유용한 것들에 관여하는 바, 목적에 가장 유용한 것이 숙고의 선물에 가장 대응하기 때문이다.(제4절)

4. 현명에 대립하는 악습들(제53문~제55문)

현명 자체와 현명의 부분들 그리고 현명에 대응하는 성령의 선물에 대해 고찰한 후 토마스는 현명에 대립하는 악습들에 대한 고찰로 나아간다. 그런데 이와 관련해서 토마스는 현명에 명백하게 대립하는 악습(제53-54문)과, 현명과 거짓된 유사성을 갖는 악습(제55문)으로 나눠서 고찰한다. 전자는 다시 현명 자체와 대립하는 '경솔함'(제53문), 그리고 현명에 속하는 염려에 대립하는 게으름(제54문)으로 나누어 고찰한다.

(1) 현명하지 못함(제53문)

제53문에서 토마스는 현명 자체에 직접적으로 대립하는 악습인 "경솔함(imprudentia)"과 그것에 포함되는 악습들, 즉 성급함(praecipitatio), 무분별(inconsideratio) 및 강인하지 못함(inconstantia)에 대해서 고찰한다.

'현명'에 대립하는 악습으로서 '경솔함'은 두 가지 방식으로 이해할 수 있다. 첫째, 마땅히 가져야만 하는 현명을 결핍했다는 의미에서 '경솔함'을 의미할 수 있는데, 이것은 마땅히 갖추어야 할 현명을 갖기 위한 노력을 게을리 한 탓에 생겨나는 악습이다. 둘째, 현명에 정반대되는 방식으로 행위 한다는 의미에서 경솔함을 말할 수 있다. 예컨대 숙고를 무시하고 행위하는 경우로서, 제53문에서 고찰되는 현명에 대립하는 악습인 '경솔함'은 바로 이러한 의미에서 취해진 악습이다. 이렇게 현명에 반해서 행위하는 것은 '죄(잘못된 행위)'로서, 만일 그것이 신적 규칙을 어기는 행위라면 대죄이고, 그렇지 않다면 소죄가 된다.(제1절)

토마스에 따르면 현명의 행위에는 '숙고', '판단', 그리고 현명의 주된 행위인 '명령'이 있다. 이에 따라 토마스는 현명하지 못함에 속하는 여러 가지 악습들에는 크게 세 가지, 즉 숙고에 대립하는 악습으로 '성급함', 판단에 대립하는 악습으로 '무분별', 그리고 명령에 대립하는 악습으로 '강인하지 못함'이 있다고 말한다.(제2절)

우리는 흔히 낙하 운동을 하는 어떤 물체가 "높은 곳에서 바닥에 이르되, 단계적으로 질서 있게 내려가지 않을 때 '곤두박질(praecipitari)'했다."라고 말한다. 이와 유사하게 영혼의 정점인 "이성"에서부터 시작하여 육체까지 내려가는 길을 갈 때 거쳐야 하는 중간 단계가 있는데, "이러한 단계를 통해서 사람들은 올바르게 숙고하면서 질서 있게 아래로" 내려가야 함에도 "그러한 단계들을 지나쳐버릴 때" '성급함'이라는 악습이 생겨난다. 이는 "숙고의 무질서"에 속한다.(제3절) 한편 무분별은 "올바른 판단의 결핍"으로서, 이 악습은 "어떤 이가 그것에 근거해 올바른 판단이 생겨나는 것들을 경멸하거나 주목하는 데 게을리 함으로써 올바르게 판단하지 못하는 한에서" 생겨나는 악습이다.(제4절) 그리고 "강인하지 못함은 명령의 행위와 관련된 결함에 기인"하는 악습으로 "앞에 놓인 명확한 선의 기피"를 포함한다. 이러한 기피 행위는 욕구 능력에서 시작되는 행위이지만, '올바르게 받아들였던 것'을 나중에 배척하는 것으로서 실천이성의 결함에서 완결되는 행위라 할 수 있다. 다시 말해 마땅히 행해야 할 것으로 "파악된 선을 굳건히 견지하지 못하는 이성 자신의 허약함"에 기인하는 악습이다.(제5절)

이러한 악습들은 "현명 및 실천이성의 결함과 관련"되는 것이기 때문에, 그것들을 일으키는 가장 중요한 요인은 "색욕"이라고 토마스는 주장한다.(제6절)

(2) 게으름(제54문)

"게으름은 마땅히 해야 할 염려의 결핍을 포함"한다. 그런데 '마땅한 행위의 결핍'은 모두 죄(잘못된 행위)의 규정을 갖기 때문에 마땅히 해야 할 행위를 소홀히 하는 '게으름(negligentia)'도 죄로 규정되며, 더 나아가 게으름에 대립하는 것인 염려가 하나의 종별되는 행위이기 때문에 염려의 결함을 포함하는 게으름도 역시 하나의 특수한 악습으로 규정된다.(제1절) 한편 게으름이 직접적으로 대립하는 염려는 이성에 속하는 것이고 염려의 올바름은 현명에 속하기 때문에, 게으름은 현명하지 못함에 속하는 악습으로 "대립의 방식으로, 경솔함과 연관된다."(제2절)

그런데 의지의 이완으로부터 생겨나는 게으름으로 인해 행위자가 수행하지 않은 그 행위가 구원에 필수적인 것이라면, 이때 게으름은 사죄가 된다. 또한 게으름이 어떤 경멸로부터 생겨나서 하느님에 대한 참사랑의 결핍에 이르게 된다면 이 역시 사죄가 된다. 그러나 이러한 경우가 아니라면 게으름은 소죄가 될 수도 있다.(제3절)

(3) 현명과 거짓된 유사성을 갖는, 현명에 대립하는 악습(제55문)

경솔함에 속하는 악습들에 대해 고찰한 후 토마스는 "현명과 유사성을 갖는, 현명에 대립하는 악습들"에 대한 고찰을 이어간다. 제55문에서 고찰되는 악습들은 현명에 직접 대립하는 악습이 아니라, 어떤 측면에서 현명과 유사성을 갖기 때문에 종종 현명으로 오인될 우려가 있는 악습들로서, 우리는 실제로 이러한 종류의 악습을 가진 사람들을 '현명'한 사람들로 잘못 생각하기도 한다. 여기에는 크게 "육의 현명(prudentia carnis)"과 "교활함(astutia)", 그리고 염려(걱정)와 관련된 악습이 속한다.

위에서 여러 차례 말했듯이, 현명은 '행할 수 있는 것'에 대한 올바른 이성이다. 그러므로 행위에 대해 이성이 올바르지 않을 때 현명에 반하는 잘못이 생겨날 수 있다. 이러한 잘못은 한편으로는 목적과 관련해서, 다른 한편으로는 '목적을 향해 있는 것'과 관련하여 생겨날 수 있는데 바로 여기에 '육의 현명'과 '교활함'의 차이가 있다.

"현명은 전체 삶의 목적을 향해 있는 것에 관여"할 수 있는데, 사람들이 "육체의 선을 자기 삶의 최종 목적"으로 삼게 되는 것이 바로 육의 현명이라 할 수 있다. 이렇게 되면 사람들은 육의 현명으로 인해 "최종 목적과 관련하여 질서를 벗어나게" 된다. 그래서 육체를 돌보는 일을 인생의 최종 목적으로 세워놓는 '육의 현명'은 죄일 뿐만 아니라(제1절), 인생 전체의 목적과 관련되는 한 대죄라고 해야 할 것이다. 물론 이렇게 현명을 단적으로, 즉 삶 전체의 목적과의 질서 관계에서 고찰하지 않고 특정한 관점에서, 즉 어떤 특수한 목적과의 질서 관계에서 고찰할 수도 있다. 토마스에 따르면 이러한 의미의 육의 현명은 소죄가 될 수 있다. "하느님으로부터 등 돌리지 않고서도 육체의 쾌락으로 무질서하게 마음이 움직여지는 일"이 벌어질 수 있기 때문이다.(제2절)

한편 목적과 관련하여 현명과 유사성을 갖는, 그렇지만 현명에 대립하는 악습인 '육의 현명'과 달리 '교활함'은 '목적을 향해 있는 것(수단)'과 관련된다. 즉 사람들은 그것이 선하든 또는 악하든 어떤 목적을 지향하면서, 그 목적에 이르는 올바른 길을 사용하지 않고 "참된 시늉만 내는 겉으로만 참돼 보이는 길을 사용"함으로써 현명과 유사한, 그러나 실제로는 현명에 거스르는 잘못을 범할 수 있다. 토마스에 따르면 '교활함의 죄'가 바로 그러한 것이다.(제3절) 그런데 어떤 목적을 이루기 위해 실제로는 참되지 않지만, 겉으로는 참돼 보이는 길을 취하는 것은 두 가지 관점에서 생각할 수 있다. 첫째, 그러한 길들을 생각해 낸다는 의미로 고찰할 수 있고, 둘째, 실행의 관점에서 그러한 길들을 취하는 것을 생각할 수 있다. 전자의 관점에서 본래적 의미의 교활함이 생겨나고, 후자의 관점에서 속임수가 생겨난다. 즉 "속임수는 교활함의 실행"을 의미하며, 이러한 점에서 속임수(dolus)가 교활함에 속한다.(제4절) 또한 사기도 속임수와 함께 교활함에 속하는 잘못으로 이해되는데, 토마스의 구분에 따르면 속임수는 말이나 행위 어느 것에 관계없이 보편적으로 교활함의 실행과 관련되는 반면, 사기(fraus)는 행위를 통해 일어난다는 점에서 교활함의 실행에 본래적으로 관여한다는 차이가 있다.(제5절)

토마스는 육의 현명과 교활함에 이어 '잘못된 염려'에 대해, 특히 현세적 사물과 미래사에 대한 염려와 관련된 잘못에 대해서 고찰한다. 그에 따르면 "염려는 어떤 것을 얻기 위해 바쳐진 노력"을 포함하며, 사람들은 "결핍의 두려움이 있는 곳에 더 큰 노력을 바치고", 더 큰 염려를 한다. 그리고 우리는 현세적 사물들에 대해서도 염려할 수 있다. 토마스에 따르면 이러한 염려는 세 가지 측면에서 잘못될 수 있다. 즉 "우리가 현세적인 것을 목적"으로 추구할 때, 또는 "현세적인 것들을 돌보기 위해서 주어진 노력"이 과잉될 때, 또는 마지막으로 현세적인 것들의 결핍에 대한 과도한 두려움으로 잘못을 범할 수 있다는 것이다.(제6절) 한편 모든 행위는 "마땅한 상황"을 갖추어야 하는데, 이 상황 가운데 하나가 "마땅한 시간(debitum tempus)"이다. 이에 따라 염려도 '마땅한 시간'이라는 상황을 갖추어야 한다. "모든 시간에는 그 시간에 고유한 염려(걱정)가 속하기 때문이다." 그러므로 만일 누군가가 예를 들어 "여름에 포도 수확을 미리 염려(걱정)한다면, 미래의 염려(걱정)에 지나치게 미리 사로잡힌 것"이며, "그러한 종류의 염려는 지나친 것"이라고 할 수 있다.(제7절)

현명과 유사성을 갖는 현명에 대립하는 악습과 관련된 마지막 문제로 토마스는 이러한 악습이 '인색'으로부터 생겨난다고 주장한다. 그에 따르면 위에서 고찰된 악습들(육의 현명, 교활함, 속임수 및 사기)은 모두 이성의 사용이라는 점에서 현명과 어느 정도 유사성을 갖는다. 그런데 올바른 이성의 사용은 무엇보다 이성적 욕구, 즉 의지의 덕인 정의 안에서 가장 잘 드러나기 때문에, 정의에 가장 대립하는 악습인 인색(avaritia)으로부터 현명과 유사성을 갖는 이와 같은 악습들이 가장 많이 유래한다고 토마스는 주장한다.(제8절)

5. 현명에 속하는 계명들(제56문)

현명에 대한 토마스의 마지막 고찰은 현명과 연관된 계명들에 대한 것이다. 먼저 현명에 대한 계명이 십계명 안에 주어졌는가라는 물음에 대해 토마스는 십계명은 인간의 삶 전체의 목적과 관련된 계명으로서, 마치 사변적인 것에서의 제일 원리와 비교될 수 있는 위치에 있는 반면, 현명은 목적이 아니라 목적을 향한 것(수단)에 관여하기 때문에, "현명에 직접적으로 속하는 어떤 계명을 십계명 가운데 한 계명으로 간주하는 것은 적합하지 않다."라고 말한다. 그러나 다른 한편 그는 십계명이 현명의 모든 유덕한 행위들을 지도하는 한에서 현명과 관련되었다고 말할 수 있다고 주장한다.(제1절) 마지막으로 그는 옛 법에서 현명에 대립하는 악습들이 적절하게 금지되었다고 말한다. "정의는 계명을 위해 요구되는 '마땅한 것'의 규정과 가장 크게 관련"되고, 교활함은 정의가 관여하는 것에서 가장 크게 실행되기 때문에, 불의한 교활함의 실행을 금지하는 계명이 율법에서 주어지는 것이 적합하다는 것이다.

이로써 토마스는 제47문에서 시작하여 제56문에 이르는 현명의 덕에 대한 고찰을 마친다.

참고문헌

Aertsen, Jan, "Method and Metaphysics: The via resolutionis in Thomas Aquinas", *The New Scholasticism* 63(1989), 405-418.

Chenu, Marie-Dominique, OP, *Das Werk des Hl. Thomas von Aquin*, Übersetzer Otto M. Pesch OP, Graz-Wien-Köln, 1982.

Davies, Brian, OP, *Thomas Aquinas's Summa Theologiae. A Guide & Commentary*, New York, 2014.

Horst, Ulrich, *Die Gaben des Heiligen Geistes nach Thomas von Aquin*, Berlin, Akademie Verlag, 2001.

Im, Kyunghun, *Praktische Vernunft bei Thomas von Aquin. Eine vergleichende Untersuchung mit Aristoteles in Bezug auf Synderesis, Gewissen, Wille und Klugheit*, Würzburg, 2019.

Kluxen, Wolfgang, *Philosophische Ethik bei Thomas von Aquin*, Hamburg, 1998.

McKay, Angela, "Prudence and Acquired Moral Virtue", *The Thomist* 69(2005), 535-55.

Osborne, Jr., Thomas M., "Perfect and Imperfect Virtues in Aquinas", *The Thomist* 71(2007), 39-64.

Osborne, Jr., Thomas M., *Human Action in Thomas Aquinas, John Duns Scotus & William of Ockham*, Washington D.C., 2014.

Rhomheimer, Martin, *Praktische Vernunft und Vernünftigkeit der Praxis. Handlungstheorie bei Thomas von Aquin in ihrer Entstehung aus dem Prblemkontext der aristotelischen Ethik*, Berlin, Akademie Verlag, 1994.

Rhomheimer, Martin, *The Perspective of Morality. Philosophical Foundations of Thomistic Virtue Ethics*, translated by Gerald Malsbary, Washington D.C., 2011.

Rivera, Jorge, *Konnaturales Erkennen und Vorstellendes Denken. Eine phänomenologische Deutung der Erkenntnislehre des Thomas von Aquin*, München, Verlag Alber, 1967.

Westberg, Daniel, *Right Practical Reason. Aristotle, Action, and Prudence in Aquinas*, New York, 1994.

Wood, Rega, *Ockham on the Virtues*, West Lafayette, Purdue University Press, 1997.

바티스타 몬딘, 『성 토마스 개념사전』, 이재룡·안소근·윤주현 옮김, 한국성토마스연구소, 2020.

박준양, 「성령의 선물 입문」, 토마스 아퀴나스, 『신학대전24: 성령의 선물』, 채이병 옮김, 한국성토마스연구소, 2020, xxxvi-li쪽.

안소근, 「'참사랑(II)' 입문」, 토마스 아퀴나스, 『신학대전34: 참사랑』, 안소근 옮김, 한국성토마스연구소, 2022, xxxviii-lii.

안소근, 「'참사랑' 입문」, 토마스 아퀴나스, 『신학대전34: 참사랑』, 안소근 옮김, 한국성토마스연구소, 2022, xl-lvi쪽.

월터 패렐, 『성 토마스 아퀴나스의 신학대전 해설서 II. 「신학대전」제2부, 제1문제~제114문제』, 안소근·조규홍 옮김, 수원가톨릭대학교출판부, 2020.

이상섭, 『악과 죄종 : 토마스 아퀴나스의 「악에 대한 토론문제집」 풀어 읽기』, 서강대학교출판부, 2021.

이재룡, 「덕입문」, 토마스 아퀴나스, 『신학대전 23: 덕(I-II, 55-67)』, 이재룡 옮김, 한국성토마스 연구소, 2020, xl-lxxvi쪽.

제임스 키넌, 「17. 현명의 덕(II-II, qq.47-56)」(안소근 옮김), 스테픈 포프(편), 『아퀴나스의 윤리학』, 353-368쪽.

테오 코부쉬, 「13. 은총(I-II, qq.109-114)」(이재룡 옮김), 스테픈 포프(편), 『아퀴나스의 윤리학』, 이재룡·김도형·안소근·윤주현 옮김, 한국성토마스연구소, 2021, 282-297쪽.

토마스 아퀴나스 신학대전 36

지혜와 현명

제2부 제2편
제45문 - 제56문

QUAESTIO XLV
DE DONO SAPIENTIAE
in sex articulos divisa

Deinde considerandum est de dono sapientiae, quod respondet caritati.[1] Et primo, de ipsa sapientia; secundo, de vitio opposito.[2]

Circa primum quaeruntur sex.

Primo: utrum sapientia debeat numerari inter dona spiritus sancti.

Secundo: in quo sit sicut in subiecto.

Tertio: utrum sapientia sit speculativa tantum, vel etiam practica.

Quarto: utrum sapientia quae est donum possit esse cum peccato mortali.

Quinto: utrum sit in omnibus habentibus gratiam gratum facientem.

Sexto: quae beatitudo ei respondeat.

Articulus 1
Utrum sapientia debeat inter dona Spiritus Sancti computari

Ad primum sic proceditur. Videtur quod sapientia non debeat inter dona Spiritus Sancti computari.

---

1. Cf. q.23, Introd.

제45문
지혜의 선물에 대하여
(전6절)

그리고 나서 참사랑에 대응하는 지혜의 선물에 대해 고찰해야 한다.[1] 첫째, 지혜 자체에 대하여, 둘째, 대립하는 악습에 대하여.[2]

첫째와 관련하여 여섯 가지 물음이 제기된다.

1. 지혜는 성령의 선물 가운데 하나로 열거되어야 하는가?
2. 지혜는 무엇을 그 주체로 삼고 있는가?
3. 지혜는 오직 사변적인가, 아니면 실천적이기도 한가?
4. 선물인 지혜가 사죄와 함께 있을 수 있는가?
5. 지혜는 하느님을 기쁘시게 하는 은총(성화은총)을 받은 모든 이 안에 있는가?
6. 어떤 참행복이 지혜에 대응하는가?

제1절 지혜를 성령의 선물 가운데 하나로 셈해야 하는가?

Parall.: I, q.1, a.6, ad3; In Sent., III, d.35, q.2, a.1, qc.1

[반론] 첫째에 대하여 다음과 같이 진행한다. 지혜는 성령의 선물 가운데 하나로 셈해서는 안 되는 것으로 보인다.

---

2. q.46.

1. Dona enim sunt perfectiora virtutibus, ut supra[1] dictum est. Sed virtus se habet solum ad bonum: unde et Augustinus dicit, in libro *de Lib. Arb.*,[2] quod *nullus virtutibus male utitur*. Ergo multo magis dona Spiritus Sancti se habent solum ad bonum. Sed sapientia se habet etiam ad malum: dicitur enim Iac. 3, [15] quaedam sapientia esse *terrena, animalis, diabolica*. Ergo sapientia non debet poni inter dona Spiritus Sancti.

2. Praeterea, sicut Augustinus dicit, XIV *de Trin.*,[3] *sapientia est divinarum rerum cognitio*. Sed cognitio divinarum rerum quam homo potest per sua naturalia habere, pertinet ad sapientiam quae est virtus intellectualis: cognitio autem divinorum supernaturalis pertinet ad fidem quae est virtus theologica, ut ex supradictis[4] patet. Ergo sapientia magis debet dici virtus quam donum.

3. Praeterea, *Iob* 28, [28] dicitur: *Ecce timor Domini ipsa est sapientia, et recedere a malo intelligentia:* ubi secundum litteram Septuaginta, qua utitur Augustinus,[5] habetur: *Ecce, pietas ipsa est sapientia.* Sed tam timor quam pietas ponuntur dona Spiritus Sancti. Ergo sapientia non debet numerari inter dona Spiritus Sancti quasi donum ab aliis distinctum.

SED CONTRA est quod Isaiae 11, [2] dicitur: *Requiescet super*

---

1. I-II, q.68, a.8.
2. II, c.19, n.50: PL 32, 1268. Cf. c.18, n.50: PL 32, 1267.
3. c.1, n.3: PL 42, 1037.

1. 위에서[1] 언급한 바대로 선물은 덕보다 더 완전하다. 그런데 덕은 오직 선과만 관계된다. 그래서 아우구스티누스도 『자유재량』에서[2] "어느 누구도 덕을 악하게 사용하지 않는다."라고 말하였다. 따라서 성령의 선물은 더더욱 오직 선과만 관계한다. 그러나 지혜는 악과도 관계한다. 야고보서 3장 [15절]에서는, 어떤 지혜는 "세속적이고, 동물적이고, 악마적"이라고 하였기 때문이다. 따라서 지혜는 성령의 선물 가운데 하나로 간주돼서는 안 된다.

2. 아우구스티누스가 『삼위일체론』 제14권에서[3] 말했듯이 "지혜는 신적 사물에 대한 인식이다." 그런데 인간이 '자신에게 본성적인 것'을 통해서 가질 수 있는 신적 사물에 대한 인식은 지성적 덕인 지혜에 속한다. 반면 신적인 것에 대한 초자연적 인식은, 위에서 말한 것으로부터[4] 분명하게 알 수 있듯이, 신학적 덕(대신덕)인 신앙에 속한다. 따라서 지혜는 선물이라기보다는 덕이라고 불려야 한다.

3. 욥기 28장 [28절]에서 "보라, 주님께 대한 경외 자체가 지혜이며, 악을 피함이 슬기다."라고 하였다. 이 부분은 아우구스티누스가[5] 이용한 70인역본에 따르면 "보아라, 효경(경건) 자체가 지혜이다."라고 쓰여 있다. 그런데 경외와 효경 모두 성령의 선물로 간주된다. 따라서 지혜는 마치 다른 선물과 구별된 선물인 것처럼 성령의 선물 가운데 하나로 열거되어서는 안 된다.

[재반론] 그러나 반대로 이사야서 11장 [2절]에서는 "주님의 영, 곧

---

4. q.1, a.1; q.4, a.5; I-II, q.57, a.2; q.66, a.5.
5. Cf. *De Trin.*, XII, c.14, n.22; XIV, c.1, n.1: PL 42, 1010, 1036.

eum Spiritus Domini, sapientiae et intellectus, etc..[6]

RESPONDEO dicendum quod secundum Philosophum, in principio *Metaphys.,*[7] ad sapientem pertinet considerare causam altissimam, per quam de aliis certissime iudicatur, et secundum quam omnia ordinari oportet. Causa autem altissima dupliciter accipi potest: vel simpliciter, vel in aliquo genere. Ille igitur qui cognoscit causam altissimam in aliquo genere et per eam potest de omnibus quae sunt illius generis iudicare et ordinare, dicitur esse sapiens in illo genere, ut in medicina vel architectura: secundum illud I *ad Cor.* 3, [10]: *Ut sapiens architectus fundamentum posui.* Ille autem qui cognoscit causam altissimam simpliciter, quae est Deus, dicitur sapiens simpliciter: inquantum per regulas divinas omnia potest iudicare et ordinare. Huiusmodi autem iudicium consequitur homo per Spiritum Sanctum: secundum illud I *ad Cor.* 2, [15]: *Spiritualis iudicat omnia;* quia, sicut ibidem [v. 10] dicitur, *Spiritus omnia scrutatur, etiam profunda Dei.*[8] Unde manifestum est quod sapientia est donum spiritus sancti.

AD PRIMUM ergo dicendum quod bonum dicitur dupliciter. Uno modo, quod vere est bonum et simpliciter perfectum. Alio

---

6. Cf. I-II, q.68, a.4, sc.
7. I, c.2, 982a8-b10; St. Thomas, lect.2, nn.3-6.
8. 따라서 지혜는 하느님으로부터 주입된 습성으로서, 이것에 의해 정신은 신적인 것을 관상하

지혜와 슬기의 영이 그 위에 머무르셨다."고 말한다.[6]

[답변] 『형이상학』 제1권에서[7] 철학자에 따르면, 지혜에는 그것을 통해서 다른 것들에 대해 가장 확실하게 판단이 내려지고, 그것에 따라 모든 것들이 질서 지어져야 하는 최고 원인을 고찰하는 것이 속한다. 그런데 최고 원인은 두 가지로, 즉 단적으로 또는 어떤 특정한 유(類) 안에서 파악될 수 있다. 따라서 어떤 특정한 유 안에서 최고 원인을 인식하고 이를 통해서 그 유에 속하는 모든 것에 대해 판단을 내리고 질서 지울 수 있는 이는 그 유 안에서, 예를 들어 "나는 지혜로운 건축가로서 기초를 놓았다."라는 코린토 1서 3장 [10절]에 따르면, 의술이나 건축술에서 지혜롭다고 말한다. 그런데 하느님, 곧 단적인 최고 원인을 인식하는 이는 신적인 규칙을 통해서 모든 것을 판단하고 질서 지울 수 있는 한에서 단적으로 지혜롭다고 불린다. "영적인 사람은 모든 것을 판단한다."는 코린토 1서 2장 [15절]에 따르면 인간은 성령을 통해서 그러한 판단을 따른다. 왜냐하면 같은 곳에서(10절) 말하는 것처럼 "성령께서는 모든 것을, 하느님의 심오함[『가톨릭성경』: "깊은 비밀"]도 통찰"[8]하시기 때문이다. 그러므로 지혜는 성령의 선물임이 명백하다.

[해답] 1. 선은 두 가지로 말해진다. 첫째, 참되게 선하고 단적으로 완전한 것이라는 의미에서 말해진다. 둘째, 악의에 있어 완전한 어떤 것

고, 신적인 것에 대해서도 신적 근거에 따라(아래 aa.2-4) 인간적인 것에 대해서도 판단하도록(I-II, q.68, aa.1 & 3) 성령에 의해 쉽게 움직여질 수 있게 된다(Cf. I-II, q.68, aa.2-3).

modo dicitur aliquid esse bonum, secundum quandam similitudinem, quod est in malitia perfectum: sicut dicitur *bonus latro vel perfectus latro*, ut patet per Philosophum, in V *Metaphys.*.[9] Et sicut circa ea quae sunt vere bona invenitur aliqua altissima causa, quae est summum bonum, quod est ultimus finis, per cuius cognitionem homo dicitur vere sapiens; ita etiam in malis est invenire aliquid ad quod alia referuntur sicut ad ultimum finem, per cuius cognitionem homo dicitur esse sapiens ad male agendum; secundum illud Ierem. 4, [22]: *Sapientes sunt ut faciant mala: bene autem facere nescierunt.* Quicumque enim avertitur a fine debito, necesse est quod aliquem finem indebitum sibi praestituat: quia omne agens agit propter finem.[10] Unde si praestituat sibi finem in bonis exterioribus terrenis, vocatur *sapientia terrena;* si autem in bonis corporalibus, vocatur *sapientia animalis;* si autem in aliqua excellentia, vocatur *sapientia diabolica,* propter imitationem superbiae Diaboli, de quo dicitur *Iob* 41, [25]: *Ipse est rex super universos filios superbiae.*[11]

AD SECUNDUM dicendum quod sapientia quae ponitur donum differt ab ea quae ponitur virtus intellectualis acquisita. Nam illa acquiritur studio humano: haec autem est *de sursum descendens,* ut dicitur Iac. 3, [15]. – Similiter et differt a fide. Nam fides assentit veritati divinae secundum seipsam, sed iudicium quod est secundum

---

9. c.16, 1021b17-21; St. Thomas, lect.18, n.1036.

이 어떤 유사성에 따라 선하다고 말해진다. 예를 들어 『형이상학』 제5권에서⁹ 철학자를 통해 분명히 알 수 있듯이, "좋은 강도(강도를 잘하는 이)" 또는 "완전한 강도"라는 말을 할 수 있다. 참되게 선한 것들과 관련하여 궁극 목적인 최고선이며, 그것에 대한 인식을 통해 인간이 참되게 지혜롭다고 불리는 어떤 최고 원인이 발견되듯이, 악한 것에서도 다른 것들이 일종의 궁극 목적으로서 그것에 연관되며, 그것의 인식을 통해서 인간이 악하게 행함에 있어 지혜롭다고 말할 수 있게 하는 어떤 것이 발견될 수 있다. 이는 "그들이 악을 저지르는 데는 약삭빠르면서도 선을 행할 줄은 모른다."는 예레미야서 4장 [22절]을 따른 것이다. 마땅한 목적으로부터 등을 돌리는 모든 이는 틀림없이 마땅하지 못한 어떤 것을 목적으로 삼을 것이기 때문이다. 모든 행위자는 목적 때문에 행위하기 때문이다.¹⁰ 그래서 만일 세속적인 외적 선을 자신의 목적으로 삼는다면 "세속적 지혜"라 불리고, 육체적 선을 목적으로 삼는다면 "동물적 지혜"라 불리며, 어떤 탁월성을 목적으로 삼는다면 악마의 교만을 모방하기 때문에 "악마적 지혜"라고 불린다. 이에 대해서 욥기 41장 [26절]에서는 "그는 모든 교만의 자식들을 다스리는 임금이다."¹¹라고 말한다.

2. 선물로 간주되는 지혜는 획득된 지성적 덕으로 간주되는 지혜와 다르다. 후자는 인간적 노력으로 획득되는 데 반해, 전자는 야고보서 3장 [15절]에서 말하는 것처럼 "위에서 내려오기" 때문이다. 유사하게 전자는 신앙과도 다르다. 신앙은 그 자체의 신적 진리에 동의하지만,

---

10. Cf. I-II, q.1, a.2.
11. Cf. q.55, a.1, ad3.

veritatem divinam pertinet ad donum sapientiae.¹² Et ideo donum sapientiae praesupponit fidem: quia *unusquisque bene iudicat quae cognoscit*, ut dicitur in I *Ethic.*.¹³

AD TERTIUM dicendum quod sicut pietas, quae pertinet ad cultum Dei, est manifestativa fidei, inquantum per cultum Dei protestamur fidem; ita etiam pietas manifestat sapientiam. Et propter hoc dicitur quod *pietas est sapientia*. Et eadem ratione timor.¹⁴ Per hoc enim ostenditur quod homo rectum habet iudicium de divinis, quod Deum timet et colit.

Articulus 2
Utrum sapientia sit in intellectu sicut in subiecto

Ad secundum sic proceditur. Videtur quod sapientia non sit in intellectu sicut in subiecto.

1. Dicit enim Augustinus, in libro *de Gratia Novi Test.*,¹ quod *sapi-*

---

12. Cf. a.6, obj.3 et ad3.
13. c.1, 1094b27-1095a2; St. Thomas, lect.3, n.37. "따라서 신적 사물의 인식에는 세 가지가 있다. 하나는 획득된 인식(지성적 덕)이고, 다른 하나는 판단에 있어서 주입된 것이 아니지만 동의에 있어 주입된 인식(신앙), 또 다른 하나는 동의에 있어서도 그리고 판단에 있어서도 주입된 인식(지혜의 선물)이다. "지성적 덕인 지혜가 원리들의 이해와 관계되듯이(가장 높고 어려운 것과 관련해 원리에 근거해서 작업하고, 모든 것을 하나의 원리로 소급하는 한에서 그것들에 대해 질서를 세우고, 그것들을 부인하는 이들에 반대해서 논쟁하는 것이 그것에 속하는 한에서), 『니코마코스 윤리학』제4권에서[c.7, 1141a19-20; St. Thomas, lect.5, nn.1182-1183]

지혜의 선물에는 신적 진리에 따르는 판단이 속하기 때문이다.[12] 그래서 지혜의 선물은 신앙을 전제한다. 『니코마코스 윤리학』 제1권에서 말했듯이 "모든 이는 자기가 아는 것을 잘 판단"하기 때문이다.[13]

3. 우리가 경신례를 통해 신앙을 증거하는 한에서, 경신례에 속하는 효경이 신앙을 드러내듯이, 그렇게 또한 효경은 지혜를 드러낸다. 그렇기 때문에 "효경은 지혜이다."라고 말한 것이다. 같은 근거에서 경외도 그렇다.[14] 왜냐하면 인간이 하느님을 경외하고 경배하는 것은, 인간이 신적인 것에 대한 올바른 판단을 가졌다는 것을 보여주기 때문이다.

제2절 지혜는 지성을 주체로 삼고 있는가?

Parall.: *In Sent.*, III, dist.35, q.2, a.1, qc.3.

[반론] 둘째에 대해 다음과 같이 진행한다. 지혜는 지성을 주체로 삼고 있지 않은 것으로 보인다.

1. 아우구스티누스는 『신약의 은총에 대하여』에서[1] "지혜는 하느님

말하는 것처럼, 지혜는 어떤 방식으로 이해를 포괄하기 때문이다), 그렇게 선물인 지혜는 전체 그리스도교 지혜의 원리인 신조들에 대한 단순한 인식인 신앙에 관계된다. 즉 지혜의 선물은 신앙이 인간적 양태에 따라 어떤 이해하기 어려운 방식 아래 취하고 있는 신조들에 대한 신적 형상을 가진, 그리고 어느 정도 명확한 관상으로 진행한다. 그래서 지혜는 선물인 데 반해, 신앙은 덕이다." *In Sent.*, III, d.35, q.2., a.1, qc.1, ad1.
14. Cf. q.19, a.7, obj.2 et ad2. 경외는 timor의 번역이다. 여기에서처럼 하느님을 대상으로 삼는 timor를 '경외'로 번역하고, 그 밖의 정념(passio)을 가리키는 경우에는 두려움으로 번역하였다.

1. Epist. 140, al.120, c.18, n.45: PL 33, 557.

entia est caritas Dei. Sed caritas est sicut in subiecto in voluntate, non in intellectu, ut supra² habitum est. Ergo sapientia non est in intellectu sicut in subiecto.

2. Praeterea, *Eccli.* 6, [23] dicitur: *Sapientia doctrinae secundum nomen eius est.*³ Dicitur autem sapientia quasi *sapida scientia:* quod videtur ad affectum pertinere, ad quem pertinet experiri spirituales delectationes sive dulcedines. Ergo sapientia non est in intellectu, sed magis in affectu.

3. Praeterea, potentia intellectiva sufficienter perficitur per donum intellectus. Sed ad id quod potest fieri per unum superfluum esset plura ponere. Ergo non est in intellectu.

SED CONTRA est quod Gregorius dicit, in II *Moral.*,⁴ quod sapientia contrariatur stultitiae. Sed stultitia est in intellectu. Ergo et sapientia.

RESPONDEO dicendum quod, sicut supra⁵ dictum est, sapientia importat quandam rectitudinem iudicii secundum rationes divinas. Rectitudo autem iudicii potest contingere dupliciter: uno modo, secundum perfectum usum rationis; alio modo, propter connaturalitatem⁶ quandam ad ea de quibus iam est iudicandum. Sicut de his quae ad castitatem pertinent per rationis inquisitionem recte iudicat

---

2. q.24, a.1.

의 참사랑이다."라고 말하였다. 그런데 위에서[2] 주장한 바대로, 참사랑은 의지를 주체로 삼고 있지 지성을 주체로 삼고 있지 않다. 따라서 지혜는 지성을 주체로 삼고 있는 것이 아니다.

2. 집회서 6장 [23절]에서는 "지혜는 이름 그대로 지혜이니…"(22절)[3]라고 말하고 있다. 그런데 지혜는, 말하자면 "맛있는 지식"이라 불린다. 이것은 정감에 속하는 것처럼 보이는데, 이 정감에는 영적인 쾌락이나 달콤함을 경험하는 것이 속한다. 따라서 지혜는 지성 안에 있는 것이 아니라, 오히려 정감 안에 있다.

3. 지성적 능력은 슬기(통찰)의 선물을 통해서 충분하게 완성된다. 그런데 하나를 통해서 일어날 수 있는 것에 많은 것을 상정하는 일은 불필요할 것이다. 따라서 지혜는 지성 안에 있지 않다.

[재반론] 그러나 반대로 그레고리우스는 『욥기의 도덕적 해설』 제2권에서[4] 지혜는 어리석음과 대립한다고 말했다. 그런데 어리석음은 지성 안에 있다. 따라서 지혜도 그렇다.

[답변] 위에서[5] 언급되었듯이, 지혜는 신적 근거에 따르는 판단의 올바름을 포함한다. 그런데 판단의 올바름은 두 가지로 일어날 수 있다. 첫째, 이성의 완전한 사용에 따라, 둘째, 그것에 대해 이미 판단이 내려져야 하는 것들과의 어떤 '공동 본성성'[6] 때문에 [일어날 수 있다].

---

3. 불가타에는 "secundum nomen eius est" 대신에 "secundum nomen est eius"로 되어 있다.
4. c.49, al.27, in vet.36, n.77: PL 75, 592D.
5. a.1; q.8, a.6.
6. connaturalitas의 번역이다. 이는 일반적으로 '본성부합성', '선천성' 등으로 번역될 수 있다.

ille qui didicit scientiam moralem: sed per quandam connaturalitatem ad ipsa recte iudicat de eis ille qui habet habitum castitatis. Sic igitur circa res divinas ex rationis inquisitione rectum iudicium habere pertinet ad sapientiam quae est virtus intellectualis: sed rectum iudicium habere de eis secundum quandam connaturalitatem ad ipsa pertinet ad sapientiam secundum quod donum est Spiritus Sancti: sicut Dionysius dicit, in 2 cap. *de Div. Nom.*,[7] quod Hierotheus est perfectus in divinis *non solum discens, sed et patiens divina*.[8] Huiusmodi autem compassio sive connaturalitas ad res divinas fit per caritatem, quae quidem unit nos Deo: secundum illud I *ad Cor.* 6, [17]: *Qui adhaeret Deo*[9] *unus spiritus est.* Sic igitur sapientia quae est donum causam quidem habet in voluntate, scilicet caritatem: sed essentiam habet in intellectu, cuius actus est recte iudicare, ut supra[10] habitum est.

AD PRIMUM ergo dicendum quod Augustinus loquitur de sapientia quantum ad suam causam. Ex qua etiam sumitur nomen sapi-

---

그러나 여기에서는 판단을 내리는 주체와 판단의 대상 간의 본성의 공유 또는 유사성을 가리키기 때문에 '공동 본성성'으로 번역하였다. 토마스는 다른 곳에서(I, q.1, a.6, ad3) 공동 본성성에 의한 판단을 "경향의 양태를 통한 판단(iudicare per modum inclinationis)"이라 부르면서 "인식의 양태를 통한 판단(iudicare per modum cognitionis)"과 구별하였다. 이에 대한 예로 "덕의 습성을 지닌 사람은 덕에 따라 행하려는 경향을 가진 한에서 그것에 대해 올바르게 판단한다."고 말하였다. 이에 대해서는: Cf. Jorge Rivera, *Konnaturales Erkennen und Vorstellendes Denken. Eine phänomenologische Deutung der Erkenntnislehre des Thomas von Aquin*, München, Verlag Alber, 1967, pp.96-100.

예를 들어 정결에 속하는 것들에 대해서 도덕적 지식을 이미 습득한 이는 이성의 탐색을 통해 올바르게 판단을 내리지만, 정결의 습성을 지닌 이는 정결에 속하는 것들에 대해서 그것들과의 일종의 공동 본성성을 통해서 올바르게 판단한다. 따라서 이렇게 신적인 사물과 관련하여 이성의 탐색을 근거로 올바른 판단을 갖는 것은 지성적 덕인 지혜에 속하지만, 그것들[=신적 사물]과의 공동 본성성에 따라 그것들에 대해 올바른 판단을 내리는 것은 성령의 선물인 한에서 지혜에 속한다. 이는 디오니시우스가 『신명론』 제2장에서[7] 히에로테우스는 "신적인 것을 배웠을 뿐 아니라 겪기도 하였기 때문에"[8] 신적인 것에서 완전하다고 말한 바와 같다. 그런데 그러한 신적인 사물의 '공감(compassio)'이나 [그것과의] 공동 본성성은 우리와 하느님을 하나로 묶는 참사랑을 통해 생겨난다. "주님[9]과 결합하는 이는 그분과 한 영이 됩니다."라고 한 코린토 1서 6장 [17절]에 따르면 그렇다. 따라서 위에서[10] 말한 대로 이렇게 선물인 지혜는 의지 곧 참사랑을 그 원인으로 삼고 있지만, 본질적으로는 그것의 행위가 올바르게 판단함인 지성 안에 자리잡고 있다.

[해답] 1. 아우구스티누스는 원인의 관점에서 지혜에 대해서 말하고 있다. 이로부터 또한 "맛"을 포함하는 한에서 지혜라는 이름이 취해

---

7. PG 3, 648B; St. Thomas, lect.4, nn.191-192.
8. Cf. I, q.1, a.6, ad3.
9. 70인역에는 "하느님(Deus)"으로 되어 있다.
10. I, q.79, a.3. 저 공동 본성성 또는 동류성(affinitas)(*In Sent.*, III, d.35, q.2, a.1, qc.1)은 성령의 선물인 지혜에 의해 유발된 올바른 판단의 원인이다. 그런데 이것 자체는 의지를 주체로 삼고 있는 참사랑에서 기인한다.(q.24, a.1)

entiae, secundum quod *saporem* quendam importat.

Unde patet responsio AD SECUNDUM. Si tamen iste sit intellectus illius auctoritatis. Quod non videtur: quia talis expositio non convenit nisi secundum nomen quod habet sapientia in Latina lingua. In Graeco autem non competit; et forte nec in aliis linguis. Unde potius videtur *nomen* sapientiae ibi accipi pro eius fama, qua a cunctis commendatur.

AD TERTIUM dicendum quod intellectus habet duos actus: scilicet percipere,[11] et iudicare. Ad quorum primum ordinatur donum intellectus: ad secundum autem, secundum rationes divinas, donum sapientiae; sed secundum rationes humanas, donum scientiae.[12]

Articulus 3
Utrum sapientia sit speculativa tantum, an etiam practica

Ad tertium sic proceditur. Videtur quod sapientia non sit practica, sed speculativa tantum.

1. Donum enim sapientiae est excellentius quam sapientia secundum quod est intellectualis virtus. Sed sapientia secundum quod est

---

11. 피오판에는 praecipere(명하다)로 되어 있다.

진다.

2. 따라서 두 번째 반론에 대한 해답이 분명하다. 물론 이것이 그 성서 구절의 의미라면 그렇다. 그러나 그렇게 보이지는 않는다. 그러한 해설은 라틴어에서 지혜에 해당하는 이름에 따라서만 적합하기 때문이다. 그런데 이러한 해설은 그리스어에서 그리고 아마도 다른 언어에서도 적합하지 않다. 그러므로 지혜라는 "이름"은 여기에서는 그로 인해 모든 이들에 의해 칭송받는 그것[=가르침]의 평판이라는 의미로 취해진 것으로 보인다.

3. 지성은 두 행위(작용)를, 즉 지각[11]과 판단을 갖는다. 그 중 첫 번째 행위를 향해 이해(통찰)의 선물이 질서 지어져 있고, 두 번째 행위를 향해서는 신적 근거에 따라서 지혜의 선물이 질서 지어져 있으며 인간적 근거에 따라서는 지식의 선물이 질서 지어져 있다.[12]

제3절 지혜는 오직 사변적이기만 한가, 아니면 실천적이기도 한가?

Parall.: I, q.64, a.1; In Sent., III, d.35, q.2, a.1, qc.3.

[반론] 셋째에 대해서는 다음과 같이 진행한다. 지혜는 실천적이 아니라 오직 사변적이기만 한 것으로 보인다.

1. 지혜의 선물은 지성적 덕인 한에서의 지혜보다 더 탁월하다. 그런데 지성적 덕인 한에서 지혜는 오직 사변적이기만 하다. 따라서 선물

---

12. Cf. q.8, a.6.

intellectualis virtus est speculativa tantum. Ergo multo magis sapientia quae est donum est speculativa, et non practica.

2. Praeterea, practicus intellectus est circa operabilia, quae sunt contingentia. Sed sapientia est circa divina, quae sunt aeterna et necessaria. Ergo sapientia non potest esse practica.

3. Praeterea, Gregorius dicit, in VI *Moral.*,[1] quod *in contemplatione principium, quod Deus est, quaeritur: in operatione autem sub gravi necessitatis fasce laboratur*. Sed ad sapientiam pertinet divinorum visio, ad quam non pertinet sub aliquo fasce laborare: quia ut dicitur *Sap.* 8, [16]I, *non habet amaritudinem conversatio eius,*[2] *nec taedium convictus illius*. Ergo sapientia est contemplativa tantum, non autem practica sive activa.

SED CONTRA est quod dicitur *ad Coloss.* 4, [5]: *In sapientia ambulate ad eos qui foris sunt*. Hoc autem pertinet ad actionem. Ergo sapientia non solum est speculativa, sed etiam practica.

RESPONDEO dicendum quod, sicut Augustinus dicit, in XII *de Trin.*,[3] superior pars rationis sapientiae deputatur, inferior autem scientiae. Superior autem ratio, ut ipse in eodem libro[4] dicit, intendit *rationibus supernis*, scilicet divinis, *et conspiciendis et consulendis:* conspiciendis quidem, secundum quod divina in seipsis contemplatur;

---

1. c.37, al.18, in vet.28, n.61: PL 75, 764B.
2. 불가타에는 "illius"로 되어 있다.

인 지혜는 실천적이기는커녕 훨씬 더 사변적이다.

 2. 실천적 지성은 우연적인 '작용할 수 있는 것'에 연관된다. 그런데 지혜는 영원하고 필연적인 '신적인 것'과 관련된다. 따라서 지혜는 실천적일 수 없다.

 3. 그레고리우스는 『욥기의 도덕적 해설』 제6권에서[1] "[사람은] 관상에서는 하느님이신 원리(시작)를 찾는 데 반해, 작용에서는 무거운 필연성(필요)의 짐 아래에 수고한다."라고 말하였다. 지혜에는 신적인 것들에 대한 봄[직관]이 속하는데, 이 봄에는 어떤 짐 아래 수고함이 속하지 않는다. 지혜서 8장 [16절]에 있듯이 "그[=지혜]와의[2] 대화는 쓴맛이 없고, 그와의 함께 삶에도 싫증이 없[기 때문이]다." 따라서 지혜는 사변적일 뿐이고, 실천적이거나 활동적이지 않다.

 [재반론] 콜로새서 4장 [5절]에서는 "바깥사람들에게는 지혜롭게 처신하고…"라고 말한다. 그런데 이것은 활동에 속한다. 따라서 지혜는 사변적일 뿐 아니라 실천적이기도 하다.

 [답변] 아우구스티누스가 『삼위일체론』 제12권에서[3] 말했듯이, 이성의 상위 부분은 지혜에 지정되고, 반면 하위 부분은 지식에 지정된다. 그가 같은 책에서[4] 말했듯이 상위 이성은 "천상 근거들", 즉 신적인 근거들을 "관조하고 그것들에 자문을 구하는 데" 주의를 기울인다. 그런데 신적인 것이 그 자체로 관상되는 한에서 [그것들을] 관조하는 데 주

---

3. c.14, n.7: PL 42, 1009.
4. c.7, n.12: PL 42, 1005.

consulendis autem, secundum quod per divina iudicat de humanis, per divinas regulas dirigens actus humanos.[5] Sic igitur sapientia, secundum quod est donum, non solum est speculativa, sed etiam practica.

AD PRIMUM ergo dicendum quod quanto aliqua virtus est altior, tanto ad plura se extendit; ut habetur in libro *de Causis*.[6] Unde ex hoc ipso quod sapientia quae est donum est excellentior quam sapientia quae est virtus intellectualis, utpote magis de propinquo Deum attingens, per quandam scilicet unionem animae ad ipsum, habet quod non solum dirigat in contemplatione, sed etiam in actione.[7]

AD SECUMDUM dicendum quod divina in se quidem sunt necessaria et aeterna: sunt tamen regulae contingentium, quae humanis actibus subsunt.

AD TERTIUM dicendum quod prius est considerare aliquid in seipso quam secundum quod ad alterum comparatur. Unde ad sapientiam per prius pertinet contemplatio divinorum, quae est *visio principii*[8]; et posterius dirigere actus humanos secundum rationes divinas. Nec tamen in actibus humanis ex directione sapientiae provenit amaritudo aut labor: sed potius amaritudo propter sapientiam vertitur in dulcedinem, et labor in requiem.

---

5. Cf. I, q.79, a.9.
6. Prop.10, § *Quod est*; et prop.17, § *Et quod ipsa*. Cf. Proclus, *Elem. theol.*, 95, 177; Plotinus, *Ennead.*, VI, VIII, 14.

의를 기울이고, 반면 신적인 것을 통해서 인간적인 것에 대해 판단하고, 신적 규칙을 통해서 인간적 행위를 지도하는 한에서 자문을 구하는 데[5] 주의를 기울인다. 따라서 이렇게 지혜는 선물인 한에서 사변적일 뿐만 아니라 실천적이기도 하다.

[해답] 1. 『원인론』에서[6] 주장하고 있듯이, 어떤 덕이 높을수록 그만큼 더 많은 것에 두루 미치게 된다. 선물인 지혜는, 영혼의 하느님과의 결합을 통해서 하느님에 더 가까이 가기 때문에 지성적 덕인 지혜보다 더 탁월하다. 그러므로 이로부터 지혜는 관상에서뿐 아니라 활동에서도 [우리를] 지도한다고 말할 수 있다.[7]

2. 신적인 것은 그 자체로 필연적이고 영원하다. 그렇지만 그것이 인간적 행위 아래 있는 것은 우연적인 것의 규칙이다.

3. 어떤 것을 다른 것과 비교해서 고찰하는 것보다 그것을 그 자체로 고찰하는 것이 앞선다. 그러므로 "원리의 봄"[8]인 신적인 것에 대한 관상이 지혜에 선차적으로 속하고, 신적 근거에 따라 인간적 행위를 지도함은 후차적으로 지혜에 속한다. 그런데 지혜의 지도로부터는 인간적 행위에서 쓴맛이나 수고가 생겨나는 것이 아니라, 오히려 지혜 때문에 쓴맛이 달콤함으로, 수고가 휴식으로 전환된다.

---

7. Cf. I, q.1, a.3, ad2, a4.
8. 재반론에 인용되어 있는 그레고리우스의 글 참조.

Articulus 4
Utrum sapientia possit esse sine gratia, cum peccato mortali

Ad quartum sic proceditur. Videtur quod sapientia possit esse sine gratia, cum peccato mortali.

1. De his enim quae cum peccato mortali haberi non possunt praecipue sancti gloriantur: secundum illud II *ad Cor.* 1, [12]: *Gloria nostra haec est, testimonium conscientiae nostrae.* Sed de sapientia non debet aliquis gloriari, secundum illud Ierem. 9, [23]: *Non glorietur sapiens in sapientia sua.* Ergo sapientia potest esse sine gratia, cum peccato mortali.

2. Praeterea, sapientia importat cognitionem divinorum, ut dictum est.[1] Sed aliqui cum peccato mortali possunt habere cognitionem veritatis divinae: secundum illud *Rom.* 1, [18]: *Veritatem Dei in iniustitia detinent.* Ergo sapientia potest esse cum peccato mortali.

3. Praeterea, Augustinus dicit, in XV *de Trin.*,[2] de caritate loquens: *Nullum est isto Dei dono excellentius: solum est quod dividit inter filios regni aeterni et filios perditionis aeternae.* Sed sapientia differt a caritate. Ergo non dividit inter filios regni et filios perditionis. Ergo potest esse cum peccato mortali.

---

1. aa.1 & 3.

제4절 지혜는 은총 없이, 사죄와 함께 있을 수 있는가?

[반론] 넷째에 대해서는 다음과 같이 진행한다. 지혜는 은총 없이, 사죄와 함께 있을 수 있는 것으로 보인다.

1. "우리의 양심도 증언하듯이 우리가 자랑하는 바는 이렇습니다."라고 한 코린토 2서 1장 [12절]에 따르면, 성인들은 특히 사죄와 함께 소유될 수 없는 것에 대해 자랑한다. 그런데 "지혜로운 이는 자신의 지혜를 자랑하지 말라."라고 한 예레미야서 9장 [23절]에 따르면 지혜에 대해서는 어떤 이도 자랑해서는 안 된다. 따라서 지혜는 은총 없이, 사죄와 함께 있을 수 있다.

2. 이미 말한 것처럼,[1] 지혜는 신적인 것에 대한 인식을 내포한다. 그런데 "불의로 진리를 억누르는 사람들…"이라고 한 로마서 1장 [18절]에 따르면 사죄를 범한 어떤 이들이 신적 진리의 인식을 가질 수 있다. 따라서 지혜는 사죄와 함께 있을 수 있다.

3. 아우구스티누스는 『삼위일체론』 제15권에서[2] 참사랑에 대해 언급하면서 "어느 것도 하느님의 이 선물보다 탁월하지 않다. 이것만이 영원한 나라의 자식들과 영원한 멸망의 자식들 사이를 갈라놓는다."라고 말하였다. 그런데 지혜는 참사랑과 다르다. 지혜는 [하느님] 나라의 자식들과 멸망의 자식들을 갈라놓지 않는다. 따라서 지혜는 사죄와 함께 있을 수 있다.

---

2. c.18, n.32: PL 42, 1082.

SED CONTRA est quod dicitur *Sap.* 1, [4]: *In malevolam animam non introibit sapientia, nec habitabit in corpore subdito peccatis.*

RESPONDEO dicendum quod sapientia quae est donum Spiritus Sancti, sicut dictum est,[3] facit rectitudinem iudicii circa res divinas, vel per regulas divinas de aliis, ex quadam connaturalitate sive unione ad divina. Quae quidem est per caritatem, ut dictum est.[4] Et ideo sapientia de qua loquimur praesupponit caritatem. Caritas autem non potest esse cum peccato mortali, ut ex supradictis[5] patet. Unde relinquitur quod sapientia de qua loquimur non potest esse cum peccato mortali.

AD PRIMUM ergo dicendum quod illud intelligendum est de sapientia in rebus mundanis; sive etiam in rebus divinis per rationes humanas. De qua sancti non gloriantur, sed eam se fatentur non habere: secundum illud *Prov.* 30, [2]: *Sapientia hominum non est mecum.* Gloriantur autem de sapientia divina: secundum illud I *ad Cor.* 1, [30]: *Factus est nobis sapientia a Deo.*

AD SECUNDUM dicendum quod ratio illa procedit de cognitione divinorum quae habetur per studium et inquisitionem rationis. Quae potest haberi cum peccato mortali: non autem illa sapientia de

---

3. aa.2–3.

제45문 제4절

[재반론] 지혜서 1장 [4절]에서는 "지혜는 간악한 영혼 안으로 들지 않을 것이고 죄에 얽매인 육신 안에 머무르지도 않을 것이다."라고 말한다.

[답변] 성령의 선물인 지혜는 이미 말한 것처럼,[3] 신적 사물에 관하여 또는 신적 규칙을 통해서 다른 것들에 대해, 신적인 것과의 공동 본성성 또는 결합에 근거하여 올바른 판단을 내린다. 이미 말한 것처럼[4] 이 결합은 참사랑에 의한 것이다. 우리가 말하고 있는 지혜는 참사랑을 전제한다. 그런데 참사랑은, 위에서 말한 바로부터[5] 분명히 알 수 있듯이, 사죄와 함께 있을 수 없다. 그러므로 우리가 말하고 있는 지혜는 사죄와 함께 있을 수 없다는 결론이 남는다.

[해답] 1. 이 말은 세상 사물에 있어서의 지혜에 대한 것으로, 또는 인간적 근거를 통한 신적 사물에 있어서의 지혜로도 이해해야 한다. "인간들의 지혜가 나에게 없다."라고 말하는 잠언 30장 [2절]에 따르면 성인들은 이 지혜에 대해 자랑하지 않으며, 자신들이 그것을 갖지 않았다고 고백한다. 그런데 그들은 "[그리스도께서는] 우리에게 하느님에게서 오는 지혜가 되시고…"라고 한 코린토 1서 1장 [30절]에 따르면 신적 지혜를 자랑한다.
2. 저 논거는 이성의 노력과 탐색을 통해서 소유되는 신적인 것에 대한 인식으로부터 전개하는 것이다. 이 인식은 사죄와 함께 소유될 수

---

4. a.2.
5. q.24, a.12.

25

qua loquimur.

AD TERTIUM dicendum quod sapientia, etsi differat a caritate, tamen praesupponit eam; et ex hoc ipso dividit inter filios perditionis et regni.

Articulus 5
Utrum sapientia sit in omnibus habentibus gratiam

Ad quintum sic proceditur. Videtur quod sapientia non sit in omnibus habentibus gratiam.

1. Maius enim est sapientiam habere quam sapientiam audire. Sed solum perfectorum est sapientiam audire: secundum illud I *ad Cor.* 2, [6]: *Sapientiam loquimur inter perfectos.* Cum ergo non omnes habentes gratiam sint perfecti, videtur quod multo minus omnes habentes gratiam sapientiam habeant.

2. Praeterea, *sapientis est ordinare;* ut Philosophus dicit, in principio *Metaphys..*[1] Et Iac. 3, [17] dicitur quod est *iudicans sine simulatione.*[2] Sed non omnium habentium gratiam est de aliis iudicare aut alios ordinare, sed solum praelatorum. Ergo non omnium habentium gratiam est habere sapientiam.

---

1. I, c.2, 982a18-21; St. Thomas, lect.2, nn.42-43.

있다. 그렇지만 우리가 말하고 있는 지혜는 그렇지 않다.

3. 지혜는 비록 참사랑과 다르지만 참사랑을 전제한다. 이를 근거로 지혜는 멸망의 자식과 [하느님] 나라의 자식을 나눈다.

제5절 지혜는 은총을 받은 모든 이들 안에 있는가?

Parall.: I-II, q.68, a.5, a.1

[반론] 다섯째에 대해서는 다음과 같이 진행된다. 지혜는 은총을 받은 모든 이들 안에 있지 않은 것으로 보인다.

1. 지혜를 듣는 것보다 지혜를 갖는 것이 더 크다. 그런데 "우리는 완전한 이들 가운데에서 지혜를 말한다."라고 말하는 코린토 1서 2장 [6절]에 따르면, 지혜를 듣는 것은 완전한 이들에게만 속한다. 따라서 은총을 받은 이들이 모두 완전한 것은 아니기 때문에, 은총을 받은 이들이 모두 지혜를 가지고 있는 것은 더더욱 아닌 것으로 보인다.

2. 철학자가 『형이상학』 제1권에서[1] 말했듯이 "질서를 지우는 것은 지혜로운 이의 일이다." 그리고 이사야서 3장 [17절]에서는 [지혜로운 이가] "거짓 없이, 판단을 하는 이"[2]라고 말한다. 그런데 다른 이들에 대해 판단하거나, 또는 다른 이들을 질서 지우는 것은 은총을 받은 모든 이들에게 속하는 것이 아니라 고위 성직자에게만 속한다. 따라서 은총을 받은 모든 이들에게 지혜가 있는 것은 아니다.

---

2. 불가타에는 "non iudicans, sine simulatione"라고 되어 있다.

3. Praeterea, sapientia datur contra stultitiam; ut Gregorius dicit, in II *Moral.*.³ Sed multi habentes gratiam sunt naturaliter stulti: ut patet de amentibus baptizatis, vel qui postmodum sine peccato in amentiam incidunt. Ergo non in omnibus habentibus gratiam est sapientia.

SED CONTRA est quod quicumque qui est sine peccato mortali diligitur a Deo: quia caritatem habet, qua Deum diligit; *Deus autem diligentes se diligit*,⁴ ut dicitur *Prov.* 8, [17]. Sed *Sap.* 7, [28] dicitur quod *neminem diligit Deus nisi eum qui cum sapientia inhabitat.* Ergo in omnibus habentibus gratiam, sine peccato mortali existentibus, est sapientia.

RESPONDEO dicendum quod sapientia de qua loquimur, sicut dictum est,⁵ importat quandam rectitudinem iudicii circa divina et conspicienda et consulenda. Et quantum ad utrumque, ex unione ad divina secundum diversos gradus aliqui sapientiam sortiuntur. Quidam enim tantum sortiuntur de recto iudicio, tam in contemplatione divinorum quam etiam in ordinatione rerum humanarum secundum divinas regulas, quantum est necessarium ad salutem. Et hoc nulli deest sine peccato mortali existenti per gratiam gratum facientem:

---

3. c.49, al.27, in vet.36, n.77: PL 75, 592D.
4. 불가타에는 "Ego diligentes me diligo(나를 사랑하는 이를 사랑한다)."라고 되어 있다.

3. 그레고리우스가 『욥기의 도덕적 해설』 제2권에서[3] 말했듯이, 지혜는 어리석음에 반대해서 주어진다. 그런데 은총을 받은 많은 이들이 본성적으로 어리석다. 이는 세례를 받은 실성한 이들이나, 또는 죄 없이 후에 실성하게 된 이들의 경우에서 분명히 알 수 있다. 따라서 은총을 받은 모든 이에게 지혜가 있는 것은 아니다.

[재반론] 하느님께서는 사죄가 없는 모든 이를 사랑하신다. 왜냐하면 그는 그것으로 하느님을 사랑하는 참사랑을 갖고 있고, 한편 잠언 8장 [17절]에 있듯이, 하느님은 "당신을 사랑하는 이를 사랑"[4]하시기 때문이다. 그런데 지혜서 7장 [28절]에서는 "하느님께서는 지혜와 함께 사는 사람만 사랑하신다."라고 말한다. 따라서 사죄가 없는, 은총을 받은 모든 이에게 지혜가 있다.

[답변] 우리가 말하고 있는 지혜는 언급한 바대로,[5] 관조하고 [그것에] 자문해야 할 신적인 것에 관한 올바른 판단을 포함한다. 이 두 가지 관점에서, 사람들은 신적인 것과 결합하여 서로 다른 등급으로 지혜를 취한다. 왜냐하면 어떤 이들은 신적인 것의 관상에서도 그리고 또 신적 규칙에 따라 인간사를 질서 지우는 일에 있어서도 구원에 필요한 만큼 올바른 판단을 취하기 때문이다. 그리고 이것은 '하느님을 기쁘시게 하는 은총(성화은총)'에 의해, 사죄가 없는 누구에게라도 부족하지 않다. 왜냐하면 만일 자연(본성)이 필수적인 것에서 결함이 없다

---

5. aa.1 & 3.

quia si natura non deficit in necessariis, multo minus gratia.⁶ Unde dicitur I Ioan. 2, [27]: *Unctio docet vos de omnibus.*

Quidam autem altiori gradu percipiunt sapientiae donum, et quantum ad contemplationem divinorum, inquantum scilicet altiora quaedam mysteria et cognoscunt et aliis manifestare possunt; et etiam quantum ad directionem humanorum secundum regulas divinas, inquantum possunt secundum eas non solum seipsos, sed etiam alios ordinare. Et iste gradus sapientiae non est communis omnibus habentibus gratiam gratum facientem, sed magis pertinet ad gratias gratis datas, quas Spiritus Sanctus *distribuit prout vult,* secundum illud I *ad Cor.* 12, [8 sqq.]: *Alii datur per spiritum sermo sapientiae,* etc..⁷

AD PRIMUM ergo dicendum quod Apostolus loquitur ibi de sapientia secundum quod se extendit ad occulta mysteria divinorum: sicut et ibidem [7] dicitur: *Loquimur Dei sapientiam in mysterio absconditam.*⁸

AD SECUNDUM dicendum quod quamvis ordinare alios homines et de eis iudicare pertineat ad solos praelatos, tamen ordinare proprios actus et de eis iudicare pertinet ad unumquemque; ut patet per Dionysium, in epistola *ad Demophilum.*⁹

---

6. Cf. q.9, a.1.
7. 불가타에는 "Alii quidem per Spiritum datur sermo"라고 되어 있다.

면, 은총은 훨씬 더 결함이 없을 것이기 때문이다.[6] 그러므로 요한 1서 2장 [27절]에서는 "그분께서 기름부으심으로 여러분에게 모든 것을 가르치십니다."라고 말하는 것이다.

그런데 어떤 이들은 신적인 것의 관상과 관련해서는 더 높은 신비를 인식하고 그것을 다른 이들에게 드러낼 수 있는 한에서, 그리고 또한 신적 규칙에 따른 인간적인 것의 지도와 관련해서는 신적 규칙에 따라 자신뿐만 아니라 다른 이들도 질서 지울 수 있는 한에서, 더 높은 정도로 지혜의 선물을 지각한다. 이러한 등급의 지혜는 '하느님을 기쁘시게 하는 은총(성화은총)'을 받은 모든 이들에게 공통적인 것이 아니고 오히려 '거저 주어지는 은총(무상은총)'에 속한다. 성령은 이 은총을, "다른 이에게 지혜의 말씀 등이 성령을 통해 주어졌다."라고 한 코린토 1서 12장 [8절]에 따르면, "원하시는 대로 나눠주셨다."[7]

[해답] 1. 여기에서 사도는, 같은 곳 [7절]에서 "우리는 신비 안에 감춰진 하느님의 지혜를 말합니다."[8]라고 말하는 것처럼, 신적인 것의 숨겨진 신비에 미치는 한에서의 지혜에 대해 말하고 있다.

2. 비록 다른 사람을 질서 지우고 그들에 대해 판단하는 것은 오직 고위 성직자들에게만 속하는 일이라 하더라도, 자신의 고유한 행위를 질서 지우고 그것들에 대해 판단하는 것은 모든 이에게 속한다. 이는 『데모필루스에게 보낸 서한』에서[9] 디오니시우스를 통해 분명히 알 수 있다.

---

8. 불가타에는 "quae abscondita est"라고 되어 있다.
9. Epist.8: PG 3, 1093AB.

AD TERTIUM dicendum quod amentes baptizati, sicut et pueri, habent quidem habitum sapientiae, secundum quod est donum Spiritus Sancti, sed non habent actum, propter impedimentum corporale quo impeditur in eis usus rationis.[10]

Articulus 6
Utrum septima beatitudo respondeat dono sapientiae

Ad sextum sic proceditur. Videtur quod septima beatitudo non respondeat dono sapientiae.

1. Septima enim beatitudo est: *Beati pacifici: quoniam filii Dei vocabuntur.*[1] Utrumque autem horum pertinet immediate ad caritatem. Nam de pace dicitur in Psalm. [Ps. 118, 165]: *Pax multa diligentibus legem tuam.* Et ut Apostolus dicit, Rom. 5, [5], *caritas Dei diffusa est in cordibus nostris per Spiritum Sanctum, qui datus est nobis;* qui quidem est *Spiritus adoptionis filiorum, in quo clamamus, Abba, Pater,* ut dicitur *Rom.* 8, [15]. Ergo septima beatitudo magis debet attribui caritati quam sapientiae.

2. Praeterea, unumquodque magis manifestatur per proximum effectum quam per remotum. Sed proximus effectus sapientiae videtur

---

10. Cf. q.9, a.4, ad1.

1. 마태오복음서 5장 9절. [『가톨릭성경』: "행복하여라, 평화를 이루는 사람들! 그들은 하느님의

3. 세례를 받은 실성한 이들은 어린이들이 그런 것처럼, 성령의 선물인 한에서의 지혜의 습성은 가지고 있지만, 이성의 사용을 가로막는 육체적 방해물 때문에 [지혜의] 행위를 가지고 있는 것은 아니다.[10]

제6절 일곱째 참행복이 지혜의 선물에 대응하는가?

Parall.: I-II, q.69, a.4; In Sent., III, d.34, q.1, a.4

[반론] 여섯째에 대해서는 다음과 같이 진행한다. 일곱째 참행복이 지혜의 선물에 대응하지 않는 것으로 보인다.

1. 일곱째 참행복은 "행복하여라, 평화를 이루는 사람들, 그들은 하느님의 자녀라 불리기 때문이다."[1]이다. 그런데 이 두 가지는 모두 참사랑에 직접적으로 속한다. 시편 118[117]편 [165절]에서 평화에 대하여 "많은 평화가 당신의 법을 사랑하는 이에게"라고 말하고 있기 때문이다. 로마서 5장 [5절]에서 사도가 말했듯이 "하느님의 참사랑이 우리에게 주어진 성령을 통해 우리 마음속에 퍼져 있다." 그리고 성령은, 로마서 8장 [15절]에서 말하듯이 "그 안에서 우리가 아빠 아버지라고 외치는, 아들의 입양의 영"이다. 따라서 일곱째 참행복은 지혜보다는 참사랑에 돌려져야 한다.

2. 모든 것은 먼 결과보다는 가까운 결과를 통해서 더 [분명히] 드러난다. 그런데 "[지혜는] 민족들을 통해서 거룩한 영혼으로 옮겨져, 하

자녀라 불릴 것이다."]

esse caritas, secundum illud *Sap.* 7, [27]: *Per nationes in animas sanctas se transfert: amicos Dei et prophetas constituit:* pax autem et adoptio filiorum videntur esse remoti effectus, cum procedant ex caritate, ut dictum est.[2] Ergo beatitudo sapientiae respondens deberet magis determinari secundum dilectionem caritatis quam secundum pacem.

3. Praeterea, Iac. 3, [17] dicitur: *Quae desursum est sapientia primo quidem pudica est, deinde autem pacifica, modesta, suadibilis, bonis consentiens, plena misericordia et fructibus bonis, iudicans sine simulatione.*[3] Beatitudo ergo correspondens sapientiae non magis debuit accipi secundum pacem quam secundum alios effectus caelestis sapientiae.

SED CONTRA est quod Augustinus dicit, in libro *de Serm. Dom. in Monte,*[4] quod *sapientia convenit pacificis, in quibus nullus motus est rebellis, sed obtemperans rationi.*

RESPONDEO dicendum quod septima beatitudo congrue adaptatur dono sapientiae et quantum ad meritum et quantum ad praemium. Ad meritum quidem pertinet quod dicitur: *Beati pacifici.* Pacifici autem dicuntur quasi pacem facientes vel in seipsis vel etiam in aliis. Quorum utrumque contingit per hoc quod ea in quibus pax constituitur ad debitum ordinem rediguntur: nam pax est *tranquil-*

---

2. q.19, a.2, ad3; q.29, a.3.
3. 불가타에는 "Quae autem desursum est sapientia, primum quidem pudica est, deinde pacifica, modesta, suadibilis, bonis consentiens, plena misericordia et fructibus bonis, non iudicans, sine

느님의 친구와 예언자로 삼는다."라고 말하는 지혜서 7장 [27절]에 따르면, 지혜의 가까운 결과는 참사랑인 것으로 보이는 데 반해, 평화와 아들의 입양은 먼 결과인 것으로 보인다. 이미 말한 것처럼,[2] 참사랑으로부터 나오기 때문이다. 따라서 지혜에 대응하는 참행복은 평화보다는 참사랑의 사랑에 따라 결정되어야 한다.

3. 야고보서 3장 [17절]에서는 "위로부터 오는 지혜는 먼저 순수하고, 그다음으로 평화를 이루고, 절도 있고, 온순하고, 선한 것에 동의하고, 자비와 좋은 열매가 풍부하고, 거짓 없이 판단을 한다."[3]라고 말한다. 따라서 지혜에 대응하는 참행복은 천상 지혜의 다른 결과에 따르기보다는 평화에 따라 취해져야 한다.

[재반론] 아우구스티누스는 『주님의 산상설교』에서[4] "지혜는 그에게 어떤 운동도 반란을 일으키지 않고 이성에 순종하는, 평화를 이룩하는 이에게 적합하다."라고 말하였다.

[답변] 일곱째 참행복은 공로의 관점에서도 그리고 보상[포상]의 관점에서도 지혜의 선물에 적합하게 잘 맞는다. "행복하여라, 평화를 이루는 사람들"이라고 말한 바가 공로에 속한다. 그런데 평화를 이루는 사람들은 말하자면 자기 자신 안에서건 또는 다른 이 안에서건 평화를 만들어내는 이라 불린다. 이 둘은 모두 그 안에 평화가 수립되는 것들이 마땅한 질서에 놓이게 됨으로써 일어난다. 왜냐하면 아우구스티누

---

simulatione."라고 되어 있다.
4. I, c.4, n.11: PL 34, 1235.

litas ordinis, ut Augustinus dicit, XIX *de Civ. Dei.*[5] Ordinare autem pertinet ad sapientiam; ut patet per Philosophum, in principio *Metaphys..*[6] Et ideo esse pacificum convenienter attribuitur sapientiae.

Ad praemium autem pertinet quod dicitur: *Filii Dei vocabuntur.* Dicuntur autem aliqui filii Dei inquantum participant similitudinem Filii unigeniti et naturalis, secundum illud *Rom.* 8, [29]: *Quos praescivit conformes fieri imaginis Filii sui*[7]: qui quidem est sapientia genita.[8] Et ideo percipiendo donum sapientiae, ad Dei filiationem homo pertingit.

AD PRIMUM ergo dicendum quod caritatis est habere pacem: sed facere pacem est sapientiae ordinantis. — Similiter etiam Spiritus Sanctus intantum dicitur *Spiritus adoptionis* inquantum per eum datur nobis similitudo Filii naturalis, qui est genita sapientia.

AD SECUNDUM dicendum quod illud est intelligendum de Sapientia increata, quae prima se nobis unit per donum caritatis, et ex hoc revelat nobis mysteria, quorum cognitio est sapientia infusa. Et ideo sapientia infusa, quae est donum, non est causa caritatis, sed magis effectus.

---

5. c.13, n.1: PL, 640.
6. I, c.2, 982a18-21; St. Thomas, lect.2, nn.42-43.

스가 『신국론』 제19권에서[5] 말했듯이, 평화는 "질서의 평온"이기 때문이다. 그런데 질서지움은 지혜에 속한다. 이는 『형이상학』 제1권에서[6] 철학자를 통해 분명히 알 수 있다. 그래서 평화로움은 지혜에 돌리는 것이 적합하다.

보상에는 "하느님의 자녀라 불릴 것이다."라고 말한 바가 속한다. 그런데 어떤 이들은 독생자이고 자연적 아들(친아들)인 분의 유사성에 참여하는 한 하느님의 아들이라 불린다. 이는 "[하느님께서] 그분 아들의 모상과 같은 모습이 될 것을 미리 알고 있던 이들"[7]이라고 말하는 로마서 8장 [29절]에 따른 것이다. 하느님의 아들은 태어나신 지혜이다.[8] 그러므로 지혜의 선물을 지각함으로써 인간은 하느님의 아들 됨에 속하게 된다.

[해답] 1. 참사랑에는 평화를 가짐이 속하고, 반면 평화를 만듦은 질서 지우는 지혜에 속한다.—이와 유사하게 성령도, 태어나신 지혜이신 자연적 아들(친아들)의 유사성이 성령을 통해 우리에게 주어지는 한에서 "입양의 영"이라 불린다.

2. 이 말은 참사랑의 선물을 통해 첫 번째 지혜로서 우리와 결합하는 창조되지 않은 지혜에 대한 것으로 이해해야 한다. 이로부터 우리에게 신비가 드러나는데, 이 신비의 인식이 바로 '주입된 지혜'이다. 그래서 선물인 주입된 지혜는 참사랑의 원인이 아니라 오히려 결과이다.

---

7. 불가타에는 "Quos praescivit et praedestinavit conformes fieri etc."로 되어 있다.
8. Cf. I, q.39, a.8, obj.3 et c.

AD TERTIUM dicendum quod, sicut iam[9] dictum est, ad sapientiam, secundum quod est donum, pertinet non solum contemplari divina, sed etiam regulare humanos actus. In qua quidem directione primo occurrit remotio a malis quae contrariantur sapientiae: unde et timor dicitur esse *initium sapientiae*,[10] inquantum facit recedere a malis. Ultimum autem est, sicut finis, quod omnia ad debitum ordinem redigantur: quod pertinet ad rationem pacis. Et ideo convenienter Iacobus dicit quod *sapientia quae desursum est*, quae est donum Spiritus Sancti, *primum est pudica*, quasi vitans corruptelas peccati; *deinde autem pacifica*, quod est finalis effectus sapientiae, propter quod ponitur beatitudo.

Iam vero omnia quae sequuntur manifestant ea per quae sapientia ad pacem perducit, et ordine congruo. Nam homini per pudicitiam a corruptelis recedenti primo occurrit quod quantum ex se potest, modum in omnibus teneat: et quantum ad hoc dicitur *modesta*.[11] Secundo, ut in his in quibus ipse sibi non sufficit, aliorum monitis acquiescat: et quantum ad hoc subdit, *suadibilis*. Et haec duo pertinent ad hoc quod homo consequatur pacem in seipso. – Sed ulterius, ad hoc quod homo sit pacificus etiam aliis, primo requiritur ut bonis eorum non repugnet: et hoc est quod dicit, *bonis consentiens*. Secundo, quod defectibus proximi et compatiatur in affectu et subveniat in effectu: et hoc est quod dicitur, *plena misericordia et fructibus bonis*.

---

9. a.3.

3. 이미⁹ 말한 것처럼, 선물인 한에서 지혜에는 신적인 것을 관상함 뿐 아니라 인간적 행위를 규제함이 속한다. 이 [인간적 행위의] 지도(指導)에서 지혜와 반대되는 악의 제거가 일차로 발생한다. 그래서 두려움(경외)도, 악으로부터 물러나게 한다는 점에서, "지혜의 시작"¹⁰이라고 불린다. 그런데 마지막은, 마치 목적처럼, 모든 것이 마땅한 질서에 놓이게 되는 것이다. 이것이 평화의 본질 규정에 속한다. 그래서 야고보 사도는 성령의 선물인 "위로부터 오는 지혜"는 죄의 부패를 피하기 때문에 "먼저 순수하고", "그다음으로 평화롭다."고 적절하게 말하는 것이다. 이것이 지혜의 최종 결과이며, 그래서 참행복으로 여겨진다.

그런데 뒤따르는 모든 것들은 그것을 통해 지혜가 평화에 이르게 되는 것들을 적합한 질서에 따라 드러낸다. 왜냐하면 첫째, 순수함을 통해 부패로부터 물러선 인간은 그가 할 수 있는 한 모든 것에서 절도(節度)를 취하는 것이 필요하기 때문이다. 이러한 관점에서 [지혜는] "절도 있다."¹¹고 말해진다. 둘째, 자기 혼자 충분하지 않은 사안들에서는 다른 이들의 충고에 따라야 한다. 이러한 점에서 지혜는 "온순하게" 순종한다. 이 둘은 인간이 자기 자신 안에서 평화를 좇는 것과 연관된다. —그런데 마지막으로, 인간이 다른 이와도 평화를 이루기 위해서는, 첫째 그들의 선(좋은 것)에 반감을 갖지 말아야 한다. 이것이 "선한 것에 동의하고"라는 말의 뜻이다. 둘째, 이웃의 결함을 정서적으로 함께 겪고(공감하고) 결과에 있어(행위로) 원조를 해야 한다. 이것이 "자비와 좋은 열매가 풍부하다."라는 말의 뜻이다. 셋째, 참사랑으로 죄를 고쳐

---

10. Ps. 111[110], 10[『가톨릭성경』 시편 111편 10절: "지혜의 근원은 주님을 경외함이니"]. Cf. q.19, a.7.
11. 절도에 대해서는: Cf. q.160.

q.45, a.6

Tertio requiritur ut caritative emendare peccata satagat: et hoc est quod dicit, *iudicans sine simulatione*, ne scilicet, correctionem praetendens, odium intendat explere.

주려고 애써야 한다. 이것이 "거짓 없이 판단한다."는 말의 뜻이다. 즉 고쳐주는 척하면서 미움을 충족시키려 하지 말라는 것이다.

QUAESTIO XLVI
DE STULTITIA
in tres articulos divisa

Deinde considerandum est de stultitia, quae opponitur sapientiae.[1]
Et circa hoc quaeruntur tria.
Primo: utrum stultitia opponatur sapientiae.
Secundo: utrum stultitia sit peccatum.
Tertio: ad quod vitium capitale reducatur.

Articulus 1
Utrum stultitia opponatur sapientiae

Ad primum sic proceditur. Videtur quod stultitia non opponatur sapientiae.

1. Sapientiae enim directe videtur opponi insipientia. Sed stultitia non videtur esse idem quod insipientia: quia insipientia videtur esse solum circa divina, sicut et sapientia; stultitia autem se habet et circa divina et circa humana. Ergo sapientiae non opponitur stultitia.

2. Praeterea, unum oppositorum non est via perveniendi ad aliud.

---

1. Cf. q.45, Introd.

제46문
어리석음에 대하여
(전3절)

그리고 나서 지혜와 대립하는 어리석음에 대해 고찰해야만 한다.[1] 이와 관련하여 세 가지 물음이 제기된다.
1. 어리석음은 지혜와 대립하는가?
2. 어리석음은 죄인가?
3. 어리석음은 어떤 죄종으로 소급되는가?

제1절 어리석음은 지혜와 대립하는가?

Parall.: Supra, q.8, a.6, ad1

[반론] 첫째에 대해서는 다음과 같이 진행한다. 어리석음은 지혜와 대립하지 않는 것으로 보인다.

1. 지혜에는 지혜롭지 못함이 직접적으로 대립하는 것으로 보인다. 그런데 어리석음은 지혜롭지 못함과 같은 것으로 보이지 않는다. 왜냐하면 지혜가 그런 것처럼 지혜롭지 못함은 오직 신적인 것과 연관되는 것으로 보이는 데 반해, 어리석음은 신적인 것에도, 또 인간적인 것에도 연관되기 때문이다. 따라서 지혜와 어리석음은 대립하지 않는다.

2. 대립하는 것 가운데 하나는 다른 하나에 이르는 길이 아니다. 그

Sed stultitia est via perveniendi ad sapientiam: dicitur enim I *ad Cor.* 3, [18]: *Si quis videtur inter vos sapiens esse in hoc saeculo, stultus fiat, ut sit sapiens.* Ergo sapientiae non opponitur stultitia.

3. Praeterea, unum oppositorum non est causa alterius. Sapientia autem est causa stultitiae: dicitur enim Ierem. 10, [14]: *Stultus factus est omnis homo a scientia sua*[1]; sapientia autem quaedam scientia est. Et Isaiae 47, [10] dicitur: *Sapientia tua et scientia tua, haec decepit te:* decipi autem ad stultitiam pertinet. Ergo sapientiae non opponitur stultitia.

4. Praeterea, Isidorus dicit, in libro *Etymol.*,[2] quod *stultus est qui per ignominiam non commovetur ad dolorem, et qui non movetur iniuria.* Sed hoc pertinet ad sapientiam spiritualem; ut Gregorius dicit, in X *Moral.*.[3] Ergo sapientiae non opponitur stultitia.

SED CONTRA est quod Gregorius dicit, in II *Moral.*,[4] quod donum sapientiae datur contra stultitiam.

RESPONDEO dicendum quod nomen stultitiae a *stupore* videtur esse sumptum: unde Isidorus dicit, in libro *Etymol.*[5]: *Stultus est qui*

---

1. 불가타에는 sua가 없다.
2. X, ad litt. *S*, n.246: PL82, 393C
3. c.29, al.16, in vet.27: PL 75, 947B.

런데 어리석음은 지혜에 이르는 길이다. 코린토 1서 3장 [18절]에서 "여러분 가운데 자기가 이 세상에서 지혜로운 이라고 생각하는 사람이 있다면, 그가 [실제로] 지혜롭게 되기 위해서는 어리석은 이가 되어야 합니다."라고 되어 있기 때문이다. 따라서 지혜는 어리석음과 대립하지 않는다.

3. 대립하는 것 가운데 하나는 다른 하나의 원인이 아니다. 그런데 지혜는 어리석음의 원인이다. 즉 예레미야서 10장 [14절]에 "모든 사람은 자기 지식으로[1] 어리석어졌다."라고 말하고 있는데, 지혜는 일종의 지식이기 때문이다. 이사야서 47장 [10절]에서는 "너의 지혜와 너의 지식이 너를 현혹시켜…"라고 말한다. 그런데 '현혹됨'은 어리석음에 속한다. 따라서 지혜는 어리석음과 대립하지 않는다.

4. 이시도루스는 『어원론』에서[2] "불명예로 인해 고통스럽게 되지 않고 불의를 당해도 움직이지 않는 사람은 어리석다."고 말했다. 그런데 그레고리우스가 『욥기의 도덕적 해석』 제10권에서[3] 말하는 것처럼, 이것은 영적 지혜에 속한다. 따라서 지혜와 어리석음은 대립하지 않는다.

[재반론] 그러나 반대로 그레고리우스는 『욥기의 도덕적 해설』 제2권에서[4] 지혜의 선물은 어리석음에 반대해서 주어진다고 말하였다.

[답변] 어리석음이라는 이름은 '우둔함(stupor)'에서 온 것으로 보인다. 그래서 이시도루스는 『어원론』에서[5] "우둔함 때문에 움직이지 않

---

4. c.49, al.27, in vet.36: PL 75, 592D.
5. X, ad litt. S, n.246: PL 82, 393C.

q.46, a.1

propter stuporem non movetur. Et differt stultitia a fatuitate, sicut ibidem[6] dicitur, quia stultitia importat hebetudinem cordis et obtusionem sensuum; fatuitas autem importat totaliter spiritualis sensus privationem. Et ideo convenienter stultitia sapientiae opponitur. *Sapiens enim, ut ibidem*[7] Isidorus dicit, *dictus est a sapore: quia sicut gustus est aptus ad discretionem saporis ciborum, sic sapiens ad dignoscentiam rerum atque causarum.* Unde patet quod stultitia opponitur sapientiae sicut contrarium; fatuitas autem sicut pura negatio. Nam fatuus caret sensu iudicandi; stultus autem habet, sed hebetatum; sapiens autem subtilem ac perspicacem.[8]

AD PRIMUM ergo dicendum quod, sicut Isidorus ibidem dicit, *insipiens contrarius est sapienti, eo quod est sine sapore discretionis et sensus.* Unde idem videtur esse insipientia cum stultitia. Praecipue autem videtur aliquis esse stultus quando patitur defectum in sententia iudicii quae attenditur secundum causam altissimam: nam si deficiat in iudicio circa aliquid modicum, non ex hoc vocatur aliquis

---

6. Loc. cit.; Cf. ad litt. *F*, n.103: PL 82, 377C.
7. X, ad litt. *S*, n.240: PL 82, 392C-393A.
8. "비유를 통해 설명되는 것들은 어휘의 빈곤 때문에 우리가 현혹되지 않도록 주제가 되는 질료에 따라 건전하게 이해되어야 한다. 따라서 어리석음이 무딤의 측면에서 주목된다고 말해지기 때문에, 그리고 15문 2절에서 분명히 알 수 있듯이, 이러한 측면에서 이해의 선물에 반대되는 악습이 주목된다고 말해졌기 때문에, 지성인 영적 감각의 마비는 신적인 것의 지각을

는 이는 어리석다."라고 말한다. 그리고 같은 곳에서[6] 말하는 것처럼 어리석음은 단순함(fatuitas)과 다르다. 어리석음은 마음의 무딤(hebetudo)과 감각의 마비(obtusio)를 포함하는 반면, 단순함은 영적 감각의 전적인 결여를 포함하기 때문이다. 그래서 지혜와 어리석음이 대립하는 것은 적절하다. 그리고 같은 곳에서[7] 이시도루스가 말하듯이 "지혜로운 이는 '맛'으로부터 그렇게 불린다. 미각이 음식의 맛을 식별하는 데 적성이 있고, 지혜로운 이는 사물과 원인들의 판별에 적성이 있기 때문이다." 그러므로 어리석음은 [지혜와] 반대되는 것으로서 대립하는 데 반해, 단순함은 [지혜의] 순수 부정으로서 지혜와 대립한다. 단순한 이는 판단의 감각을 결여하지만, 어리석은 이는 판단의 감각은 있지만 무디어진 감각이 있고, 반면 지혜로운 이는 섬세하고 통찰력 있는 [판단의 감각을] 갖기 때문이다.[8]

[해답] 1. 이시도루스가 같은 곳에서 말했듯이 "지혜롭지 못한 이는 지혜로운 이와 반대된다. 식별과 감각의 맛을 가지고 있지 않기 때문이다." 그러므로 지혜롭지 못함은 어리석음과 같은 것으로 보인다. 그런데 어떤 이는 특히 그가 최고 원인에 따라 주목되는 판단의 판결에 있어서 결함을 겪을 때 어리석어 보인다. 왜냐하면 설령 어떤 이가 어떤 작은 것과 관련된 판단에 있어서 결함이 있다고 하더라도, 그 이유 때문에 그가 어리석다고 불리지는 않기 때문이다.

방해하는 한에서 이해(통찰)의 선물에 반대되고, 반면 최고 원인에 따르는 동일한 것[=신적인 것]에 대한 판단을 방해하는 한에서 지혜의 선물에 반대된다고 나는 알고 있다. 그리고 이러한 방식으로 정신의 무딤이나 맹목을 구성하고, 반면 저 방식으로는 어리석음이나 지각없음을 구성한다." Cajetanus in h.l.

stultus.

AD SECUNDUM dicendum quod sicut est quaedam sapientia mala, ut supra[9] dictum est, quae dicitur *sapientia saeculi,*[10] quia accipit pro causa altissima et fine ultimo aliquod terrenum bonum; ita etiam est aliqua stultitia bona, huic sapientiae malae opposita, per quam aliquis terrena contemnit. Et de hac stultitia loquitur Apostolus.[11]

AD TERTIUM dicendum quod sapientia saeculi est quae decipit et facit esse *stultum apud Deum:* ut patet per Apostolum, I *ad Cor.* 3, [19].

AD QUARTUM dicendum quod non moveri iniuriis quandoque quidem contingit ex hoc quod homini non sapiunt terrena, sed sola caelestia. Unde hoc pertinet ad stultitiam mundi, sed ad sapientiam Dei, ut Gregorius ibidem dicit.[12] Quandoque autem contingit ex hoc quod homo est simpliciter circa omnia stupidus: ut patet in amentibus, qui non discernunt quid sit iniuria. Et hoc pertinet ad stultitiam simpliciter.

---

9. q.45, a.1, ad1.
10. *Ep. I ad Cor.*, 2, 6.

2. 위에서[9] 언급된 것처럼, "세상의 지혜"[10]라 불리는 어떤 악한 지혜가 있다. 어떤 세속적 선을 최고 원인 및 궁극 목적으로 받아들이기 때문이다. 이와 마찬가지로 이 악한 지혜와 대립하고, 그것을 통해서 어떤 이가 세속적인 것을 경멸하도록 만드는 어떤 선한 어리석음이 있다. 사도는 바로 이런 어리석음에 대해 말하고 있는 것이다.[11]

3. 코린토 1서 3장 [19절]에서 사도를 통해 분명히 알 수 있듯이, 세상의 지혜는 [우리를] 속이고 "하느님 앞에서 어리석게" 만든다.

4. '불의함에도 움직이지 않음'은 때로는 세속적인 것이 사람에게 아무런 맛을 내지 못하고 오직 천상의 것만이 맛을 내기 때문에 일어날 수 있다. 그러므로 그레고리우스가 같은 곳에서 말했듯이,[12] 이것은 세상의 어리석음에 속하지 않고 하느님의 지혜에 속한다. 그런데 ['불의함에도 움직이지 않음'은] 때로는 사람이 모든 것과 관련해서 단적으로 우매해서 일어나기도 한다. 이는 무엇이 불의인지 식별하지 못하는 실성한 이에게서 분명히 알 수 있다. 이것은 단적인 어리석음에 속한다.

---

11. Cf. q.113, a.1, ad1.
12. Loc. cit. in arg.: PL 75, 947D.

Articulus 2
Utrum stultitia sit peccatum

Ad secundum sic proceditur. Videtur quod stultitia non sit peccatum.

1. Nullum enim peccatum provenit in nobis a natura. Sed quidam sunt stulti naturaliter. Ergo stultitia non est peccatum.

2. Praeterea, omne peccatum est voluntarium, ut Augustinus dicit.[1] Sed stultitia non est voluntaria. Ergo non est peccatum.

3. Praeterea, omne peccatum opponitur alicui praecepto divino. Sed stultitia nulli praecepto opponitur. Ergo stultitia non est peccatum.

SED CONTRA est quod dicitur *Prov.* 1, [32]: *Prosperitas stultorum perdet eos.*[2] Sed nullus perditur nisi pro peccato. Ergo stultitia est peccatum.

RESPONDEO dicendum quod stultitia, sicut dictum est,[3] importat quendam stuporem sensus in iudicando, et praecipue circa altissimam causam, quae est finis ultimus et summum bonum. Circa quod aliquis potest pati stuporem in iudicando dupliciter. Uno modo, ex indispositione naturali: sicut patet in amentibus. Et talis stultitia

---

1. *De vera rel.*, c.14, n.27: PL 34, 133.

제2절 어리석음은 죄인가?

[반론] 둘째에 대해서는 다음과 같이 진행된다. 어리석음은 죄가 아닌 것으로 보인다.

1. 우리 안에서 어떤 죄도 본성으로부터 생겨나지는 않는다. 그런데 어떤 이들은 본성적으로 어리석다. 따라서 어리석음은 죄가 아니다.

2. 아우구스티누스가 말했듯이[1] 모든 죄는 자발적이다. 그런데 어리석음은 자발적이지 않다. 따라서 죄가 아니다.

3. 모든 죄는 어떤 신적 계명에 대립한다. 그런데 어리석음은 어떠한 계명과도 대립하지 않는다. 따라서 어리석음은 죄가 아니다.

[재반론] 그러나 반대로 잠언 1장 [32절]에서는 "어리석은 이들의 번영은 그들을[2] 파멸시킨다."라고 말한다. 그런데 어느 누구도 죄 때문이 아니면 파멸하지 않는다. 따라서 어리석음은 죄이다.

[답변] 언급한 바대로[3] 어리석음은 판단함에 있어 감각의 우둔함을 포함하는데, 특히 궁극 목적이자 최고선인 최고 원인과 관련해서 그렇다. 이와 관련하여 어떤 이는 두 가지 방식으로 판단함에 있어 우둔함을 겪을 수 있다. 첫째, 실성한 이들에게서 나타나듯이, 본성적으로 무질서한 성향으로 인해 우둔함을 겪을 수 있는데, 이러한 종류의 어리

---

2. 불가타에는 "illos"라고 되어 있다.
3. 앞 절.

non est peccatum. – Alio modo, inquantum immergit homo sensum suum rebus terrenis, ex quo redditur eius sensus ineptus ad percipiendum divina, secundum illud I *ad Cor.* 2, [14]: *Animalis homo non percipit ea quae sunt Spiritus Dei:* sicut etiam homini habenti gustum infectum malo humore non sapiunt dulcia.[4] Et talis stultitia est peccatum.

Et per hoc patet responsio AD PRIMUM.

AD SECUNDUM dicendum quod quamvis stultitiam nullus velit, vult tamen ea ad quae consequitur esse stultum: scilicet abstrahere sensum suum a spiritualibus et immergere terrenis. Et idem etiam contingit in aliis peccatis.[5] Nam luxuriosus vult delectationem sine qua non est peccatum, quamvis non simpliciter velit peccatum: vellet enim frui delectatione sine peccato.

AD TERTIUM dicendum quod stultitia opponitur praeceptis quae dantur de contemplatione veritatis; de quibus supra[6] habitum est cum de scientia et intellectu ageretur.

---

4. Cf. I-II, q.1, a.7.
5. Cf. I-II, q.8, a.1, c et ad3; q.74, a.1, ad1.

석음은 죄가 아니다. 둘째, 사람이 자신의 감각을 세속 사물에 몰입시키는 한에서 [우둔함을 겪을 수 있다]. 이로 인해 그의 감각은 신적인 것을 지각하는 데 적합하지 않게 된다. 이는 "동물적 인간은 하느님의 영에 속하는 것을 지각하지 않는다."라고 말한 코린토 1서 2장 [14절]에 따른 것이다. 이는 또한 나쁜 체액에 감염된 미각을 가진 사람에게 달콤한 것이 맛을 내지 않는 것과 같다.[4] 그러한 어리석음은 죄이다.

[해답] 1. 이를 통해 첫 번째 반론에 대한 해답이 분명하다.

2. 비록 어느 누구도 어리석음을 원욕하지는 않지만, 그럼에도 어리석음을 낳는 것을 원욕하기는 한다. 즉 영적인 것으로부터 자신의 감각을 철회하고 세속적인 것에 몰입하는 것을 원욕한다. 같은 일이 다른 죄에서도 일어난다.[5] 왜냐하면 색욕을 가지고 있는 자는, 비록 그가 (할 수만 있다면 죄없이 쾌락을 누리고 싶어 하기에) 단적으로 죄를 원하는 것은 아니라 하더라도, 언제나 죄를 동반하는 쾌락을 원하기 때문이다.

3. 어리석음은 진리의 관상에 대해 주어지는 계명에 대립한다. 이에 대해서는 위에서[6] 지식과 이해에 대해 다룰 때 단언한 적이 있다.

---

6. q.16.

Articulus 3
Utrum stultitia sit filia luxuriae

Ad tertium sic proceditur. Videtur quod stultitia non sit filia luxuriae.

1. Gregorius enim, XXXI *Moral.*,[1] enumerat luxuriae filias; inter quas tamen non continetur stultitia. Ergo stultitia non procedit ex luxuria.

2. Praeterea, Apostolus dicit, I *ad Cor.* 3, [19]: *Sapientia huius mundi stultitia est apud Deum.* Sed sicut Gregorius dicit, X *Moral.*,[2] *sapientia mundi est cor machinationibus tegere*, quod pertinet ad duplicitatem. Ergo stultitia est magis filia duplicitatis quam luxuriae.

3. Praeterea, ex ira aliqui praecipue vertuntur in furorem et insaniam, quae pertinent ad stultitiam: Ergo stultitia magis oritur ex ira quam ex luxuria.

SED CONTRA est quod dicitur *Prov.* 7, [22]: *Statim eam sequitur*, scilicet meretricem, *ignorans quod ad vincula stultus trahatur.*

---

1. c.45, al.17, in vet.31: PL 76, 621B.

제3절 어리석음은 색욕의 자식인가?

Parall.: *In Iob*,, c.5.

[반론] 셋째에 대해서는 다음과 같이 진행한다. 어리석음은 색욕의 자식이 아닌 것으로 보인다.

1. 그레고리우스는 『욥기의 도덕적 해설』 제31권에서[1] 색욕의 자식들을 열거하는데, 그 가운데 어리석음은 포함되어 있지 않다. 따라서 어리석음은 색욕으로부터 나오는 것이 아니다.

2. 코린토 1서 3장 [19절]에서는 "이 세상의 지혜는 하느님께 어리석음이다."라고 말한다. 그런데 그레고리우스가 『욥기의 도덕적 해설』 제10권에서[2] 말하는 것처럼, "세상의 지혜는 마음을 장치들로 가리는 것이다." 이것은 표리부동함에 속한다. 따라서 어리석음은 색욕보다는 표리부동함의 자식이다.

3. 어떤 이들은 분노로 인해 격정과 광분에 빠져드는데, 이는 어리석음에 속하는 것이다. 따라서 어리석음은 색욕보다는 분노로부터 일어난다.

[재반론] 그러나 반대로 잠언 7장 [22절]에서는 "그는 어리석게도 사슬로 끌려간다는 것을 알지 못하고, 즉각 그녀를[즉 매춘부를] 따랐다."라고 말한다.

---

2. c.29, al.16, in vet.27: PL 75, 947A.

RESPONDEO dicendum quod, sicut iam[3] dictum est, stultitia, secundum quod est peccatum, provenit ex hoc quod sensus spiritualis hebetatus est, ut non sit aptus ad spiritualia diiudicanda. Maxime autem sensus hominis immergitur ad terrena per luxuriam, quae est circa maximas delectationes, quibus anima maxime absorbetur.[4] Et ideo stultitia quae est peccatum maxime nascitur ex luxuria.

AD PRIMUM ergo dicendum quod ad stultitiam pertinet quod homo habeat fastidium de Deo et de donis ipsius. Unde Gregorius duo numerat inter filias luxuriae quae pertinent ad stultitiam, scilicet *odium Dei* et *desperationem futuri saeculi*, quasi dividens stultitiam in duas partes.[5]

AD SECUNDUM dicendum quod verbum illud Apostoli non est intelligendum causaliter, sed essentialiter: quia scilicet ipsa sapientia mundi est stultitia apud Deum. Unde non oportet quod quaecumque pertinent ad sapientiam mundi sint causa huius stultitiae.

AD TERTIUM dicendum quod ira, ut supra[6] dictum est, sua acuitate maxime immutat corporis naturam. Unde maxime causat stultitiam quae provenit ex impedimento corporali. — Sed stultitia quae

---

3. 앞 절.
4. Cf. q.153, a.1, c. et ad1.
5. *Moral.*, l.XXXI, c.45, al.17, in vet. 31: PL 76, 621B. Cf. infra, q.153, a.5. 토마스에 따르면 색욕(luxuria)은 교만(superbia), 헛된 영광(inanis gloria), 질투(invidia), 영적 나태(accedia), 분노(ira), 인색(avaritia), 탐식(gula)과 함께 여덟 가지 죄종(peccata capitalia)을 이룬다. 죄종이란 '목적의 양태로 다른 죄의 원인 또는 원리가 되는 죄'(Cf. *De malo*, q.8, a.1)를 가리킨다. 죄종으로부터 '자식들(filiae)'이라 불리는 다른 죄들이 생겨나는데, 그레고리우스의 『욥기의 도덕적 해설』을 토대로 죄종에 대해 고찰하는 『악에 관한 토론문제집』(*De malo*)에서 토마스는 색

[답변] 이미³ 언급한 바와 같이, 죄인 한에서 어리석음은 영적 감각이 무뎌져 영적인 것을 판단하는 데 적합하지 않게 됨으로써 생겨난다. 그런데 인간의 감각은 색욕을 통해서 세속적인 것에 가장 몰입하게 된다. 색욕은 영혼을 가장 [크게] 잠식하는 최대의 쾌락과 연관된다.⁴ 그래서 죄로서의 어리석음은 색욕으로부터 가장 많이 태어난다.

[해답] 1. 인간이 하느님과 하느님의 선물에 대해 싫증을 내는 것은 어리석음에 속한다. 그러므로 그레고리우스는 색욕의 자식들 가운데 어리석음과 관련된 두 가지를 열거하였다. 즉 "하느님을 미워함과 미래 세대의 절망"이 그것들인데, 이로써 그는 어리석음을 두 부분으로 나눈 것이다.⁵

2. 사도의 그 말은 인과적으로 이해해서는 안 되고 본질적으로 이해해야 한다. 왜냐하면 세상의 지혜 자체는 하느님께는 어리석음이기 때문이다. 그러므로 세상의 지혜에 속하는 것이 모두 반드시 이 어리석음의 원인일 필요는 없다.

3. 위에서⁶ 언급했듯이 분노는 자신의 날카로움으로 육체의 본성을 크게 변화시킨다. 그러므로 분노는 육체적 방해로 인해 생겨나는 어리석음을 최대로 야기한다. 그런데 영적 방해로 인해, 즉 세속적인 것으

욕의 자식들로 이성과 관련하여 '정신의 맹목(caecitas mentis)', '무분별(inconsideratio)', '성급함(praecipitatio)' 및 '강인하지 못함(inconstantia)'이, 욕구의 측면에서 '자기애(amor sui)', '하느님을 미워함(odium Dei)', '현세에 대한 애정(affectus praesentis saeculi)' 및 '미래 세대에 대한 절망(desperatio futuri saeculi)'이 생겨난다고 말하였다.(*De malo*, q.15, a.4) 이에 대해서: 이상섭, 『악과 죄종: 토마스 아퀴나스의 「악에 대한 토론문제집」 풀어 읽기』, 서강대학교출판부, 2021, 375-378쪽 참조.
6. I-II, q.48, a.2.

q.46, a.3

provenit ex impedimento spirituali, scilicet ex immersione mentis ad terrena, maxime provenit ex luxuria, ut dictum est.[7]

---

7. 답변.

로의 정신의 몰입으로 인해 생겨나는 어리석음은 언급한 바대로[7] 주로 색욕으로부터 나온다.

QUAESTIO XLVII
DE PRUDENTIA SECUNDUM SE
in sexdecim articulos divisa

Consequenter, post virtutes theologicas, primo considerandum est, circa virtutes cardinales, de prudentia.[1] Et primo, de prudentia secundum se; secundo, de partibus eius[2]; tertio, de dono ei correspondente[3]; quarto, de vitiis oppositis[4]; quinto, de praeceptis ad hoc pertinentibus.[5]

Circa primum quaeruntur sexdecim.

Primo: utrum prudentia sit in voluntate, vel in ratione.

Secundo: si est in ratione, utrum in practica tantum, vel etiam in speculativa.

Tertio: utrum sit cognoscitiva singularium.

Quarto: utrum sit virtus.

Quinto: utrum sit virtus specialis.

Sexto: utrum praestituat finem virtutibus moralibus.

Septimo: utrum constituat medium in eis.

Octavo: utrum praecipere sit proprius actus eius.

Nono: utrum sollicitudo vel vigilantia pertineat ad prudentiam.

Decimo: utrum prudentia se extendat ad regimen multitudinis.

---

1. Cf. Prologus.
2. q.48.

제47문
현명 자체에 대하여
(전16절)

그다음으로, 신학적 덕 다음에 첫째로 추요덕과 관련하여 현명에 대해서 고찰해야만 한다.[1] 첫째, 현명 자체에 대해서, 둘째, 현명의 부분들에 대해서,[2] 셋째, 현명에 상응하는 선물에 대해서,[3] 넷째, [현명에] 대립하는 악습에 대해서,[4] 다섯째, 이와 관련된 계명들에 대해서 고찰해야만 한다.[5] 첫째와 관련하여 열여섯 물음이 제기된다.

1. 현명은 의지 안에 있는가, 아니면 이성 안에 있는가?
2. 이성 안에 있다면, 실천이성 안에만 있는가 아니면 사변이성 안에도 있는가?
3. 현명은 개별 사물을 인식하는가?
4. 현명은 덕인가?
5. 현명은 종별되는 덕인가?
6. 현명은 도덕적 덕에 목적을 지정하는가?
7. 도덕적 덕에 중용을 수립하는가?
8. 명령함은 현명의 고유한 행위인가?
9. 염려나 경계(警戒)가 현명에 속하는가?
10. 현명은 다수의 다스림으로 연장되는가?

---

3. q.52.
4. q.53.
5. q.56.

Undecimo: utrum prudentia quae est respectu boni proprii sit eadem specie cum ea quae se extendit ad bonum commune.

Duodecimo: utrum prudentia sit in subditis, an solum in principibus.

Tertiodecimo: utrum inveniatur in malis.

Quartodecimo: utrum inveniatur in omnibus bonis.

Quintodecimo: utrum insit nobis a natura.

Sextodecimo: utrum perdatur per oblivionem.

Articulus 1
Utrum prudentia sit in vi cognoscitiva, an in appetitiva

Ad primum sic proceditur. Videtur quod prudentia non sit in vi cognoscitiva, sed in appetitiva.

1. Dicit enim Augustinus, in libro *de Moribus Eccle.*[1]: *Prudentia est amor ea quibus adiuvatur ab eis quibus impeditur sagaciter eligens.* Sed amor non est in cognoscitiva, sed in appetitiva. Ergo prudentia est in vi appetitiva.

2. Praeterea, sicut ex praedicta[2] definitione apparet, ad prudentiam pertinet *eligere sagaciter.* Sed electio est actus appetitivae virtutis, ut

---

1. c.15: PL 32, 1322.

11. 사적 선에 관여하는 현명과 공동선으로 연장되는 현명은 종적으로 동일한가?
12. 현명은 신하에게 있는가, 아니면 오직 군주에게만 있는가?
13. 현명은 악한 이에게서 발견되는가?
14. 현명은 모든 선한 이에게서 발견되는가?
15. 현명은 본성적으로 우리에게 내속하는가?
16. 현명은 망각을 통해서 파괴되는가?

제1절 현명은 인식 능력 안에 있는가, 아니면 욕구 능력 안에 있는가?

Parall.: I-II, q.56, a.2, ad3; a.3; *In Sent.*, III, d.33, q.2, a.4, qc.4; *In Ethic.*, VI, lect.4.

[반론] 첫째에 대해 다음과 같이 진행한다. 현명은 인식 능력 안에 있지 않고, 욕구 능력 안에 있는 것으로 보인다.

1. 아우구스티누스는 『가톨릭 교회의 관습과 마니교도의 관습』에서[1] "현명은 방해하는 것으로부터 도움을 주는 것을 슬기롭게 [구별해서] 선택하는 사랑이다."라고 말하였다. 그런데 사랑은 인식 능력이 아니라 욕구 능력 안에 있다. 따라서 현명은 욕구 능력 안에 있다.

2. 앞서 말한[2] 정의로부터 드러나듯이, 현명에는 "슬기롭게 선택함"

---

2. 반론1.

supra³ habitum est. Ergo prudentia non est in vi cognoscitiva, sed in appetitiva.

3. Praeterea, Philosophus dicit, in VI *Ethic.*,⁴ quod *in arte quidem volens peccans eligibilior est: circa prudentiam autem, minus, quemadmodum et circa virtutes*. Sed virtutes morales, de quibus ibi loquitur, sunt in parte appetitiva, ars autem in ratione. Ergo prudentia magis est in parte appetitiva quam in ratione.

SED CONTRA est quod Augustinus dicit, in libro *Octoginta trium Quaest.*⁵: *Prudentia est cognitio rerum appetendarum et fugiendarum*.

RESPONDEO dicendum quod, sicut Isidorus dicit, in libro *Etymol.*,⁶ *prudens dicitur quasi porro videns: perspicax enim est, et incertorum videt casus*. Visio autem non est virtutis appetitivae, sed cognoscitivae. Unde manifestum est quod prudentia directe pertinet ad vim cognoscitivam. Non autem ad vim sensitivam: quia per eam

---

3. I, q.83, a.3; I-II, q.13, a.1. 토마스에게서 인간적 행위(actus humanus)는 의도적 행위(actus voluntarius)로서 실천이성과 의지의 공동 행위이다. 그에 따르면 인간적 행위는 목적 지향적 행위이다. 그는 I-II, qq.6-17에서 이 목적의 달성에 이르는 여러 단계를 구별, 분석한다. 연구에 따르면 이 과정에서 12단계를 발견할 수 있으며, 이 단계들은 목적, 목적의 수단 및 실행과 관련하여 실천이성에 속하는 여섯 행위와 의지에 속하는 여섯 행위로 이루어진다. 웨스트버그는 이 12단계를 다음과 같이 정리하였다: 목적과 관련하여 1. 목적의 파악(apprehensio, simplex intellectus), 2. 목적의 원욕(velle, simplex voluntas), 3. 목적의 소유에 관한 판단(iudicium circa finem), 4. 목적의 지향(intentio), 수단과 관련하여 5. 적합한 수단들에 대한 숙고(consilium), 6. 동의(consensus), 7. 최적의 수단에 대한 판단(iudicium practicum), 8. 선택(electio), 마지막 선택과 수단이 되는 행위의 실행과 관련하여 9. 명령(imperium), 10.

이 속한다. 그런데 위에서³ 주장했듯이 선택은 욕구 능력의 행위이다. 따라서 현명은 인식 능력이 아니라 욕구 능력 안에 있다.

3. 철학자가 『니코마코스 윤리학』 제6권에서⁴ "기예에서는 의도하고 잘못을 범하는 이가 더 선호되지만, 현명과 관련해서는, 덕과 관련해서도 그렇듯이, 덜 선호된다."고 말하였다. 그런데 철학자가 여기에서 말하고 있는 도덕적 덕은 욕구적 부분 안에 있고, 반면 기예는 이성 안에 있다. 따라서 현명은 이성보다는 욕구적 부분 안에 있다.

[재반론] 그러나 반대로 아우구스티누스는 『여든세 가지 다양한 질문』에서⁵ "현명은 욕구해야 할 사물과 회피해야 할 사물의 인식이다."라고 말하였다.

[답변] 이시도루스는 『어원론』에서⁶ "현명한 이는 멀리서 보는 이와 같다. 현명한 이는 통찰력이 있고 불확실한 것들의 사건을 보기 때문이다."라고 말하였다. 그런데 봄은 욕구 능력이 아니라 인식 능력에 속한다. 그러므로 현명은 직접적으로 인식 능력에 속하는 것이 분명하다. 그런데 감각 능력에 속하지는 않는다. 감각 능력을 통해서는 현재

사용(usus, usus activus), 11. 목적의 소유에 대한 판단(usus passivus), 12. 향유(행위의 완결)(fruitio). 이 가운데 1, 3, 5, 7, 9, 11은 실천이성에 속하고, 2, 4, 6, 8, 10, 12는 의지에 속하는 행위이다.(Cf. Daniel Westberg, *Right Practical Reason. Aristotle, Action, and Prudence in Aquinas*, Oxford, 1994, pp.121-122) 반론2에서 말하는 선택은 이 12단계 중 의지의 행위에 속하는 8. 선택(electio), 즉 목적에 이르기 위한 수단이 되는 행위들을 숙고하고 그 가운데 가장 적합한 것으로 판단된 행위를 선택하는 행위를 가리킨다.

4. c.5, 1140b22-25; St. Thomas, lect.4, n.1173.
5. q.61, n.4; PL 40, 51.
6. X, ad litt. *P*, n.202; PL 82, 388 C.

cognoscuntur solum ea quae praesto sunt et sensibus offeruntur. Cognoscere autem futura ex praesentibus vel praeteritis, quod pertinet ad prudentiam, proprie rationis est: quia hoc per quandam collationem agitur.[7] Unde relinquitur quod prudentia proprie sit in ratione.

AD PRIMUM ergo dicendum quod, sicut supra[8] dictum est, voluntas movet omnes potentias ad suos actus. Primus autem actus appetitivae virtutis est amor, ut supra[9] dictum est. Sic igitur prudentia dicitur esse amor non quidem essentialiter, sed inquantum amor movet ad actum prudentiae. Unde et postea subdit Augustinus quod *prudentia est amor bene discernens ea quibus adiuvetur ad tendendum in Deum ab his quibus impediri potest.* Dicitur autem amor discernere, inquantum movet rationem ad discernendum.

AD SECUNDUM dicendum quod prudens considerat ea quae sunt procul inquantum ordinantur ad adiuvandum vel impediendum ea quae sunt praesentialiter agenda. Unde patet quod ea quae considerat prudentia ordinantur ad alia sicut ad finem. Eorum autem quae sunt ad finem est consilium in ratione et electio in appetitu.[10] Quorum duorum consilium magis proprie pertinet ad prudentiam: dicit enim Philosophus, in VI *Ethic.*,[11] quod prudens est *bene consiliativus.* Sed quia electio praesupponit consilium, est enim *appetitus praeconsiliati*, ut dicitur in III *Ethic.*[12]; ideo etiam eligere potest attribui pru-

---

7. Cf. I-II, q.32, a.8; q.46, a.4.
8. I, q.82, a.4; I-II, q.9, a.1.
9. I, q.20, a.1; I-II, q.25, aa.1-3; q.27, a.4.

하는 것 그리고 감각에 제공된 것만을 인식하기 때문이다. 현재 또는 과거를 근거로 미래를 인식함은, 이것은 현명에 관계하는데, 본래적으로 이성에 속한다. 이것은 비교를 통해서 행해지기 때문이다.[7] 그러므로 현명은 본래적으로 이성 안에 있다는 결론이 남는다.

[해답] 1. 위에서[8] 말했듯이 의지는 모든 능력을 움직여 행위하게 한다. 그런데 위에서[9] 말했듯이 욕구 능력의 제일 행위는 사랑이다. 따라서 현명은, 비록 본질적으로 사랑은 아니지만, 사랑이 현명을 행위로 움직이는 한에서, 사랑이라고 말해진다. 그러므로 아우구스티누스는 이어서 "현명은 하느님을 향하도록 도움을 주는 것과 방해할 수 있는 것을 잘 식별하는 사랑이다."라고 덧붙였다. 그런데 사랑은 이성이 식별하도록 그것을 움직이는 한에서 식별한다고 말해진다.

2. 현명한 이는 멀리 있는 것이 현재 행해야 할 것을 돕거나 방해하도록 질서 지어져 있는 한에서 그것을 고찰한다. 그러므로 현명이 고찰하는 것들이 그것들의 목적인 다른 것들로 질서 지어져 있다는 것이 분명하다. 그런데 이성 안에는 목적을 향해 있는 것들(수단)에 대한 숙고가 있고, 욕구에는 그것들의 선택이 있다.[10] 이 둘 가운데 숙고가 훨씬 더 본래적으로 현명에 속한다. 철학자가 『니코마코스 윤리학』 제6권에서[11] 현명한 이는 "잘 숙고한다."고 말하였기 때문이다. 그러나 선택은, 『니코마코스 윤리학』 제3권에서[12] 말했듯이 "앞서 숙고된 것에 대한 욕구"이기 때문에 숙고를 전제한다. 따라서 선택함도 결과적으

---

10. Cf. I-II, q.13, a.3; q.14, a.2.
11. cc.5 & 8 & 10, 1140a25-28; 1141b8-14; 1142b31-33; St. Thomas, lect.4, n.1162; lect.6, n.1193; lect.8, n.1233.
12. c.4, 1112a14-17; St. Thomas, lect.6, n.457. Cf. VI, c.2, 1139a23-27; St. Thomas, lect.2,

dentiae consequenter, inquantum scilicet electionem per consilium dirigit.

AD TERTIUM dicendum quod laus prudentiae non consistit in sola consideratione, sed in applicatione ad opus, quod est finis practicae rationis.[13] Et ideo si in hoc defectus accidat, maxime est contrarium prudentiae: quia sicut finis est potissimus in unoquoque,[14] ita et defectus qui est circa finem est pessimus. Unde ibidem[15] Philosophus subdit quod prudentia *non est solum cum ratione*, sicut ars: habet enim, ut dictum est, applicationem ad opus, quod fit per voluntatem.[16]

Articulus 2
Utrum prudentia pertineat solum ad rationem practicam, an etiam ad speculativam

Ad secundum sic proceditur. Videtur quod prudentia non solum pertineat ad rationem practicam, sed etiam ad speculativam.

1. Dicitur enim *Prov.* 10, [23]: *Sapientia est viro prudentia*. Sed sapientia principalius consistit in contemplatione. Ergo et prudentia.

---

n.1129. I-II, q.14, a.1.
13. Cf. I, q.79, a.11. 여기에서 opus는 '행위'로 번역할 수도 있지만, actus와의 구별을 위해 '행업'으로 번역하였다. actus와 같이 행위를 가리키는 말로 opus 외에도, agibile, agendum, operabile 등의 표현이 사용되고 있으며, 이것들 각각도 서로 간의 구별을 위해 '행할 수 있는

로, 즉 현명이 숙고를 통해서 선택을 지도하는 한에서, 현명에 귀속될 수 있다.

3. 현명에서 칭송할 점은 고찰에만 있는 것이 아니라, 오히려 행업으로의 적용에 있다. 행업은 실천이성의 목적이다.[13] 그래서 만일 이 점에서 결함이 발생한다면, 이것은 현명에 가장 반대된다. 목적이 모든 것에 있어서 가장 중요한 것이듯이,[14] 목적과 관련된 결함도 가장 나쁜 것이기 때문이다. 같은 곳에서[15] 철학자는 기예가 그렇듯이 현명도 "이성만을 동반하는 것이 아니다."라고 덧붙였다. 언급했듯이 현명은 행업으로의 적용을 갖는데, 이것은 의지를 통해 일어나기 때문이다.[16]

제2절 현명은 실천이성에만 속하는가, 아니면 사변이성에도 속하는가?

Parall.: I-II, q.56, a.3; *In Sent.*, III, d.33, q.2, a.4, qc.4.

[반론] 둘째와 관련하여 다음과 같이 진행된다. 현명은 실천이성에만 속하지 않고 사변이성에도 속하는 것으로 보인다.

1. 잠언 10장 23절에서 "사람에게 지혜는 현명이다."라고 하였다. 그런데 지혜는 주로 관상에 있다. 따라서 현명도 그렇다.

것', '행해야 할 것', '작용할 수 있는 것' 등으로 번역하였다.
14. Cf. q.188, a.1; I-II, q.113, a.6, sc; Sup.,, q.49, a.3, obj.1.
15. c.5, 1140b28-30; St. Thomas, lect.4, n.1174.
16. Cf. I-II, q.57, a.4. 그리고 여기의 a.4, ad2; a.5.

2. Praeterea, Ambrosius dicit, in I *de officiis*[1]: *Prudentia in veri investigatione versatur, et scientiae plenioris infundit cupiditatem.* Sed hoc pertinet ad rationem speculativam. Ergo prudentia consistit etiam in ratione speculativa.

3. Praeterea, in eadem parte animae ponitur a Philosopho ars et prudentia; ut patet in VI *Ethic.*.[2] Sed ars non solum invenitur practica, sed etiam speculativa: ut patet in artibus liberalibus. Ergo etiam prudentia invenitur et practica et speculativa.

SED CONTRA est quod Philosophus dicit, in VI *Ethic.*,[3] quod prudentia est recta ratio agibilium. Sed hoc non pertinet nisi ad rationem practicam. Ergo prudentia non est nisi in ratione practica.

RESPONDEO dicendum quod, sicut Philosophus dicit, in VI *Ethic.*,[4] *prudentis est bene posse consiliari.* Consilium autem est de his quae sunt per nos agenda in ordine ad finem aliquem.[5] Ratio autem eorum quae sunt agenda propter finem est ratio practica.[6] Unde manifestum est quod prudentia non consistit nisi in ratione practica.

AD PRIMUM ergo dicendum quod, sicut supra[7] dictum est, sapientia considerat causam altissimam simpliciter. Unde consideratio

---

1. c.24, n.115; PL 16, 57 A.
2. cc.2 & 6, 1139a8; 1140b35-1141a8; St. Thomas, lect.1, n.1115; lect.5, nn.1175-1179.
3. c.5, 1140b20-21; St. Thomas, lect.4, nn.1170-1171.

2. 암브로시우스는 『성직자의 의무』에서¹ "현명은 참에 관한 탐구에 관여하고, 더 충만한 지식의 욕망을 불어넣는다."고 말하였다. 그런데 이것은 사변이성에 속한다. 따라서 현명은 사변이성에도 놓여 있다.

3. 『니코마코스 윤리학』 제6권에서² 볼 수 있듯이 철학자는 영혼의 같은 부분에 기예와 현명을 놓았다. 그런데 자유학예의 경우에서 분명히 알 수 있듯이, 기예는 실천적일 뿐 아니라 사변적인 것으로 드러난다. 따라서 현명 또한 실천적이기도 하고 사변적이기도 한 것으로 여겨진다.

[재반론] 그러나 반대로 철학자는 『니코마코스 윤리학』 제6권에서³ "현명은 행할 수 있는 것에 대한 올바른 이성이다."라고 말하였다. 그런데 이것은 오직 실천이성에만 속한다. 따라서 현명은 오직 실천이성에만 있다.

[답변] 철학자가 『니코마코스 윤리학』 제6권에서⁴ 말했듯이, "'잘 숙고할 수 있음'은 현명한 이에게 속한다." 숙고는 어떤 목적을 향한 질서에서 우리가 행해야만 하는 것들에 대해 이루어진다.⁵ 그런데 목적을 위해 행해야만 하는 것에 대한 이성은 실천이성이다.⁶ 그러므로 현명은 오직 실천이성에만 있다는 것이 명백하다.

[해답] 1. 위에서⁷ 말한 것처럼, 지혜는 단적으로 최고 원인을 고찰한

---

4. c.5, 1140a25-28; St. Thoma, lect.4, n.1162.
5. Cf. I-II, q.14, a.2.
6. Cf. I, q.79, a.11.
7. q.45, a.1.

causae altissimae in quolibet genere pertinet ad sapientiam in illo genere. In genere autem humanorum actuum causa altissima est finis communis toti vitae humanae. Et hunc finem intendit prudentia: dicit enim Philosophus, in VI *Ethic.*,[8] quod sicut ille qui ratiocinatur bene ad aliquem finem particularem, puta ad victoriam, dicitur esse prudens non simpliciter, sed in hoc genere, scilicet in rebus bellicis; ita ille qui bene ratiocinatur ad totum bene vivere dicitur prudens simpliciter. Unde manifestum est quod prudentia est sapientia in rebus humanis: non autem sapientia simpliciter, quia non est circa causam altissimam simpliciter; est enim circa bonum humanum, homo autem non est optimum eorum quae sunt.[9] Et ideo signanter dicitur quod prudentia est *sapientia viro*, non autem sapientia simpliciter.

AD SECUNDUM dicendum quod Ambrosius et etiam Tullius[10] nomen prudentiae largius sumunt pro qualibet cognitione humana tam speculativa quam practica.

Quamvis dici possit quod ipse actus speculativae rationis, secundum quod est voluntarius, cadit sub electione et consilio quantum ad suum exercitium, et per consequens cadit sub ordinatione prudentiae. Sed quantum ad suam speciem, prout comparatur ad obiectum, quod est verum necessarium, non cadit sub consilio nec sub prudentia.

---

8. c.5, 1140a28-31; St. Thomas, lect.4, nn.1162-1163.

다. 그러므로 모든 유(類)에서 최고 원인의 고찰은 그 유의 지혜에 속한다. 그런데 인간적 행위의 유에서 최고 원인은 인생 전체의 공동 목적이다. 그리고 현명은 이 목적을 지향한다. 즉 철학자는 『니코마코스 윤리학』 제6권에서[8] 어떤 특수한 목적을 위해, 예를 들어 승리를 위해 잘 논변하는 이는 단적으로 현명하다고 불리는 대신 그 유에서, 즉 전쟁과 관련된 사안에서 현명하다고 불리듯이, '온전한 복지(totum bene vivere)'를 위해 잘 논변하는 이는 단적으로 현명한 이라 불린다고 말하였다. 그러므로 현명은 인간사에 있어 지혜이지, 단적인 의미에서 지혜가 아님이 명백하다. 현명은 단적으로 최고 원인에 관여하지 않기 때문이다. 즉 그것은 인간적 선에 관여한다. 그런데 인간은 존재하는 것 가운데 최선의 것이 아니다.[9] 그래서 현명은 단적으로 지혜가 아니라 "사람에게 지혜"라고 콕 집어 말하였다.

2. 암브로시우스, 그리고 키케로[10]도 현명이라는 말을 넓게 이해해서, 사변적 인식이건 실천적 인식이건 모든 인간적 인식에 대해 사용했다. 그렇지만 사변이성의 행위 자체는, 그것이 자발적 행위인 한에서, 실행과 관련하여 선택과 숙고 아래에 놓이고 그 결과 현명의 질서지움 아래 놓이게 된다고 말할 수 있다. 그러나 그것의 종(種)과 관련해서 [사변이성의 행위는] 대상, 즉 필연적 진리와 비교되는 한에서, 숙고나 현명 아래에 놓이지 않는다.

3. '제작될 수 있는 어떤 것'에 올바른 이성을 적용하는 것은 모두 기예에 속한다. 그런데 현명에는 숙고가 관여하는 것들에 올바른 이성을

---

9. Cf. I-II, q.3, a.5; ad3.
10. *De invent. rhet.*, II, c.53; ed. G. Friedrich, Lipsiae, 1908, p.230, ll,6-7.

AD TERTIUM dicendum quod omnis applicatio rationis rectae ad aliquid factibile pertinet ad artem. Sed ad prudentiam non pertinet nisi applicatio rationis rectae ad ea de quibus est consilium. Et huiusmodi sunt in quibus non sunt viae determinatae perveniendi ad finem; ut dicitur in III *Ethic.*.[11] Quia igitur ratio speculativa quaedam facit, puta syllogismum, propositionem et alia huiusmodi, in quibus proceditur secundum certas et determinatas vias; inde est quod respectu horum potest salvari ratio artis, non autem ratio prudentiae. Et ideo invenitur aliqua ars speculativa, non autem aliqua prudentia.

Articulus 3
Utrum prudentia sit cognoscitiva singularium

Ad tertium sic proceditur. Videtur quod prudentia non sit cognoscitiva singularium.

1. Prudentia enim est in ratione, ut dictum est.[1] Sed *ratio est universalium*, ut dicitur in I *Physic.*.[2] Ergo prudentia non est cognoscitiva nisi universalium.

2. Praeterea, singularia sunt infinita. Sed infinita non possunt comprehendi a ratione. Ergo prudentia, quae est ratio recta, non est singularium.

---

11. c.5, 1112a34; b11-15; St. Thomas, lect.7, nn.465-466; lect.8, nn.473-474. Cf. I-II, q.14, a.4.

적용하는 것만이 속한다. 그리고 『니코마코스 윤리학』 제3권에서[11] 말했듯이, 숙고가 관여하는 것들은 목적에 이르는 길(방법)이 결정되지 않은 것들이다. 따라서 사변이성은 삼단논법이나 명제 등 확실하고 결정된 길에 따라 진행되는 것들을 만들기 때문에, 이러한 것들과 관련해서 기예의 특성이 보존될 수 있지만, 현명의 특성이 보존될 수는 없다. 그래서 어떤 사변적 기예는 발견되지만 어떤 [사변적] 현명은 발견되지 않는다.

제3절 현명은 개별 사물을 인식하는가?

Parall.: *In Ethic.*, VI, lect.6-7

[반론] 셋째와 관련하여 다음과 같이 진행된다. 현명은 개별 사물을 인식하지 않는 것으로 보인다.

1. 언급한 바대로[1] 현명은 이성 안에 있다. 그런데 『자연학』 제1권에서[2] 말했듯이 "이성은 보편적인 것과 관련된다." 따라서 현명은 오직 보편적인 것만을 인식한다.

2. 개별 사물들은 무한하다. 그런데 무한한 것은 이성에 의해 포괄적으로 파악될 수 없다. 따라서 올바른 이성인 현명은 개별 사물에 관여하지 않는다.

---

1. a.1.
2. c.5, 189a7; St. Thomas, lect.10, n.7. Cf. *De anima*, II, c.5, 417b19-26; St. Thomas, lect.12, n.375.

3. Praeterea, particularia per sensum cognoscuntur. Sed prudentia non est in sensu: multi enim habentes sensus exteriores perspicaces non sunt prudentes. Ergo prudentia non est singularium.

SED CONTRA est quod Philosophus dicit, in VI *Ethic.*,[3] quod *prudentia non est universalium solum, sed oportet et singularia cognoscere.*

RESPONDEO dicendum quod, sicut supra[4] dictum est, ad prudentiam pertinet non solum consideratio rationis, sed etiam applicatio ad opus, quae est finis practicae rationis. Nullus autem potest convenienter aliquid alteri applicare nisi utrumque cognoscat, scilicet et id quod applicandum est et id cui applicandum est. Operationes autem sunt in singularibus.[5] Et ideo necesse est quod prudens et cognoscat universalia principia rationis, et cognoscat singularia, circa quae sunt operationes.

AD PRIMUM ergo dicendum quod ratio primo quidem et principaliter est universalium: potest tamen universales rationes ad particularia applicare (unde syllogismorum conclusiones non solum sunt universales, sed etiam particulares); quia intellectus per quandam reflexionem se ad materiam extendit, ut dicitur in III *de Anima.*[6]

AD SECUNDUM dicendum quod quia infinitas singularium non

---

3. c.8, 1141b14-22; St. Thomas, lect.6, n.1194.
4. a.1, ad3.

3. 특수한 것들은 감각을 통해서 인식된다. 그런데 현명은 감각 안에 있지 않다. 예민한 외적 감각들을 가진 사람들 가운데 많은 이들이 현명하지 않기 때문이다. 따라서 현명은 개별 사물들에 관여하지 않는다.

[재반론] 그러나 반대로 철학자는 『니코마코스 윤리학』 제6권에서[3] "현명은 보편적인 것만을 다룰 뿐 아니라, 개별 사물도 또한 인식해야만 한다."고 말하였다.

[답변] 위에서[4] 언급한 것처럼, 현명에는 이성의 고찰뿐 아니라, 행업으로의 적용도 또한 속한다. 그런데 행업으로의 적용은 실천이성의 목적이다. 한편 누구도, 만일 '적용되어야 하는 것'과 '그것에 적용되어야 하는 것', 이 둘을 모두 인식하지 않는다면, 어떤 것을 다른 것에 적합하게 적용할 수 없다. 그런데 작용들은 개별 사물 안에 있다.[5] 그러므로 현명한 이는 이성의 보편적 원리를 인식하고, 또 작용들이 관여하는 개별 사물을 인식하는 것이 필수적이다.

[해답] 1. 이성은 일차적으로 그리고 주로 보편적인 것과 관련되지만, 그럼에도 보편적 근거들을 특수한 사물들에 적용할 수 있다(그러므로 삼단논법의 결론들은 보편적일 뿐만 아니라 특수하기도 하다). 왜냐하면 『영혼론』 제3권에서[6] 말했듯이, 지성은 반성을 통해서 질료로 연장되기 때문이다.

---

5. Cf. II-II, Prologus; q.47, a.9, ad2; q.53, a.4, ad3; q.60, a.3, obj.1; q.106, a.2; q.120, a.1; q.142, a.3; etc.
6. c.4, 429b16-18; St. Thomas, lect.8, n.713. Cf. I, q.86, a.1.

potest ratione humana comprehendi, inde est quod sunt *incertae providentiae nostrae*, ut dicitur *Sap.* 9, [14].[7] Tamen per experientiam singularia infinita reducuntur ad aliqua finita quae ut in pluribus accidunt, quorum cognitio sufficit ad prudentiam humanam.[8]

AD TERTIUM dicendum quod, sicut Philosophus dicit, in VI *Ethic.*,[9] prudentia non consistit in sensu exteriori, quo cognoscimus sensibilia propria: sed in sensu interiori, qui perficitur per memoriam et experimentum ad prompte iudicandum de particularibus expertis. Non tamen ita quod prudentia sit in sensu interiori sicut in subiecto principali: sed principaliter quidem est in ratione, per quandam autem applicationem pertingit ad huiusmodi sensum.[10]

Articulus 4
Utrum prudentia sit vitrus

Ad quartum sic proceditur. Videtur quod prudentia non sit virtus.

1. Dicit enim Augustinus, in I *de Lib. Arb.*,[1] quod prudentia est *appetendarum et vitandarum rerum scientia*. Sed scientia contra vir-

---

7. Cf. c.52, a.1, ad1.
8. Cf. III, q.11, a.1, ad3.
9. c.9:,1142a26-30; St. Thomas, lect.7, nn.1214-1215.

2. 개별 사물들의 무한성은 인간 이성에 의해 포괄적으로 파악될 수 없기 때문에, 그래서 지혜서 9장 14절에서 말하듯이 "우리의 예견은 불확실"하다.[7] 그렇지만 경험을 통해서 무한한 개별 사물들은 어떤 유한한 것들로 환원되는데, 이 유한한 것들은 '대다수의 경우에' 일어나는 것으로, 인간의 현명에는 이것들에 대한 인식으로 충분하다.[8]

3. 철학자가 『니코마코스 윤리학』 제6권에서[9] 말했듯이, 현명은 그것에 의해 우리가 본래적 감각적 대상을 인식하는 외적 감각에 있지 않고, 내적 감각에 있다. 이 내적 감각은 기억과 경험을 통해 완성되어, 경험된 특수한 것들에 대해 즉시 판단을 내린다. 그러나 그렇다고 해서 현명이 그것의 주된 주체로서 내적 감각 안에 있는 것이 아니고, 주로 이성 안에 있다. 그렇지만 적용을 통해서 현명은 그러한 감각에도 이르게 된다.[10]

제4절 현명은 덕인가?

Parall.: I-II, q.57, a.5, ad3; q.61, a.1.

[반론] 넷째에 대해 다음과 같이 진행한다. 현명은 덕이 아닌 것으로 보인다.

1. 아우구스티누스는 『자유재량』 제1권에서[1] 현명은 "욕구해야 할

---

10. 이 감각은 '감각적 사고력(cogitativa)'으로, 이에 대해서는: Cf. I, q.78, a.4, c et ad5; q.79, a.2, c et ad2; q.81, a.3; I-II, q.74, a.3, ad1.

1. c.13, n.27: PL 32, 1235.

tutem dividitur; ut patet in praedicamentis.² Ergo prudentia non est virtus.

2. Praeterea, virtutis non est virtus. Sed *artis est virtus;* ut philosophus dicit, in VI *Ethic..*³ Ergo ars non est virtus. Sed in arte est prudentia: dicitur enim II *Paral.* 2, [14] de Hiram quod sciebat *caelare omnem sculpturam, et adinvenire prudenter quodcumque in opere necessarium est.* Ergo prudentia non est virtus.

3. Praeterea, nulla virtus potest esse immoderata. Sed prudentia est immoderata: alioquin frustra diceretur in *Prov.* 23, [4]: *Prudentiae tuae pone modum.* Ergo prudentia non est virtus.

SED CONTRA est quod Gregorius, in II *Moral.*,⁴ prudentiam, temperantiam, fortitudinem et iustitiam dicit esse quatuor virtutes.

RESPONDEO dicendum quod, sicut supra⁵ dictum est cum de virtutibus in communi ageretur, *virtus est quae bonum facit habentem et opus eius bonum reddit.* Bonum autem potest dici dupliciter: uno modo, materialiter, pro eo quod est bonum; alio modo, formaliter, secundum rationem boni. Bonum autem, inquantum huiusmodi, est

---

2. c.8, 8b29.
3. c.5, 1140b22; St. Thomas, lect.4, n.1172.

사물과 회피해야 할 사물에 대한 지식이다."라고 말하였다. 그런데 『범주론』에서[2] 드러났듯이, 지식과 덕은 구별된다. 따라서 현명은 덕이 아니다.

2. 덕의 덕은 없다. 그렇지만 철학자가 『니코마코스 윤리학』 제6권에서[3] 말했듯이, "기예의 덕은 있다." 따라서 기예는 덕이 아니다. 그런데 현명은 기예 안에 있다. 왜냐하면 역대기 하권 2장 [14절]에서 히람에 대해, 그는 "모든 조각상을 조각하고, 행업에 필수적인 것을 모두 현명하게 발견"할 줄 안다고 말하였기 때문이다. 따라서 현명은 덕이 아니다.

3. 어떤 덕도 조절되지 않은 것일 수 없다. 그런데 현명은 조절되지 않은 것이다. 그렇지 않다면 잠언 23장 [4절]의 "너의 현명에 한도를 정해라."는 말은 헛된 말일 것이다. 따라서 현명은 덕이 아니다.

[재반론] 그러나 반대로 그레고리우스는 『욥기의 도덕적 해설』 제2권에서[4] 현명, 절제, 용기 및 정의는 네 가지 덕이라고 말하였다.

[답변] 위에서[5] 덕 일반에 대해 다룰 때 언급했듯이, "덕은 [덕을] 소유한 이를 선하게 만들고, 그의 행업도 선하게 만드는 것이다." 그런데 선은 두 가지 방식으로 말해질 수 있다. 즉 첫째, 선한 '것'을 가리키면서, 질료적으로 말해질 수 있고, 둘째, 선의 규정의 관점에서, 형상적으로 말해질 수 있다.

---

4. c.49, al.27, in vet.36, n.77; PL 75, 592D.
5. I-II, q.55, a.3, sc; q.56, a.1.

obiectum appetitivae virtutis. Et ideo si qui habitus sunt qui faciant rectam considerationem rationis non habito respectu ad rectitudinem appetitus, minus habent de ratione virtutis, tanquam ordinantes ad bonum materialiter, idest ad id quod est bonum non sub ratione boni: plus autem habent de ratione virtutis habitus illi qui respiciunt rectitudinem appetitus, quia respiciunt bonum non solum materialiter, sed etiam formaliter, idest id quod est bonum sub ratione boni. Ad prudentiam autem pertinet, sicut dictum est,[6] applicatio rectae rationis ad opus, quod non fit sine appetitu recto. Et ideo prudentia non solum habet rationem virtutis quam habent aliae virtutes intellectuales; sed etiam habet rationem virtutis quam habent virtutes morales, quibus etiam connumeratur.[7]

---

6. a.1, ad3, a.3.
7. (*추가주) 현명에 '고유한' 판단은 항상 참되며, 또한 현명은 판단에 있어 속을 수도 없다. 현명은 지성적 덕이며 그래서 항상 지성의 선인 참을 향한 성향이 있기 때문이다. 이 참은 사물과의 조화(conformitatem)를 통해 주목되지 않고 올바른 욕구와의 조화를 통해서 주목받는 참이다.(Cf. q.57, a.5, ad3)
현명에 '고유한' 판단은 '실천적으로-실천적인(practico-practicum)' 판단으로서, 선택이 이 판단을 뒤따른다(Cf. I-II, q.13, a.1, ad2); 그리고 현명의 잠재적 부분들인 '판단력(synesis)'과 '분별력(gnome)'이 이 현명에 고유한 판단을 일으키도록 질서 지어져 있다(infra, q.51, a.3, 4). 그래서 이 판단을 목적과 상황들의 요구에 따라 선택해야 하는 수단에 대한, '양심의 사변적으로-실천적 판단(a iudicio speculativo-practico conscientiae)'과 주의 깊게 구별해야 한다. 양심의 판단은 숙고가 포함하는 탐색의 결론으로서(I-II, q.14, a.1), 따라서 '심사숙고(eubulia)'에 더 속하는 것으로 보이기 때문이다(심사숙고에 대해서는 아래 q.51, a.1, 2).
여기에서는 어떻게 양심이 올바른데도, 어떤 이가 현명하지 못하게 행위할 수 있는지 - 바로 여기에 정확히 죄가 성립한다 - 이해된다(그래서 현명하지 못함은 '모든 악습과 죄 안에' 있고, 이러한 방식으로 일반적 죄라 불릴 수 있다: q.53, a.2c); 그리고 어떻게, 역으로, 극복할 수 없는 잘못을 가진 양심을 따르면서 현명하지 못하지 않게 행위하는지(Cf. I-II, q.19, a.6) 이해된다: '왜냐하면 많은 사람들이 잘 숙고하지만, 그럼에도 지각이 있어 올바르게 판단하는 것은 아니'고(infra, q.51, a.3) 또 그 역도 성립하기 때문이다. 그래서 현명의 판단은, 다음과 같은 성 토마스의 말에 따르면, 항상 양심의 판단과 정합성을 가져야만 한다: '옳건 그르건 이성과 조화롭지 못한 모든 의지는, 항상 악하다'(I-II, q.19, a.5.); 성 토마스가 여기에서 말

그런데 선은, 선인 한에서, 욕구 능력의 대상이다. 그래서 만일 욕구의 올바름에 관여하지 않으면서 이성의 고찰을 올바른 것으로 만드는 어떤 습성이 있다면, 그 습성은 덕의 규정을 적게 갖는다. 그러한 습성은 '질료적으로 선한 것'으로 질서 지우기 때문이다. 즉 선의 규정 아래 고찰하지 않은 선한 '것'으로 질서 지우기 때문이다. 반면 욕구의 올바름에 관여하는 습성은 덕의 규정을 더 많이 갖는다. 질료적으로뿐만 아니라 형상적으로도 선에, 즉 선의 규정 아래에서 선한 것에 관여하기 때문이다. 그런데 현명에는, 언급한 바와 같이,[6] 행업으로의 올바른 이성의 적용이 속한다. 이것은 올바른 욕구 없이는 일어나지 않는다. 그래서 현명은 다른 지성적 덕들이 갖는 덕의 규정을 가질 뿐만 아니라, 도덕적 덕들이 갖는 덕의 규정도 또한 갖는다. 현명도 바로 이 도덕적 덕 가운데 하나로 열거된다.[7]

하고 있는 '의지'는 실천적으로-실천적인 판단을 속임을 당하지 않고(물론 자유롭게) 따르는 '선택의 행위'를 정립하는 한에서의 의지이기 때문이다; 그리고 양심과 조화롭지 못한 의지는 실천적으로-실천적인 판단이 '현명하지 못함으로' 인해 양심의 판단과 조화롭지 못하기 때문에 '그래서' 악하다.
이 두 판단을 천사적 박사 자신이 구별하였다: "양심의 판단은 순수한 인식에서 성립하고, 반면 자유로운 선택의 판단은 정감(affectio)에로의 인식의 적용에서 성립한다: 후자의 판단이 선택의 판단이다. 그래서 때로는 자유로운 선택의 판단은 뒤틀렸어도, 양심의 판단은 그렇지 않은 경우가 생겨난다; 예를 들어 어떤 이가 급박하게 실행해야 하는 어떤 것을 검토하고, 원리들을 통해서 사변을 함으로써, 예컨대 '이 여인과 간통을 하는 것은 악하다'라고 판단을 했음에도, [그것을] 행위로 적용을 시작할 때, 어디로부터이건 수많은 상황이, 예를 들어 간통의 쾌락이 행위에 찾아올 수 있고, 이 쾌락에 대한 욕망으로 인해 이성이 묶여서 이성의 명령이 쾌락을 거부하지 못할 수 있다. 이러한 식으로 어떤 이는 선택에 있어 잘못을 범하지만, 양심에 있어서는 잘못을 범하지 않는다; 그러나 양심에 반해서 행한다: 그리고 행해진 것이 지식의 판단과 조화롭지 못하는 한에서, 이것을 나쁜 양심으로 했다고 말한다."(De ver., q.17, a.1, ad4. Cf. I-II, q.77, a.2, ad4) 여기에서는 자제력 없는 이의 삼단논법이 다뤄진다.(Cf. In Sent., II, d.24, q.2, a.4, ad2; De Virtut., a.6, ad1)
따라서 현명은, 도덕적 덕으로서, P. Horváth(De moralitate, Romae 1930, pp.79-80)가 주목했듯이, "양심의 개연적인 명령을 넘어서서, 도덕의 문제에서 가능한 정도의 확실성을 드러내기 위해서, [내가 올바르게 이해했다면, '심사숙고'를 통해서] 모든 것을 저울질하고 목적의 빛 안에서 모든 것에 대해 판단을 내려야 한다…. 도덕적 목적의 원욕(volitio)을 통해서 의

AD PRIMUM ergo dicendum quod Augustinus ibi large accepit scientiam pro qualibet recta ratione.

AD SECUNDUM dicendum quod Philosophus dicit artis esse virtutem, quia non importat rectitudinem appetitus, et ideo ad hoc quod homo recte utatur arte, requiritur quod habeat virtutem, quae faciat rectitudinem appetitus.[8] Prudentia autem non habet locum in his quae sunt artis: tum quia ars ordinatur ad aliquem particularem finem; tum quia ars habet determinata media per quae pervenitur ad finem.[9] Dicitur tamen aliquis prudenter operari in his quae sunt artis per similitudinem quandam: in quibusdam enim artibus, propter

---

롭게 되어 최종 목적과 연관된 의지는 도덕적인 것에서 개연적 확실성'의 원리이다. 즉 양심의 명령에 있어서 안전하고 확실한 판단에 개연적 확실성이라는 형상을 줄 수 있도록 지성의 탐색을 지도하고 움직인다. 이 모든 것은 의지의 올바름을, 또는 직접적으로도 심지어 간접적으로도, 그 자체로든 또는 원인 안에서든(정념, 무지 등), 어떤 악의 행위 근거가 아닌 그러한 목적의 원욕을 전제한다. 올바름은 능력으로서의 의지 안으로 들어가지 않고, 현실적 원리이든 아니면 습성적 원리이든 원리들을 통해서 규정된 것으로서의 의지 안으로 들어간다. 이 원리들 가운데 첫 번째 원리가 영원법에 따라 판단하고 그렇게 판단된 대상을 통해서 형상인의 방식으로 의지를 움직이는 이성이다. 이 현실적 규정들에 따르는 의지는, 이 규정들이 행위의 방식으로 의지 안에 있든 아니면 습성의 방식으로 있든, 자신으로부터 파생된 모든 행위에 있어(원동자의 방식으로) 도덕성의 원리이다; 따라서 '이성의 판단에서' 또는 양심의 명령에서 명령된 행위에서도 그렇다.
그래서 이 체계는 주의주의적 체계가 아니다. 주의주의는, 그것의 원리가 바로 자기 자신을 따르는 의지이다. 그런데 양심의 명령의 이 원리는 의지 자체가 아니라, 이성을 통해서 의롭게 된 의지이다. 저 체계는 무엇보다도 양심을 교육하고, 이성적으로 행위하는 데 적합하다. 왜냐하면 법의 의심을 통해서가 아니라, 상황에 근거해서 여기 지금 받아들여진 다른 근거들을 통해서 자신의 행위 근거를 정당화하기 때문이다."
이로부터 양심의 판단을 형성하는 데 있어 현명의 계기가 가시화된다. 양심의 판단에 의해 '이성은 모든 상황을 고려한 후 여기 지금 목적에 대응하는 저것을 행해야' 하고(만일 그것이 그 자체로 선하거나 또는 중립적인 한); '반면 그 반대의 것은 피해야 한다'고 명령한다: 이러한 말들로써, 말하자면 양심의 판단의 일반적 형식이 표현될 수 있을 것이다.
그렇지만 현명은 여기에 머물러서는 안 된다. 더 나아가 '심사숙고'를 통해서 행해야 한다고

[해답] 1. 아우구스티누스는 여기에서 지식을 넓은 의미에서 모든 올바른 이성을 가리키는 말로 파악한다.

2. 철학자는 기예의 덕이 있다고 말한다. 그 이유는 기예가 욕구의 올바름을 포함하지 않기 때문이다. 그래서 사람이 기예를 올바르게 사용하기 위해서는 욕구를 올바르게 하는 덕을 가질 것이 요구된다.[8] 그런데 현명은 기예에 속하는 것들에 자리하지 않는다. 기예는 어떤 특수한 목적을 향해 질서 지어져 있기 때문이기도 하고, 목적에 이르게 하는 결정된 매개를 갖기 때문이기도 하다.[9] 그렇지만 어떤 이는 일종의 유사성을 통해(비유적으로), 기예가 관여하는 것에서 현명하게 작용

판단한 것, 즉 여기 지금 목적에 상응하는 것으로 판단한 것이 올바른 욕구에 대응하는 것으로서도 행해야 한다고 '판단력'이나 '분별력'을 통해서 판단하는 일이 남아 있다(이것은 분명히 정신이 도덕적 덕을 갖추었다는 것을 전제한다.(Cf. I-II, q.58, a.5; q.65, a.1) 왜냐하면 이때 현명은 단지 상황들의 요구에 따라 이 수단이 목적을 위해 선택되어야 한다고 판단하지만은 않고, '덕을 통해서 올바른 상태에 있는 주체에 의해' 선택되어야 한다고도 판단하기 때문이다. 위에서 언급한 것처럼, 현명한 남자는 양심에 조화롭게 판단하는 사람이다.
그러나 현명은 본질 규정상 여기에 이르러서도 완결되지 않았다. 그런 다음에도, 앞서 숙고하였고 앞서 선택한 수단의 실행이 더 질서 지어지고 깊이 각인되는 일이 남아 있다; 즉 실천이성의 목적에 더 근접해 있는 것으로서 현명의 주된 행위인 명령이 요구된다(infra, a.8.).
이렇게 현명의 본질규정이 완성되고 완결된다: 현명은, 밝혀진 바와 같이, 양심을 형성하고 인간의 삶을 지도하는 큰 힘을 갖는다. 그러므로 현명의 노력은 도덕신학을 새롭게 하는 데 필수적인 것으로 드러난다. 도덕신학은 지금 시점에서부터 대략 5세기 동안 "개연성의 체계들"에 대해 많은 염려를 했다; 그리고 '실행'은 인간의 자연적이고 초자연적인 삶을 새롭게 세우는 데 필수적이다. 인간은 지성만으로 또는 의지만으로가 아니라, 플라톤이 말했듯이 영혼 전체와 함께 자신의 행위를 지도하고 구성해야만 한다.
Cf. Th. Deman, *Probabilisme*, in Dict. *de Théol. Cath.*, XIII, coll.615-619; H. D. Noble, OP, *La conscience morale*, Paris, 1923, pp.52-56, 205-211; ID., *Le discernement de la conscience*, Paris, 1934, pp.157-245, 323-364; B. H. Merkel-Bach. OP, *Summa Theol. Moral.*, Paris, 1938, I, ubi de Conscientia; II, ubi de Prudentia.

8. Cf. a.1, ad3.
9. Cf. a.2, ad3.

incertitudinem eorum quibus pervenitur ad finem, necessarium est consilium, sicut in medicinali et in navigatoria, ut dicitur in III *Ethic.*.[10]

AD TERTIUM dicendum quod illud dictum Sapientis non est sic intelligendum quasi ipsa prudentia sit moderanda: sed quia secundum prudentiam est aliis modus imponendus.

Articulus 5
Utrum prudentia sit virtus specialis

Ad quintum sic proceditur. Videtur quod prudentia non sit specialis virtus.

1. Nulla enim specialis virtus ponitur in communi definitione virtutis. Sed prudentia ponitur in communi definitione virtutis: quia in II *Ethic.*[1] definitur virtus *habitus electivus in medietate existens determinata ratione quoad nos, prout sapiens determinabit;* recta autem ratio intelligitur secundum prudentiam, ut dicitur in VI *Ethic.*.[2] Ergo prudentia non est specialis virtus.

---

10. c.5, 1112b3-6; St. Thomas, lect.7, n.468.

한다고 말해진다. 『니코마코스 윤리학』 제3권에서[10] 말했듯이, 어떤 기예의 영역에서는, 예를 들어 의술이나 항해술의 경우에는, 목적에 이르게 하는 것들(목적의 수단들)의 불확실성 때문에 숙고가 필수적이기 때문이다.

3. 지혜로운 이의 이 말은 마치 현명 자체가 조절되어야 한다는 뜻으로 이해되어서는 안 된다. 현명에 따라 다른 것들에 한도가 놓여야만 하기 때문이다.

제5절 현명은 특수한 덕인가?

Parall.: *In Sent.*, III, d.9, q.1, a.1, qc.2; d.33, q.1, a.1, qc.2; q.2, a.1, qc.3, ad2.

[반론] 다섯째에 대해 다음과 같이 진행한다. 현명은 특수한 덕이 아닌 것으로 보인다.

1. 어떤 특수한 덕도 덕의 공통적 정의 안에 놓이지 않는다. 그러나 현명은 덕의 공통적 정의 안에 놓인다. 『니코마코스 윤리학』 제2권에서[1] 덕은 "현명한 이가 결정하듯, 우리와의 관계에서(quoad nos) 이성에 의해 결정된 중용에 존재하는, 선택하는 습성"으로 정의되기 때문이다. 한편 『니코마코스 윤리학』 제6권에서[2] 말하듯이 올바른 이성은 현명에 따라 이해된다. 따라서 현명은 특수한 덕이 아니다.

---

1. c.6, 1106b36-1107a.2; St. Thomas, lect.7, nn.322-323.
2. c.13, 1144b24-25; St. Thomas, lect.11, n.1283.

2. Praeterea, Philosophus dicit, in VI *Ethic.*,[3] quod *virtus moralis recte facit operari finem, prudentia autem ea quae sunt ad finem.* Sed in qualibet virtute sunt aliqua operanda propter finem. Ergo prudentia est in qualibet virtute. Non est ergo virtus specialis.

3. Praeterea, specialis virtus habet speciale obiectum. Sed prudentia non habet speciale obiectum: est enim recta ratio agibilium, ut dicitur in VI *Ethic.*;[4] agibilia autem sunt omnia opera virtutum. Ergo prudentia non est specialis virtus.

SED CONTRA est quod condividitur et connumeratur aliis virtutibus: dicitur enim *Sap.* 8, [7]: *Sobrietatem et prudentiam docet, iustitiam*[5] *et virtutem.*

RESPONDEO dicendum quod cum actus et habitus recipiant speciem ex obiectis, ut ex supradictis[6] patet, necesse est quod habitus cui respondet speciale obiectum ab aliis distinctum specialis sit habitus: et si est bonus, est specialis virtus. Speciale autem obiectum dicitur non secundum materialem considerationem ipsius, sed magis secundum rationem formalem, ut ex supradictis[7] patet: nam una et eadem res cadit sub actu diversorum habituum, et etiam diversarum potentiarum, secundum rationes diversas. Maior autem diversitas

---

3. c.13, 1145a5-6; St. Thomas, lect.11, n.1289.
4. c.5, 1140b20-21; St. Thomas. lect.4, n.1171.

2. 철학자는 『니코마코스 윤리학』 제6권에서[3] "도덕적 덕은 목적이 올바르게 작용하도록 만들고, 반면 현명은 목적을 향해 있는 것이 올바르게 작용하게 만든다."라고 말하였다. 그런데 모든 덕에는 목적을 위해 작용해야 하는 어떤 것들이 있다. 현명은 모든 덕에 있다. 따라서 현명은 특수한 덕이 아니다.

3. 특수한 덕은 특수한 대상을 갖는다. 그런데 현명은 특수한 대상이 없다. 왜냐하면 『니코마코스 윤리학』 제6권에서[4] 말하듯이, 현명은 '행할 수 있는 것들'에 대한 올바른 이성이기 때문이다. 그런데 덕들의 모든 행업은 '행할 수 있는 것'이다. 따라서 현명은 특수한 덕이 아니다.

[재반론] 그러나 반대로 현명은 다른 덕들과 구별되고, 그것들 가운데 하나로 열거된다. 지혜서 8장 [7절]에서는 "[지혜가] 절주와 현명을, 정의[5]와 덕을 가르친다."고 말하기 때문이다.

[답변] 위에서 말한 것들로부터[6] 드러났듯이, 행위와 습성은 대상으로부터 종(種)을 받기 때문에, 다른 대상들과 구별되는 특수한 대상에 대응하는 습성은 필연적으로 특수한 습성이다. 그리고 만일 그 습성이 선하다면, 그것은 특수한 덕이다. 그런데 어떤 대상은 그것의 질료적 고찰에 따라 특수한 대상이라 불리지 않고, 위에서 말한 것들로부터[7] 드러났듯이, 형상적 규정에 따라 특수한 대상이라 불린다. 왜냐하면 하나의 동일한 사물이 서로 다른 [형상적] 규정들에 따라, 서로 다른

---

5. 불가타에는 "iustitiam" 대신 "et iustitiam"으로 되어 있다.
6. I, q.77, a.3; I-II, q.1, a.3; q.18, a.2; q.54, a.2.
7. I-II, q.54, a.2, ad1.

obiecti requiritur ad diversitatem potentiae quam ad diversitatem habitus: cum plures habitus inveniantur in una potentia, ut supra[8] dictum est. Diversitas ergo rationis obiecti quae diversificat potentiam, multo magis diversificat habitum.

Sic igitur dicendum est quod cum prudentia sit in ratione, ut dictum est,[9] diversificatur quidem ab aliis virtutibus intellectualibus secundum materialem diversitatem obiectorum. Nam sapientia, scientia et intellectus sunt circa necessaria; ars autem et prudentia circa contingentia; sed ars circa factibilia, quae scilicet in exteriori materia constituuntur, sicut domus, cultellus et huiusmodi; prudentia autem est circa agibilia, quae scilicet in ipso operante consistunt, ut supra[10] habitum est. Sed a virtutibus moralibus distinguitur prudentia secundum formalem rationem potentiarum distinctivam: scilicet intellectivi, in quo est prudentia; et appetitivi, in quo est virtus moralis. Unde manifestum est prudentiam esse specialem virtutem ab omnibus aliis virtutibus distinctam.

AD PRIMUM ergo dicendum quod illa definitio non datur de virtute in communi, sed de virtute morali.[11] In cuius definitione convenienter ponitur virtus intellectualis communicans in materia cum ipsa, scilicet prudentia: quia sicut virtutis moralis subiectum est aliquid participans ratione, ita virtus moralis habet rationem virtutis inquantum participat virtutem intellectualem.[12]

---

8. I–II, q.54, a.1.

습성들의, 그리고 또한 서로 다른 능력들의 행위 아래 놓이기 때문이다. 그런데 대상의 더 큰 다름은 습성의 다름보다는 능력의 다름을 위해 요구된다. 위에서[8] 언급했듯이, 복수의 습성들이 하나의 능력 안에서 발견되기 때문이다. 따라서 능력을 서로 다르게 만드는 대상의 규정의 다름은 훨씬 더 습성을 다르게 만든다.

언급된 바와 같이[9] 현명은 이성 안에 있기 때문에, 대상들의 질료적 다름에 따라 다른 지성적 덕들과 달라진다. 지혜, 지식 그리고 이해는 필연적인 것과 관련되고, 반면 기예와 현명은 우연적인 것(contingentia)에 관련되기 때문이다. 기예는 제작될 수 있는 것, 즉 외적 질료 안에 구성되는 것으로서, 예를 들어 집이나 칼과 같은 것들과 관련되고, 반면 위에서[10] 주장했듯이, 현명은 행할 수 있는 것, 즉 작용자 안에 놓여 있는 것들과 관련된다. 그런데 도덕적 덕과 현명은 능력들의, 즉 그 안에 현명이 있는 지성적 능력과 그 안에 도덕적 덕이 있는 욕구적 능력의 서로 구별되는 형상적 규정에 따라 구별된다. 그러므로 현명은 다른 모든 덕들과 구별된, 특수한 덕임이 명백하다.

[해답] 1. 이 정의는 덕 일반에 대해 주어진 것이 아니라, 도덕적 덕에 대해 주어진다.[11] 이 정의 안에 도덕적 덕과 소재를 공유하는 지성적 덕이, 즉 현명이 놓이는 것은 적합하다. 도덕적 덕의 주체가 이성에 참여하는 어떤 것이듯이, 도덕적 덕은 지성적 덕에 참여하는 한에서 덕의 규정을 갖기 때문이다.[12]

---

9. a.1
10. I-II, q.57, a.4.
11. Cf. I-II, q.58, a.1.
12. Cf. I-II, q.58, a.4.

AD SECUNDUM dicendum quod ex illa ratione habetur quod prudentia adiuvet omnes virtutes, et in omnibus operetur.[13] Sed hoc non sufficit ad ostendendum quod non sit virtus specialis: quia nihil prohibet in aliquo genere esse aliquam speciem quae aliqualiter operetur in omnibus speciebus eiusdem generis; sicut sol aliqualiter influit in omnia corpora.

AD TERTIUM dicendum quod agibilia sunt quidem materia prudentiae secundum quod sunt obiectum rationis, scilicet sub ratione veri. Sunt autem materia moralium virtutum secundum quod sunt obiectum virtutis appetitivae, scilicet sub ratione boni.

Articulus 6
Utrum prudentia praestituat finem virtutibus moralibus

Ad sextum sic proceditur. Videtur quod prudentia praestituat finem virtutibus moralibus.

1. Cum enim prudentia sit in ratione, virtus autem moralis in vi appetitiva, videtur quod hoc modo se habeat prudentia ad virtutem moralem sicut ratio ad vim appetitivam. Sed ratio praestituit finem potentiae appetitivae. Ergo prudentia praestituit finem virtutibus moralibus.

2. Praeterea, homo excedit res irrationales secundum rationem, sed secundum alia cum eis communicat. Sic igitur se habent aliae partes hominis ad rationem sicut se habent creaturae irrationales ad homi-

2. 이 논거로부터 현명은 모든 덕을 돕고 모든 덕 안에서 작용한다고 주장할 수 있다.[13] 그렇지만 현명이 특수한 덕이 아님을 보여주기에는 충분하지 않다. 어떤 유(類) 안에 그 유에 속하는 모든 종 안에서 어떤 방식으로 작용하는 특수한 종이 있는 것을 막을 것은 없기 때문이다. 예를 들어 태양은 어떤 방식으로 모든 물체들에 영향을 미친다.

3. 행할 수 있는 것은 이성의 대상인 한에서, 즉 참의 규정 아래 있는 한에서, 현명의 질료이다. 그런데 이것이 욕구적 능력의 대상, 즉 선의 규정 아래 있는 한에서 도덕적 덕의 질료이다.

제6절 현명은 도덕적 덕에 목적을 지정하는가?

Parall.: I-II, q.66, a.2, ad3; *In Sent.*, III, d.33, q.2, a.3; *De verit.*, q.5, a.1.

[반론] 여섯째에 대하여 다음과 같이 진행한다. 현명은 도덕적 덕에 목적을 지정하는 것으로 보인다.

1. 현명은 이성 안에 있고, 반면 도덕적 덕은 욕구 능력 안에 있기 때문에, 현명은 이성이 욕구 능력과 관계되는 그러한 방식으로 도덕적 덕과 관계되는 것으로 보인다. 그런데 이성은 욕구 능력에 목적을 미리 설정한다. 따라서 현명은 도덕적 덕에 목적을 지정한다.

2. 인간은 이성에 따라 비이성적 사물들을 넘어서지만, 다른 관점에서는 그것들과 공통성을 갖는다. 따라서 인간의 여타 부분들은 이성에

---

13. Cf. *ibid.*

nem.¹ Sed homo est finis creaturarum irrationalium ut dicitur in I *Politic.*² ergo omnes aliae partes hominis ordinantur ad rationem sicut ad finem. Sed prudentia est recta ratio agibilium, ut dictum est.³ Ergo omnia agibilia ordinantur ad prudentiam sicut ad finem. Ipsa ergo praestituit finem omnibus virtutibus moralibus.

3. Praeterea, proprium est virtutis vel artis seu potentiae ad quam pertinet finis ut praecipiat aliis virtutibus seu artibus ad quas pertinent ea quae sunt ad finem. Sed prudentia disponit de aliis virtutibus moralibus et praecipit eis. Ergo praestituit eis finem.

SED CONTRA est quod Philosophus dicit, in VI *Ethic.*,⁴ quod *virtus moralis intentionem finis facit rectam, prudentia autem quae ad hanc.* Ergo ad prudentiam non pertinet praestituere finem virtutibus moralibus, sed solum disponere de his quae sunt ad finem.

RESPONDEO dicendum quod finis virtutum moralium est bonum humanum. Bonum autem humanae animae est secundum rationem esse; ut patet per Dionysium, IV cap. *de Div. Nom.*.⁵ Unde

---

1. Busa판에는 "비이성적 피조물이 인간에 대해 갖는 관계(sicut se habent creaturae irrationales ad hominem)"로 되어 있다.
2. c.8, 1256b15-17; St. Thomas, lect.6.

대해, 마치 인간이 비이성적 피조물에 대해 갖는 관계와[1] 같은 방식으로 관계한다. 그런데 『정치학』 제1권에서[2] 말하듯이 인간은 비이성적 피조물들의 목적이다. 따라서 인간의 여타 부분들은 모두 목적으로서 이성을 향해 질서 지어져 있다. 언급된 바와 같이[3], 현명은 행할 수 있는 것의 올바른 이성이다. 그러므로 행할 수 있는 모든 것은 목적으로서 현명을 향해 질서 지어져 있다. 따라서 현명은 모든 도덕적 덕에 목적을 지정한다.

3. '목적을 향해 있는 것'이 속하는 여타 덕이나 기예에 명령을 내리는 것은 목적이 속하는 덕이나 기예 또는 능력에 고유한 것이다. 그런데 현명은 그 외 다른 도덕적 덕들을 질서 있게 배치하고 그것들에 명령을 내린다. 따라서 현명은 도덕적 덕에 목적을 지정한다.

[재반론] 그러나 반대로 철학자는 『니코마코스 윤리학』 제6권에서[4] "도덕적 덕은 목적의 지향을 올바르게 하고, 반면 현명은 목적을 향해 있는 것을 올바르게 한다."고 말하였다. 따라서 현명에는 도덕적 덕에 목적을 지정하는 것이 속하지 않고, 목적을 향해 있는 것들을 질서 있게 배치하는 것만이 속한다.

[답변] 도덕적 덕들의 목적은 인간적 선이다. 그런데 디오니시우스의 『신명론』 제4장을 통해서 밝혀졌듯이, 인간 영혼의 선은 '이성에 따라 존재함'이다.[5] 그러므로 도덕적 덕의 목적들은 필연적으로 이성 안

---

3. a.2, sc; a.5, obj.1.
4. c.13, 1144a8-11; St. Thomas, lect.10, nn.1268-1269.
5. PG3, 733A; St. Thomas, lect.22, nn.592. Cf. q.123, aa.1 & 12; q.141, aa.1 & 6; I-II, q.55, a.4, ad2; q.59, a.1; q.71, a.2.

necesse est quod fines moralium virtutum praeexistant in ratione. Sicut autem in ratione speculativa sunt quaedam ut naturaliter nota, quorum est intellectus; et quaedam quae per illa innotescunt, scilicet conclusiones, quarum est scientia[6]: ita in ratione practica praeexistunt quaedam ut principia naturaliter nota, et huiusmodi sunt fines virtutum moralium, quia finis se habet in operabilibus sicut principium in speculativis, ut supra[7] habitum est; et quaedam sunt in ratione practica ut conclusiones, et huiusmodi sunt ea quae sunt ad finem, in quae pervenimus ex ipsis finibus. Et horum est prudentia, applicans universalia principia ad particulares conclusiones operabilium. Et ideo ad prudentiam non pertinet praestituere finem virtutibus moralibus, sed solum disponere de his quae sunt ad finem.

AD PRIMUM ergo dicendum quod virtutibus moralibus praestituit finem ratio naturalis quae dicitur synderesis, ut in Primo[8] habitum est: non autem prudentia, ratione iam[9] dicta.

Et per hoc etiam patet responsio AD SECUNDUM.

AD TERTIUM dicendum quod finis non pertinet ad virtutes morales tanquam ipsae praestituant finem: sed quia tendunt in finem

---

6. Cf. I-II, q.57, a.2.
7. q.23, a.7, ad2; I-II, q.57, a.4.

에 미리 존재해야 한다. 그런데 사변적 이성 안에는 어떤 것들이 자연적으로 알려진 것으로서 있고, 그리고 이것들을 통해서 알려지게 되는 것들, 즉 결론들이 있다. 전자[=자연적으로 알려진 것]에 대해서는 이해가, 후자에 대해서는 지식이 관여한다.[6] 이와 마찬가지로 실천이성 안에도 자연적으로 알려진 원리로서 어떤 것들이 미리 존재하는데, 이러한 것들이 바로 도덕적 덕의 목적들이다. 위에서[7] 주장했듯이, 행할 수 있는 것들의 영역에서 목적은 사변적인 것들의 영역에서 원리와 같은 위치에 있기 때문이다. 그리고 실천이성 안에는 어떤 것들이 결론으로서 존재하는데, 목적을 향해 있는 것들이 그러한 것들이다. 우리는 목적에 근거해서 이러한 것들[=목적을 향해 있는 것들]에 이르게 된다. 그리고 이것들에 관여하는 것이 현명으로서, 현명은 보편적 원리를 행할 수 있는 것들의 특수한 결론으로 적용한다. 그러므로 현명에는 도덕적 덕에 목적을 지정하는 것이 아니라, 목적을 향해 있는 것들을 질서 있게 배치하는 것만이 속한다.

[해답] 1. 제1부에서[8] 말했듯이, 도덕적 덕에 목적을 지정하는 것은 양지(良知, synderesis)라 부르는 자연적 이성이지 현명이 아니다. 이에 대한 근거는 이미[9] 말하였다.

2. 이를 통해서 두 번째 반론에 대한 해답도 분명하다.

3. 도덕적 덕이 목적을 지정하는 방식으로 목적이 도덕적 덕에 속하는 것이 아니라, 도덕적 덕은 자연적 이성에 의해 지정된 목적을 향하

---

8. q.79, a.12.
9. 본론.

a ratione naturali praestitutum. Ad quod iuvantur per prudentiam, quae eis viam parat, disponendo ea quae sunt ad finem. Unde relinquitur quod prudentia sit nobilior virtutibus moralibus,[10] et moveat eas.[11] Sed synderesis movet prudentiam, sicut intellectus principiorum scientiam.[12]

Articulus 7
Utrum ad prudentiam pertineat invenire medium in virtutibus moralibus

Ad septimum sic proceditur. Videtur quod ad prudentiam non pertineat invenire medium in virtutibus moralibus.

1. Consequi enim medium est finis moralium virtutum. Sed prudentia non praestituit finem moralibus virtutibus, ut ostensum est.[1] Ergo non invenit in eis medium.

2. Praeterea, illud quod est per se non videtur causam habere, sed ipsum esse est sui ipsius causa: quia unumquodque dicitur esse per causam suam. Sed existere in medio convenit virtuti morali per se, quasi positum in eius definitione, ut ex dictis[2] patet. Non ergo pru-

---

10. Cf. q.23, a.6; q.141, a.8; I–II, q.66, a.1.
11. Cf. Sup., q.2, a.4.
12. 따라서 '양지(synderesis)'는 목적을 지정한다, 즉 결정적으로 도덕적 덕에 목적을 보여주고 현명을 움직인다. 원리들의 이해(intellectus)가 지식(scientia)을 움직이는 것과 같다. 반면 '현명'

기 때문에 목적이 도덕적 덕에 속하는 것이다. 이를 위해[=지정된 목적을 향하도록] 현명이 도덕적 덕을 돕는다. 즉 현명은 목적을 향해 있는 것들을 질서 있게 배치함으로써 도덕적 덕에 길을 마련해 준다. 그러므로 현명이 도덕적 덕보다 더 고귀하며,[10] 그것들을 움직인다[11]는 결론이 남는다. 그러나 양지는 원리들의 이해가 지식을 움직이듯이, 현명을 움직인다.[12]

제7절 도덕적 덕에서 중용을 발견하는 것이 현명에 속하는가?

Parall.:, I-II, q.66, a.3, ad3; *In Sent.*, d.33, q.2, a.3.

[반론] 일곱째에 대해 다음과 같이 진행한다. 현명에는 도덕적 덕에서 중용을 발견하는 것이 속하지 않는 것으로 보인다.

1. '중용을 따름'은 도덕적 덕의 목적이다. 그러나 밝혀진 바와 같이,[1] 현명은 도덕적 덕에 목적을 지정하지 않는다. 따라서 현명은 도덕적 덕에서 중용을 발견하지 않는다.

2. 자기 자신을 통해 존재하는 것은 원인을 갖지 않는 것으로 보이고, 존재 자체가 자신의 원인이다. 모든 것은 자기의 원인을 통해 존재한다고 말해지기 때문이다. 그러나 언급된 것을 통해서[2] 분명히 알 수

은 움직여진 후 도덕적 덕을 목적을 향해 움직이며, 도덕적 덕에 목적을 향한 길을 배치한다. 한편 '도덕적 덕들'은 현명에 의해 움직여지고 도움을 받아 양지가 자신에게 지정한, 동일한 목적을 향한다. S. Capponi a Porrecta, OP, in h. l.

1. 앞 절.
2. a.5, obj.1.

dentia causat medium in virtutibus moralibus.

3. Praeterea, prudentia operatur secundum modum rationis. Sed virtus moralis tendit ad medium per modum naturae: quia ut Tullius dicit, in II *Rhet.*,[3] *virtus est habitus per modum naturae rationi consentaneus.* Ergo prudentia non praestituit medium virtutibus moralibus.

SED CONTRA est quod in supraposita[4] definitione virtutis moralis dicitur quod est *in medietate existens determinata ratione prout sapiens determinabit.*

RESPONDEO dicendum quod hoc ipsum quod est conformari rationi rectae est finis proprius cuiuslibet moralis virtutis: temperantia enim hoc intendit, ne propter concupiscentias homo divertat a ratione; et similiter fortitudo ne a recto iudicio rationis divertat propter timorem vel audaciam. Et hic finis praestitutus est homini secundum naturalem rationem: naturalis enim ratio dictat unicuique ut secundum rationem operetur. Sed qualiter et per quae homo in operando attingat medium rationis[5] pertinet ad dispositionem prudentiae. Licet enim attingere medium sit finis virtutis moralis, tamen per rectam dispositionem eorum quae sunt ad finem medium invenitur.

---

3. *De invent. rhet.*, l.II, c.53; ed. G. Friedrich, Lipsiae, 1908, p.230, ll.2-3.
4. a.5, obj.1.

있듯이, '중용 안에 존재함'은, 도덕적 덕의 정의에 속하는 것으로서, 자기 자신을 통해(본질적으로) 도덕적 덕에 속한다. 따라서 현명은 도덕적 덕에서의 중용의 원인이 아니다.

3. 현명은 이성의 양태에 따라 작용한다. 그러나 도덕적 덕은 자연의 양태로 중용을 향한다. 그 이유는 키케로가 『수사학』 제2권에서[3] 말했듯이, "덕은 자연의 양태로 이성에 일치하는 습성이다."라는 데 있다. 따라서 현명은 도덕적 덕에 중용을 지정하지 않는다.

[재반론] 그러나 반대로 위에서 정립된[4] 도덕적 덕의 정의 안에서, 도덕적 덕은 "지혜로운 이가 결정하는 것처럼 이성에 의해 결정된 중용 안에 존재"한다고 말해진다.

[답변] '올바른 이성과 조화됨', 바로 이것이 모든 도덕적 덕의 본래적 목적이다. 절제는 인간이 욕망 때문에 이성에서 벗어나지 않도록 하는 것을 지향하고, 이와 비슷하게 용기는 두려움이나 담대함 때문에 이성의 올바른 판단에서 벗어나지 않도록 하는 것을 지향하기 때문이다. 그리고 이 목적은 자연적 이성에 따라 인간에게 지정되어 있다. 자연적 이성은 모든 이에게 이성에 따라 작용할 것을 지시하기 때문이다. 그러나 어떻게 그리고 무엇을 통해 인간이 작용할 때 이성의 중용[5]에 도달하는지는 현명의 질서 있는 배치에 속한다. '중용을 얻음'이 도덕적 덕의 목적이라 하더라도, 목적을 향해 있는 것들의 올바르고 질서 있는 배치를 통해서 중용이 발견되기 때문이다.

---

5. Cf. I-II, q.64, a.2.

Et per hoc patet responsio AD PRIMUM.

AD SECUNDUM dicendum quod sicut agens naturale facit ut forma sit in materia, non tamen facit ut formae conveniant ea quae per se ei insunt; ita etiam prudentia medium constituit in passionibus et operationibus, non tamen facit quod medium quaerere conveniat virtuti.

AD TERTIUM dicendum quod virtus moralis per modum naturae intendit pervenire ad medium. Sed quia medium non eodem modo invenitur in omnibus, ideo inclinatio naturae, quae semper eodem modo operatur, ad hoc non sufficit, sed requiritur ratio prudentiae.

Articulus 8
Utrum praecipere sit principalis actus prudentiae

Ad octavum sic proceditur. Videtur quod praecipere non sit principalis actus prudentiae.

1. Praecipere enim pertinet ad bona quae sunt fienda. Sed Augustinus, XIV *de Trin.*,[1] ponit actum prudentiae *praecavere insidias*. Ergo praecipere non est principalis actus prudentiae.

2. Praeterea, Philosophus dicit, in VI *Ethic.*,[2] quod *prudentis vide-*

---

1. c.9: PL 42, 1046.
2. cc.5 & 8 & 10, 1140a25-28; 1141b8-14; 1142b31-33; St. Thomas, lect.4, n.1162; lect.6,

[해답] 1. 이를 통해서 첫 번째 반론에 대한 답이 분명히 드러난다.

2. 자연적 행위자는 형상이 질료 안에 존재하도록 만들지만, 형상으로 하여금 그 자체로 형상에 내속하는 것들을 갖도록 만드는 것은 아니다. 이와 마찬가지로 현명도 정념과 작용들 안에 중용을 수립하지만, '중용을 추구함'이 덕에 속하게 만들지는 않는다.

3. 도덕적 덕은 자연의 양태로 중용에 이를 것을 지향한다. 그러나 중용은 모든 것에서 동일한 방식으로 발견되지 않기 때문에, 항상 동일한 방식으로 작용하는 자연의 경향은 이를 위해 충분하지 않고, 현명의 이성이 요구된다.

제8절 명령함은 현명의 주된 행위인가?

Parall.: I-II, q.57, a.6; *In Sent.*, III, d.33, q.2, a.3; *De Virtut.*, q.1, a.12, ad26; q.5, a.1; *In Ep. ad Rom.*, c.8, lect.1; *In Ethic.*, VI, lect.9.

[반론] 여덟째에 대해 다음과 같이 진행한다. '명령함'은 현명의 주된 행위가 아닌 것으로 보인다.

1. 명령함은 생겨나야 할 선에 관련된다. 그런데 아우구스티누스는 『삼위일체론』 제14권에서[1] 현명의 행위는 "음모를 예방하는 것"이라고 주장했다. 따라서 명령함은 현명의 주된 행위가 아니다.

2. 철학자는 『니코마코스 윤리학』 제6권에서[2] "잘 숙고함이 현명한

---

n.1193; lect.8, n.1233.

tur esse bene consiliari. Sed alius actus videtur esse consiliari et praecipere, ut ex supradictis[3] patet. Ergo prudentiae principalis actus non est praecipere.

3. Praeterea, praecipere, vel imperare, videtur pertinere ad voluntatem, cuius obiectum est finis et quae movet alias potentias animae. Sed prudentia non est in voluntate, sed in ratione. Ergo prudentiae actus non est praecipere.

SED CONTRA est quod Philosophus dicit, in VI *Ethic.*[4], quod *prudentia praeceptiva est.*

RESPONDEO dicendum quod prudentia est recta ratio agibilium, ut supra[5] dictum est. Unde oportet quod ille sit praecipuus actus prudentiae qui est praecipuus actus rationis agibilium. Cuius quidem sunt tres actus. Quorum primus est consiliari: quod pertinet ad inventionem, nam consiliari est quaerere, ut supra[6] habitum est. Secundus actus est iudicare de inventis[7]: et hic sistit speculativa ratio. Sed practica ratio, quae ordinatur ad opus, procedit ulterius et est tertius actus eius praecipere[8]: qui quidem actus consistit in applicatione consiliatorum et iudicatorum ad operandum. Et quia iste actus est propinquior fini rationis practicae, inde est quod iste est principa-

---

3. I-II, q.57, a.6.
4. c.11, 1143a8-11; St. Thomas, lect.9, nn.1238-1240.
5. a.2, sc.

이의 일로 보인다."라고 말하였다. 그런데 위에서 말한 것으로부터³ 드러나듯이, 숙고함과 명령함은 서로 다른 행위로 보인다. 따라서 현명의 주된 행위는 명령함이 아니다.

3. 명령함 또는 지배함은 그것의 대상이 목적이고, 영혼의 여타 능력들을 움직이는 것인 의지에 속하는 것으로 보인다. 그런데 현명은 의지 안에 있지 않고 이성 안에 있다. 따라서 명령함은 현명의 행위가 아니다.

[재반론] 그러나 반대로 철학자는 『니코마코스 윤리학』 제6권에서⁴ "현명은 명령을 내리는 것이다."라고 말하였다.

[답변] 위에서⁵ 언급했듯이, 현명은 행할 수 있는 것에 관한 올바른 이성이다. 그러므로 행할 수 있는 것에 관한 이성의 첫째가는 행위가 바로 현명의 첫째가는 행위이어야만 한다. 한편 행할 수 있는 것에 관한 이성의 행위에는 세 가지가 있다. 그 가운데 첫 번째가 숙고함으로, 이것은 발견에 속한다. 숙고함은, 위에서⁶ 주장했듯이, '찾음(quaerere)' 이기 때문이다. 두 번째 행위는 '발견된 것'에 대해 판단함으로,⁷ 여기에서 사변이성은 멈추게 된다. 그러나 행업을 향해 질서 지어진 실천이성은 더 진행하며, 실천이성의 세 번째 행위가 바로 명령함이다.⁸ 이 행위는 숙고된 것과 판단된 것을 작용으로 적용하는 데 있다. 이 행위는 [다른 두 행위보다] 실천이성의 목적에 더 가까이 있기 때문에, 이

---

6. I-II, q.14, a.1.
7. 이 판단에 대해서는: Cf. I-II, q.13, a.1, ad2.
8. Cf. I-II, q.17, a.1.

lis actus rationis practicae, et per consequens prudentiae.

Et huius signum est quod perfectio artis consistit in iudicando, non autem in praecipiendo. Ideo reputatur melior artifex qui volens peccat in arte, quasi habens rectum iudicium, quam qui peccat nolens, quod videtur esse ex defectu iudicii. Sed in prudentia est e converso, ut dicitur in VI *Ethic.*[9]: imprudentior enim est qui volens peccat, quasi deficiens in principali actu prudentiae, qui est praecipere, quam qui peccat nolens.[10]

AD PRIMUM ergo dicendum quod actus praecipiendi se extendit et ad bona prosequenda et ad mala cavenda. – Et tamen *praecavere insidias* non attribuit Augustinus prudentiae quasi principalem actum ipsius: sed quia iste actus prudentiae non manet in patria.

AD SECUNDUM dicendum quod bonitas consilii requiritur ut ea quae sunt bene inventa applicentur ad opus. Et ideo praecipere pertinet ad prudentiam, quae est bene consiliativa.

AD TERTIUM dicendum quod movere absolute pertinet ad voluntatem. Sed praecipere importat motionem cum quadam ordinatione. Et ideo est actus rationis, ut supra[11] dictum est.

---

9. c.5, 1140b22-25; St. Thomas, lect.4, n.1173.

행위가 실천이성의 주된 행위이고, 따라서 현명의 주된 행위이다.

이것을 보여주는 것이 기예의 완성은 판단함에 있지 명령함에 있지 않다는 사실이다. 그래서 원욕하면서(일부러) 기예에서 잘못을 범하는 장인이 원욕하지 않는데(잘못할 마음이 없음에도) 잘못을 범하는 장인보다 더 뛰어난 장인으로 평가받는다. 전자는 올바른 판단을 하지만, 후자는 판단의 결함 때문에 잘못을 범하는 것으로 보이기 때문이다. 그러나 『니코마코스 윤리학』 제6권에서[9] 말했듯이, 현명에서는 그 반대이다. 원욕하면서(일부러) 잘못을 범하는 이는, 이를테면 현명의 주된 행위, 즉 명령함에서 결함을 범하는 것이므로, 원욕하지 않았는데 잘못을 범하는 이보다 더 현명하지 못한 사람이기 때문이다.[10]

[해답] 1. 명령하는 행위는 추구해야 할 선과 회피해야 할 악 모두에 미친다. 그러나 그럼에도 아우구스티누스는 "음모를 예방함"을 현명의 주된 행위로서 현명에 귀속시키지 않았다. 이 현명의 행위는 본향에서는 남아 있지 않기 때문이다.

2. 잘 발견된 것들이 행업에 적용되기 위해서는 숙고의 선성이 요구된다. 그래서 명령함은 잘 숙고하는 것인 현명에 속한다.

3. '절대적으로 움직이게 함'은 의지에 속한다. 그런데 명령함은 '질서지움을 갖춘, 움직이게 함(motio)'을 포함한다. 그래서 명령함은, 위에서[11] 언급했듯이 이성의 행위이다.

---

10. Cf. a.1, ad3.
11. I-II, q.17, a.1.

Articulus 9
Utrum sollicitudo pertineat ad prudentiam

Ad nonum sic proceditur. Videtur quod sollicitudo non pertineat ad prudentiam.

1. Sollicitudo enim inquietudinem quandam importat: dicit enim Isidorus, in libro *Etymol.*,[1] quod *sollicitus dicitur qui est inquietus*. Sed motio maxime pertinet ad vim appetitivam. Ergo et sollicitudo. Sed prudentia non est in vi appetitiva, sed in ratione, ut supra[2] habitum est. Ergo sollicitudo non pertinet ad prudentiam.

2. Praeterea, sollicitudini videtur opponi certitudo veritatis: unde dicitur I *Reg.* 9, [20] quod Samuel dixit ad Saul: *De asinis quas nudiustertius perdidisti ne sollicitus sis: quia inventae sunt*. Sed certitudo veritatis pertinet ad prudentiam: cum sit virtus intellectualis. Ergo sollicitudo opponitur prudentiae, magis quam ad eam pertineat.

3. Praeterea, Philosophus dicit, in IV *Ethic.*,[3] quod ad magnanimum pertinet *pigrum esse et otiosum*. Pigritiae autem opponitur sollicitudo. Cum ergo prudentia non opponatur magnanimitati, quia bonum non est bono contrarium, ut dicitur in *Praedic.*[4]; videtur quod sollicitudo non pertineat ad prudentiam.

---

1. X, ad litt. *S*, n.244: PL 82, 393B.
2. art.1.

제9절 염려는 현명에 속하는가?

[반론] 아홉째에 대해 다음과 같이 진행한다. 염려는 현명에 속하지 않는 것으로 보인다.

1. 염려는 일종의 '안식하지 못함'을 포함한다. 이시도루스는 『어원론』에서[1] "안식하지 못하는 이가 염려하는 이로 불린다."고 말하였기 때문이다. '움직이게 함'은 최고로 욕구 능력에 속한다. 따라서 염려도 마찬가지이다. 그러나 위에서[2] 주장하였듯이, 현명은 욕구 능력에 있지 않고 이성에 있다. 따라서 염려는 현명에 속하지 않는다.

2. 염려와 진리의 확실성은 대립하는 것으로 보인다. 그래서 열왕기 상권 9장 20절에서 사무엘이 사울에게 다음과 같이 말하였다고 한다: "그저께 잃어버린 당나귀에 대해서는 염려하지 마십시오. 발견되었기 때문입니다." 그런데 진리의 확실성은 현명에 속한다. 지성적 덕이기 때문이다. 따라서 염려는 현명에 속한다기보다는 오히려 현명에 대립한다.

3. 철학자는 『니코마코스 윤리학』 제4권에서[3] "느림과 한가함은" 웅지를 품은 이에게 속한다고 말하였다. 그런데 느림은 염려와 대립한다. 『범주론』에서[4] 말했듯이 선은 선과 대립하지 않기 때문에, 현명은 웅지와 대립하지 않으며, 그래서 염려는 현명에 속하지 않는 것으로 보인다.

---

3. c.8, 1124b24-26; St. Thomas lect.10, n.771.
4. c.11, 13b36.

SED CONTRA est quod dicitur I Pet. 4, [7]: *Estote prudentes, et vigilate in orationibus.* Sed vigilantia est idem sollicitudini. Ergo sollicitudo pertinet ad prudentiam.

RESPONDEO dicendum quod, sicut dicit Isidorus, in libro *Etymol.*,[5] *sollicitus dicitur quasi solers citus:* inquantum scilicet aliquis ex quadam solertia animi velox est ad prosequendum ea quae sunt agenda. Hoc autem pertinet ad prudentiam, cuius praecipuus actus est circa agenda praecipere de praeconsiliatis et iudicatis.[6] Unde Philosophus dicit, in VI *Ethic.*,[7] quod *oportet operari quidem velociter consiliata, consiliari autem tarde.* Et inde est quod sollicitudo proprie ad prudentiam pertinet. Et propter hoc Augustinus dicit, in libro *de Moribus Eccles.*,[8] quod *prudentiae sunt excubiae atque diligentissima vigilantia ne, subrepente paulatim mala suasione, fallamur.*

AD PRIMUM ergo dicendum quod motus pertinet quidem ad vim appetitivam sicut ad principium movens: tamen secundum directionem et praeceptum rationis, in quo consistit ratio sollicitudinis.

AD SECUNDUM dicendum quod, secundum Philosophum, in I *Ethic.*,[9] *certitudo non est similiter quaerenda in omnibus, sed in*

---

5. X, ad litt. *S*, n.244: PL 82, 393B.
6. 앞 절 참조.
7. c.10, 1142b4-5; St. Thomas, lect.8, n.1219.

[재반론] 그러나 반대로 베드로 1서 4장 [7절]에서 "현명하십시오. 그리고 기도함에 있어 경계하십시오."라고 되어 있다. 그런데 경계는 염려와 같은 것이다. 따라서 염려는 현명에 속한다.

[답변] 이시도루스가 『어원론』에서[5] 말했듯이, 어떤 이가 "영민하고(solers) 재빠르기(citus) 때문에", 즉 영혼의 영민함으로 '행해야 할 것'을 신속하게 수행하는 한에서 "염려하는 이라 불린다." 그런데 이는 현명에, 즉 그것의 첫째가는 행위가 행해야 할 것과 관련하여 앞서 숙고하고 판단을 내린 것에 대해 명령하는 것인 현명에 속하는 것이다.[6] 철학자는 『니코마코스 윤리학』 제6권에서[7] "숙고는 느리게 해도, 숙고한 것은 빠르게 수행해야 한다."고 말하였다. 그래서 염려는 본래적으로 현명에 속하게 된다. 이러한 이유로 아우구스티누스는 『가톨릭 교회의 관습과 마니교도의 관습』에서[8] "현명이란 우리가 모르는 새 찾아 들어오는 나쁜 권고에 속지 않도록 망을 보고 아주 부지런하게 경계하는 것이다."라고 말하였다.

[해답] 1. 운동은 운동 원리로서의 욕구 능력에 속하지만, 이성의 지도와 계명에 따르는 욕구 능력에 속한다. 그리고 바로 이 점에 염려의 특성이 있다.
  2. 『니코마코스 윤리학』 제1권에서[9] 철학자에 따르면, "확실성은 모든 것에서 비슷하게 찾아서는 안 되고, 각각의 질료에서 각각의 고유

---

8. c.24, n.45: PL32, 1330.
9. cc.2 & 7, 1094b12-22; 24-27; 1098a26-29; St. Thomas, lect.3, nn.32-35, 36; lect.11, n.135.

unaquaque materia secundum proprium modum. Quia vero materiae prudentiae sunt singularia contingentia, circa quae sunt operationes humanae, non potest certitudo prudentiae tanta esse quod omnino sollicitudo tollatur.[10]

AD TERTIUM dicendum quod magnanimus dicitur esse *piger et otiosus,* non quia de nullo sit sollicitus: sed quia non est superflue sollicitus de multis, sed confidit in his de quibus confidendum est, et circa illa non superflue sollicitatur.[11] Superfluitas enim timoris et diffidentiae facit superfluitatem sollicitudinis: quia timor facit consiliativos, ut supra[12] dictum est cum de passione timoris ageretur.

Articulus 10
Utrum prudentia se extendat ad regimen multitudinis

Ad decimum sic proceditur. Videtur quod prudentia non se extendat ad regimen multitudinis, sed solum ad regimen sui ipsius.

1. Dicit enim Philosophus, in V *Ethic.*,[1] quod virtus relata ad bonum commune est iustitia. Sed prudentia differt a iustitia. Ergo prudentia non refertur ad bonum commune.

2. Praeterea, ille videtur esse prudens qui sibi ipsi bonum quaerit et

---

10. Cf. a.3, ad2.
11. Cf. q.129, a.3, obj.5 et ad5.
12. I-II, q.44, a.2.

한 양태에 따라 찾아야 한다." 그런데 현명의 질료는 인간적 작용들이 관여하는 우연적인 개개 사물이기 때문에, 현명의 확실성은 어떤 염려도 없앨 만큼 그렇게 클 수는 없다.[10]

3. 웅지를 품은 이는 "느리고 한가하다."고 말해지지만, 아무것도 염려하지 않아서 그런 것이 아니라, 많은 것에 대해 필요 이상으로 염려하지 않고, 신뢰해야 할 사안에서 신뢰하고 그러한 것에 대해 필요 이상으로 염려하지 않기 때문이다.[11] 즉 두려움과 불신의 과잉은 염려의 과잉을 낳는다. 위에서[12] 두려움의 정념을 다룰 때 언급했듯이, 두려움은 숙고하게 만들기 때문이다.

제10절 현명은 다수의 다스림으로 확장되는가?

Parall.: Part. I, q.22, a.1; *In Ethic.*, VI, lect.7.

[반론] 열째에 대해 다음과 같이 진행한다. 현명은 다수의 다스림에는 미치지 않고 오직 자기 자신의 통치에만 미치는 것으로 보인다.

1. 철학자는 『니코마코스 윤리학』 제5권에서[1] "공동선에 관계된 덕은 정의이다."라고 말하였다. 그런데 현명은 정의와 다르다. 따라서 현명은 공동선에 관련되지 않는다.

2. 자기 자신에게 좋은 것을 찾아 실행하는 이는 현명해 보인다. 그런데 공동선을 찾는 이들은 자주 자기 자신의 선을 게을리한다. 따라

---

1. c.3, 1129b17-19; St. Thomas, lect.2, nn.902-903.

operatur. Sed frequenter illi qui quaerunt bona communia negligunt sua. Ergo non sunt prudentes.

3. Praeterea, prudentia dividitur contra temperantiam et fortitudinem. Sed temperantia et fortitudo videntur dici solum per comparationem ad bonum proprium. Ergo etiam et prudentia.

SED CONTRA est quod Dominus dicit, Matth. 24, [45]: *Quis, putas, est fidelis servus et prudens, quem constituit dominus super familiam suam?*

RESPONDEO dicendum quod, sicut Philosophus dicit, in VI *Ethic.*,[2] quidam posuerunt quod prudentia non se extendit ad bonum commune, sed solum ad bonum proprium. Et hoc ideo quia existimabant quod non oportet hominem quaerere nisi bonum proprium. Sed haec aestimatio repugnat caritati, quae *non quaerit quae sua sunt,* ut dicitur I *ad Cor.* 13, [5]. Unde et Apostolus de seipso dicit, I *ad Cor.* 10, [33]: *Non quaerens quod mihi utile sit, sed quod multis, ut salvi fiant.* Repugnat etiam rationi rectae, quae hoc iudicat, quod bonum commune sit melius quam bonum unius.[3] Quia igitur ad prudentiam pertinet recte consiliari, iudicare et praecipere de his per quae pervenitur ad debitum finem,[4] manifestum est quod prudentia non solum se habet ad bonum privatum unius hominis, sed etiam ad bonum commune multitudinis.

---

2. c.9, 1142a1-2; St. Thomas, lect.7, n.1203.
3. Cf. q.31, a.3, ad2; q.39, a.2, obj.2 et ad2; q.141, a.8; q.152, a.4, obj.3 et ad3; I, q.108, a.6;

서 그들은 현명하지 않다.

   3. 현명은 절제 및 용기와 구별된다. 그런데 절제와 용기는 자기의 선과의 비교를 통해서만 말해지는 것으로 보인다. 따라서 현명도 그렇다.

[재반론] 그러나 반대로 마태오복음서 24장 [45절]에서 "당신은, 주께서 자신의 가족보다 높이 세우신 충실하고 현명한 종이 누구라고 생각하는가?"라고 되어 있다.

[답변] 철학자가 『니코마코스 윤리학』 제6권에서[2] 말했듯이, 어떤 이들은 현명이 공동선에는 미치지 않고, 자기 자신의 선에만 미친다고 주장하였다. 그 이유는 그들이 인간은 오직 자기 자신의 선을 찾아야만 한다고 평가하였기 때문이다. 그러나 이 평가는 참사랑에 배치된다. 코린토 1서 13장 [5절]에서 말한 것처럼, 참사랑은 "자기 자신의 것을 찾는 것이 아니기" 때문이다. 그래서 사도 역시 코린토 1서 10장 [33절]에서 자신에 대해 "나에게 유용한 것을 찾지 않고, 많은 이들이 구원되도록 그들에게 유용한 것을 찾았다."라고 말하였다. [자기 자신의 선만을 찾아야 한다는] 이 의견은 또한 올바른 이성에도 배치된다. 올바른 이성은 공동선은 한 사람의 선보다 더 좋다고 판단하기 때문이다.[3] 따라서 마땅한 목적에 이르는 수단들에 관해 올바르게 숙고하고, 판단하며 명령하는 것이 현명에 속하기 때문에[4], 현명은 오직 한 사람의 사적 선에만 관계하지 않고, 다수의 공동선과도 관계한다는 것이

  I-II, q.97, a.4, obj.1; q.111, a.5, obj.1; q.113, a.9, obj.2.
4. Cf. a.8.

AD PRIMUM ergo dicendum quod Philosophus ibi loquitur de virtute morali. Sicut autem omnis virtus moralis relata ad bonum commune dicitur legalis iustitia,[5] ita prudentia relata ad bonum commune vocatur *politica*[6]: ut sic se habeat politica ad iustitiam legalem, sicut se habet prudentia simpliciter dicta ad virtutem moralem.

AD SECUNDUM dicendum quod ille qui quaerit bonum commune multitudinis ex consequenti etiam quaerit bonum suum, propter duo. Primo quidem, quia bonum proprium non potest esse sine bono communi vel familiae vel civitatis aut regni. Unde et Maximus Valerius dicit[7] de antiquis Romanis quod *malebant esse pauperes in divite imperio quam divites in paupere imperio*. – Secundo quia, cum homo sit pars domus et civitatis, oportet quod homo consideret quid sit sibi bonum ex hoc quod est prudens circa bonum multitudinis: bona enim dispositio partis accipitur secundum habitudinem ad totum; quia ut Augustinus dicit, in libro *Confess.*,[8] *turpis est omnis pars suo toti non congruens*.[9]

AD TERTIUM dicendum quod etiam temperantia et fortitudo possunt referri ad bonum commune: unde de actibus earum dantur praecepta legis, ut dicitur in V *Ethic.*.[10] Magis tamen prudentia et

---

5. Cf. I-II, q.60, a.3, ad2; q.61, a.5, ad4; q.100, a.12; q.113, a.1; et hic, in II-II, q.161, a.5.
6. 다음 절 본문 참조.
7. *Fact. et Dict. Memor.*, IV, c.4; ed. C. Kempf, Lipsiae, 1888 p.191, ll.18-19.
8. III, c.8, n.15; PL 32, 689.

명백하다.

[해답] 1. 철학자는 여기에서 도덕적 덕에 대해서 말하고 있다. 그런데 공동선과 관계된 모든 도덕적 덕이 '법적 정의'라 불리듯이[5], 공동선과 관계된 현명은 "정치적 [현명]"이라 불린다.[6] 그래서 정치적 현명과 법적 정의의 관계는, 단적으로 말해진 현명과 도덕적 덕의 관계와 같다.

2. 다수의 공동선을 찾는 이는 또한 결과적으로 두 가지 이유에서 자기 자신의 선도 찾는다. 첫째, 자기의 선은 가족의 공동선이든, 도시의 공동선이든 또는 왕국의 공동선이든, 공동선 없이는 있을 수 없기 때문이다. 그래서 막시무스 발레리우스도 고대 로마인들에 대해 그들은 "가난한 제국의 부유한 이보다 부유한 제국의 가난한 이가 되기를 더 바랐다."고 말하였다.[7] 둘째 이유는 인간은 가정과 도시의 부분이기 때문에, 인간은 다수의 선에 관해 현명해짐으로써 무엇이 자기에게 좋은 것인지 고찰해야 한다는 것이다. 부분의 좋은 상태는 전체와의 연관을 따르기 때문이다. 아우구스티누스가 『고백록』에서[8] "전체와 조화되지 않는 부분은 모두 추하다."라고 말하였기 때문이다.[9]

3. 절제와 용기도 공동선에 연관될 수 있다. 그래서 『니코마코스 윤리학』 제5권에서[10] 말했듯이, 절제와 현명의 행위들에 대해 법의 계명이 주어진다. 그러나 이성적 부분에 속하는 현명과 정의가 더 공동선에 관여한다. 개개의 것들이 감각적 부분에 속하듯이, 이성적 부분에

---

9. 따라서 현명한 남자는 자기 자신에게 좋은 것을 찾고 실행하지만, 다수의 선에 의존해서 찾고 실행한다. Cf. I-II, q.21, a.4, ad3 및 이 권 부록(말미)의 같은 절에 대한 '추가주(adnotationes)' b를 보라.
10. c.3, 1129b19-25; St. Thomas, lect.2, n.904.

iustitia, quae pertinent ad partem rationalem, ad quam directe pertinent communia, sicut ad partem sensitivam pertinent singularia.

Articulus 11
Utrum prudentia quae est respectu boni proprii sit eadem specie cum ea quae se extendit ad bonum commune

Ad undecimum sic proceditur. Videtur quod prudentia quae est respectu boni proprii sit eadem specie cum ea quae se extendit ad bonum commune.

1. Dicit enim Philosophus, in VI *Ethic.*,[1] quod *politica et prudentia idem habitus est, esse*[2] *autem non idem ipsis.*

2. Praeterea, Philosophus dicit, in III *Polit.*,[3] quod *eadem est virtus boni viri et boni principis*. Sed politica maxime est in principe, in quo est sicut architectonica.[4] Cum ergo prudentia sit virtus boni viri, videtur quod sit idem habitus prudentia et politica.

3. Praeterea, ea quorum unum ordinatur ad aliud non diversificant speciem aut substantiam habitus. Sed bonum proprium, quod pertinet ad prudentiam simpliciter dictam, ordinatur ad bonum com-

---

1. c.8, 1141b23-24; St. Thomas, lect.7, n.1196.
2. 여기에서 그리스어 einai의 번역인 esse는 존재의 활동보다는 본질에 더 대응하기 때문에 본질로 번역하였다. 예를 들어 아리스토텔레스에게서 'to antropho einai'는 '인간의 본질'을 의미한다.

는 공통적인 것이 직접 속하기 때문이다.

제11절 자기 자신의 선에 관련된 현명은 공동선에 미치는 현명과 종에 있어 동일한가?

Parall.: *In Ethic.*, VI, lect.7.

[반론] 열한째에 대해 다음과 같이 진행한다. 자기 자신의 선에 관련된 현명은 공동선에 미치는 현명과 종적으로 동일한 것으로 보인다.
1. 철학자가 『니코마코스 윤리학』 제6권에서[1] "정치적 현명(정치술)과 현명은 동일한 습성이지만, 그것들의 본질[2]은 동일하지 않다."고 말하였다.
2. 철학자가 『정치학』 제3권에서[3] "선한 남자의 덕과 선한 군주의 덕은 동일하다."고 말하였다. 그런데 정치적 현명(정치술)은 군주 안에 최고로 있다. 즉 군주 안에 정치적 현명(정치술)은 건축술로서 있다.[4] 따라서 현명은 선한 남자의 덕이기 때문에, 현명과 정치적 현명은 같은 습성으로 보인다.
3. 그것들 가운데 하나가 다른 하나를 향해 질서 지어져 있는 것들은 습성의 종이나 실체를 서로 다르게 만들지 않는다. 그런데 단적으로 말해진 현명에 속하는 자기 자신의 선은 정치적 현명(정치술)에 속하는

---
3. c.4, 1277a20-21; St. Thomas, lect.3.
4. 다음 절 답변의 마지막 부분 참조.

mune, quod pertinet ad politicam. Ergo politica et prudentia neque differunt specie, neque secundum habitus substantiam.

SED CONTRA est quod diversae scientiae sunt politica, quae ordinatur ad bonum commune civitatis; et oeconomica, quae est de his quae pertinent ad bonum commune domus vel familiae; et monastica, quae est de his quae pertinent ad bonum unius personae. Ergo pari ratione et prudentiae sunt species diversae secundum hanc diversitatem materiae.

RESPONDEO dicendum quod, sicut supra[5] dictum est, species habituum diversificantur secundum diversitatem obiecti quae attenditur penes rationem formalem ipsius. Ratio autem formalis omnium quae sunt ad finem attenditur ex parte finis; sicut ex supradictis[6] patet. Et ideo necesse est quod ex relatione ad diversos fines diversificentur species habitus. Diversi autem fines sunt bonum proprium unius, et bonum familiae, et bonum civitatis et regni. Unde necesse est quod et prudentiae differant specie secundum differentiam horum finium: ut scilicet una sit prudentia simpliciter dicta, quae ordinatur ad bonum proprium; alia autem oeconomica, quae ordinatur ad bonum commune domus vel familiae; et tertia politica, quae ordinatur ad bonum commune civitatis vel regni.[7]

---

5. a.5; I-II, q.54, a.2, ad1.
6. I-II, q.1, Introd.; q.102, a.1.

공동선을 향해 질서 지어져 있다. 따라서 정치적 현명(정치술)과 현명은 종에 있어 다르지 않고, 또한 습성의 실체에 따라서도 다르지 않다.

[재반론] 그러나 반대로 도시의 공동선을 향해 질서 지어진 정치술, 가정이나 가족의 공동선에 속하는 것들에 대한 가정경제술, 한 개인의 선에 속하는 것에 대한 개인경제술은 서로 다른 지식들이다. 따라서 같은 근거에서 현명에도 질료의 이러한 다름에 따라 서로 다른 종들이 있다.

[답변] 위에서[5] 말한 것처럼, 습성들의 종은 대상의 형상적 규정에 따라 관찰되는 대상의 다름에 따라 다른 종들이 된다. 그런데 위에서[6] 말한 것으로부터 분명히 드러나는 것처럼, 목적을 향해 있는 모든 것들의 형상적 규정은 목적의 측면으로부터 관찰된다. 그래서 서로 다른 목적들과의 관계에 근거해 습성의 종들이 서로 다른 종들이 되는 것이 필연적이다. 그런데 한 사람의 고유한 선, 가족의 선, 도시 및 왕국의 선은 서로 다른 목적들이다. 그러므로 현명도 이 목적들의 차이에 따라 종적으로 서로 달라야 한다. 즉 자기에게 고유한 선을 향해 질서 지어진 현명은 단적으로 말해지는 현명이고, 가정이나 가족의 공동선을 향해 질서 지어진 현명은 경제적 현명, 그리고 세 번째로 도시나 왕국의 공동선을 향해 질서 지어진 현명은 정치적 현명이다.[7]

---

7. Cf. q.50.

AD PRIMUM ergo dicendum quod Philosophus non intendit dicere quod politica sit idem secundum substantiam habitus cuilibet prudentiae: sed prudentiae quae ordinatur ad bonum commune. Quae quidem prudentia dicitur secundum communem rationem prudentiae, prout scilicet est quaedam recta ratio agibilium: dicitur autem politica secundum ordinem ad bonum commune.

AD SECUNDUM dicendum quod, sicut Philosophus ibidem[8] dicit, *ad bonum virum pertinet posse bene principari et bene subiici.* Et ideo in virtute boni viri includitur etiam virtus principis. Sed virtus principis et subditi differt specie, sicut etiam virtus viri et mulieris, ut ibidem[9] dicitur.

AD TERTIUM dicendum quod etiam diversi fines quorum unus ordinatur ad alium diversificant speciem habitus: sicut equestris et militaris et civilis differunt specie, licet finis unius ordinetur ad finem alterius. Et similiter, licet bonum unius ordinetur ad bonum multitudinis, tamen hoc non impedit quin talis diversitas faciat habitus differre specie. Sed ex hoc sequitur quod habitus qui ordinatur ad finem ultimum sit principalior, et imperet aliis habitibus.

---

8. c.4, 1277b13-15; St. Thomas, lect.3.

[해답] 1. 철학자는 정치적 현명(정치술)이 습성의 실체에 따라 모든 개개의 현명과 동일하다고 말하려는 것이 아니라, 공동선을 향해 질서 지어진 현명과 같다고 말할 의도였다. 이 현명은 현명의 공통적 규정에 따라, 즉 행할 수 있는 것의 올바른 이성인 한에서, 현명이라고 말해진다. 한편 공동선과의 질서의 관점에서는 정치적[현명]이라 불린다.

2. 철학자가 같은 곳에서⁸ 말했듯이, "선한 남자에게는 '잘 지배할 수 있음'과 '잘 복종할 수 있음'이 속한다." 그래서 선한 남자의 덕에는 군주의 덕도 포함되어 있다. 그러나 같은 곳에서⁹ 말했듯이 남자의 덕과 여자의 덕도 그런 것처럼, 군주의 덕과 신하의 덕은 종적으로 다르다.

3. 그 가운데 어떤 하나가 다른 하나를 향해 질서 지어져 있는 서로 다른 목적들도 습성의 종을 서로 다른 종으로 만든다. 예를 들어 기사의 습성과 군사의 습성, 그리고 시민적 습성은, 비록 그 가운데 어떤 하나의 목적이 다른 하나의 목적을 향해 질서 지어져 있다 하더라도, 종적으로 서로 다른 습성이다. 이와 비슷하게, 한 사람의 선은 다수의 선을 향해 질서 지어져 있더라도, 이것 때문에 그러한 다름이 습성들을 종적으로 서로 다르게 만드는 데 방해받지는 않는다. 그러나 이로부터 최종 목적을 향해 질서 지어진 습성이 더 주된 습성으로서 다른 습성들에 명령을 내린다는 결론이 뒤따른다.

---

9. c.4, 1277b20-21; St. Thomas, lect.3.

Articulus 12
Utrum prudentia sit in subditis, an solum in principibus

Ad duodecimum sic proceditur. Videtur quod prudentia non sit in subditis, sed solum in principibus.

1. Dicit enim philosophus, in III *Polit.*,[1] quod *prudentia sola est propria virtus principis: aliae autem virtutes sunt communes subditorum et principum. Subditi autem non est virtus prudentia, sed opinio vera.*

2. Praeterea, in I Polit.[2] dicitur quod *servus omnino non habet quid consiliativum.* Sed *prudentia facit bene consiliativos;* ut dicitur in VI *Ethic.*.[3] Ergo prudentia non competit servis, seu subditis.

3. Praeterea, prudentia est praeceptiva, ut supra[4] dictum est. Sed praecipere non pertinet ad servos vel subditos, sed solum ad principes. Ergo prudentia non est in subditis, sed solum in principibus.

SED CONTRA est quod Philosophus dicit, in VI *Ethic.*,[5] quod prudentiae politicae sunt duae species: una quae est *legum positiva,* quae pertinet ad principes[6]; alia quae *retinet commune nomen polit-*

---

1. c.4, 1277b25-29; St. Thomas, lect.3.
2. c.13, 1260a12; St. Thomas, lect.10.
3. cc.5 & 8 & 10, 1140a25-28; 1141b8-14; 1142b31-33; St. Thomas, lect.4, n.1162; lect.6, n.1193; lect.8, n.1233.

제12절 현명은 신하에게 있는가, 아니면 오직 군주에게만 있는가?

Parall.: Infra, q.50, a.2; In Ethics., VI, lect.7.

[반론] 열두째에 대해 다음과 같이 진행한다. 현명은 신하에게 있지 않고 오직 군주에게만 있는 것으로 보인다.

1. 철학자가『정치학』제3권에서[1] "오직 현명만이 군주의 고유한 덕이고, 그 외 다른 덕들은 신하와 군주의 공통적 덕이다. 한편 신하의 덕은 현명이 아니고, 참된 의견이다."라고 말하였다.

2.『정치학』제1권에서[2] "노예는 숙고할 수 있는 능력이 전혀 없다."고 하였다. 그런데『니코마코스 윤리학』제6권에서[3] 말했듯이, "현명은 잘 숙고할 수 있게 만든다." 따라서 현명은 노예나 신하에게는 속하지 않는다.

3. 위에서[4] 언급했듯이, 현명은 명령을 내린다. 그런데 '명령함'은 노예나 신하에게는 속하지 않고, 오직 군주에게만 속한다. 따라서 현명은 신하에게는 없고, 오직 군주에게만 있다.

[재반론] 그러나 반대로 철학자는『니코마코스 윤리학』제6권에서[5] 정치적 현명에는 두 종(種)이 있는데. 하나는 "법을 제정하는 것"으로 군주에게 속하는 현명이고,[6] 다른 하나는 "'정치적'이라는 공통의 이름

---

4. a.8.
5. c.8, 1141b24-29; St. Thomas, lect.7, nn.1197-1198.
6. "법을 제정"하는 것에 대해서는: Cf. q.80, a.un., ad4.

icae, quae est circa singularia. Huiusmodi autem singularia peragere pertinet etiam ad subditos. Ergo prudentia non solum est principum, sed etiam subditorum.

RESPONDEO dicendum quod prudentia in ratione est. Regere autem et gubernare proprie rationis est. Et ideo unusquisque inquantum participat de regimine et gubernatione, intantum convenit sibi habere rationem et prudentiam. Manifestum est autem quod subditi inquantum est subditus, et servi inquantum est servus, non est regere et gubernare, sed magis regi et gubernari. Et ideo prudentia non est virtus servi inquantum est servus, nec subditi inquantum est subditus. Sed quia quilibet homo, inquantum est rationalis, participat aliquid de regimine secundum arbitrium rationis, intantum convenit ei prudentiam habere. Unde manifestum est quod prudentia quidem in principe est *ad modum artis architectonicae*, ut dicitur in VI *Ethic.*,[7] :in subditis autem *ad modum artis manu operantis.*

AD PRIMUM ergo dicendum quod verbum Philosophi est intelligendum per se loquendo: quia scilicet virtus prudentiae non est virtus subditi inquantum huiusmodi.

2. Ad secundum dicendum quod servus non habet consiliativum inquantum est servus: sic enim est instrumentum domini.[8] Est tamen

---

7. c.8, 1141b25-29; St. Thomas, lect.7, nn.1197-1198.

을 보유하는 것"으로, "개개의 사안에 관련된" 현명이라고 말하였다. 그런데 '그러한 개개의 것들을 수행함'은 신하에게도 속한다. 따라서 현명은 군주뿐 아니라 신하에게도 속한다.

[답변] 현명은 이성 안에 있다. 그런데 '다스림'과 '통치함'은 본래적으로 이성에 속한다. 그래서 모든 이는 다스림과 통치에 참여하는 만큼, 그만큼 이성과 현명을 소유하는 것이 그들에게 적합하다. 그런데 신하인 한에서 신하에게는, 그리고 노예인 한에서 노예에게는 다스림과 통치함이 속하지 않고, 오히려 '다스려짐'과 '통치됨'이 속한다. 그래서 현명은 노예인 한에서 노예의 덕이 아니고, 또한 신하인 한에서 신하의 덕도 아니다.

그러나 모든 인간은 이성적이고, 이성의 판단에 따라 어느 정도 다스림에 참여하는 만큼, 그런 만큼 그에게 '현명을 소유함'이 속한다. 그러므로 『니코마코스 윤리학』제6권에서[7] 말하듯이, 현명은 건축술의 양태에 따라 군주에게 있고, 반면 신하에게는 수공인의 기예의 양태에 따라 있다는 것이 분명하다.

[해답] 1. 철학자의 말은 본질적인 의미로 이해해야 한다. 즉 현명의 덕은 신하인 한에서 신하의 덕이 아니기 때문이다.

2. 노예는 노예인 한에서 숙고 능력이 없다. 노예는 이러한 의미에서 주인의 도구이기 때문이다.[8] 그렇지만 이성적 동물인 한에서는 숙고 능력이 있다.

---

8. Cf. q.10, a.10, obj.3; q.57, a.4.

consiliativus inquantum est animal rationale.

AD TERTIUM dicendum quod per prudentiam homo non solum praecipit aliis, sed etiam sibi ipsi: prout scilicet ratio dicitur praecipere inferioribus viribus.

Articulus 13
Utrum prudentia possit esse in peccatoribus

Ad decimumtertium sic proceditur. Videtur quod prudentia possit esse in peccatoribus.

1. Dicit enim Dominus, Luc. 16, [8]: *Filii huius saeculi prudentiores filiis lucis in generatione sua sunt.* Sed filii huius saeculi sunt peccatores. Ergo in peccatoribus potest esse prudentia.

2. Praeterea, fides est nobilior virtus quam prudentia. Sed fides potest esse in peccatoribus. Ergo et prudentia.

3. Praeterea, *prudentis hoc opus maxime dicimus, bene consiliari;* ut dicitur in VI *Ethic.*.[1] Sed multi peccatores sunt boni consilii. Ergo multi peccatores habent prudentiam.

SED CONTRA est quod Philosophus dicit, in VI *Ethic.*[2]: *Impossibile prudentem esse non entem bonum.* Sed nullus peccator est bonus.

---

1. c.8, 1141b8-14; St. Thomas, lect.6, n.1193.

3. 인간은 현명을 통해 다른 이에게 명령을 내릴 뿐 아니라, 이성이 하위 능력에 명령을 내린다고 말하는 한에서, 자기 자신에게도 명령을 내린다.

제13절 현명은 죄인들에게 있는가?

Parall.: *De Verit.*, q.5, a.1; *In Ep. ad Rom.*, c.8, lect.1, 2; *In Ethic.*, VI, lect.10.

[반론] 열셋째에 대해 다음과 같이 진행한다. 현명은 죄인들에게 있을 수 있어 보인다.

1. 주께서 루카복음서 16장 [8절]에서 "이 세상의 자식들은 자기 세대의 빛의 자식들보다 더 현명하다."고 말씀하셨다. 그런데 이 세상의 자식들은 죄인들이다. 따라서 죄인들에게 현명이 있을 수 있다.

2. 신앙은 현명보다 더 고귀한 덕이다. 그런데 신앙은 죄인에게 있을 수 있다. 따라서 현명도 죄인에게 있을 수 있다.

3. 『니코마코스 윤리학』 제6권에서[1] 말했듯이, "'잘 숙고함', 우리는 이것을 특히 현명한 이의 행업이라 말한다." 그런데 많은 죄인들은 숙고를 잘한다. 따라서 많은 죄인들은 현명을 갖는다.

[재반론] 그러나 반대로 철학자는 『니코마코스 윤리학』 제6권에서[2] "선하지 않으면 현명할 수 없다."고 말하였다. 그런데 어떠한 죄인도

---

2. c.13, 1144a36-b1; St. Thomas, lect.10, n.1274.

Ergo nullus peccator est prudens.

RESPONDEO dicendum quod prudentia dicitur tripliciter. Est enim quaedam prudentia falsa, vel per similitudinem dicta. Cum enim prudens sit qui bene disponit ea quae sunt agenda propter aliquem bonum finem, ille qui propter malum finem aliqua disponit congruentia illi fini habet falsam prudentiam, inquantum illud quod accipit pro fine non est vere bonum, sed secundum similitudinem: sicut dicitur aliquis bonus latro. Hoc enim modo potest secundum similitudinem dici prudens latro qui convenientes vias adinvenit ad latrocinandum. Et huiusmodi est prudentia de qua Apostolus dicit, *ad Rom.* 8, [6]: *Prudentia carnis mors est*, quae scilicet finem ultimum constituit in delectatione carnis.[3]

Secunda autem prudentia est quidem vera, quia adinvenit vias accommodatas ad finem vere bonum; sed est imperfecta, duplici ratione. Uno modo, quia illud bonum quod accipit pro fine non est communis finis totius humanae vitae, sed alicuius specialis negotii: puta cum aliquis adinvenit vias accommodatas ad negotiandum vel ad navigandum, dicitur prudens negotiator vel nauta.[4] – Alio modo, quia deficit in principali actu prudentiae, puta cum aliquis bene consiliatur et recte iudicat etiam de his quae pertinent ad totam vitam, sed non efficaciter praecipit.[5]

---

3. Cf. q.55, a.1.

선하지 않다. 따라서 어떠한 죄인도 현명하지 않다.

[답변] 현명은 세 가지로 말해진다. 어떤 현명은 거짓 현명 또는 유사성을 통해(비유적으로) [현명이라고] 말해진 현명이기 때문이다. 즉 어떤 선한 목적을 위해 행해야 할 것을 잘 배치하는 이가 현명한 사람이기 때문에, 악한 목적을 위해 이 목적에 부합하는 어떤 것들을 배치하는 이는, 그가 목적으로 취한 것이 참된 선이 아니라 유사성에 따르는 선인 한에서, 거짓 현명을 갖는다. 어떤 이를 좋은 강도라 부르는 것과 같다. 이러한 방식으로 강도질에 적합한 길들을 발견한 강도를 비유적으로 현명한 강도라 부르기 때문이다. 그러한 것이 사도가 로마서 8장 [6절]에서 "육의 현명은", 즉 최종 목적을 육체의 쾌락에 두는 현명은, "죽음이다."라고 말한 바로 그 현명이다.[3]

두 번째 현명은 참되게 선한 목적에 편리한 길들을 발견하기 때문에 참된 현명이지만, 두 가지 근거에서 불완전한 현명이다. 첫째, 목적으로 취한 그 선이 전체 인생의 공동 목적이 아니라, 어떤 특수한 업무의 공동 목적이기 때문이다. 예를 들어 어떤 이가 업무 수행이나 항해에 편리한 길들을 발견했을 때, 현명한 업무 수행자 또는 현명한 선원이라 불린다.[4] 둘째, 현명의 주된 행위에 결함이 있기 때문이다. 예를 들어 어떤 이가 전체 삶에 속하는 것들에 대해서도 잘 숙고하고 올바르게 판단하고서는 효과적으로 명령하지 않는 경우이다.[5]

세 번째 현명은 참되고 완전한 현명으로서, 전체 삶의 선한 목적과

---

4. Cf. q.55, a.2.
5. Cf. q.53, a.5.

Tertia autem prudentia est et vera et perfecta, quae ad bonum finem totius vitae recte consiliatur, iudicat et praecipit. Et haec sola dicitur prudentia simpliciter. Quae in peccatoribus esse non potest. – Prima autem prudentia est in solis peccatoribus. – Prudentia autem imperfecta est communis bonis et malis: maxime[6] illa quae est imperfecta propter finem particularem. Nam illa quae est imperfecta propter defectum principalis actus etiam non est nisi in malis.

AD PRIMUM ergo dicendum quod illud verbum Domini intelligitur de prima prudentia. Unde non dicitur simpliciter quod sint prudentes; sed quod sint prudentes *in generatione sua*.

AD SECUNDUM dicendum quod fides in sui ratione non importat aliquam conformitatem ad appetitum rectorum operum, sed ratio fidei consistit in sola cognitione. Sed prudentia importat ordinem ad appetitum rectum. Tum quia principia prudentiae sunt fines operabilium, de quibus aliquis habet rectam aestimationem per habitus virtutum moralium, quae faciunt appetitum rectum, unde prudentia non potest esse sine virtutibus moralibus, ut supra[7] ostensum est. Tum etiam quia prudentia est praeceptiva rectorum operum, quod non contingit nisi existente appetitu recto. Unde fides licet sit nobilior quam prudentia propter obiectum,[8] tamen prudentia secundum sui rationem magis repugnat peccato, quod procedit ex perversitate appetitus.

---

6. 강조적으로 말했다. 선한 이와 악한 이에게 공통적인 현명은 오직 저 현명, 즉 특수한 목적 때문에 불완전한 현명'뿐'이기 때문이다. 반면에, 주된 행위의 결함 때문에 불완전한 현명은 그

관련하여 올바르게 숙고하고 판단하고 명령하는 현명이다. 이 현명만이 단적으로 현명이라 불린다. 이 현명은 죄인들에게는 있을 수 없다.

한편 첫 번째 현명은 오직 죄인들에게만 있다. 반면 불완전한 현명은 선한 이와 악한 이에게 공통적이며, 특히[6] 특수한 목적 때문에 불완전한 현명이 그렇다. 왜냐하면 주된 행위의 결함 때문에 불완전한 현명도 오직 악한 이에게만 있기 때문이다.

[해답] 1. 주님의 이 말씀은 첫 번째 현명의 의미로 이해된다. 그러므로 그들이 단적으로 현명하다고 말하지 않고, "자기 세대에서" 현명하다고 말하였다.

2. 신앙은 본질 규정에 있어 올바른 행업에 대한 욕구와의 부합을 포함하지 않는다. 오히려 신앙의 규정은 오직 인식에 있다. 그러나 현명은 올바른 욕구를 향한 질서를 포함한다. 그 이유는 한편으로 현명의 원리들은 행할 수 있는 것들의 목적이기 때문이다. 이 목적들에 대해 어떤 이는 욕구를 올바르게 만드는 도덕적 덕의 습성을 통해서 올바르게 평가한다. 그러므로 위에서[7] 밝혔듯이, 현명은 도덕적 덕 없이는 있을 수 없다. [현명이 올바른 욕구를 향한 질서를 포함하는 이유는] 다른 한편 현명은 올바른 행업을 명령하기 때문이기도 하다. 그런데 이러한 일은 욕구가 올바르지 않다면 일어나지 않는다. 그러므로 신앙은 대상 때문에 현명보다 더 고귀하지만,[8] 그럼에도 현명은 본질적 규정상 신앙보다 더, 욕구의 비뚤어짐으로부터 생겨나는 죄와 배치된다.

렇지 않다[공통적이지 않다].
7. I-II, q.58, a.5.
8. Cf. q.4, a.7.

AD TERTIUM dicendum quod peccatores possunt quidem esse bene consiliativi ad aliquem finem malum, vel ad aliquod particulare bonum: ad finem autem bonum totius vitae non sunt bene consiliativi perfecte, quia consilium ad effectum non perducunt. Unde non est in eis prudentia, quae se habet solum ad bonum: sed sicut Philosophus dicit, in VI *Ethic.*,[9] est in talibus *deinotica* idest naturalis industria, quae se habet ad bonum et ad malum; vel *astutia*, quae se habet solum ad malum, quam supra[10] diximus falsam prudentiam vel prudentiam carnis.

Articulus 14
Utrum prudentia sit in omnibus habentibus gratiam

Ad decimumquartum sic proceditur. Videtur quod prudentia non sit in omnibus habentibus gratiam.

1. Ad prudentiam enim requiritur industria quaedam, per quam sciant bene providere quae agenda sunt. Sed multi habentes gratiam carent tali industria. Ergo non omnes habentes gratiam habent prudentiam.

2. Praeterea, prudens dicitur qui est bene consiliativus, ut dictum est.[1] Sed multi habent gratiam qui non sunt bene consiliativi, sed

---

9. c.13, 1144a23-28; St. Thomas, lect.10, n.1272.
10. 본론.

3. 죄인들은 어떤 악한 목적과 관련하여 또는 어떤 특수한 선과 관련하여 잘 숙고할 수 있다. 그런데 전체 생의 선한 목적과 관련해서는 완전하게 잘 숙고할 수 없다. 그들은 결과를 낳도록 숙고를 이끌고 가지 않기 때문이다. 그러므로 죄인들에게는 오직 선과 관계할 뿐인 현명이 없다. 그들에게는 철학자가 『니코마코스 윤리학』 제6권에서[9] 말했듯이, "영리함", 즉 자연적 근면이 있다. 이것은 선과도 악과도 연관된 것이다. 또는 [죄인들에게는] 오직 악과 관계하는 "교활함"이 있는데, 이것을 우리는 위에서[10] 거짓 현명 또는 육의 현명이라 불렀다.

제14절 현명은 은총을 받은 모든 이에게 있는가?

Parall.: Infra, q.51, a.1, ad3; De Virtut., q.5, a.2, ad3.

[반론] 열네 째에 대해 다음과 같이 진행한다. 현명은 은총을 받은 모든 이에게 있지 않아 보인다.

1. 현명은 일종의 근면을 요구하는데, 이 근면을 통해서 사람들은 행해야 하는 것을 잘 예견하는 법을 알게 된다. 그런데 은총을 받은 이들 가운데 많은 이들에게 그러한 근면이 없다. 따라서 은총을 받은 모든 사람에게 현명이 있는 것은 아니다.

2. 언급한 바와 같이,[1] 잘 숙고하는 이가 현명한 이라고 불린다. 그런데 잘 숙고하지 못하고, 다른 사람의 숙고에 의해 다스려질 필요가 있

---

1. a.8, obj.2; a.13, obj.3.

q.47, a.14

necesse habent regi consilio alieno. Ergo non omnes habentes gratiam habent prudentiam.

3. Praeterea, philosophus dicit, in III *Topic.*,[2] quod iuvenes non constat esse prudentes. Sed multi iuvenes habent gratiam. Ergo prudentia non invenitur in omnibus gratiam habentibus.

SED CONTRA est quod nullus habet gratiam nisi sit virtuosus. Sed nullus potest esse virtuosus nisi habeat prudentiam: dicit enim Gregorius, in II *Moral.*,[3] quod *ceterae virtutes, nisi ea quae appetunt prudenter agant, virtutes esse nequaquam possunt.* Ergo omnes habentes gratiam habent prudentiam.

RESPONDEO dicendum quod necesse est virtutes esse connexas, ita ut qui unam habet omnes habeat, ut supra[4] ostensum est. Quicumque autem habet gratiam habet caritatem.[5] Unde necesse est quod habeat omnes alias virtutes. Et ita, cum prudentia sit virtus, ut ostensum est,[6] necesse est quod habeat prudentiam.

---

2. c.2, 117a29-30. Cf. *Ethica.*, VI, c.9, 1142a11-16; St. Thomas, lect.7, n.1208.
3. c.46, al.25, in vet.33, n.71: PL 75, 588D-589A.
4. I-II, q.65. 제2부 제1편 제65문에서 토마스는 모든 덕은 서로 연결되기 때문에 참된 의미에서 하나의 덕을 가진 이는 다른 모든 덕을 갖는다고 주장한다. 이러한 덕의 연결에서 현명과 참사랑(caritas)이 특별한 역할을 한다. 즉 획득된, 도덕적 덕들은 현명을 통해서 서로 연결되며, 현명이 없으면 다른 도덕적 덕들이 있을 수 없고 역으로 도덕적 덕이 없이는 현명도 있을 수 없다. 그런데 획득된 도덕적 덕들은 주입된 덕(신학적 덕), 특히 참사랑이 없이는, 비록 존재할 수 있고 또 서로 연결되지 않는다고 단정적으로 말할 수는 없다 하더라도, 불완전한 상

는 많은 사람이 은총을 갖는다. 따라서 은총을 가진 모든 이가 현명을 갖는 것은 아니다.

3. 철학자가 『토피카』 제3권에서[2] "젊은이가 현명하지 않음은 명확하다."라고 말하였다. 그런데 많은 젊은이가 은총을 받는다. 따라서 현명은 은총을 가진 모든 이에게서 발견되지는 않는다.

[재반론] 그러나 반대로 어떤 이도 만일 유덕하지 않다면 은총을 받지 못한다. 그런데 어떤 이도 현명이 없다면 유덕할 수 없다. 그레고리우스는 『욥기의 도덕적 해설』 제2권에서[3] "여타 덕들은, 욕구하는 것들을 현명하게 행위하지 않는다면, 결코 덕일 수 없다."고 말하였다. 따라서 은총을 가진 모든 이들이 현명을 갖는다.

[답변] 위에서[4] 밝혀졌듯이, 덕은 연결되는 것이 필연적이다. 그래서 하나의 덕을 가진 이는 모든 덕을 갖게 된다. 그런데 은총을 받은 이는 누구나 참사랑을 갖는다.[5] 그러므로 [은총을 받은 이가] 모든 다른 덕을 갖는 것은 필연적이다. 밝혀진 바대로[6] 현명은 덕이기 때문에, 은총을 받은 이가 현명을 갖는 것은 필연적이다.

태에 머물러 있을 수밖에 없다. 즉 인간의 의지가 참된 최종 목적인 하느님을 향하도록 하는 참사랑을 통해 모든 덕이 완전해지고 서로 결합된다. 토마스의 '덕의 연결이론'은 플라톤으로부터 비롯되는 덕 이론의 철학사적 맥락에서 이해할 수 있다.(이에 대해서는 이재룡, 『신학대전23: 덕』, pp.378-381, 주 3을 참조.) 한편 토마스 등에 의해 주장되는 덕의 연결이론은 특히 오캄 등에 의해 거부되어, 개별 덕의 독립성 내지는 분리가 주장되었다.(Cf. Rega Wood, *Ockham on the Virtues*, West Lafayette, Purdue University Press, 1997, pp.40-59)

5. Cf. q.8, a.4.
6. a.4.

AD PRIMUM ergo dicendum quod duplex est industria. Una quidem quae est sufficiens ad ea quae sunt de necessitate salutis. Et talis industria datur omnibus habentibus gratiam, quos *unctio docet de omnibus,* ut dicitur I Ioan. 2, [27].[7] – Est autem alia industria plenior, per quam aliquis sibi et aliis potest providere, non solum de his quae sunt necessaria ad salutem sed etiam de quibuscumque pertinentibus ad humanam vitam. Et talis industria non est in omnibus habentibus gratiam.

AD SECUNDUM dicendum quod illi qui indigent regi consilio alieno saltem in hoc sibi ipsis consulere sciunt, si gratiam habent, ut aliorum requirant consilia, et discernant consilia bona a malis.[8]

AD TERTIUM dicendum quod prudentia acquisita causatur ex exercitio actuum: unde *indiget ad sui generationem experimento et tempore,* ut dicitur in II *Ethic..*[9] Unde non potest esse in iuvenibus nec secundum habitum nec secundum actum. – Sed prudentia gratuita causatur ex infusione divina. Unde in pueris baptizatis nondum habentibus usum rationis est prudentia secundum habitum, sed non secundum actum: sicut et in amentibus. In his autem qui iam habent usum rationis est etiam secundum actum quantum ad ea quae sunt de necessitate salutis: sed per exercitium meretur augmentum quousque perficiatur, sicut et ceterae virtutes. Unde et Apostolus dicit,

---

7. Cf. q.8, a.4, ad1; q.45, a.5.
8. Cf. q.49, a.3.

[해답] 1. 근면에는 두 가지가 있다. 하나는 구원의 필연성에 속하는 것들과 관련하여 충분한 근면이다. 이러한 근면은 은총을 가진 모든 이에게 주어진다. 그리고 이들은, 요한 1서 2장 [27절]에서[7] 말했듯이, 그분의 "기름 부으심으로 모든 것에 대해 가르침을 받는다." 다른 하나는 더 풍부한 근면으로서, 이를 통해 어떤 이는 구원을 위해 필수적인 것들뿐만 아니라, 인생과 관련된 모든 것들에 대해서도 자기 자신과 다른 사람들을 돌볼 수 있다. 그러한 근면은 은총을 받은 모든 이에게 있는 것은 아니다.

2. 다른 사람의 숙고에 의해 다스려질 필요가 있는 이들은, 만일 그들이 은총을 받았다면, 적어도 이 점에서, 즉 그들이 다른 사람들의 숙고를 필요로 하고 좋은 숙고와 나쁜 숙고를 식별하는 점에서, 자기 자신에게 자문할 수 있다.[8]

3. 획득된 현명은 행위의 실행으로부터 기인하며, 그래서 『니코마코스 윤리학』 제2권에서[9] 말한 것처럼 "그것이 발생하기 위해서는 경험과 시간을 필요로 한다." 그러므로 획득된 현명은 젊은이들에게는 습성의 관점에서도 행위의 관점에서도 있을 수 없다. 그러나 은총으로 주어진 현명은 신적 주입으로부터 기인한다. 그래서 세례 받은, 그렇지만 아직은 이성의 사용이 없는 어린이에게서 이 현명은 습성의 관점에서는 있지만, 행위의 관점에서는 없다. 마치 실성한 사람의 경우와 같다. 그런데 이미 이성의 사용이 있는 이들에게는 구원의 필연성에 속하는 것들과 관련하여 행위의 관점에서도 이 현명이 있다. 그들에게

---

9. c.1, 1103a16-18; St. Thomas, lect.1, n.246. Cf. VI, c.9, 1142a14-16; St. Thomas, lect.7, n.1208.

ad *Heb.* 5, [14], quod *perfectorum est solidus cibus, qui*[10] *pro consuetudine exercitatos habent sensus ad discretionem boni et mali.*

Articulus 15
Utrum prudentia insit nobis a natura

Ad decimumquintum sic proceditur. Videtur quod prudentia insit nobis a natura.

1. Dicit enim Philosophus, in VI *Ethic.*,[1] quod ea quae pertinent ad prudentiam *naturalia videntur esse*, scilicet synesis, gnome[2] et huiusmodi: non autem ea quae pertinent ad sapientiam speculativam. Sed eorum quae sunt unius generis eadem est originis ratio. Ergo etiam prudentia inest nobis a natura.

2. Praeterea, aetatum variatio est secundum naturam. Sed prudentia consequitur aetates: secundum illud *Iob* 12, [12]: *In antiquis est sapientia, et in multo tempore prudentia.* Ergo prudentia est naturalis.

3. Praeterea, prudentia magis convenit naturae humanae quam naturae brutorum animalium. Sed bruta animalia habent quasdam

---

10. 불가타에는 "qui" 대신에 "eorum, qui"로 되어 있다.

현명은 다른 여타의 덕과 마찬가지로 실행을 통해서 성장하여 완성에 이를 만하다. 그래서 사도도 히브리서 5장 [14절]에서 "단단한 음식은 선과 악의 식별을 위해 실행된 지각을 관습으로 갖는 완성된 이들의[10] 것이다."라고 말하였다.

제15절 현명은 본성적으로 우리에게 내속하는가?

Parall.: *De Verit.*, q.18, a.7, ad7.

[반론] 열다섯째에 대해 다음과 같이 진행한다. 현명은 본성적으로 우리에게 내속하는 것으로 보인다.

1. 철학자는 『니코마코스 윤리학』 제6권에서[1] 현명에 속하는 것들, 즉 판단력, 분별력[2] 등은 "본성적인 것으로 보인다."고 말하였다. 반면 사변적 지혜에 속하는 것들은 그렇지 않다. 그런데 하나의 유에 속하는 것들은 동일한 특성의 기원을 갖는다. 따라서 현명도 본성적으로 우리에게 내속한다.

2. 연령의 변화는 자연(본성)에 따른다. 그런데 현명은 연령을 따른다. 욥기 12장 [12절]을 따르면 "옛사람들에게 지혜가 있고, 긴 시간에 현명이 있다." 따라서 현명은 본성적이다.

3. 현명은 이성이 없는 동물의 본성보다는 인간 본성에 더 적합하다.

---

1. c.11, 1143b6-9; St. Thomas, lect.9, nn.1250-1252.
2. Cf. 다음 문, a. un.

naturales prudentias; ut patet per Philosophum, in VIII *de Historiis Animal..*³ Ergo prudentia est naturalis.

SED CONTRA est quod Philosophus dicit, in II *Ethic.*,⁴ quod *virtus intellectualis plurimum ex doctrina habet et generationem et augmentum: ideo experimento indiget et tempore.* Sed prudentia est virtus intellectualis, ut supra⁵ habitum est. Ergo prudentia non inest nobis a natura, sed ex doctrina et experimento.

RESPONDEO dicendum quod, sicut ex praemissis⁶ patet, prudentia includit cognitionem et universalium et singularium operabilium, ad quae prudens universalia principia applicat. Quantum igitur ad universalem cognitionem, eadem ratio est de prudentia et de scientia speculativa. Quia utriusque prima principia universalia sunt naturaliter nota, ut ex supradictis⁷ patet: nisi quod principia communia prudentiae sunt magis connaturalia homini; ut enim Philosophus dicit, in X *Ethic.*,⁸ *vita quae est secundum speculationem est melior quam quae est secundum hominem.* Sed alia principia universalia posteriora, sive sint rationis speculativae sive practicae, non habentur per naturam, sed per inventionem secundum viam experimenti, vel per disciplinam.

---

3. c.1: 588a29-30.
4. c.1, 1103a16-18; St. Thomas, lect.1, n.246.
5. I-II, q.57, a.5; St. Thomas, lect.1, n.246.

그런데 『동물지』 제8권에서[3] 철학자를 통해 드러났듯이, 이성이 없는 동물에게는 일종의 본성적 현명이 있다. 따라서 현명은 본성적이다.

[재반론] 그러나 반대로 철학자는 『니코마코스 윤리학』 제2권에서[4] "지성적 덕은 가르침으로부터 더 많이 발생하고 성장한다. 그래서 지성적 덕은 경험과 시간이 필요하다."라고 말하였다. 그런데 위에서[5] 주장했듯이, 현명은 지성적 덕이다. 따라서 현명은 본성적으로 우리에게 내속하는 것이 아니라, 가르침과 경험에 근거해 우리에게 내속한다.

[답변] 앞서 말한 것으로부터[6] 드러났듯이, 현명은 작용할 수 있는 보편적인 것들과 개별적인 것들에 대한 인식을 포함한다. 그리고 현명한 이는 바로 이 작용할 수 있는 것들에 보편적 원리를 적용한다. 따라서 보편적 인식과 관련해서는, 현명과 사변적 지식이 같은 특성을 갖는다. 위에서 말한 것으로부터[7] 드러났듯이, 현명과 사변적 지식의 제일의 보편적 원리들은 본성적으로 알려진 것이기 때문이다. 다만 [사변적 지식의 원리보다] 현명의 공통적 원리가 인간에게 더 본성적이라는 점은 같지 않다. 철학자가 『니코마코스 윤리학』 제10권에서[8] 말했듯이, "사변에 따르는 삶이 인간에 따르는 삶보다 더 좋기" 때문이다. 그러나 여타 후차적인 보편적 원리들은, 사변이성의 원리이든 아니면 실천이성의 원리이든, 본성을 통해서 소유되지 않고 경험의 길에 따르는 발견을 통해서 또는 가르침을 통해서 획득된다.

---

6. art.3.
7. art.6.
8. c.7: 1177b26-31; St. Thomas, lect.11, nn.2105, 2106.

Quantum autem ad particularem cognitionem eorum circa quae operatio consistit est iterum distinguendum. Quia operatio consistit circa aliquid vel sicut circa finem; vel sicut circa ea quae sunt ad finem. Fines autem recti humanae vitae sunt determinati. Et ideo potest esse naturalis inclinatio respectu horum finium: sicut supra[9] dictum est quod quidam habent ex naturali dispositione quasdam virtutes quibus inclinantur ad rectos fines, et per consequens etiam habent naturaliter rectum iudicium de huiusmodi finibus. Sed ea quae sunt ad finem in rebus humanis non sunt determinata,[10] sed multipliciter diversificantur secundum diversitatem personarum et negotiorum. Unde quia inclinatio naturae semper est ad aliquid determinatum, talis cognitio non potest homini inesse naturaliter: licet ex naturali dispositione unus sit aptior ad huiusmodi discernenda quam alius; sicut etiam accidit circa conclusiones speculativarum scientiarum. Quia igitur prudentia non est circa fines, sed circa ea quae sunt ad finem, ut supra[11] habitum est; ideo prudentia non est naturalis.

AD PRIMUM ergo dicendum quod Philosophus ibi loquitur de pertinentibus ad prudentiam secundum quod ordinantur ad fines: unde supra[12] praemiserat quod *principia sunt eius quod est cuius gratia*, idest finis. Et propter hoc non facit mentionem de eubulia,[13]

---

9. I-II, q.51, a.1, q.63, a.1.
10. Cf. a.2, ad3.

그런데 작용이 관여하는 것들에 대한 특수한 인식과 관련해서는, 더 구별을 해야 한다. 작용이 어떤 것과 관여할 때, 목적으로서 그것과 관여하거나 또는 목적을 향해 있는 것(수단)으로서 관여하기 때문이다. 인생의 올바른 목적들은 결정되어 있다. 그래서 이 목적들과 관련된 본성적 경향(inclinatio)이 존재할 수 있다. 즉 위에서[9] 말한 바처럼, 어떤 이들은 본성적 태세(dispositio)로부터 어떤 덕들을 소유하며, 이 덕에 의해 그들은 올바른 목적을 향한 경향을 갖게 되고, 그 결과 그러한 목적들에 대한 올바른 판단도 본성적으로 갖고 있다. 그런데 인간사에서 목적을 향해 있는 것(수단)은 결정되어 있지 않고,[10] 인격과 업무의 다름에 따라 여러 가지 방식으로 달라진다. 그러므로 본성의 경향은 항상 어떤 결정된 것을 향하기 때문에, 그러한 인식은 인간에게 본성적으로 내속할 수 없다. 물론 본성적 태세에 근거해 어떤 한 사람이 다른 사람보다 그러한 것의 식별에 더 적성이 있을 수는 있다. 이것은 사변적 지식들의 결론과 관련해서도 일어날 수 있다. 따라서 위에서[11] 주장했듯이, 현명은 목적이 아니라 목적을 향해 있는 것(수단)과 관련되기 때문에, 현명은 본성적인 것이 아니다.

[해답] 1. 철학자는 여기에서 현명에 속하는 것들에 대해, 그것들이 목적을 향해 질서 지어진 것인 한에서 말하고 있다. 그러므로 그는 앞서 위에서[12] "그것들은 '그것 때문에(cuius gratia)'인 바의 것, 즉 목적의 원리들이다."라고 말하였다. 그러한 까닭에 그는 목적을 향해 있는 것

---

11. a.6; I-II, q.57, a.5.
12. c.9; 1143b4-5; St. Thomas, lect.9, n.1248.

quae est consiliativa eorum quae sunt ad finem.

AD SECUNDUM dicendum quod prudentia magis est in senibus non solum propter naturalem dispositionem, quietatis motibus passionum sensibilium, sed etiam propter experientiam longi temporis.

AD TERTIUM dicendum quod in brutis animalibus sunt determinatae viae perveniendi ad finem, unde videmus quod omnia animalia eiusdem speciei similiter operantur. Sed hoc non potest esse in homine, propter rationem eius, quae, cum sit cognoscitiva universalium, ad infinita singularia se extendit.

Articulus 16
Utrum prudentia possit amitti per oblivionem

Ad decimumsextum sic proceditur. Videtur quod prudentia possit amitti per oblivionem.

1. Scientia enim, cum sit necessariorum, est certior quam prudentia, quae est contingentium operabilium. Sed scientia amittitur per oblivionem. Ergo multo magis prudentia.

2. Praeterea, sicut Philosophus dicit, in II *Ethic.*,[1] *virtus ex eisdem generatur et corrumpitur contrario modo factis.* Sed ad generationem

---

13. 이에 대해서는 다음 제48문을 보라.

(수단)에 대해 숙고하는 심사숙고[13]에 대해 언급하고 있지 않다.

2. 현명은 본성적 태세 때문에만 감각적 정념의 운동이 잠잠해진, 나이 든 이에게 더 있는 것이 아니라, 긴 시간의 경험 때문에도 나이 든 이에게 더 있다.

3. 이성이 없는 동물들에게는 목적에 이르는 길이 결정되어 있다. 그러므로 우리는 같은 종에 속하는 모든 동물이 비슷한 양태로 작용하는 것을 볼 수 있다. 그러나 이것은 인간에게서는 있을 수 없다. 보편적인 것을 인식하기 때문에 무한한 수의 개별 사물에 미치는 그의 이성 때문에 그러하다.

제16절 현명은 망각을 통해 상실될 수 있는가?

Parall.: I-II, q.53, a.1; De Verit., q.18, a.7, ad7; In Ethics., VI, lect.4.

[반론] 열여섯째에 대해 다음과 같이 진행한다. 현명은 망각을 통해 상실될 수 있는 것으로 보인다.

1. 지식은 필연적인 것에 관여하기 때문에 우연적인, 작용할 수 있는 것들에 관여하는 현명보다 더 확실하다. 그런데 지식은 망각을 통해 상실된다. 따라서 현명은 훨씬 더 그러하다.

2. 철학자가 『니코마코스 윤리학』 제2권에서[1] 말하듯이, "덕은 어떤 것들로부터 생성되고, 그 동일한 것이 반대되는 양태를 보일 때, 그

---

1. c.2, 1105a14-16; St. Thomas, lect.3, n.279. Cf. cc.1-2, 1103b6-22; 1104a27-b3; St. Thomas, lect.1, n.252; lect.2, n.264.

prudentiae necessarium est experimentum, quod fit *ex multis memoriis*, ut dicitur in principio *Metaphys.*.[2] Ergo, cum oblivio memoriae opponatur, videtur quod prudentia per oblivionem possit amitti.

3. Praeterea, prudentia non est sine cognitione universalium. Sed universalium cognitio potest per oblivionem amitti. Ergo et prudentia.

SED CONTRA est quod Philosophus dicit, in VI *Ethic.*,[3] quod *oblivio est artis, et non prudentiae.*

RESPONDEO dicendum quod oblivio respicit cognitionem tantum. Et ideo per oblivionem potest aliquis artem totaliter perdere, et similiter scientiam, quae in ratione consistunt. Sed prudentia non consistit in sola cognitione, sed etiam in appetitu: quia ut dictum est,[4] principalis eius actus est praecipere, quod est applicare cognitionem habitam ad appetendum et operandum. Et ideo prudentia non directe tollitur per oblivionem, sed magis corrumpitur per passiones: dicit enim Philosophus, in VI *Ethic.*,[5] quod *delectabile et triste pervertit existimationem prudentiae.* Unde Dan. 13, [56] dicitur: *Species decepit te, et concupiscentia subvertit cor tuum;* et Exod. 23, [8] dicitur:

---

2. I, c.1, 980b29-981a2; St. Thomas, lect.1, nn.14-16.
3. c.5, 1140b29-30; St. Thomas, lect.4, n.1174.

것에 의해 파괴된다." 그러나 현명의 생성을 위해서는 『형이상학』 제1권에서[2] 말했듯이, "많은 기억으로부터" 생겨나는 경험이 필수적이다. 따라서 망각은 기억과 대립하기 때문에, 현명은 망각을 통해 상실될 수 있어 보인다.

3. 현명은 보편적인 것들의 인식 없이는 있을 수 없다. 그런데 보편적인 것들의 인식은 망각을 통해 상실될 수 있다. 따라서 현명도 그러하다.

[재반론] 그러나 반대로 철학자는 『니코마코스 윤리학』 제6권에서[3] "망각은 현명이 아니라 기예에 대한 것이다."라고 말하였다.

[답변] 망각은 인식 자체와 관련된다. 그래서 어떤 이는 망각을 통해 기예를 전적으로 잃을 수 있고, 이성에서 성립하는 지식도 마찬가지이다. 그런데 현명은 오직 인식에만 있는 것이 아니라 욕구에도 있다. 언급한 바대로,[4] 현명의 주된 행위는 명령함으로써 명령함은 소유한 인식을 욕구와 작용에 적용하는 것이기 때문이다. 그래서 현명은 망각을 통해 직접 파괴되지 않고, 오히려 정념을 통해 파괴된다. 즉 철학자는 『니코마코스 윤리학』 제6권에서[5] "쾌락을 주는 것과 슬픔을 낳는 것은 현명의 평가를 전도시킨다."고 말하였다. 그러므로 다니엘서 13장 [56절]에서 "상(像)이 너를 속이고, 욕망이 너의 마음을 뒤엎는다.", 그리고 탈출기 22장 [8절]에서는 "현명한 이들도 눈멀게 하는 선물을 받지

---

4. a.8.
5. c.5, 1140b13-16; St. Thomas, lect.4, n.1169.

Ne accipias munera, quae excaecant etiam prudentes.[6] – Oblivio tamen potest impedire prudentiam, inquantum procedit ad praecipiendum ex aliqua cognitione, quae per oblivionem tolli potest.

AD PRIMUM ergo dicendum quod scientia est in sola ratione. Unde de ea est alia ratio, ut supra[7] dictum est.

AD SECUNDUM dicendum quod experimentum prudentiae non acquiritur ex sola memoria, sed ex exercitio recte praecipiendi.

AD TERTIUM dicendum quod prudentia principaliter consistit non in cognitione universalium, sed in applicatione ad opera, ut dictum est.[8] Et ideo oblivio universalis cognitionis non corrumpit id quod est principale in prudentia, sed aliquid impedimentum ei affert, ut dictum est.[9]

---

6. 불가타에는 "Ne accipias munera, quae excaecant etiam prudentes" 대신에, "Nec accipies munera, quae etiam excaecant prudentes(현명한 이를 눈멀게도 하는 선물을 받지 마라)."고 되어 있다.

마라."⁶고 하였다. 그럼에도 망각은, 현명이 망각을 통해 파괴될 수 있는 어떤 인식에 근거해 명령하게 되는 한에서, 현명을 방해할 수 있다.

[해답] 1. 지식은 오직 이성에만 있다. 그러므로 위에서⁷ 언급한 것처럼, 이에 대해서는 다른 논거가 적용된다.

2. 현명의 경험은 오직 기억에 근거해 획득되는 것이 아니라, 올바른 명령의 실행으로부터 획득된다.

3. 이미 말한 것처럼,⁸ 현명은 주로 보편적인 것들의 인식에서 성립하는 것이 아니라, 행업으로의 적용에서 성립한다. 그래서 언급한 것처럼,⁹ 보편적 인식의 망각은 현명에 있어 주된 것을 파괴하는 것이 아니라, 그것에 얼마간 방해가 될 뿐이다.

---

7. 본론.
8. Ibid.
9. Ibid.

QUAESTIO XLVIII
DE PARTUBUS PRUDENTIAE

Deinde considerandum est de partibus prudentiae.[1] Et circa hoc quaeruntur quatuor: primo, quae sint partes prudentiae; secundo, de partibus quasi integralibus eius[2]; tertio, de partibus subiectivis eius[3]; quarto, de partibus potentialibus.[4]

Articulus Unicus
Utrum convenienter assignentur partes prudentiae

Ad primum sic proceditur. Videtur quod inconvenienter assignentur partes prudentiae.

1. Tullius enim, in II *Rhet.*,[1] ponit tres partes prudentiae: scilicet *memoriam, intelligentiam et providentiam*. – Macrobius autem,[2] secundum sententiam Plotini, attribuit prudentiae sex: scilicet *ra-*

---

1. Cf. q.47, Introd.
2. q.49.
3. q.50.
4. q.51.

제48문
현명의 부분들에 대하여

그다음으로 현명의 부분들에 대해[1] 고찰해야 한다. 이와 관련하여 네 가지 물음이 제기된다.
1. 무엇이 현명의 부분들인가?
2. 현명의 일종의 통전적 부분들에 대해서[2]
3. 현명의 종속적 부분들에 대해서[3]
4. 잠재적 부분들에 대해서[4]

단일 절. 현명의 세 부분은 적합하게 배정되는가?

Parall.: *In Sent.*, III, d.33, q.3, a.1; *In Ethic.*, VI, lect.7; *In De Mem. et Remin.*, lect.1.

[반론] 첫째에 대해 다음과 같이 진행한다. 현명의 세 부분은 적합하지 않게 배정된 것으로 보인다.

1. 키케로는 『수사학』 제2권에서[1] 현명의 세 부분, 즉 "기억적 부분, 이해적 부분, 그리고 예견적 부분"을 상정하였다. 그런데 마크로비우스는[2] 플로티누스의 판단에 따라 현명에 여섯 부분을, 즉 "이성(ratio), 이해(intellectus), 주도면밀(circumspectio), 예견(providentia), 습득력

---
1. *De invent. rhet.*, II, c.53, ed. G. Friedrich, Lipsiae, 1908, p.230, l.8.
2. *In somn. Scipion.*, I, c.8, ed. Fr. Eyssenhardt, Lipsiae, 1868, p.507, ll.14-16.

tionem, intellectum, circumspectionem, providentiam, docilitatem et cautionem. – Aristoteles autem, in VI *Ethic.*,³ dicit ad prudentiam pertinere *eubuliam, synesim et gnomen*. Facit etiam mentionem circa prudentiam de *eustochia* et *solertia, sensu* et *intellectu*. – Quidam autem alius philosophus graecus⁴ dicit quod ad prudentiam decem pertinent: scilicet *eubulia, solertia, providentia, regnativa, militaris, politica, oeconomica, dialectica, rhetorica, physica*. – Ergo videtur quod vel una assignatio sit superflua, vel alia diminuta.

2. Praeterea, prudentia dividitur contra scientiam. Sed politica, oeconomica, dialectica, rhetorica, physica sunt quaedam scientiae. Non ergo sunt partes prudentiae.

3. Praeterea, partes non excedunt totum. Sed memoria intellectiva, vel intelligentia, ratio, sensus et docilitas non solum pertinent ad prudentiam, sed etiam ad omnes habitus cognoscitivos. Ergo non debent poni partes prudentiae.

4. Praeterea, sicut consiliari et iudicare et praecipere sunt actus rationis practicae, ita etiam et uti, sicut supra⁵ habitum est. Sicut ergo eubulia adiungitur prudentiae, quae pertinet ad consilium, et synesis et gnome, quae pertinent ad iudicium; ita etiam debuit poni aliquid pertinens ad usum.

5. Praeterea, sollicitudo ad prudentiam pertinet, sicut supra⁶ habi-

---

3. cc.10-11, 1142a32-34; b34-1143a2; 19-24; St. Thomas, lect.8, n.1217; lect.9, n.1235, nn.1243-1244.
4. Andronicus Peripateticus. cf. infra q.80, a.un., obj.4. Cf. *De Affectibus Liber*, de Prudentia:

(docilitas), 신중(cautio)을 귀속시켰다. 한편 아리스토텔레스는 『니코마코스 윤리학』 제6권에서[3] 현명에는 심사숙고(eubulia), 판단력(synesis) 그리고 분별력(gnome)이 속한다고 말하였다. 그는 또한 현명과 관련하여 명석(eustochia)과 영민(solertia), 감각(sensus), 이해에 대해서도 언급하였다. 그런데 어떤 다른 그리스 철학자는[4] 현명에는 열 가지, 즉 심사숙고, 영민, 예견, 통치적 [현명](regnativa), 군사적 [현명](militaris), 정치적 [현명](politica), 경제적 [현명](oeconomica), 변증법적 [현명](dialectica), 수사학적 [현명](rhetorica), 자연학적 [현명](physica)이 속한다고 말하였다. 따라서 어떤 배정은 과잉되고, 다른 배정은 부족한 것으로 보인다.

2. 현명은 학문과 구별된다. 그런데 정치학, 경제학, 변증법, 수사학 및 자연학은 학문들이다. 따라서 이것들은 현명의 부분들이 아니다.

3. 부분들은 전체를 넘어서지 않는다. 그런데 지성적 기억 또는 예지(intelligentia), 이성, 감각 및 습득력은 현명에 속할 뿐만 아니라, 모든 인식적 습성들에도 속한다. 따라서 이것들은 현명의 부분들로 상정되어서는 안 된다.

4. 숙고함, 판단함 그리고 명령함은 실천이성의 행위들이다. 이와 마찬가지로, 위에서[5] 주장했듯이, 사용도 그렇다. 따라서 숙고와 연관된 심사숙고가 현명에 연결되고, 판단과 연관된 판단력과 분별력도 현명에 연결되듯이, 사용과 연관된 어떤 것도 또한 상정해야만 한다.

5. 위에서[6] 주장했듯이 염려는 현명에 속한다. 따라서 현명의 부분들 가운데 염려도 놓여야만 한다.

---

inter *Fragmenta Philosophorum Graec.*, ed. G. A. Mullachius, Parisiis, 1867-1879, t.III, p.574.
5. I-II, q.16, a.1.
6. q.47, a.9.

tum est. Ergo etiam inter partes prudentiae sollicitudo poni debuit.

RESPONDEO dicendum quod triplex est pars: scilicet *integralis,* ut paries, tectum et fundamentum sunt partes domus; *subiectiva,* sicut bos et leo sunt partes animalis; et *potentialis,* sicut nutritivum et sensitivum sunt partes animae.[7] Tribus ergo modis possunt assignari partes alicui virtuti. Uno modo, ad similitudinem partium integralium: ut scilicet illa dicantur esse partes virtutis alicuius quae necesse est concurrere ad perfectum actum virtutis illius.[8] Et sic ex omnibus enumeratis[9] possunt accipi octo partes prudentiae: scilicet sex quas enumerat Macrobius; quibus addenda est septima, scilicet *memoria,* quam ponit Tullius; et *eustochia* sive *solertia,* quam ponit Aristoteles (nam *sensus* prudentiae etiam *intellectus* dicitur: unde Philosophus dicit, in VI *Ethic.*[10]: *Horum igitur oportet habere sensum, hic autem est intellectus*).

Quorum octo quinque pertinent ad prudentiam secundum id quod est cognoscitiva, scilicet *memoria, ratio, intellectus, docilitas*[11] et *solertia:* tria vero alia pertinent ad eam secundum quod est praeceptiva, applicando cognitionem ad opus, scilicet *providentia, circumspectio et cautio.* – Quorum diversitatis ratio patet ex hoc quod circa cog-

---

7. "통전적" 부분은 전체를 구성한다. "종속적" 또는 "보편적" 부분은 [그것에 대해] 전체가 빈술된다. "잠재적" 부분은 전체가 빈술되지도 않고 전체를 구성해서도 안 되고, 전체의 능력의 일부에 참여한다. Cf. *In Sent.*, III, d.33, q.3, a.1.
8. "이 부분들은, 본래적 의미에서 말하자면 본질적으로 덕을 가리키지 않고, 하나의 덕을 전체적으로 구성하는, 하나의 덕의 조건들을 가리킨다." *In Sent.*, loc.cit. Cf. infra, q.49, a.5.
9. obj.1.

[답변] 부분에는 세 종류가 있다. 벽, 천장 그리고 기초가 집의 부분이라고 할 때와 같은 의미의 "통전적" 부분, 소와 사자가 동물의 부분들이라고 말할 때와 같은 의미의 "종속적" 부분, 그리고 생장적인 것, 감각적인 것이 영혼의 부분들이라고 말할 때와 같은 의미의 "잠재적" 부분이 있다.[7] 따라서 이 세 가지 방식으로 덕에 부분들이 배정될 수 있다. 첫째 방식은 통전적 부분들과의 유사성에 따르는 배정이다. 그래서 어떤 덕의 완전한 행위에 필연적으로 협력하는 것들이 그 덕의 부분들이라고 말해진다.[8] 이러한 방식으로, [반론에서] 열거된 모든 것들로부터[9] 현명의 여덟 부분을 취할 수 있다. 즉 마크로비우스가 열거한 여섯 부분, 그리고 여기에 일곱째로 키케로가 상정한 "기억"과 아리스토텔레스가 주장한 "명석" 혹은 "영민"이 더해져야만 한다. (현명의 "감각"은 "이해"라고도 불리기 때문이다. 그래서 철학자는 『니코마코스 윤리학』 제6권에서[10] "이것들에 대한 감각을 가져야만 한다. 그런데 이것은 이해이다."라고 말하였다.)

이 여덟 가운데 다섯, 즉 기억, 이성, 이해, 습득력[11]과 영민은, 현명이 인식을 하는 것인 한에서 현명에 속한다. 반면 나머지 셋, 즉 예견, 주도면밀 및 신중은, 현명이 인식을 행업에 적용함으로써 명령을 하는 한에서 현명에 속한다. 이러한 것들의 다름의 근거는 인식에는 세 가지가 고찰되어야만 한다는 사실로부터 분명히 드러난다. 첫째, 인

---

10. c.12, 1143b5; St. Thomas, lect.9, n.1249.
11. docilitas의 번역이다. docilitas는 '유순함'으로 번역될 수 있다. 그런데 토마스가 49문 3절에서 잘 설명하고 있듯이 여기에서는 이 말이 '인식의 획득'과 직접 관련되어 있다. 물론 '유순함' 이라는 표현에도 '다른 사람의 말이나 가르침을 잘 수용함'의 의미가 포함되어 있으나 인식보다는 성격적 특성이 두드러진다고 생각되어, '다른 이의 가르침을 잘 배우고 받아들임', '가르치기 쉬움' 등의 의미를 부각하기 위해 '습득력'으로 번역하였다.

nitionem tria sunt consideranda. Primo quidem, ipsa cognitio. Quae si sit praeteritorum, est *memoria:* si autem praesentium, sive contingentium sive necessariorum, vocatur *intellectus* sive *intelligentia*. – Secundo, ipsa cognitionis acquisitio. Quae fit vel per disciplinam, et ad hoc pertinet *docilitas:* vel per inventionem, et ad hoc pertinet *eustochia,* quae est *bona coniecturatio.* Huius autem pars, ut dicitur in VI *Ethic.*,[12] est *solertia*, quae est *velox coniecturatio medii*, ut dicitur in I *Poster.*.[13] – Tertio considerandus est usus cognitionis: secundum scilicet quod ex cognitis aliquis procedit ad alia cognoscenda vel iudicanda. Et hoc pertinet ad *rationem*. Ratio autem, ad hoc quod recte praecipiat, tria debet habere. Primo quidem, ut ordinet aliquid accommodum ad finem: et hoc pertinet ad *providentiam*. Secundo, ut attendat circumstantias negotii: quod pertinet ad *circumspectionem*. Tertio, ut vitet impedimenta, quod pertinet ad *cautionem*.[14]

Partes autem subiectivae virtutis dicuntur species eius diversae.[15] Et hoc modo partes prudentiae, secundum quod proprie sumuntur, sunt prudentia per quam aliquis regit seipsum, et prudentia per quam aliquis regit multitudinem, quae differunt specie, ut dictum est[16]: et iterum prudentia quae est multitudinis regitiva dividitur in diversas species secundum diversas species multitudinis. Est autem quaedam multitudo adunata ad aliquod speciale negotium, sicut

---

12. c.10, 1142b5-6; St. Thomas, lect.8, n.1220.
13. c.34, 89b10-11; St. Thomas, lect.44, n.12.
14. 다음의 제49문 참조.

식 자체가 고찰되어야 한다. 만일 인식이 과거사에 관련된다면 "기억"이, 반면 현재사에 관련된다면, 현재사가 우연적이건 필연적이건, "이해" 또는 "예지"라 불린다. 둘째 인식의 획득 자체가 고찰되어야 한다. 인식의 획득은 가르침을 통해서 생겨나거나—여기에 "습득력"이 속한다—또는 발견을 통해서 생겨나며 여기에 '좋은 추측', 즉 명석이 속한다. 그런데 『니코마코스 윤리학』 제6권에서[12] 말했듯이 이것의 부분으로, "매개념에 대한 빠른 추측"인—『분석론 후서』 제1권에서[13] 말했듯이—영민이 있다. 셋째로, 인식의 사용이 고찰되어야만 한다. 즉 어떤 이가 알려진 것들을 근거로 다른 것들을 인식하거나 판단하는 데로 나아가기 때문이다. 그리고 이것이 이성(논변)에 속한다. 그런데 이성은 올바르게 명령하기 위해서 세 가지를 가져야만 한다. 첫째, 목적을 위해 편리한 어떤 것을 질서 지어야 한다. 이것은 예견이 속한다. 둘째, 업무의 상황에 주목해야 하며, 이것은 주도면밀에 속한다. 셋째, 방해물을 피해야 하는데, 이는 신중에 속한다.[14]

그런데 덕의 종속적 부분들은 덕의 서로 다른 종이라 불린다.[15] 이러한 방식으로 현명의 부분들에는, 그것들을 본래적 의미에서 이해한다면, 어떤 이가 자기 자신을 다스리는 현명과 어떤 이가 '다수'를 다스리는 현명이 있다. 위에서[16] 말한 것처럼, 이 둘은 종적으로 다른 현명이다. 그리고 다수를 다스리는 현명은 다시 서로 다른 '다수'의 종에 따라 여러 다른 종으로 세분된다. 그런데 어떤 종별되는 업무를 위해 하나로 묶인 다수가 있다. 예를 들어 군대는 싸움을 위해 모인 다수로

---

15. 이 부분들은 "서로 구별되지만, 이 부분들이 그것의 부분들로서 배정된 전체와 구별되지는 않는 덕을 가리킨다. 전체가 이 부분들에 빈술되기 때문이다." *In Sent.*, III, loc. cit.
16. q.47, a.11.

exercitus congregatur ad pugnandum, cuius regitiva est prudentia *militaris*. Quaedam vero multitudo est adunata ad totam vitam: sicut multitudo unius domus vel familiae, cuius regitiva est prudentia *oeconomica;* et multitudo unius civitatis vel regni, cuius quidem directiva est in principe *regnativa,* in subditis autem *politica* simpliciter dicta.[17] – Si vero prudentia sumatur large, secundum quod includit etiam scientiam speculativam, ut supra[18] dictum est; tunc etiam partes eius ponuntur dialectica, rhetorica et physica, secundum tres modos procedendi in scientiis. Quorum unus est per demonstrationem ad scientiam causandam: quod pertinet ad *physicam;* ut sub physica intelligantur omnes scientiae demonstrativae. Alius modus est ex probabilibus ad opinionem faciendam: quod pertinet ad *dialecticam.* Tertius modus est ex quibusdam coniecturis ad suspicionem inducendam, vel ad aliqualiter persuadendum, quod pertinet ad *rhetoricam.* – Potest tamen dici quod haec tria pertinent ad prudentiam etiam proprie dictam, quae ratiocinatur interdum quidem ex necessariis, interdum ex probabilibus, interdum autem ex quibusdam coniecturis.

Partes autem potentiales alicuius virtutis dicuntur virtutes adiunctae quae ordinantur ad aliquos secundarios actus vel materias, quasi non habentes totam potentiam principalis virtutis.[19] Et secundum hoc ponuntur partes prudentiae *eubulia,* quae est circa consilium; et *synesis,* quae est circa iudicium eorum quae communiter accidunt; et

---

17. Cf. q.50.
18. q.47, a.2, ad2.

서, 이를 다스리는 현명이 "군사적" 현명이다. 반면 전체 생을 위해 하나로 묶인 다수가 있다. 하나의 가정이나 가족에 속하는 다수가 그러한 것으로, 이것을 다스리는 현명이 "경제적" 현명이다. 다른 한편으로 한 도시나 왕국에 속하는 다수가 있으며, 이를 지도하는 현명이 군주의 경우에는 "통치적" 현명이고, 신하에게는 단적으로 말해서 "정치적" 현명이다.[17]

그런데 만일 위에서[18] 말한 것처럼 현명이 사변적 지식도 포함하는 한에서, 그것을 넓은 의미로 이해하게 되면, 이 경우에 지식(학문)의 세 가지 진행 양태에 따라 변증학, 수사학 및 자연학이 현명의 부분들로 간주된다. 그 가운데 하나는 증명을 통해서 지식(학문)을 낳는 것으로, 이는 "자연학"에 속한다. 그래서 자연학으로 모든 증명적 지식을 의미하게 된다. 둘째 양태는 개연적인 것에 근거해 의견을 낳는 것으로, 이는 "변증학"에 속한다. 세 번째 양태는 추측에 근거해 의혹을 불러들이거나, 또는 어떤 식으로 설득하기 위한 것으로, 이는 "수사학"에 속한다. 그럼에도 이 셋은 본래적인 의미의 현명에도 속한다고 말할 수 있다. 본래적 의미의 현명은 때로는 필연적인 것에 근거해서, 때로는 개연적인 것에 근거해서, 때로는 추측에 근거해 논변하기 때문이다.

그런데 어떤 덕의 잠재적 부분들은 연결된 덕이라 불리는데, 이것들은 이차적 행위나 질료를 향해 질서 지어진 부분들이다. 이는 말하자면 주된 덕의 전체 능력을 갖지 않기 때문이다.[19] 이러한 점에서 숙고에 관한 "심사숙고", 공통적으로 발생하는 일들에 대한 판단과 관련된 "판단력" 그리고 때때로 공통적 법에서 벗어나야 하는 사안들에 대한

---

19. 이 부분들은 "어떤 덕에서 주되게 그리고 완전하게 발견되는 양태에 일정부분 참여한다." *In Sent.*, III, loc. cit.

gnome, quae est circa iudicium eorum in quibus oportet quandoque a communi lege recedere. Prudentia vero est circa principalem actum, qui est praecipere.[20]

AD PRIMUM ergo dicendum quod diversae assignationes differunt secundum quod diversa genera partium ponuntur; vel secundum quod sub una parte unius assignationis includuntur multae partes alterius assignationis. Sicut Tullius sub *providentia* includit cautionem et circumspectionem; sub *intelligentia* autem rationem, docilitatem et solertiam.

AD SECUNDUM dicendum quod oeconomica et politica non accipiuntur hic secundum quod sunt scientiae; sed secundum quod sunt prudentiae quaedam. De aliis autem tribus patet responsio ex dictis.[21]

AD TERTIUM dicendum quod omnia illa ponuntur partes prudentiae non secundum suam communitatem; sed secundum quod se habent ad ea quae pertinent ad prudentiam.

AD QUARTUM dicendum quod recte praecipere et recte uti semper se comitantur: quia ad praeceptum rationis sequitur obedientia inferiorum virium, quae pertinent ad usum.

AD QUINTUM dicendum quod sollicitudo includitur in ratione providentiae.

판단과 관련된 "분별력"이 현명의 부분들로 여겨진다. 반면 현명은 명령함이라는 주된 행위에 관여한다.[20]

[해답] 1. 부분들이 속하는 서로 다른 유들이 상정되는 한에서, 또는 어떤 한 배정 방식에 따라 나뉜 한 부분 아래 다른 방식의 배정에 속하는 다수의 부분들이 포함되는 한에서, 서로 다른 배정들이 차이가 날 수밖에 없다. 예를 들어 키케로는 신중과 주도면밀을 예견에 포함시켰고, 예지에는 이성, 습득력 그리고 영민을 포함시켰다.

2. 경제학과 정치학은 여기에서 학문이 아니라, 일종의 현명으로 받아들여진다. 그런데 다른 부분들에 대해서는 [답변에서] 말한 것으로부터[21] 분명히 드러난다.

3. 이 모든 것은 공통성에 따라 현명의 부분들로 간주되는 것이 아니라, 현명에 속하는 것들과 연관을 맺는 한에서 현명의 부분들로 간주된다.

4. 올바르게 명령함과 올바르게 사용함은 항상 서로를 동반한다. 사용에 속하는 하위 힘들의 복종은 이성의 명령을 따르기 때문이다.

5. 염려는 예지의 규정 안에 포함된다.

---

20. Cf. q.51.
21. 본론.

QUAESTIO XLIX
DE SINGULIS PRUDENTIAE PARTIBUS QUASI INTEGRALIBUS

in octo articulos divisa

Deinde considerandum est de singulis prudentiae partibus quasi integralibus.[1]

Et circa hoc quaeruntur octo.

Primo: de memoria.

Secundo: de intellectu vel intelligentia.

Tertio: de docilitate.

Quarto: de solertia.

Quinto; de ratione.

Sexto: de providentia.

Septimo: de circumspectione.

Octavo: de cautione.

Articulus 1
Utrum memoria sit pars prudentiae

Ad primum sic proceditur. Videtur quod memoria non sit pars prudentiae.

제49문
현명의 통전적 부분들 각각에 대하여
(전8절)

그러고 나서 현명의 통전적 부분들 각각에 대해서 고찰해야 한다.[1] 이와 관련하여 여덟 문제가 제기된다.

1. 기억에 대해서
2. 이해 또는 예지에 대해서
3. 습득력에 대해서
4. 영민에 대해서
5. 이성에 대해서
6. 예견에 대해서
7. 주도면밀에 대해서
8. 신중에 대해서

제1절 기억은 현명의 부분인가?

Parall.: supra Q.48; In Sent., III, d.33, q.3, a.1, qc.1; In De Mem. et Remin., lect.1.

[반론] 첫째에 대해 다음과 같이 진행한다. 기억은 현명의 부분이 아닌 것으로 보인다.

---

1. Cf. q.48, Introd.

1. Memoria enim, ut probat philosophus,[1] est in parte animae sensitiva. Prudentia autem est in ratiocinativa; ut patet in VI *Ethic.*.[2] Ergo memoria non est pars prudentiae.

2. Praeterea, prudentia per exercitium acquiritur et proficit. Sed memoria inest nobis a natura. Ergo memoria non est pars prudentiae.

3. Praeterea, memoria est praeteritorum. Prudentia autem futurorum operabilium, de quibus est consilium, ut dicitur in VI *Ethic.*.[3] Ergo memoria non est pars prudentiae.

SED CONTRA est quod Tullius, in II *Rhet.*,[4] ponit memoriam inter partes prudentiae.

RESPONDEO dicendum quod prudentia est circa contingentia operabilia, sicut dictum est.[5] In his autem non potest homo dirigi per ea quae sunt simpliciter et ex necessitate vera, sed ex his quae ut in pluribus accidunt: oportet enim principia conclusionibus esse proportionata, et ex talibus talia concludere, ut dicitur in VI *Ethic.*.[6] Quid autem in pluribus sit verum oportet per experimentum considerare: unde et in II *Ethic.*[7] Philosophus dicit quod *virtus intellectualis habet generationem et augmentum ex experimento et tempore*. Exper-

---

1. *De Mem. et Remin.*, c.1, 450a12-14; St. Thomas, lect.2, nn.318-322.
2. c.5, 1140b25-30; St. Thomas, lect.4, n.1174. Cf. c.2, 1139a11-15; St. Thomas, lect.1, n.1118.
3. cc.2 & 8, 1139b7-11; 1141b8-14; St. Thomas, lect.2, nn.1138-1139, lect.6, n.1193.
4. *De invent. rhet.*, II, c.53, ed. G. Friedrich, Lipsiae, 1908, p.230, l.8.

1. 기억은 철학자가 입증했듯이,[1] 영혼의 감각적 부분에 있다. 그런데 『니코마코스 윤리학』 제6권에서[2] 밝혀졌듯이, 현명은 추론적 부분에 있다. 따라서 기억은 현명의 부분이 아니다.

2. 현명은 실행을 통해 획득되고 진보한다. 그러나 기억은 본성적으로 우리에게 내속한다. 따라서 기억은 현명의 부분이 아니다.

3. 기억은 과거사에 관련된다. 반면 현명은 미래의 작용할 수 있는 것에 관여한다. 그리고 이것들에 대해서는 『니코마코스 윤리학』 제6권에서[3] 말했듯이 숙고가 다룬다. 따라서 기억은 현명의 부분이 아니다.

[재반론] 그러나 반대로 키케로는 『수사학』 제2권에서[4] 기억을 현명의 부분들 가운데 위치시켰다.

[답변] 언급한 것처럼,[5] 현명은 작용할 수 있는 우연적인 것에 관여한다. 그런데 이러한 사안에 있어 인간은 단적이고 필연적으로 참된 것들을 통해서 지도될 수 없고, 대다수의 경우에 일어나는 것들에 근거해 지도될 수 있다. 원리는 결론에 비례해야 하고, 『니코마코스 윤리학』 제6권에서[6] 말했듯이 이러저러한 것으로부터 이러저러한 것이 도출되어야만 하기 때문이다. 대다수의 경우 참인 것은 경험을 통해서 고찰해야만 한다. 그러므로 『니코마코스 윤리학』 제2권에서도[7] 철학자는 "지성적 덕은 경험과 시간에 근거해 발생하고 성장한다."고 말했

---

5. q.47, a.5.
6. c.3, 1139b25-36; St. Thomas, lect.3, nn.1147-1149. Cf. *Anal. Post.*, I, c.32, 88a24-26; St. Thomas, lect.43, n.3.
7. c.1, 1103a15-18; St. Thomas, lect.1, n.246.

imentum autem est ex pluribus memoriis; ut patet in I *Metaphys*..[8] Unde consequens est quod ad prudentiam requiritur plurium memoriam habere. Unde convenienter memoria ponitur pars prudentiae.

AD PRIMUM ergo dicendum quod quia, sicut dictum est,[9] prudentia applicat universalem cognitionem ad particularia, quorum est sensus, inde multa quae pertinent ad partem sensitivam requiruntur ad prudentiam. Inter quae est memoria.

AD SECUNDUM dicendum quod sicut prudentia aptitudinem quidem habet ex natura, sed eius complementum est ex exercitio vel gratia[10]; ita etiam, ut Tullius dicit, in sua *Rhetorica*,[11] memoria non solum a natura proficiscitur, sed etiam habet plurimum artis et industriae. Et sunt quatuor per quae homo proficit in bene memorando. Quorum primum est ut eorum quae vult memorari quasdam similitudines assumat convenientes, nec tamen omnino consuetas: quia ea quae sunt inconsueta magis miramur, et sic in eis animus magis et vehementius detinetur; ex quo fit quod eorum quae in pueritia vidimus magis memoremur. Ideo autem necessaria est huiusmodi similitudinum vel imaginum adinventio, quia intentiones simplices et spirituales facilius ex anima elabuntur nisi quibusdam similitudinibus corporalibus quasi alligentur: quia humana cognitio

---

8. c.1, 980b29-981, a.2; St. Thomas, lect.1, nn.14-16.
9. q.47, aa.3 & 6.

다. 그런데 경험은 많은 기억으로부터 나온다. 이는 『형이상학』 제1권에서[8] 밝혀진 바와 같다. 그러므로 현명을 위해서는 많은 것들의 기억을 갖는 것이 요구된다. 또한 기억을 현명의 부분으로 간주하는 것이 적합하다.

[해답] 1. 언급된 바대로,[9] 현명은 보편적 인식을 감각의 대상인 특수한 사안에 적용한다. 그래서 감각적 부분에 속하는 많은 것들이 현명을 위해 요구된다. 그 많은 것들 가운데 하나가 기억이다.
2. 현명은 자연(본성)으로부터 적성을 갖지만, 그것의 완결은 실행 또는 은총으로부터 오듯이,[10] 키케로가 『수사학』에서[11] 말한 것처럼 기억은 자연(본성)으로부터 시작될 뿐 아니라, 많은 기예와 근면을 필요로 한다. 그리고 인간이 잘 기억하도록 촉진하는 네 가지가 있다. 그중 첫째는 인간이 기억하고자 하는 것들에 대해 적합한, 그렇지만 아주 익숙하지는 않은 유사성을 취하는 것이다. 익숙하지 않은 것들이 더 놀라움을 주고, 이러한 방식으로 정신은 익숙하지 않은 것들에 더 그리고 강하게 사로잡히기 때문이다. 이로부터 우리가 어린 시절에 본 것들을 더 잘 기억하는 일이 생긴다. 그래서 그러한 유사성이나 상의 발견이 필수적이다. 단순하고 영적인 지향들은, 만일 물체적 유사성에 의해, 이를테면 결박되지 않는다면, 영혼으로부터 쉽게 빠져나가기 때문이다. 인간적 인식은 감각적인 것에 대해 더 강력하다. 그러므로 기

---

10. Cf. 앞 문, a.15.
11. *Ad C. Herennium, de arte rhet.*, III, cc.16 & 24; ed. G. Friedrich, Lipsiae, 1908, p.58, ll.15-18, p.64, ll.12.

potentior est circa sensibilia. Unde et memorativa[12] ponitur in parte sensitiva. – Secundo, oportet ut homo ea quae memoriter vult tenere sua consideratione ordinate disponat, ut ex uno memorato facile ad aliud procedatur. Unde Philosophus dicit, in libro *de Mem.*[13]: *A locis videntur reminisci aliquando: causa autem est quia velociter ab alio in aliud veniunt.* – Tertio, oportet ut homo sollicitudinem apponat et affectum adhibeat ad ea quae vult memorari: quia quo aliquid magis fuerit impressum animo, eo minus elabitur. Unde et Tullius dicit, in sua *Rhetorica,*[14] quod *sollicitudo conservat integras simulacrorum figuras.* – Quarto, oportet quod ea frequenter meditemur quae volumus memorari. Unde Philosophus dicit, in libro *de Mem.*,[15] quod *meditationes memoriam salvant:* quia, ut in eodem libro[16] dicitur, *consuetudo est quasi natura;* unde quae multoties intelligimus cito reminiscimur, quasi naturali quodam ordine ab uno ad aliud procedentes.

AD TERTIUM dicendum quod ex praeteritis oportet nos quasi argumentum sumere de futuris. Et ideo memoria praeteritorum necessaria est ad bene consiliandum de futuris.

---

12. Cf. I, q.78, a.4.
13. c.2, 452a13-16; St. Thomas, lect.6, nn.377-378.
14. *Ad C. Herennium, de arte rhet.*, III, c.19, ed. G. Friedrich, Lipsiae, 1908, p.60, ll.4-5.

억능력을[12] 감각적 부분에 놓게 된다.

둘째, 인간은 고찰을 통해 기억 속에 담고자 하는 것들을 질서 있게 배치해야 한다. 그래야 하나의 기억[된 것]으로부터 다른 기억[된 것]으로 쉽게 진행할 수 있다. 그러므로 철학자는 『기억론』에서[13] "장소로부터 '언제(때)'가 기억되는 것으로 보인다. 이유는 하나로부터 다른 하나로 빠르게 진행하기 때문이다."라고 말하였다.

셋째, 인간은 기억하고자 하는 것들을 염려하고 마음을 주어야 한다. 어떤 것이 정신에 더 각인될수록, 덜 빠져나가기 때문이다. 그러므로 키케로도 자신의 『수사학』에서[14] "염려는 영상의 형태를 통전적으로 보존한다."고 말하였다.

넷째, 우리는 기억하고자 하는 것들에 대해 자주 성찰해야 한다. 그러므로 철학자는 『기억론』에서[15] "성찰은 기억을 보존한다."고 말하였다. 왜냐하면, 같은 책에서[16] 말했듯이, "습관은 본성과 같기 때문이다." 그러므로 우리가 여러 번 이해한 것들을 빠르게 상기해낼 수 있다. 이는 마치 우리가 어떤 자연(본성)적 질서에 의해 하나로부터 다른 하나로 진행하는 것과 같다.

3. 우리는 과거사에 근거해 미래사에 대한, 이를테면 논증을 취해야 한다. 그래서 과거사의 기억이 미래사에 대해 잘 숙고하는 데 필수적이다.

---

15. c.1, 451a12-14; St. Thomas, lect.3, n.348.
16. c.2, 452a28-30; St. Thomas, lect.6, nn.382-383.

Articulus 2
Utrum intellectus sit pars prudentiae

Ad secundum sic proceditur. Videtur quod intellectus non sit pars prudentiae.

1. Eorum enim quae ex opposito dividuntur unum non est pars alterius. Sed intellectus ponitur virtus intellectualis condivisa prudentiae, ut patet in VI *Ethic..*[1] Ergo intellectus non debet poni pars prudentiae.

2. Praeterea, intellectus ponitur inter dona Spiritus Sancti, et correspondet fidei, ut supra[2] habitum est. Sed prudentia est alia virtus a fide, ut per supradicta[3] patet. Ergo intellectus non pertinet ad prudentiam.

3. Praeterea, prudentia est singularium operabilium, ut dicitur in VI *Ethic..*[4] Sed intellectus est universalium cognoscitivus et immaterialium; ut patet in III *de Anima.*[5] Ergo intellectus non est pars prudentiae.

SED CONTRA est quod Tullius[6] ponit *intelligentiam* partem prudentiae, et Macrobius[7] *intellectum,* quod in idem redit.

---

1. c.3, 1139b16-18; St. Thomas, lect.3, n.1143.
2. q.8, aa.1 & 8.
3. q.4, a.8. Cf. I-II, q.62, a.2.
4. cc.8-9, 1141b14-22; 1142a14-16; St. Thomas, lect.6, n.1194, lect.7, n.1208.
5. c.4, 429b10-18; St. Thomas, lect.8, nn.705-713. Cf. II, c.5, 417b22-29; St. Thomas, lect.12,

제2절 이해는 현명의 부분인가?

Parall.: supra Q.48.; *In Sent.*, III, d.33, q.3, a.1, qc.1

[반론] 둘째에 대해 다음과 같이 진행한다. 이해는 현명의 부분이 아닌 것으로 보인다.

1. 서로 대립적으로 구별되는 것들 가운데 어떤 하나는 다른 하나의 부분이 아니다. 그런데 『니코마코스 윤리학』 제6권에서[1] 밝혀졌듯이, 이해는 현명과 함께 서로 구별되는 지성적 덕으로 간주된다. 따라서 이해는 현명의 부분으로 간주되어서는 안 된다.

2. 위에서[2] 주장했듯이, 이해는 성령의 선물 가운데 하나이며, 신앙에 대응한다. 그런데 위에서 말한 바에[3] 의해 드러났듯이, 현명은 신앙과 다른 덕이다. 따라서 이해는 현명에 속하지 않는다.

3. 『니코마코스 윤리학』 제6권에서[4] 말했듯이, 현명은 작용할 수 있는 개개의 것에 관여한다. 그러나 이해는 보편적인 것과 비질료적인 것을 인식한다. 이는 『영혼론』 제3권에서[5] 밝혀졌다. 따라서 이해는 현명의 부분이 아니다.

[재반론] 그러나 반대로 키케로는[6] "예지"를 현명의 부분으로 간주했고, 마크로비우스는[7] "이해"를 [현명의 부분으로 간주했는데], 이는 같은 결론에 이르게 된다.

---

nn.377-380.
6. *De invent. rhet.*, II, c.53: ed. G. Friedrich, Lipsaie, 1908, p.230, l.8.
7. *In somn. Scipion.*, I, c.8: ed. Eyssenhardt, Lipsiae, 1868, p.507, ll.14-16.

q.49, a.2

RESPONDEO dicendum quod intellectus non sumitur hic pro potentia intellectiva, sed prout importat quandam rectam aestimationem alicuius extremi principii quod accipitur ut per se notum: sicut et prima demonstrationum principia intelligere dicimur. Omnis autem deductio rationis ab aliquibus procedit quae accipiuntur ut prima.[8] Unde oportet quod omnis processus rationis ab aliquo intellectu procedat. Quia igitur prudentia est recta ratio agibilium, ideo necesse est quod totus processus prudentiae ab intellectu derivetur. Et propter hoc intellectus ponitur pars prudentiae.

AD PRIMUM ergo dicendum quod ratio prudentiae terminatur, sicut ad conclusionem quandam, ad particulare operabile, ad quod applicat universalem cognitionem, ut ex dictis[9] patet. Conclusio autem singularis syllogizatur ex universali et singulari propositione. Unde oportet quod ratio prudentiae ex duplici intellectu procedat. Quorum unus est qui est cognoscitivus universalium. Quod pertinet ad intellectum qui ponitur virtus intellectualis: quia naturaliter nobis cognita sunt non solum universalia principia speculativa, sed etiam practica, sicut *nulli esse malefaciendum*, ut ex dictis[10] patet. – Alius autem intellectus est qui, ut dicitur in VI *Ethic.*,[11] est cognoscitivus *extremi*, idest alicuius primi singularis et contingentis operabilis,

---

8. Cf. I, q.79, a.8.
9. q.47, aa.3 & 6.
10. q.47, a.6. Cf. I, q.79, a.12; I-II, q.57, a.2.

[답변] 여기에서 'intellectus'는 지성적 능력을 의미하지 않고, '자명하게 알려지는(per se notum)' 것으로 간주되는 어떤 최종 원리에 대한 올바른 평가를 포함하는 한에서의 이해를 의미한다. 예를 들어 우리가 증명의 제일 원리를 이해한다고 말할 때 '이해'의 의미이다. 그런데 이성의 모든 연역은 '일차적인 것'으로 취해지는 어떤 것들로부터 진행한다.[8] 그러므로 이성의 모든 과정은 어떤 이해로부터 진행해야 한다. 따라서 현명은 행할 수 있는 것의 올바른 이성이기 때문에, 현명의 전체 과정은 이해로부터 파생되는 것이 필연적이다. 그러한 이유로 이해는 현명의 부분으로 간주된다.

[해답] 1. 현명의 논거는, 일종의 결론으로서 특수한 작용할 수 있는 것에서 종결된다. 언급한 것으로부터[9] 분명히 알 수 있듯이, 현명은 이 특수한 작용할 수 있는 것에 보편적 인식을 적용한다. 그런데 단칭적 결론은 보편 명제와 단칭 명제로부터 삼단논법적으로 추론된다. 그러므로 현명의 논거는 이중의 이해로부터 진행해야만 한다. 이중의 이해 가운데 하나는 보편적인 것을 인식하는 것이다. 이것은 지성적 덕으로 간주되는 이해에 속한다. 왜냐하면 자연적으로 우리에게 인식된 것들에는 사변적인 보편적 원리뿐 아니라, 언급한 바로부터[10] 분명히 드러났듯이, "누구에게도 악을 행해서는 안 된다."와 같은 실천적인 보편적 원리도 있기 때문이다. 다른 이해는, 『니코마코스 윤리학』 제6권에서[11] 말했듯이, "최종적인 것"을, 즉 어떤 일차적인 개개의 우연적인 작용할 수 있는 것을, 다시 말해 소전제를 인식하는 것이다. 소전제는,

---

11. c.12, 1143b2-5; St. Thomas, lect.9, nn.1247-1249.

propositionis scilicet minoris, quam oportet esse singularem in syllogismo prudentiae, ut dictum est. Hoc autem primum singulare est aliquis singularis finis, ut ibidem[12] dicitur. Unde intellectus qui ponitur pars prudentiae est quaedam recta aestimatio de aliquo particulari fine.

AD SECUNDUM dicendum quod intellectus qui ponitur donum Spiritus Sancti est quaedam acuta perspectio divinorum, ut ex supradictis[13] patet. Aliter autem ponitur intellectus pars prudentiae, ut dictum est.[14]

AD TERTIUM dicendum quod ipsa recta aestimatio de fine particulari et *intellectus* dicitur, inquantum est alicuius principii; et *sensus*, inquantum est particularis. Et hoc est quod Philosophus dicit, in VI *Ethic.*[15]: *Horum,* scilicet singularium, *oportet habere sensum: hic autem est intellectus.* Non autem hoc est intelligendum de sensu particulari quo cognoscimus propria sensibilia: sed de sensu interiori quo de particulari iudicamus.[16]

---

12. Loc. prox. cit.
13. q.8, a.1.
14. 본론.
15. c.12, 1143b5, St. Thomas, lect.9, n.1249.

말한 바와 같이 현명의 삼단논법에서는 단칭 명제라야만 하기 때문이다. 그런데 같은 곳에서¹² 말했듯이, 이 일차적인 개별적인 것(단칭적인 것)은 어떤 개별적인(단칭적인) 목적이다. 그러므로 현명의 부분으로 간주되는 이해는 어떤 특수한 목적에 대한 올바른 평가이다.

2. 위에서 말한 바로부터¹³ 밝혀졌듯이, 성령의 선물로 여겨지는 이해는 신적인 것들에 대한 예리한 통찰이다. 그런데 언급한 바대로,¹⁴ 이해는 이와는 다르게 현명의 부분으로 간주된다.

3. 특수한 목적에 대한 올바른 평가는 어떤 원리와 관련된 한에서 "이해"라고도 불리고, 특수한 것인 한에서 "감각"이라고도 불린다. 그리고 이것이 철학자가 『니코마코스 윤리학』 제6권에서¹⁵ 말한 것, 즉 "이것들에 대해", 다시 말해 개개의 것들에 대해 "감각을 가져야만 한다. 그런데 이것이 이해이다."라고 말한 것이다. 이 [감각이라는] 말은 우리가 고유한 감각 대상을 인식하는 특수한 감각이 아니라, 우리가 특수한 것에 대해 판단을 내리는 내적 감각을 의미하는 것으로 이해해야 한다.¹⁶

---

16. Cf. q.47, a.3, ad3. 여기에서 "당신은 현명의 원리와 결론은 인식능력 안에 있다는 것을 분명히 알고 있다.[이에 대해서는 I, q.78, a.4를 보라]. 현명은 특수한 목적에 대한 올바른 판단에 익숙해진 후에, 서로 다른 근거에서 이해와 감각이라 불리는 행위를 갖기 때문이다." Caietanus in h. a.

Articulus 3
Utrum docilitas debeat poni pars prudentiae

Ad tertium sic proceditur. Videtur quod docilitas non debeat poni pars prudentiae.

1. Illud enim quod requiritur ad omnem virtutem intellectualem non debet appropriari alicui earum. Sed docilitas necessaria est ad quamlibet virtutem intellectualem. Ergo non debet poni pars prudentiae.

2. Praeterea, ea quae ad virtutes humanas pertinent sunt in nobis[1]: quia secundum ea quae in nobis sunt laudamur vel vituperamur. Sed non est in potestate nostra quod dociles simus, sed hoc ex naturali dispositione quibusdam contingit. Ergo non est pars prudentiae.

3. Praeterea, docilitas ad discipulum pertinet. Sed prudentia, cum sit praeceptiva, magis videtur ad magistros pertinere, qui etiam *praeceptores* dicuntur. Ergo docilitas non est pars prudentiae.

SED CONTRA est quod Macrobius,[2] secundum sententiam Plotini, ponit docilitatem inter partes prudentiae.

RESPONDEO dicendum quod, sicut supra[3] dictum est, pruden-

---

1. 즉 우리 능력(권한) 안에: I-II, q.21, a.2.

제3절 습득력은 현명의 한 부분인가?

Parall.: supra Q.48; In Sent., III, d.33, q.3, a.1, qc.2

[반론] 셋째에 대해 다음과 같이 진행한다. 습득력은 현명의 부분으로 간주되어서는 안 되는 것으로 보인다.

1. 모든 지성적 덕을 위해 요구되는 것은 지성적 덕 가운데 하나의 덕이 전유해서는 안 된다. 그런데 습득력은 모든 지성적 덕에 필수적이다. 따라서 습득력은 현명의 부분으로 간주되어서는 안 된다.

2. 인간적 덕에 속하는 것들은 우리 안에 있다.[1] 우리는 우리 안에 있는 것들에 따라 칭찬받거나 비난받기 때문이다. 그런데 '우리가 습득력이 있다'는 것은 우리 능력(권한) 안에 있지 않다. 이것은 자연적 태세에 근거해 어떤 특정한 이들에게 속한다. 따라서 현명의 부분이 아니다.

3. 습득력은 학생에게 속한다. 그런데 현명은, 명령을 하기 때문에 교사에게 더 속하는 것으로 보인다. 교사는 "훈계자"라고도 불리기 때문이다. 따라서 습득력은 현명의 부분이 아니다.

[재반론] 그러나 반대로 마크로비우스는[2] 플로티누스의 견해를 따라, 습득력을 현명의 부분들 가운데 하나로 놓았다.

[답변] 위에서[3] 언급한 것처럼, 현명은 특수한 작용할 수 있는 것에

---

2. *In somn. Scip.*, I, c.8: ed. Fr. Eyssenhardt, Lipsiae, 1868, p.507, ll.14-16.
3. a.2, ad1; q.47, aa.3 & 6.

tia consistit circa particularia operabilia. In quibus cum sint quasi infinitae diversitates,[4] non possunt ab uno homine sufficienter omnia considerari, nec per modicum tempus, sed per temporis diuturnitatem. Unde in his quae ad prudentiam pertinent maxime indiget homo ab alio erudiri: et praecipue ex senibus, qui sanum intellectum adepti sunt circa fines operabilium. Unde Philosophus dicit, in VI *Ethic.*[5]: *Oportet attendere expertorum et seniorum et prudentium indemonstrabilibus enuntiationibus et opinionibus non minus quam demonstrationibus: propter experientiam enim vident principia.* Unde et *Prov.* 3, [5] dicitur: *Ne innitaris prudentiae tuae;* et *Eccli.* 6, [35] dicitur: *In multitudine presbyterorum,* idest seniorum, *prudentium sta, et sapientiae illorum ex corde coniungere.* Hoc autem pertinet ad docilitatem, ut aliquis sit bene disciplinae susceptivus. Et ideo convenienter ponitur docilitas pars prudentiae.

AD PRIMUM ergo dicendum quod etsi docilitas utilis sit ad quamlibet virtutem intellectualem, praecipue tamen ad prudentiam, ratione iam[6] dicta.

AD SECUNDUM dicendum quod docilitas, sicut et alia quae ad prudentiam pertinent, secundum aptitudinem quidem est a natura[7]: sed ad eius consummationem plurimum valet humanum studium, dum scilicet homo sollicite, frequenter et reverenter applicat ani-

---

4. Cf. q.43, a.3, ad2; q.52, a.1, ad1.

관여한다. 그런데 작용할 수 있는 것에는 이를테면 무한한 다름이 있기 때문에,[4] 한 사람이 모든 것을 충분히 고찰할 수 없고 짧은 시간 안에 할 수도 없으며 오랜 시간이 요구된다. 그러므로 현명에 속하는 것들과 관련하여 사람은 다른 이로부터, 그리고 무엇보다 작용할 수 있는 것들의 목적에 관해 건전한 이해를 이미 획득한 나이 든 사람으로부터 가르침을 받아야 할 필요가 아주 크다. 철학자는 『니코마코스 윤리학』 제6권에서[5] "경험이 많은 이들, 나이 든 이들 그리고 현명한 이들의 증명될 수 없는 언술과 의견들을 증명에 못지않게 주목해야만 한다. 그들은 경험 때문에 원리들을 보기 때문이다."라고 말하였다. 그러므로 잠언 3장 [5절]에서 "너의 현명에 의지하지 마라.", 집회서 6장 [35절]에서는 "많은 원로들", 즉 나이 든 이들, "현명한 이들 가운데 서 있어라. 그리고 마음으로부터 그들의 지혜와 연결하라."고 되어 있다. 어떤 이가 가르침을 잘 받아들이는 것은 습득력에 속한다. 그래서 습득력을 현명의 부분으로 상정하는 것은 적절하다.

[해답] 1. 비록 습득력은 모든 지성적 덕에 유용하지만, 무엇보다도 현명에 유용하다. 근거는 이미[6] 말하였다.

2. 습득력은 현명에 속하는 다른 것들과 마찬가지로 적성의 관점에서는 본성적으로 존재한다.[7] 그런데 습득력을 완결하기 위해서는 인간의 노력이 가장 효력을 발휘한다. 즉 사람이 염려하면서, 자주 그리고 공손하게 자기 정신을 연장자의 가르침에 적용하고, 나태함 때문에 그

---

5. c.12, 1143b11-17; St. Thomas, lect.9, nn.1254-1256.
6. 본론.
7. Cf. a.1, ad2; q.47, a.15.

mumsuum documentis maiorum, non negligens ea propter ignaviam, nec contemnens propter superbiam.[8]

AD TERTIUM dicendum quod per prudentiam aliquis praecipit non solum aliis, sed etiam sibi ipsi, ut dictum est.[9] Unde etiam in subditis locum habet, ut supra[10] dictum est: ad quorum prudentiam pertinet docilitas. Quamvis etiam ipsos maiores oporteat dociles quantum ad aliqua esse, quia nullus in his quae subsunt prudentiae sibi quantum ad omnia sufficit, ut dictum est.[11]

Articulus 4
Utrum solertia sit par prudentiae

Ad quartum sic proceditur. Videtur quod solertia non sit pars prudentiae.

1. Solertia enim se habet ad facile invenienda media in demonstrationibus; ut patet in I *Poster.*.[1] Sed ratio prudentiae non est demonstrativa: cum sit contingentium. Ergo ad prudentiam non pertinet solertia.

---

8. 이 답변에서 카예타누스와 함께, "획득된(우리가 타고난 것이 아니기 때문이다) 습득력이 무엇에서 성립되는지" 주목하라. "그리고 현명은 연장자의 가르침과 관련하여 얼마만큼의 염려를 필요로 하는지 주목하라. 습득력은 연장자뿐 아니라, 연하자들의 기억(recordationes)과 의견제시(suggestiones)를 자극하고, 그래서 이성이 완전하게 추론할 수 있게 된다고 덧붙여라. 살아있는 이 또는 삶을 마친 이들에게 귀 기울이는 것을 게을리하고 경멸하는 것은 현명하지 못함의 어머니임에 주목하라."

가르침을 게을리하지 않고, 교만 때문에 경멸하지 않을 때 습득력이 완결된다.⁸

3. 어떤 이는 현명을 통해서 다른 사람들에게 뿐 아니라 자기 자신에 대해서도 명령한다. 이에 대해서 이미⁹ 언급하였다. 그러므로 위에서¹⁰ 말한 것처럼, 현명은 신하들에게도 자리한다. 신하들의 현명에 습득력이 속하기 때문이다. 연장자들도 물론 어떤 사안들에 대해서는 습득력이 있어야 한다. 언급한 것처럼,¹¹ 어느 누구도 현명 아래에 놓이는 사안들에 있어 모든 것과 관련하여 자기 충족적이지 않기 때문이다.

제4절 영민은 현명의 부분인가?

Parall.: supra Q.48; *In Sent.*, III, d.33, q.3, a.1, qc.4

[반론] 넷째와 관련하여 다음과 같이 진행한다. 영민은 현명의 부분이 아닌 것으로 보인다.

1. 『분석론 후서』제1권에서¹ 밝혀졌듯이, 영민은 증명에 있어 매개념을 쉽게 발견하는 것과 관련 있다. 그런데 현명의 논거는 증명적이지 않다. 우연적인 것들에 관여하기 때문이다. 따라서 영민은 현명에 속하지 않는다.

---

9. q.47, a.12, ad3.
10. Ibid., per totum art.
11. 본론.

1. c.34, 89b10-11; St. Thomas, lect.44, n.12.

2. Praeterea, ad prudentiam pertinet bene consiliari, ut dicitur in VI *Ethic.*.[2] Sed in bene consiliando non habet locum solertia, quae est *eustochia quaedam*,[3] idest *bona coniecturatio*, quae est *sine ratione et velox; oportet autem consiliari tarde;* ut dicitur in VI *Ethic.*[4]. Ergo solertia non debet poni pars prudentiae.

3. Praeterea, solertia, ut dictum est,[5] est *quaedam bona coniecturatio*. Sed coniecturis uti est proprie rhetorum. Ergo solertia magis pertinet ad rhetoricam quam ad prudentiam.

SED CONTRA est quod Isidorus dicit, in libro *Etymol.*[6]: *Sollicitus dicitur quasi solers et citus*. Sed sollicitudo ad prudentiam pertinet, ut supra dictum est.[7] Ergo et solertia.

RESPONDEO dicendum quod prudentis est rectam aestimationem habere de operandis. Recta autem aestimatio sive opinio acquiritur in operativis, sicut in speculativis, dupliciter: uno quidem modo, per se inveniendo; alio modo, ab alio addiscendo. Sicut autem docilitas ad hoc pertinet ut homo bene se habeat in acquirendo rectam opinionem ab alio; ita solertia ad hoc pertinet ut homo bene se habeat in acquirendo rectam existimationem per seipsum. Ita tamen

---

2. cc.5 & 8 & 10, 1140a25-28; 1141b8-14; 1142b31-33; St. Thomas, lect.4, n.1162; lect.6, n.1193; lect.8, n.1233.
3. Ibid., c.10, 1142b2-5; St. Thomas, lect.8, n.1219. Cf. *Anal. Poster.*, I, c.34, 89b10-11; St. Thomas, lect.44, n.12.
4. c.10, 1142b5; St. Thomas, lect.8, n.1219.

2. 『니코마코스 윤리학』 제6권에서[2] 말했듯이, 현명에는 '잘 숙고함'이 속한다. 그런데 '잘 숙고함'에는 영민이 자리하지 않는다. 영민은 "일종의 명석",[3] 즉 "좋은 짐작"인데, 이것은 "논변 없이 빨리" 일어난다. 반면 『니코마코스 윤리학』 제6권에서[4] 말했듯이, "숙고는 천천히 해야 한다." 따라서 영민은 현명의 부분으로 간주되어서는 안 된다.

3. 영민은, 언급한 바와 같이[5] 일종의 "좋은 짐작"이다. 그런데 '짐작을 사용함'은 본래적으로 수사학자들의 일이다. 따라서 영민은 현명보다는 수사학에 더 속한다.

[재반론] 그러나 반대로 이시도루스는 『어원론』에서[6] "염려하는 이는 말하자면 영민하고 빠르다고 말해진다."고 했다. 그런데 위에서[7] 말했듯이, 염려는 현명에 속한다. 따라서 영민도 그렇다.

[답변] 작용(행위)해야 할 것에 대해 올바른 평가를 하는 것은 현명한 이에게 속한다. 그런데 올바른 평가 또는 올바른 의견은 사변적인 영역과 마찬가지로 작용적(실천적)인 영역에서도 두 가지 방식으로 획득된다. 첫째 방식으로, 스스로를 통해 발견함으로써, 둘째 방식으로, 다른 이로부터 배움으로써 획득된다. 그런데 습득력은 어떤 사람이 다른 이로부터 올바른 의견을 잘 획득하는 것에 관련되고, 이와 마찬가지로 영민은 자기 자신을 통해 올바른 평가를 잘 획득하는 것과 관련된다. 그렇지만 영민은, "명석"의 부분으로서, 명석의 의미로 취해진다. 왜냐

---

5. 앞 절.
6. X, ad litt. S, n.244: PL 82, 393B.
7. q.47, a.9.

ut solertia accipiatur pro *eustochia,* cuius est pars. Nam eustochia est bene coniecturativa de quibuscumque: solertia autem est *facilis et prompta coniecturatio circa inventionem medii,* ut dicitur in I *Poster..*[8] Tamen ille Philosophus[9] qui ponit solertiam partem prudentiae, accipit eam communiter pro omni eustochia: unde dicit[10] quod *solertia est habitus qui provenit ex repentino, inveniens quod convenit.*[11]

AD PRIMUM ergo dicendum quod solertia non solum se habet circa inventionem medii in demonstrativis, sed etiam in operativis: puta cum aliquis videns aliquos amicos factos coniecturat eos esse inimicos eiusdem, ut ibidem[12] Philosophus dicit. Et hoc modo solertia pertinet ad prudentiam.

AD SECUNDUM dicendum quod Philosophus veram rationem inducit in VI *Ethic.*[13] ad ostendendum quod eubulia, quae est bene consiliativa, non est eustochia, cuius laus est in veloci consideratione eius quod oportet: potest autem esse aliquis bene consiliativus etiam si diutius consilietur vel tardius.[14] Nec tamen propter hoc excluditur quin bona coniecturatio ad bene consiliandum valeat. Et quandoque necessaria est: quando scilicet ex improviso occurrit aliquid agendum.

---

8. c.34, 89b10-11; St. Thomas, lect.44, n.12.
9. Andronicus, cf. q.48, obj.1.
10. "명석은, 만일 그것이 우호적인 한 다른 부분, 무엇보다도 주도면밀과 신중을 갖는다면, 현명에 많은 것을 수여하고, 또 습득력을 거부하도록 자신을 믿지도 않는다. 명석함은 그것의 뛰어남 때문에 많은 연결된 위험이 있기 때문이다. 특히 화려한 성공을 많이 이루었을 때 그러하다." Caietanus in h. a.

하면 명석은 모든 사안들에 대해 잘 짐작하는 것이고, 반면 『분석론 후서』 제1권에서[8] 말했듯이, 영민함은 "매개념의 발견과 관련해서 쉽고 빠르게 짐작하는 것"이기 때문이다. 그럼에도 영민을 현명의 부분이라고 주장하는 저 철학자는[9] 영민을 일반적으로 모든 명석의 의미로 이해하고 있다.[10] 그래서 그는 "영민은 무엇이 적합한지 빠르게 발견하는 습성이다."라고 말했다.[11]

[해답] 1. 영민은 증명의 영역에서 매개념의 발견에만 관여하는 것이 아니라, 실천의 영역에서도 매개념의 발견에 관여한다. 예를 들어 어떤 이는, 철학자가 같은 곳에서[12] 말했듯이, 어떤 사람들이 친구가 된 것을 보고서, 그들이 모두 같은 사람(제3자)의 적이라고 짐작하는 경우가 있다. 이러한 방식으로 영민은 현명에 속한다.

2. 철학자는 잘 숙고하는 것인 심사숙고가 명석이 아니라는 것을 보이기 위한 참된 논증을 『니코마코스 윤리학』 제6권에서[13] 도입하였다. 명석의 칭찬할 점은 해야만 할 것을 빠르게 고찰하는 데 있다. 그런데 어떤 이는 오랫동안 또는 천천히 숙고하더라도 잘 숙고할 수 있다.[14] 그러나 그렇다고 해서 좋은 짐작이 잘 숙고하는 데 효력이 있다는 것이 배제되지는 않는다. 좋은 짐작은 때로는, 즉 예기치 않게 어떤 것을 행해야 할 때 필수적이다. 그래서 영민을 현명의 부분으로 간주하는 것은 적합하다.

---

11. *De Affectibus Liber*, de Prudentia: apud *Fragm. Phil. Graec.*, ed. G. A. Mullachius, Parisiis, 1867-1879, t.III, p.574.
12. c.34, 89b14; St. Thomas, lect.44, n.12.
13. c.10, 1142b2-5; St. Thomas, lect.8, n.1219.
14. Cf. q.51, a.1, ad3.

Et ideo solertia convenienter ponitur pars prudentiae.

AD TERTIUM dicendum quod rhetorica etiam ratiocinatur circa operabilia. Unde nihil prohibet idem ad rhetoricam et prudentiam pertinere. Et tamen coniecturatio hic non sumitur solum secundum quod pertinet ad coniecturas quibus utuntur rhetores: sed secundum quod in quibuscumque dicitur homo coniicere veritatem.

Articulus 5
Utrum ratio debeat poni pars prudentiae

Ad quintum sic proceditur. Videtur quod ratio non debeat poni pars prudentiae.

1. Subiectum enim accidentis non est pars eius. Sed prudentia est in ratione sicut in subiecto, ut dicitur in VI *Ethic.*.[1] Ergo ratio non debet poni pars prudentiae.

2. Praeterea, illud quod est multis commune non debet alicuius eorum poni pars: vel, si ponatur, debet poni pars eius cui potissime convenit. Ratio autem necessaria est in omnibus virtutibus intellectualibus: et praecipue in sapientia et scientia, quae utuntur ratione demonstrativa. Ergo ratio non debet poni pars prudentiae.

3. Praeterea, ratio non differt per essentiam potentiae ab intellectu, ut prius[2] habitum est. Si ergo intellectus ponitur pars prudentiae, su-

---

1. c.5, 1140b25-30; St. Thomas, lect.4, n.1174. Cf. c.2, 1139a11-15; St. Thomas, lect.1,

3. 수사학도 '작용할 수 있는 것(행위)'에 관해 논변하기도 한다. 그러므로 같은 것이 수사학과 현명에 속하는 것을 막을 것은 없다. 그럼에도 여기에서 짐작은, 수사학자들이 사용하는 추측에 속하는 것이라는 의미에서가 아니라, 어떤 사안에서건 모든 사안에서 사람들은 진리를 추측한다고 말하는 의미에서 취해진다.

제5절 이성(논변)은 현명의 부분으로 간주되어야 하는가?

Parall.: supra Q.48

[반론] 다섯째에 대해 다음과 같이 진행한다. 이성(논변)을 현명의 부분으로 간주해서는 안 될 것으로 보인다.

1. 우유의 주체는 우유의 부분이 아니다. 그런데 『니코마코스 윤리학』 제6권에서[1] 말했듯이 현명은 주체로서 이성 안에 있다. 따라서 이성은 현명의 부분으로 간주되어서는 안 된다.

2. 많은 것에 공통적인 것은 그 많은 것 가운데 어떤 것의 부분으로 간주해서는 안 되거나, 또는 만일 간주되어야 한다면, 공통적인 것이 주로 속하는 어떤 것의 부분으로 간주되어야 한다. 그런데 이성은 모든 지성적 덕에 필수적이고, 특히 증명적 논변을 사용하는 지혜와 학문에서 필수적이다. 따라서 이성을 현명의 부분으로 간주해서는 안 된다.

3. 앞서[2] 주장했듯이, 이성은 능력의 본질에 있어서는 이해와 다르

---

1. nn.1118-1123.
2. I, q79, a.8.

perfluum fuit addere rationem.

SED CONTRA est quod Macrobius,³ secundum sententiam Plotini, rationem numerat inter partes prudentiae.

RESPONDEO dicendum quod *opus prudentis est esse bene consiliativum*, ut dicitur in VI *Ethic.*.⁴ Consilium autem est inquisitio quaedam ex quibusdam ad alia procedens. Hoc autem est opus rationis.⁵ Unde ad prudentiam necessarium est quod homo sit bene ratiocinativus. Et quia ea quae exiguntur ad perfectionem prudentiae dicuntur exigitivae vel quasi integrales partes prudentiae,⁶ inde est quod ratio inter partes prudentiae connumerari debet.

AD PRIMUM ergo dicendum quod ratio non sumitur hic pro ipsa potentia rationis, sed pro eius bono usu.

AD SECUNDUM dicendum quod certitudo rationis est ex intellectu, sed necessitas rationis est ex defectu intellectus: illa enim in quibus vis intellectiva plenarie viget ratione non indigent, sed suo simplici intuitu veritatem comprehendunt, sicut Deus et angeli.⁷ Particularia autem operabilia, in quibus prudentia dirigit, recedunt

---

3. *In somn. Scip.*, I, c.8: ed. Fr. Eyssenhardt, Lipsiae, 1868, p.507, ll.14-16.
4. c.8, 1141b8-14; St. Thomas, lect.6, n.1193.
5. Cf. I-II, q.14, a.1.

지 않다. 따라서 이해가 현명의 부분으로 간주된다면, 이성을 더하는 것은 불필요하다.

[재반론] 그러나 반대로 마크로비우스는³ 플로티누스의 판단에 따라 이성을 현명의 부분들 가운데 하나로 열거하였다.

[답변] "현명한 이의 행업은 잘 숙고함이다."라고 『니코마코스 윤리학』 제6권에서⁴ 말하였다. 숙고는 어떤 것들에 근거해 다른 것으로 진행해 나가는 일종의 탐색이다. 그런데 이것은 이성의 행업이다.⁵ 그러므로 인간이 잘 숙고하는 것은 현명에 필수적이다. 현명의 완성을 위해 요구되는 것들은 현명의 필수적인 부분들 또는 말하자면 통전적 부분들이라⁶ 불리기 때문에, 이성은 현명의 부분들 가운데 하나로 산입되어야만 한다.

[해답] 1. 여기에서 '이성(논변)'은 이성의 능력이 아니라 이성의 선한 사용을 의미한다.
2. 이성(논변)의 확실성은 이해에 근거한다. 그러나 이성(논변)의 필요성은 이해의 결함에 기인한다. 왜냐하면 이해력이 충만하고 왕성한 것들은 이성이 필요하지 않고, 단순한 직관에 의해 진리를 파악할 수 있기 때문이다. 신과 천사가 그렇다.⁷ 그런데 현명이 지도하는 특수한 작용할 수 있는 것(행위)들은 특히 가지적인 것들의 조건에서 떨어져

---

6. Cf. q.48, a.un., c.
7. Cf. I, q.14, a.7; q.58, a.3; q.85, a.5.

praecipue ab intelligibilium conditione: et tanto magis quanto minus sunt certa seu determinata. Ea enim quae sunt artis, licet sint singularia, tamen sunt magis determinata et certa: unde in pluribus eorum non est consilium, propter certitudinem, ut dicitur in III *Ethic.*.[8] Et ideo quamvis in quibusdam aliis virtutibus intellectualibus sit certior ratio quam prudentia, tamen ad prudentiam maxime requiritur quod sit homo bene ratiocinativus, ut possit bene applicare universalia principia ad particularia, quae sunt varia et incerta.

AD TERTIUM dicendum quod etsi intellectus et ratio non sunt diversae potentiae, tamen denominantur ex diversis actibus: nomen enim intellectus sumitur ab intima penetratione veritatis; nomen autem rationis ab inquisitione et discursu. Et ideo utrumque ponitur pars prudentiae, ut ex dictis[9] patet.

Articulus 6
Utrum providentia debeat poni pars prudentiae

Ad sextum sic proceditur. Videtur quod providentia non debeat poni pars prudentiae.

---

8. c.5, 1112a34-b3; St. Thomas, lect.7, n.467. Cf. q.47, a.2, ad3; I-II, q.14, a.4.

있으며 덜 확실하거나 덜 결정되어 있을수록 그만큼 더 그 조건에서 멀리 떨어져 있다. 기예에 속하는 것들은, 비록 개별 사물이지만, 그럼에도 더 결정되어 있고 더 확실하다. 그래서 『니코마코스 윤리학』 제3권에서[8] 말했듯이, 그것들 가운데 많은 것에는 확실성 때문에 숙고가 없다. 여타 모든 지성적 덕들에서는 현명보다 이성이 더 확실하지만, 그럼에도 불구하고 사람이 보편 원리들을 다양하고 불확실한 특수한 것들에 잘 적용할 수 있도록 잘 숙고하는 것이 무엇보다도 현명을 위해 요구된다.

3. 지성과 이성은 비록 서로 다른 능력들이 아니지만, 그럼에도 불구하고 서로 다른 행위들에 근거해서 명명되었다. 지성이라는 이름은 '진리의 가장 깊숙한 통찰'에서 취해졌고, 반면 이성이라는 이름은 탐색과 논변에서 왔다. 그래서 언급한 것으로부터[9] 분명히 밝혀졌듯이, 이 둘은 현명의 부분으로 여겨진다.

제6절 예견은 현명의 부분으로 간주되어야 하는가?

Parall.: supra Q.48; I, q.22, a.1; *In Sent.*, III, d.33, q.3, a.1, qc.1-2 & 4; *De Verit.*, q.5, a.1.

[반론] 여섯째에 대해 다음과 같이 진행한다. 예견은 현명의 부분으로 간주되어서는 안 되는 것으로 보인다.

---

9. Hic et a.2.

1. Nihil enim est pars sui ipsius. Sed providentia videtur idem esse quod prudentia: quia ut Isidorus dicit, in libro *Etymol.*,[1] *prudens dicitur quasi porro videns*, et ex hoc etiam nomen *providentiae* sumitur, ut Boetius dicit, in fine *de Consol.*.[2] Ergo providentia non est pars prudentiae.

2. Praeterea, prudentia est solum practica. Sed providentia potest etiam esse speculativa: quia visio, ex qua sumitur nomen providentiae, magis pertinet ad speculativam quam ad operativam. Ergo providentia non est pars prudentiae.

3. Praeterea, principalis actus prudentiae est praecipere, secundarii autem iudicare et consiliari.[3] Sed nihil horum videtur importari proprie per nomen providentiae. Ergo providentia non est pars prudentiae.

SED CONTRA est auctoritas Tullii et Macrobii, qui ponunt providentiam partem prudentiae, ut ex dictis[4] patet.

RESPONDEO dicendum quod, sicut supra[5] dictum est, prudentia proprie est circa ea quae sunt ad finem; et hoc ad eius officium proprie pertinet, ut ad finem debite ordinentur. Et quamvis aliqua

---

1. X, ad litt. *P*, n.202: PL 82, 388C.
2. V, pr.6: PL 63, 860B.
3. Cf. q.47, a.8.

1. 어떤 것도 자기 자신의 부분이 아니다. 그런데 예견은 현명과 같은 것으로 보인다. 이시도루스가 『어원론』에서[1] 말했듯이, "현명한 이는 이를테면 '멀리서 보는 이'라고 불린다."는 이유에서 그렇다. 그리고 이에 근거해, 보에티누스가 『철학의 위안』 마지막 권에서[2] 말했듯이, "예견"이라는 이름이 취해진다. 따라서 예견은 현명의 부분이 아니다.

2. 현명은 오로지 실천적인 것이다. 그런데 예견은 사변적일 수도 있다. 왜냐하면 거기로부터 예견이라는 이름을 취한 '봄'은 실천적 능력보다는 사변적 능력에 더 속하기 때문이다. 따라서 예견은 현명의 부분이 아니다.

3. 현명의 주된 행위는 명령함이고, 이차적 행위는 판단함과 숙고함이다.[3] 그런데 이것들 가운데 어떤 것도 본래적인 의미에서 예견이라는 이름에 포함되지 않는 것으로 보인다. 따라서 예견은 현명의 부분이 아니다.

[재반론] 그러나 반대로 키케로와 마크로비우스의 권위가 있다. 이들은, 언급한 바로부터[4] 분명하게 알 수 있듯이, 예견을 현명의 부분으로 생각했다.

[답변] 위에서[5] 언급했듯이, 현명은 본래적으로 목적을 향해 있는 것(수단)들과 관련된다. 그리고 이것들을 목적을 향해 마땅하게 질서 지우는 것, 이것이 본래적으로 현명의 임무에 속한다. 비록 신적 섭리에

---

4. a.5, obj.1.
5. q.47, a.1, ad2; a.6, 13. Cf. I-II, q.57, a.5.

necessaria sint propter finem quae subiiciuntur divinae providentiae, humanae tamen prudentiae non subiiciuntur nisi contingentia operabilia quae per hominem possunt fieri propter finem. Praeterita autem in necessitatem quandam transeunt: quia impossibile est non esse quod factum est. Similiter etiam praesentia, inquantum huiusmodi, necessitatem quandam habent: necesse est enim Socratem sedere dum sedet. Unde consequens est quod contingentia futura, secundum quod sunt per hominem in finem humanae vitae ordinabilia, pertineant ad prudentiam. Utrumque autem horum importatur in nomine providentiae: importat enim providentia respectum quendam alicuius distantis, ad quod ea quae in praesenti occurrunt ordinanda sunt. Unde providentia est pars prudentiae.

AD PRIMUM ergo dicendum quod quandocumque multa requiruntur ad unum, necesse est unum eorum esse principale, ad quod omnia alia ordinantur. Unde et in quolibet toto necesse est esse unam partem formalem et praedominantem, a qua totum unitatem habet. Et secundum hoc providentia est principalior inter omnes partes prudentiae: quia omnia alia quae requiruntur ad prudentiam ad hoc necessaria sunt ut aliquid recte ordinetur ad finem. Et ideo nomen ipsius prudentiae sumitur a providentia, sicut a principaliori sua parte.

AD SECUNDUM dicendum quod speculatio est circa universalia et circa necessaria, quae secundum se non sunt procul, cum sint

복종하는 어떤 것들은 목적 때문에 필연적인 것이지만, 인간적 현명에는 오직 목적 때문에 인간에 의해 일어날 수 있는 우연적인, 작용할 수 있는 것들만이 복종한다. 그런데 과거사는 필연성의 영역으로 넘어간다. '일어난 것(factum esse)이 [일어나] 있지 않다(non esse)'는 것은 불가능하기 때문이다. 이와 유사하게 현재도 그 자체로는 일종의 필연성을 갖는다. '소크라테스가 앉아 있을 때, 그가 앉아 있음'은 필연적이기 때문이다. 그러므로 인간에 의해 인생의 목적을 향해 질서 지어질 수 있는 것인 한에서, 미래의 우연적인 것들이 현명에 속한다는 결론이 나온다. 그런데 이 둘은 모두 '예견'이라는 이름 안에 포함되어 있다. 예견은 현재 일어나는 것들이 그것을 향해 질서 지어져야 하는 '떨어져 있는 어떤 것'과의 연관을 포함하기 때문이다. 따라서 예견은 현명의 부분이다.

[해답] 1. 어떤 하나를 위해 많은 것들이 요구되는 경우에는 항상, 많은 것들 가운데 어떤 하나가 [그밖의] 다른 모든 것들이 그것을 향해 질서 지어지는 주된 것임은 필연적이다. 그러므로 임의의 모든 전체에도 형상적이고 지배적인 한 부분이 필연적으로 존재하며, 이 부분으로부터 전체가 하나임(통일성)을 갖게 된다. 이러한 점에서 예견은 현명의 모든 부분들 가운데 보다 더 주된 부분이다. 왜냐하면 현명을 위해 요구되는 다른 모든 것들은 어떤 것이 목적을 향해 올바르게 질서 지어지기 위해 필수적인 것들이기 때문이다. 그래서 현명이라는 이름은 그것의 주된 부분이 예견으로부터 취해진다.

2. 사변은 보편적인 것 그리고 필연적인 것에 관련된다. 이것들은 그 자체로 멀리 떨어져 있지 않다. 모든 곳에 항상 있기 때문이다. 그렇지

ubique et semper: etsi sint procul quoad nos, inquantum ab eorum cognitione deficimus. Unde providentia non proprie dicitur in speculativis, sed solum in practicis.

AD TERTIUM dicendum quod in recta ordinatione ad finem, quae includitur in ratione providentiae, importatur rectitudo consilii et iudicii et praecepti, sine quibus recta ordinatio ad finem esse non potest.

Articulus 7
Utrum circumspectio debeat poni pars prudentiae

Ad septimum sic proceditur. Videtur quod circumspectio non possit esse pars prudentiae.

1. Circumspectio enim videtur esse consideratio quaedam eorum quae circumstant. Huiusmodi autem sunt infinita, quae non possunt comprehendi ratione, in qua est prudentia. Ergo circumspectio non debet poni pars prudentiae.

2. Praeterea, circumstantiae magis videntur pertinere ad virtutes morales quam ad prudentiam. Sed circumspectio nihil aliud esse videtur quam respectus circumstantiarum. Ergo circumspectio magis videtur pertinere ad morales virtutes quam ad prudentiam.

3. Praeterea, qui potest videre quae procul sunt multo magis potest videre quae circa sunt. Sed per providentiam homo est potens pro-

만 우리가 이것들의 인식에서 이탈하는 한에서 이것들은 우리에게는 멀리 있다. 그러므로 예견은 본래적으로 사변적인 것이 아니라, 실천적인 것에서 언급된다.

3. 예견의 규정 안에 포함되는, '목적을 향한 올바른 질서지움'은 숙고와 판단 그리고 명령의 올바름을 포함한다. 이러한 것들이 없이 목적을 향한 올바른 질서지움은 있을 수 없기 때문이다.

제7절 주도면밀은 현명의 부분으로 간주되어야 하는가?

Parall.: supra Q.48; *In Sent.*, III, d.33, q.3, a.1, qc.2

[반론] 일곱째에 대해 다음과 같이 진행한다. 주도면밀은 현명의 부분일 수 없는 것으로 보인다.

1. 주도면밀은 주위에 있는 것(상황)들에 대한 고찰로 보인다. 그런데 그러한 것들은 무한하고, 현명이 그 안에 있는 이성에 의해 포괄적으로 파악될 수 없다. 따라서 주도면밀은 현명의 부분으로 간주되어서는 안 된다.

2. 상황들은 현명보다는 도덕적 덕들에 더 속하는 것으로 보인다. 그런데 주도면밀은 상황들의 참작과 다르지 않은 것으로 보인다. 따라서 주도면밀은 현명보다는 도덕적 덕에 더 속하는 것으로 보인다.

3. '멀리 있는 것'들을 볼 수 있는 이는 주위에 있는 것들을 훨씬 더 잘 볼 수 있다. 그런데 예견을 통해서 사람들은 멀리 있는 것들을 내다볼 수 있다. 예견은 주위에 있는 것(상황)을 고찰하기에 충분하다. 따라

spicere quae procul sunt. Ergo ipsa sufficit ad considerandum ea quae circumstant. Non ergo oportuit, praeter providentiam, ponere circumspectionem partem prudentiae.

SED CONTRA est auctoritas Macrobii, ut supra[1] dictum est.

RESPONDEO dicendum quod ad prudentiam, sicut dictum est,[2] praecipue pertinet recte ordinare aliquid in finem. Quod quidem recte non fit nisi et finis sit bonus, et id quod ordinatur in finem sit etiam bonum et conveniens fini. Sed quia prudentia, sicut dictum est,[3] est circa singularia operabilia, in quibus multa concurrunt, contingit aliquid secundum se consideratum esse bonum et conveniens fini, quod tamen ex aliquibus concurrentibus redditur vel malum vel non opportunum ad finem. Sicut ostendere signa amoris alicui, secundum se consideratum, videtur esse conveniens ad alliciendum eius animum ad amorem: sed si contingat in animo illius superbia vel suspicio adulationis, non erit hoc conveniens ad finem. Et ideo necessaria est circumspectio ad prudentiam: ut scilicet homo id quod ordinatur in finem comparet etiam cum his quae circumstant.

AD PRIMUM ergo dicendum quod licet ea quae possunt circumstare sint infinita, tamen ea quae circumstant in actu non sunt infinita: sed pauca quaedam sunt quae immutant iudicium rationis in

---

1. Q.48, obj.1.

서 예견 외에 주도면밀을 현명의 부분으로 상정할 필요는 없다.

[재반론] 그러나 위에서¹ 말한 것처럼, 마크로비우스의 권위는 이에 반대된다.

[답변] 현명에는, 언급한² 대로, 무엇보다도 '어떤 것을 목적을 향해 올바르게 질서지움'이 속한다. 이것은, 목적이 선하고 또 목적을 향해 질서 지어진 것(수단)도 선하며 목적에 적합한 경우에만, 올바르게 일어날 수 있다. 그런데 현명은, 말한 바와³ 같이, 많은 것이 함께 작용하여 이루어지는, 개개의 작용할 수 있는 것(행위)에 관한 것이기 때문에, [그 가운데] 어떤 것이 그 자체로 고찰하면 선하고 목적에 적합하지만, 함께 작용하는 것들로 인해 악하거나 목적에 알맞지 않은 것이 될 수 있다. 어떤 이에게 사랑의 표시를 보여주는 것은 그 자체로 고찰하면 그의 마음을 사랑으로 유도하는 데 적합해 보이지만, 그 사람의 마음에 교만이나 아첨의 의혹이 일어난다면, 그것은 목적에 적합하지 않게 된다. 그래서 주도면밀은 현명에 필수적이다. 즉 사람이 목적을 향해 질서 지어진 것(수단)을 주위에 있는 것(상황)과도 비교하는 것이 필수적이다.

[해답] 1. 주위에 있을 수 있는 것(가능한 상황)들은 무한하지만, 현실적으로 주위에 있는 것(상황)들은 무한하지 않고, 게다가 행위에 있어 이성의 판단을 바꿀 수 있는 것은 드물다.

---

2. a.6.
3. a.3.

agendis.

AD SECUNDUM dicendum quod circumstantiae pertinent ad prudentiam quidem sicut ad determinandum eas: ad virtutes autem morales inquantum per circumstantiarum determinationem perficiuntur.

AD TERTIUM dicendum quod sicut ad providentiam pertinet prospicere id quod est per se conveniens fini, ita ad circumspectionem pertinet considerare an sit conveniens fini secundum ea quae circumstant. Utrumque autem horum habet specialem difficultatem. Et ideo utrumque eorum seorsum ponitur pars prudentiae.

Articulus 8
Utrum cautio debeat poni pars prudentiae

Ad octavum sic proceditur. Videtur quod cautio non debeat poni pars prudentiae.

1. In his enim in quibus non potest malum esse non est necessaria cautio. Sed *virtutibus nemo male utitur*, ut dicitur in libro *de Lib. Arb.*.[1] Ergo cautio non pertinet ad prudentiam, quae est directiva virtutum.

2. Praeterea, eiusdem est providere bona et cavere mala: sicut eiusdem artis est facere sanitatem et curare aegritudinem. Sed providere bona pertinet ad providentiam. Ergo etiam cavere mala. Non ergo cautio debet poni alia pars prudentiae a providentia.

2. 상황들은 현명에 관련된다. 현명이 상황들을 결정하기 때문이다. 한편 도덕적 덕들에는, 그것들이 상황들의 결정을 통해서 완성되는 한에서, 상황들이 관련된다.

3. 예견에는 그 자체로 목적에 적합한 것을 내다봄이 속하듯이, 주도면밀에는 그것[그 자체로 적합한 것]이 주위에 있는 것(상황)들에 따라 목적에 적합한 것인지 고찰함이 속한다. 그런데 그 둘은 모두 각각 종별되는 어려움을 갖는다. 그래서 이 둘은 서로 다른 현명의 부분으로 간주된다.

제8절 신중은 현명의 부분으로 간주되어야 하는가?

Parall.: supra Q.48; In Sent., III, d.33, q.3, a.1, qc.2

[반론] 여덟째에 대해 다음과 같이 진행한다. 신중은 현명의 부분으로 간주해서는 안 되는 것으로 보인다.

1. 그 안에 악이 있을 수 없는 것에는 신중이 필요하지 않다. 그런데 『자유재량』에서[1] 말했듯이, "어느 누구도 덕을 악하게 사용하지 않는다." 따라서 신중은 덕을 지도하는 현명에 속하지 않는다.

2. 선을 돌보고 악을 조심하는 것은 같은 것에 속한다. 건강하게 만드는 것과 병을 치료하는 것이 같은 기예에 속하는 것과 같다. 그런데 '선을 돌봄'은 예견에 속한다. 악을 조심함도 그렇다. 따라서 신중은

---

1. Augustinus, II, c.19, n.50: PL 32, 1268.

3. Praeterea, nullus prudens conatur ad impossibile. Sed nullus potest praecavere omnia mala quae possunt contingere. Ergo cautio non pertinet ad prudentiam.

SED CONTRA est quod Apostolus dicit, *ad Ephes.* 5, [15]: *Videte quomodo caute ambuletis.*

RESPONDEO dicendum quod ea circa quae est prudentia sunt contingentia operabilia, in quibus, sicut verum potest admisceri falso, ita et malum bono, propter multiformitatem huiusmodi operabilium, in quibus bona plerumque impediuntur a malis, et mala habent speciem boni. Et ideo necessaria est cautio ad prudentiam, ut sic accipiantur bona quod vitentur mala.

AD PRIMUM ergo dicendum quod cautio non est necessaria in moralibus actibus ut aliquis sibi caveat ab actibus virtutum: sed ut sibi caveat ab eis per quae actus virtutum impediri possunt.

AD SECUNDUM dicendum quod opposita mala cavere eiusdem rationis est et prosequi bona. Sed vitare aliqua impedimenta extrinseca, hoc pertinet ad aliam rationem. Et ideo cautio distinguitur a providentia, quamvis utrumque pertineat ad unam virtutem prudentiae.

AD TERTIUM dicendum quod malorum quae homini vitanda

예견과는 다른 현명의 부분으로 간주되어서는 안 된다.

3. 현명한 이는 누구도 불가능한 것을 위해 애쓰지 않는다. 그런데 어느 누구도 일어날 수 있는 모든 악을 미리 조심할 수 없다. 따라서 신중은 현명에 속하지 않는다.

[재반론] 그러나 반대로 사도는 에페소서 5장 [15절]에서 "어떻게 조심스럽게 걷는지 보라."고 말하였다.

[답변] 현명이 관여하는 것들은 우연적인 작용할 수 있는 것들이다. 그 안에는 마치 참이 거짓과 섞여 있듯이 악도 선과 섞여 있다. 이는 작용할 수 있는 것들의 다양성 때문인데, 여기에서는 선이 자주 악에 의해 방해를 받고 악은 선의 외양을 취하고 있다. 그래서 선을 파악하여 악을 피하기 위해서 신중은 현명에 필수적이다.

[해답] 1. 신중은 어떤 이가 덕의 행위들을 조심하기 위해서가 아니라 덕의 행위를 방해하는 것들을 조심하기 위해서 도덕적 행위에 필수적이다.

2. 대립하는 악을 조심하는 것과 선을 추구하는 것은 같은 규정을 갖는다. 그러나 외적인 방해를 피하는 것은 다른 규정에 속한다. 그래서 신중과 예견은 현명이라는 하나의 덕에 속하지만, 그 둘은 구별된다.

3. 피해야 할 것으로 인간에게 찾아오는 악들 가운데 어떤 것들은 대부분의 경우에 일어나곤 하는 것들이다. 그러한 악들은 이성에 의해 파악될 수 있다. 이것들에 반대하여 신중은, 그것들을 전적으로 피하거나, 또는 그것들이 최소한의 해만을 입히도록 하는 목적이 있다. 한

occurrunt quaedam sunt quae ut in pluribus accidere solent. Et talia comprehendi ratione possunt. Et contra haec ordinatur cautio, ut totaliter vitentur, vel ut minus noceant. Quaedam vero sunt quae ut in paucioribus et casualiter accidunt. Et haec, cum sint infinita, ratione comprehendi non possunt, nec sufficienter homo potest ea praecavere: quamvis per officium prudentiae homo contra omnes fortunae insultus disponere possit ut minus laedatur.

편 어떤 악들은 드물게 그리고 우연적으로 일어난다. 이것들은 무한하기 때문에 이성에 의해 파악될 수 없다. 그리고 비록 인간은 현명의 임무를 통해서 모든 운명의 모욕에 대항하여 준비태세를 갖추어 작은 해만을 입도록 할 수는 있어도, 인간이 이것들을 충분하게 미리 조심할 수도 없다.

QUAESTIO L
DE PARTIBUS SUBIECTIVIS PRUDENTIAE
in quatuor articulos divisa

Deinde considerandum est de partibus subiectivis prudentiae.[1] Et quia de prudentia per quam aliquis regit seipsum iam[2] dictum est, restat dicendum de speciebus prudentiae quibus multitudo gubernatur.

Circa quas quaeruntur quatuor.

Primo: utrum legispositiva debeat poni species prudentiae.

Secundo: utrum politica.

Tertio: utrum oeconomica.

Quarto: utrum militaris.

Articulus 1
Utrum regnativa debeat poni species prudentiae

Ad primum sic proceditur. Videtur quod regnativa non debeat poni species prudentiae.

1. Regnativa enim ordinatur ad iustitiam conservandam: dicitur

---

1. Cf. q.48, prol. et c. art.

제50문
현명의 종속적 부분들에 대하여
(전6절)

그러고 나서 현명의 종속적 부분들에 대해서 고찰해야만 한다.[1] 어떤 이가 자기 자신을 다스리는 현명에 대해서는 이미[2] 말했기 때문에, 다수를 통치하는 현명의 종들에 대해서 말해야 하는 과제가 남아 있다. 이 종들과 관련하여 네 가지 물음이 제기된다.

1. 입법적 현명이 현명의 종으로 주장되어야 하는가?
2. 정치적 현명은?
3. 경제적 현명은?
4. 군사적 현명은?

제1절 통치적 현명을 현명의 종으로 간주해야 하는가?

Parall.: Supra, q.48; *In Sent.*, III, d.33, q.3, a.1, qc.4; *In Ethics*, IV, lect.7

[반론] 첫째에 대해 다음과 같이 진행한다. '통치적'[현명을] 현명의 종으로 여겨서는 안 되는 것으로 보인다.

1. 통치적 현명은 정의의 보존을 향해 질서 지어져 있다. 『니코마코

---

2. q.47 sqq.

enim in V *Ethic.*[1] quod *princeps est custos iusti.* Ergo regnativa magis pertinet ad iustitiam quam ad prudentiam.

2. Praeterea, secundum Philosophum, in III *Polit.*,[2] regnum est una sex politiarum. Sed nulla species prudentiae sumitur secundum alias quinque politias, quae sunt aristocratia, politia (quae alio nomine dicitur timocratia), tyrannis, oligarchia, democratia. Ergo nec secundum regnum debet sumi regnativa.

3. Praeterea, leges condere non solum pertinet ad reges, sed etiam ad quosdam alios principatus, et etiam ad populum; ut patet per Isidorum, in libro *Etymol..*[3] Sed Philosophus, in VI *Ethic.*,[4] ponit legispositivam partem prudentiae. Inconvenienter igitur loco eius ponitur regnativa.

SED CONTRA est quod Philosophus dicit, in III *Polit.*,[5] quod *prudentia est propria virtus principis.* Ergo specialis prudentia debet esse regnativa.

RESPONDEO dicendum quod sicut ex supradictis[6] patet, ad prudentiam pertinet regere et praecipere. Et ideo ubi invenitur specialis ratio regiminis et praecepti in humanis actibus, ibi etiam invenitur specialis ratio prudentiae. Manifestum est autem quod in eo qui non

---

1. c.10, 1134b1-2; St. Thomas, lect.11, n.1109.
2. c.5, 1279a32-b10; St. Thomas, lect.6. Cf. *Eth.*, VIII, c.12, 1160a31-35; b10-12; St. Thomas, lect.10, nn.1673, 1675-1677.

스 윤리학』제5권에서[1] "군주는 정의의 수호자이다."라고 말하였기 때문이다. 따라서 통치적 현명은 현명보다는 정의에 더 속한다.

2. 『정치학』제3권에서[2] 철학자에 따르면 왕정은 여섯 정치체제 중 하나이다. 그런데 현명의 어떤 종도 다른 나머지 다섯 정치체제에 따라 취해지지 않는다. 이 다섯 정치체제는 각각 귀족정, 폴리티아(다른 이름으로 명예정이라 불린다), 참주정, 과두정, 민주정이다. 따라서 왕정의 관점에서 통치적 현명을 이해해서는 안 된다.

3. '법을 제정함'은 왕들에 속할 뿐만 아니라, 또한 다른 지도자들에게도, 그리고 또한 백성에게도 속한다. 이는 이시도루스가 그의 『어원론』에서[3] 밝힌 바와 같다. 그런데 철학자는 『니코마코스 윤리학』제6권에서[4] '입법적 현명'을 현명의 부분으로 상정하였다. 따라서 그것 대신에 통치적 현명을 놓는 것은 부적합하다.

[재반론] 그러나 반대로 철학자는 『정치학』제3권에서[5] "현명은 군주의 고유한 덕이다."라고 말하였다. 따라서 '통치적 [현명]'은 종별되는 현명이어야만 한다.

[답변] 위에서 말한 것으로부터[6] 드러났듯이, 현명에는 다스림과 명령함이 속한다. 그래서 인간적 행위에서 다스림과 명령의 종별되는 규정이 발견되는 경우, 현명의 종별되는 규정도 발견된다. 그런데 자기

---

3. II, c.10, n.1; V, c.10; PL 82, 130C, 200.
4. c.8, 1141b25-29; St. Thomas, lect.7, n.1197.
5. c.2, 1277b25-26; St. Thomas, lect.3.
6. q.47, aa.8 & 12.

solum seipsum habet regere, sed etiam communitatem perfectam civitatis vel regni,[7] invenitur specialis et perfecta ratio regiminis: tanto enim regimen perfectius est quanto est universalius, ad plura se extendens et ulteriorem finem attingens. Et ideo regi, ad quem pertinet regere civitatem vel regnum, prudentia competit secundum specialem et perfectissimam sui rationem. Et propter hoc regnativa ponitur species prudentiae.

AD PRIMUM ergo dicendum quod omnia quae sunt virtutum moralium pertinent ad prudentiam sicut ad dirigentem: unde et ratio recta prudentiae ponitur in definitione virtutis moralis, ut supra[8] dictum est. Et ideo etiam executio iustitiae, prout ordinatur ad bonum commune, quae pertinet ad officium regis, indiget directione prudentiae. Unde istae duae virtutes sunt maxime propriae regi, scilicet prudentia et iustitia: secundum illud Ierem. 23, [5]: *Regnabit rex, et sapiens erit et faciet iudicium et iustitiam in terra.* Quia tamen dirigere magis pertinet ad regem, exequi vero ad subditos, ideo regnativa magis ponitur species prudentiae, quae est directiva, quam iustitiae, quae est executiva.

AD SECUNDUM dicendum quod regnum inter alias politias est optimum regimen, ut dicitur in VIII *Ethic.*.[9] Et ideo species prudentiae magis debuit denominari a regno. Ita tamen quod sub regnativa comprehendantur omnia alia regimina recta: non autem perversa,

---

7. 즉 완전한 공동체는 도시이거나 왕국이다. infra, q.65, a.2, ad2; I-II, q.90, a.2; a.3, ad3.

자신뿐 아니라, 도시 또는 왕국(국가)의 완전한 공동체[7]도 다스리는 이에게서 종별되고 완전한 다스림의 규정이 발견되는 것이 명백하다. 다스림이 보편적일수록, 그래서 더 많은 것들에 미치고 더 최종 목적에 이를수록, 그만큼 더 완전하기 때문이다. 그래서 도시나 왕국의 다스림이 속하는 왕에게는 종별되고 아주 완전한 현명의 규정이 속하게 된다. 이러한 이유로 통치적 [현명]은 현명의 종으로 간주된다.

[해답] 1. 도덕적 덕에 속하는 모든 것은 그것들을 지도하는 것인 현명에 속한다. 그러므로 위에서[8] 말한 것처럼 현명의 올바른 규정이 도덕적 덕의 정의 안에 놓인다. 왕의 임무에 속하는 정의의 실행은, 그것이 공동선을 향해 질서 지어진 한에서, 현명의 지도를 필요로 한다. 그래서 이 두 가지 덕, 즉 현명과 정의는 왕에게 가장 고유한 덕이다. 예레미야서 23장 [5절]에 따르면 "왕이 다스릴 것이고, 지혜롭게 될 것이며, 땅에 판단과 정의를 실행할 것이다."라고 되어 있다. 그렇지만 '지도함'은 왕에 더 속하고, 반면 실행함은 신하에 더 속하기 때문에, 통치적 [현명]은 정의보다는 현명의 종으로 더 인정된다. 현명은 지도하고, 정의는 실행하는 것이기 때문이다.

2. 『니코마코스 윤리학』 제8권에서[9] 말했듯이, 왕정은 여타 정치체제 중에서 최선의 다스림이다. 그래서 현명의 종은 무엇보다 왕정에 의해 명명되어야 한다. 그렇지만 통치적 [현명] 아래에 다른 모든 올바른 다스림도 포함되는 방식으로 명명되어야 한다. 덕에 대립하는, 그

---

8. q.47, a.5, obj.1; I-II, q.58, a.2, ad4.
9. c.12, 1160a35-36; St. Thomas, lect.10, n.1674.

quae virtuti opponuntur, unde non pertinent ad prudentiam.

AD TERTIUM dicendum quod Philosophus denominat regnativam a principali actu regis, qui est leges ponere. Quod etsi conveniat aliis, non convenit eis nisi secundum quod participant aliquid de regimine regis.

Articulus 2
Utrum politica conenienter ponatur pars prudentiae

Ad secundum sic proceditur. Videtur quod politica inconvenienter ponatur pars prudentiae.

1. Regnativa enim est pars politicae prudentiae, ut dictum est.[1] Sed pars non debet dividi contra totum. Ergo politica non debet poni alia species prudentiae.

2. Praeterea, species habituum distinguuntur secundum diversa obiecta.[2] Sed eadem sunt quae oportet regnantem praecipere et subditum exequi. Ergo politica, secundum quod pertinet ad subditos, non debet poni species prudentiae distincta a regnativa.

3. Praeterea, unusquisque subditorum est singularis persona. Sed quaelibet singularis persona seipsam sufficienter dirigere potest per

---

1. q.48.

래서 현명에 속하지 않는 비뚤어진 다스림은 포함되어서는 안 된다.

3. 철학자는 통치적 [현명]을 왕의 주된 행위, 즉 '법을 제정함'으로부터 명명하였다. 이것(법을 제정함)은 다른 것들에도 속하지만, 오직 그것들이 왕의 다스림에 어느 정도 참여하는 한에서만 속한다.

제2절 정치적 현명을 현명의 부분으로 주장하는 것은 적합한가?

Parall.: Supra, q.48; *In Sent.*, III, d.33, q.3, a.1, qc.4; *In Ethics*, VI, lect.7

[반론] 둘째에 대해 다음과 같이 진행한다. 정치적 현명은 현명의 부분으로 간주되는 것이 부적합해 보인다.

1. 언급한[1] 바대로, 통치적 [현명]은 정치적 현명의 한 부분이다. 그런데 부분과 전체는 [마치 또 다른 어떤 것의 부분들인 것처럼] 서로 나뉘어서는 안 된다. 따라서 정치적 현명은 현명의 어떤 다른 종으로 인정되어서는 안 된다.

2. 습성들의 종은 서로 다른 대상들에 따라 구별된다.[2] 그런데 동일한 것을 통치자는 명령해야 하고, 신하는 실행해야 한다. 따라서 정치적 [현명]은, 신하들에 속하는 한에서, 통치적 현명과 구별되는 현명의 종으로 간주되어서는 안 된다.

3. 모든 신하는 개별적 인격이다. 그런데 모든 개별적 인격은 공통

---

2. Cf. I-II, q.54, a.2.

prudentiam communiter dictam. Ergo non oportet poni aliam speciem prudentiae quae dicatur politica.

SED CONTRA est quod Philosophus dicit, in VI *Ethic.*[3]; *Eius autem quae circa civitatem haec quidem ut architectonica prudentia legispositiva; haec autem commune nomen habet politica, circa singularia existens.*

RESPONDEO dicendum quod servus per imperium movetur a domino et subditus a principante, aliter tamen quam irrationalia et inanimata moveantur a suis motoribus. Nam inanimata et irrationalia aguntur solum ab alio, non autem ipsa agunt seipsa: quia non habent dominium sui actus per liberum arbitrium. Et ideo rectitudo regiminis ipsorum non est in ipsis, sed solum in motoribus. Sed homines servi, vel quicumque subditi, ita aguntur ab aliis per praeceptum quod tamen agunt seipsos per liberum arbitrium.[4] Et ideo requiritur in eis quaedam rectitudo regiminis per quam seipsos dirigant in obediendo principatibus. Et ad hoc pertinet species prudentiae quae politica vocatur.

AD PRIMUM ergo dicendum quod sicut dictum est,[5] regnativa

---

3. c.8, 1141b24-29; St. Thomas, lect.7, n.1197.
4. Cf. I-II, q.1, a.2; I, q.22, a.2, ad4; q.103, a.5, ad2.

적 의미로 말해지는 현명을 통해서 자기 자신을 충분히 지도할 수 있다. 따라서 정치적 현명이라 불리는 현명의 또 다른 종을 상정할 필요는 없다.

[재반론] 그러나 반대로 철학자는 『니코마코스 윤리학』 제6권에서[3] "도시와 관련된 것 가운데, 어떤 것은 '건설적 [현명]'으로서 입법적 현명, 반면 다른 것은 '정치적 현명'이라는 공통 명칭을 가지며, 개별 사물에 관여한다."고 말하였다.

[답변] 종은 주인에 의해, 신하는 지배자에 의해 명령을 통해 움직여지지만, 이성이 없는 것과 영혼이 없는 것이 그것의 원동자에 의해 움직여지는 것과는 다른 방식으로 움직여진다. 영혼이 없는 것과 이성이 없는 것은 오직 다른 것에 의해 행위하게 될 뿐, 자신이 스스로를 행위하게 하지 않기 때문이다. 왜냐하면 그것들은 자유로운 선택을 통한 자기 행위의 주권을 갖지 않기 때문이다. 그래서 그러한 것들의 다스림의 올바름은 그들 안에 있지 않고 오직 원동자 안에 있다. 그러나 종이나 신하인 인간들은 비록 명령을 통해 다른 이들에 의해 행위하게 되지만, 그럼에도 그들은 자유로운 선택을 통해서 자기 자신을 행위로 이끈다.[4] 그래서 그들에게는 그들이 군주에 복종할 때 자기 자신을 지도하는 다스림의 올바름이 요구된다. 그리고 정치적 현명이라 불리는 현명의 종이 이에 속한다.

[해답] 1. 언급한[5] 바대로, 통치적 현명은 현명의 종 가운데 가장 완전

---

5. 앞 절.

est perfectissima species prudentiae. Et ideo prudentia subditorum, quae deficit a prudentia regnativa, retinet sibi nomen commune, ut politica dicatur: sicut in logicis convertibile quod non significat essentiam retinet sibi commune nomen *proprii*.[6]

AD SECUNDUM dicendum quod diversa ratio obiecti diversificat habitum secundum speciem, ut ex supradictis[7] patet. Eadem autem agenda considerantur quidem a rege secundum universaliorem rationem quam considerentur a subdito, qui obedit: uni enim regi in diversis officiis multi obediunt. Et ideo regnativa comparatur ad hanc politicam de qua loquimur sicut ars architectonica ad eam quae manu operatur.[8]

AD TERTIUM dicendum quod per prudentiam communiter dictam regit homo seipsum in ordine ad proprium bonum: per politicam autem de qua loquimur, in ordine ad bonum commune.[9]

Articulus 3
Utrum oeconomica debeat poni species prudentiae

Ad tertium sic proceditur. Videtur quod oeconomica non debeat poni species prudentiae.

---

6. Cf. q.9, a.2. 따라서 통치적 현명은 유적으로 이해된 정치적 현명의 부분이지, 종적으로 이해된 정치적 현명의 부분이 아니다. 정치적 현명은, 유적으로 이해할 때, 두 종 또는 두 종속적 부분을 갖는다: 즉 "통치적" 현명과 "정치적" 현명이다. 정치적 현명은 불완전한 것으로서 유의 공통적 이름을 보유한다.

한 종이다. 그래서 통치적 현명이 없는 신하들의 현명은 공통적 이름을 보유하여, 정치적 현명이라 불린다. 논리학에서 본질을 지시하지 않는 교환가능 명사가 "고유"[6]라는 공통적 이름을 보유하는 것과 같다.

2. 위에서 말한 것으로부터[7] 분명하듯이, 대상의 서로 다른 규정이 습성을 종적으로 서로 다르게 만든다. 그런데 같은 '행해야 할 것'을 왕은 복종하는 신하보다 더 보편적 규정에 따라 고찰한다. 많은 이들이 서로 다른 임무에서 한 명의 왕에게 복종하기 때문이다. 그래서 통치적 현명과 우리가 말하고 있는 정치적 현명의 관계는 건축술과 손으로 하는 기예의 관계와 비교된다.[8]

3. 인간은 공통적인 의미에서 [현명이라] 불리는 현명을 통해서 자기 자신의 선과의 질서에서 자기 자신을 다스리고, 반면 우리가 말하고 있는 정치적 현명을 통해서는 공동선과의 질서에서 다스린다.[9]

제3절 경제적 현명은 현명의 종으로 간주되어야 하는가?

Parall.: Supra, q.47, a.11; q.48; *In Sent.* III, d.33, q.3, a.1, qc.4; *In Ethic.*, VI, lect.7

[반론] 셋째에 대해 다음과 같이 진행한다. 경제적 [현명]을 현명의 종으로 인정해서는 안 되는 것으로 보인다.

---

7. q.47, a.5; I-II, q.54, a.2.
8. Cf. q.47, a.12.
9. Cf. q.47, a.10, ad1.

1. Quia ut Philosophus dicit, in VI *Ethic.*,[1] prudentia ordinatur *ad bene vivere totum*. Sed oeconomica ordinatur ad aliquem particularem finem, scilicet ad divitias, ut dicitur in I *Ethic.*.[2] Ergo oeconomica non est species prudentiae.

2. Praeterea, sicut supra[3] habitum est, prudentia non est nisi bonorum. Sed oeconomica potest esse etiam malorum: multi enim peccatores providi sunt in gubernatione familiae. Ergo oeconomica non debet poni species prudentiae.

3. Praeterea, sicut in regno invenitur principans et subiectum, ita etiam in domo. Si ergo oeconomica est species prudentiae sicut et politica, deberet etiam paterna prudentia poni, sicut et regnativa. Non autem ponitur. Ergo nec oeconomica debet poni species prudentiae.

SED CONTRA est quod Philosophus dicit, in VI *Ethic.*,[4] quod *illarum*, scilicet prudentiarum quae se habent ad regimen multitudinis, *haec quidem oeconomica, haec autem legispositiva, haec autem politica*.

RESPONDEO dicendum quod ratio obiecti diversificata secundum universale et particulare, vel secundum totum et partem,

---

1. c.5, 1140a28; St. Thomas, lect.4, n.1162.
2. c.1, 1094a9; St. Thomas, lect.1, n.15.

1. 철학자가 『니코마코스 윤리학』 제6권에서[1] 말했듯이, 현명은 "온전한 복지"를 향해 질서 지어져 있다. 그런데 『니코마코스 윤리학』 제1권에서[2] 말했듯이, 경제적 현명은 어떤 특수한 목적을, 즉 부(富)를 향해 질서 지어져 있다. 따라서 경제적 현명은 현명의 종이 아니다.

2. 위에서[3] 주장했듯이, 현명은 오직 선한 이들에게만 속한다. 그런데 경제적 현명은 악한 이들에게도 있을 수 있다. 많은 죄인들이 가족의 관리에 있어 용의주도하기 때문이다. 따라서 경제적 현명은 현명의 종으로 인정되어서는 안 된다.

3. 왕국에는 명령하는 이와 복종하는 이가 발견된다. 가정에서도 마찬가지이다. 따라서 만일 경제적 현명이 정치적 현명과 마찬가지로 현명의 종이라면, 통치적 현명과 마찬가지로 가부장적 현명이 인정되어야만 할 것이다. 그런데 가부장적 현명은 인정되지 않는다. 따라서 경제적 현명은 현명의 종으로 인정되어서는 안 된다.

[재반론] 그러나 반대로 철학자는 『니코마코스 윤리학』 제6권에서[4] "저것들 가운데", 즉 다수의 다스림과 관계하는 현명 가운데 "어떤 것은 경제적 현명이고, 어떤 것은 입법적, 어떤 것은 정치적 현명이다."라고 말하였다.

[답변] 보편과 특수 또는 전체와 부분의 관점에서, 대상에 대한 서로 다른 규정은 기예와 덕을 서로 다르게 만든다. 그리고 이 다름의 관점

---

3. q.47, a.13.
4. c.8, 1141b31-33; St. Thomas, lect.7, nn.1199, 1201.

diversificat artes et virtutes: secundum quam diversitatem una est principalis respectu alterius. Manifestum est autem quod domus medio modo se habet inter unam singularem personam et civitatem vel regnum: nam sicut una singularis persona est pars domus, ita una domus est pars civitatis vel regni. Et ideo sicut prudentia communiter dicta, quae est regitiva unius, distinguitur a politica prudentia,[5] ita oportet quod oeconomica distinguatur ab utraque.

AD PRIMUM ergo dicendum quod divitiae comparantur ad oeconomicam non sicut finis ultimus, sed sicut instrumenta quaedam, ut dicitur in I *Polit.*.[6] Finis autem ultimus oeconomicae est totum bene vivere secundum domesticam conversationem. Philosophus autem I *Ethic.*[7] ponit exemplificando divitias finem oeconomicae secundum studium plurimorum.

AD SECUNDUM dicendum quod ad aliqua particularia quae sunt in domo disponenda possunt aliqui peccatores provide se habere: sed non ad ipsum totum bene vivere domesticae conversationis, ad quod praecipue requiritur vita virtuosa.[8]

AD TERTIUM dicendum quod pater in domo habet quandam similitudinem regii principatus, ut dicitur in VIII *Ethic.*[9]: non tamen habet perfectam potestatem regiminis sicut rex. Et ideo non ponitur separatim paterna species prudentiae, sicut regnativa.

---

5. Cf. a.2, ad3
6. c.8, 1256b36–39; St. Thomas, lect.6.

에서 하나가 다른 하나에 비해 주된 것이 된다. 그런데 가정은 하나의 개별적 인격과 도시 또는 왕국 사이에서 중간적 위상을 갖는 것이 명백하다. 하나의 개별적 인격이 가정의 부분이듯이, 하나의 가정은 도시 또는 왕국의 부분이기 때문이다. 그래서 한 인격을 다스리는 공통적 의미의 현명이 정치적 현명과 구별되듯이[5] 경제적 현명은 이 두 현명과 구별되어야만 한다.

[해답] 1. 경제적 현명에 대해 부는 최종 목적이 아니라 일종의 도구로서 비교된다. 『정치학』 제1권에서[6] 말한 바와 같다. 경제적 현명의 최종 목적은 가내 소통의 관점에서 '온전한 복지'이다. 그런데 철학자는 『니코마코스 윤리학』 제1권에서[7] 다수의 연구를 좇아 예시를 드는 방식으로 부(富)를 경제적 현명의 목적으로 설정하였다.

2. 어떤 죄인들은 가정 안에서 처리되어야 하는 특수한 문제들에 대해 용의주도하게 처신할 수 있지만, 가내 소통의 온전한 복지와 관련해서는 그렇지 못하다. 이를 위해서는 무엇보다 유덕한 삶이 요구된다.[8]

3. 『니코마코스 윤리학』 제8권에서[9] 말했듯이, 가정에서 아버지는 왕국의 지도자와 유사성을 갖는다. 그렇지만 왕처럼 다스림의 완전한 권한을 갖지는 않는다. 그래서 가부장적 현명은 통치적 현명과 같이, 별도로 현명의 한 종으로 인정되지 않는다.

---

7. 재반론의 인용구.
8. Cf. q.47, a.13, ad3.
9. c.12, 1160b24-27; St. Thomas, lect.10, n.1682.

Articulus 4
Utrum militaris debeat poni species prudentiae

Ad quartum sic proceditur. Videtur quod militaris non debeat poni species prudentiae.

1. Prudentia enim contra artem dividitur, ut dicitur in VI *Ethic.*.[1] Sed militaris videtur esse quaedam ars in rebus bellicis; sicut patet per philosophum, in III *Ethic.*.[2] Ergo militaris non debet poni species prudentiae.

2. Praeterea, sicut militare negotium continetur sub politico, ita etiam et plura alia negotia, sicut mercatorum, artificum et aliorum huiusmodi. Sed secundum alia negotia quae sunt in civitate non accipiuntur aliquae species prudentiae. Ergo etiam neque secundum militare negotium.

3. Praeterea, in rebus bellicis plurimum valet militum fortitudo. Ergo militaris magis pertinet ad fortitudinem quam ad prudentiam.

SED CONTRA est quod dicitur *Prov.* 24, [6]: *Cum dispositione initur bellum, et erit salus ubi sunt multa consilia.*[3] Sed consiliari pertinet ad prudentiam. Ergo in rebus bellicis maxime necessaria est aliqua species prudentiae quae militaris dicitur.

---

1. cc.3 & 5, 1139b16-18, 1140b2-4, 25; St. Thomas, lect.3, n.1143; lect.4, nn.1164-1165, 1173.

제4절 군사적 현명은 현명의 종으로 간주되어야 하는가?

Parall.: Supra, q.48; *In Sent*, III, d.33, q.3, a.1, qc.4

[반론] 넷째에 대해 다음과 같이 진행한다. 군사적 현명은 현명의 종으로 인정되어서는 안 될 것으로 보인다.

1. 『니코마코스 윤리학』 제6권에서[1] 말했듯이, 현명은 기예와 구별된다. 그런데 군사적 현명은 전쟁 관련 사안의 기예인 것으로 보인다. 이는 『니코마코스 윤리학』 제3권에서[2] 철학자를 통해서 밝혀졌다. 따라서 군사적 현명은 현명의 종으로 간주되어서는 안 된다.

2. 군사적 업무가 정치적 업무 아래 포함되듯이, 그 외 다른 많은 업무, 예를 들어 상인, 제작자 등의 업무들도 마찬가지이다. 그런데 도시의 다른 업무들에 따라 현명의 종이 취해지지는 않는다. 따라서 군사적 업무에 따라서도 현명의 종이 취해지지 않는다.

3. 전쟁과 관련된 사안에는 군사들의 용기가 큰 몫을 차지한다. 따라서 군사적 현명은 현명보다는 용기에 더 속한다.

[재반론] 그러나 반대로 잠언 24장 [6절]에서 "전쟁은 배치와 함께 시작한다. 그리고 수많은 숙고가 있는 곳에 구원이 있을 것이다."[3]라고 되어 있다. '숙고함'은 현명에 속한다. 따라서 전쟁과 관련된 사안에는

---

2. c.11, 1116b6-15; St. Thomas, lect.16, nn.567-569. Cf. I, 1094a12-14; St. Thomas, lect.1, n.16.
3. 불가타에는 "ubi sunt multa consilia" 대신에 "ubi multa consilia sunt."로 되어 있다.

RESPONDEO dicendum quod ea quae secundum artem et rationem aguntur conformia esse oportet his quae sunt secundum naturam, quae a ratione divina sunt instituta. Natura autem ad duo intendit primo quidem, ad regendum unamquamque rem in seipsa; secundo vero, ad resistendum extrinsecis impugnantibus et corruptivis. Et propter hoc non solum dedit animalibus vim concupiscibilem, per quam moveantur ad ea quae sunt saluti eorum accommoda; sed etiam vim irascibilem, per quam animal resistit impugnantibus.[4] Unde et in his quae sunt secundum rationem non solum oportet esse prudentiam politicam, per quam convenienter disponantur ea quae pertinent ad bonum commune; sed etiam militarem, per quam hostium insultus repellantur.

AD PRIMUM ergo dicendum quod militaris potest esse ars secundum quod habet quasdam regulas recte utendi quibusdam exterioribus rebus, puta armis et equis: sed secundum quod ordinatur ad bonum commune, habet magis rationem prudentiae.

AD SECUNDUM dicendum quod alia negotia quae sunt in civitate ordinantur ad aliquas particulares utilitates: sed militare negotium ordinatur ad tuitionem totius boni communis.

AD TERTIUM dicendum quod executio militiae pertinet ad fortitudinem: sed directio ad prudentiam, et praecipue secundum quod est in duce exercitus.[5]

군사적 현명이라 불리는 현명의 종이 아주 필수적이다.

[답변] 기예와 이성에 따라 행해지는 것들은 자연에 따라 존재하는, 신적 이성에 의해 세워진 것들과 조화를 이루어야만 한다. 그런데 자연은 두 가지를 지향한다. 첫째, 자연은 모든 개별 사물을 그 자체로 다스리는 것과 둘째, 외적 공격과 부패에 저항하는 것을 지향한다. 그렇기 때문에 자연은 동물들에게 욕망하는 힘을 부여할 뿐만 아니라 분노하는 힘도 또한 부여했다. 욕망하는 힘을 통해서 동물은 그들의 안녕에 알맞은 것을 향해 움직이고, 분노하는 힘을 통해서 동물은 공격에 저항한다.[4] 그러므로 이성에 따라 존재하는 것들에게도 정치적 현명뿐 아니라 군사적 현명이 있어야만 한다. 즉 정치적 현명을 통해서 공동선에 속하는 것들이 적합하게 배치되고, 군사적 현명을 통해서 적들의 공격을 물리친다.

[해답] 1. 군사적 현명은 무기나 말과 같은 외적 사물을 올바르게 사용하는 규칙들을 갖는 한에서 기예일 수 있다. 그렇지만 공동선을 향해 질서 지어진 한에서, 현명의 규정을 더 많이 갖는다.
2. 도시의 다른 업무들은 어떤 특수한 유용성을 향해 질서 지어진다. 그러나 군사적 업무는 전체 공동선의 보호를 향해 질서 지어져 있다.
3. 군무의 실행은 용기에 속한다. 그러나 지시는 현명에, 특히 군대의 지휘자에게 있는 한에서 현명에 속한다.[5]

---

4. Cf. I, q.81, a.2.
5. Cf. a.1, ad1.

QUAESTIO LI
DE PARTIBUS POTENTIALIBUS PRUDENTIAE
in quatuor articuls divisa

Deinde considerandum est de virtutibus adiunctis prudentiae, quae sunt quasi partes potentiales ipsius.[1]

Et circa hoc quaeruntur quatuor.

Primo: utrum eubulia sit virtus.

Secundo: utrum sit specialis virtus a prudentia distincta.

Tertio: utrum synesis sit specialis virtus.

Quarto: utrum gnome sit specialis virtus.

Articulus 1
Utrum eubulia sit virtus

Ad primum sic proceditur. Videtur quod eubulia non sit virtus.

1. Quia secundum Augustinum, in libro *de Lib. Arb.*,[1] *virtutibus nullus male utitur.* Sed eubulia, quae est bene consiliativa, aliqui male utuntur: vel quia astuta consilia excogitant ad malos fines conse-

---

1. Cf. q.48, Introd.

제51문
현명의 잠재적 부분들에 대하여
(전4절)

그러고 나서 현명과 부가적으로 연결된 덕들에 대해 고찰해야만 한다. 이 덕들은 이를테면 현명의 잠재적 부분들과 같다.[1] 이와 관련하여 네 가지 물음이 제기된다.

1. 심사숙고는 덕인가?
2. 심사숙고는 현명과 구별되는 특수한 덕인가?
3. 판단력은 특수한 덕인가?
4. 분별력은 특수한 덕인가?

제1절 심사숙고는 덕인가?

Parall.: I-II, q.57, a.6; *In Sent.*, III, d.33, q.3, a.1, qc.3; *In Ethic.*, VI, lect.8

[반론] 첫째에 대해 다음과 같이 진행된다. 심사숙고는 덕이 아닌 것으로 보인다.

1. 아우구스티누스의 『자유재량』에[1] 따르면 "어느 누구도 덕을 악하게 사용하지 않는다." 그런데 잘 숙고하는 것인 심사숙고를 어떤 이들

---

1. II, c.18, n.50; c.19, n.50: PL 32, 1267-1268.

quendos; aut quia etiam ad bonos fines consequendos aliqua peccata ordinant, puta qui furatur ut eleemosynam det. Ergo eubulia non est virtus.

2. Praeterea, *virtus perfectio quaedam est*, ut dicitur in VII *Phys.*.[2] Sed eubulia circa consilium consistit, quod importat dubitationem et inquisitionem, quae imperfectionis sunt. Ergo eubulia non est virtus.

3. Praeterea, virtutes sunt connexae ad invicem, ut supra[3] habitum est. Sed eubulia non est connexa aliis virtutibus: multi enim peccatores sunt bene consiliativi, et multi iusti sunt in consiliis tardi. Ergo eubulia non est virtus.

SED CONTRA est quod *eubulia est rectitudo consilii*, ut Philosophus dicit, in VI *Ethic.*.[4] Sed recta ratio perficit rationem virtutis. Ergo eubulia est virtus.

RESPONDEO dicendum quod, sicut supra[5] dictum est, de ratione virtutis humanae est quod faciat actum hominis bonum. Inter ceteros autem actus hominis proprium est ei consiliari[6]: quia hoc importat quandam rationis inquisitionem circa agenda, in quibus consistit vita humana; nam vita speculativa est supra hominem, ut dicitur in X *Ethic.*.[7] Eubulia autem importat bonitatem consilii: dicitur enim ab *eu*, quod est *bonum*, et *boule*, quod est *consilium*, quasi

---

2. c.3, 246b27-28; -246a13; 247a2; St. Thomas, lect.6, n.2.
3. I-II, q.65.

은 악하게 사용한다. 그 이유는 그들이 나쁜 목적을 이루기 위해서 교활한 숙고를 생각해 내기 때문이거나, 또는 자선을 베풀기 위해 도둑질을 하는 사람의 예와 같이 죄를 선한 목적의 달성으로 질서 지우기 때문이다. 따라서 심사숙고는 덕이 아니다.

2. 『자연학』 제7권에서[2] 말했듯이, "덕은 일종의 완성이다." 그런데 심사숙고는 불완전성에 속하는 의심과 탐색을 포함하는 숙고와 관련된다. 따라서 심사숙고는 덕이 아니다.

3. 위에서[3] 주장했듯이, 덕들은 서로 연결되어 있다. 그런데 심사숙고는 다른 덕들과 연결되어 있지 않다. 많은 죄인이 잘 숙고하며, 많은 의인이 숙고에 더디기 때문이다. 따라서 심사숙고는 덕이 아니다.

[재반론] 그러나 반대로 철학자가 『니코마코스 윤리학』 제6권에서[4] 말했듯이, "심사숙고는 숙고의 올바름이다." 그런데 올바른 이성이 덕의 규정을 완성한다. 따라서 심사숙고는 덕이다.

[답변] 위에서[5] 말한 바대로, 인간적 덕의 규정에는 인간의 행위를 선하게 만든다는 것이 속한다. 그런데 여타 인간의 행위들 가운데 '숙고함'이 인간에게 고유한 것이다.[6] 이것은 행해야 할 것과 관련된 이성의 탐색을 포함하고 있기 때문이다. 인간적 삶은 이 '행해야 할 것'에 놓여 있다. 왜냐하면 『니코마코스 윤리학』 제10권에서[7] 말했듯이, 사변적 삶은 인간을 넘어서기 때문이다. 그런데 심사숙고는 숙고의 선성을

---

4. c.10, 1142b16-17; St. Thomas, lect.8, n.1227.
5. q.47, a.4.
6. Cf. I-II, q.14.
7. c.7, 1177b26-31; St. Thomas, lect.11, nn.2105-2106. Cf. *De Virt.*, q.5, a.1, cit, in I-II, q.61, a.1, n.8.

bona consiliatio, vel potius *bene consiliativa*. Unde manifestum est quod eubulia est virtus humana.

AD PRIMUM ergo dicendum quod non est bonum consilium sive aliquis malum finem sibi in consiliando praestituat, sive etiam ad bonum finem malas vias adinveniat.[8] Sicut etiam in speculativis non est bona ratiocinatio sive aliquis falsum concludat, sive etiam concludat verum ex falsis, quia non utitur convenienti medio. Et ideo utrumque praedictorum est contra rationem eubuliae, ut Philosophus dicit, in VI *Ethic.*.[9]

AD SECUNDUM dicendum quod etsi virtus sit essentialiter perfectio quaedam, non tamen oportet quod omne illud quod est materia virtutis perfectionem importet. Oportet enim circa omnia humana perfici per virtutes: et non solum circa actus rationis, inter quos est consilium; sed etiam circa passiones appetitus sensitivi, quae adhuc sunt multo imperfectiores.

Vel potest dici quod virtus humana est perfectio secundum modum hominis, qui non potest per certitudinem comprehendere veritatem rerum simplici intuitu; et praecipue in agibilibus, quae sunt contingentia.[10]

---

8. Cf. q.55, a.3.

포함한다. 'eubulia(심사숙고)'는 좋은 것이라는 뜻의 'eu'와 숙고라는 뜻의 'boule'에 근거해 그렇게 불리는, 말하자면 '좋은 숙고' 또는 더 좋은 말로 '잘 숙고하는 것'이라는 뜻의 말이기 때문이다. 그러므로 심사숙고가 인간적 덕임은 명백하다.

[해답] 1. 만일 어떤 이가 숙고를 하면서 자기에게 나쁜 목적을 설정하거나, 또는 좋은 목적을 위해 나쁜 방법들을 발견해 낸다면 좋은 숙고가 아니다.[8] 이는 사변적인 영역에서도 만일 어떤 이가 잘못된 결론을 내리거나, 또는 적합한 매개념을 이용하지 않음으로써 거짓으로부터 참된 결론에 이른다고 하더라도, 그것이 좋은 논증은 아닌 것과 같다. 그래서 앞서 말한 두 경우는 모두, 철학자가 『니코마코스 윤리학』 제6권에서[9] 말했듯이, 심사숙고의 규정에 반한다.

2. 덕은 본질적으로 일종의 완성이지만, 그럼에도 불구하고 덕의 질료인 것이 모두 완성을 포함할 필요는 없다. 인간적인 모든 것과 관련하여 [인간은] 덕을 통해서 완성되어야 하기 때문이다. 즉 그 가운데 숙고가 포함되는 이성의 행위들과 관련해서뿐 아니라, 훨씬 더 불완전한 것인 감각적 욕구의 정념과 관련해서도 완성되어야만 한다. 또는 인간적 덕은 인간의 양태에 따르는 완성이라고 말할 수 있다. 인간은 단순한 직관으로, 무엇보다 우연적인 것들인 행할 수 있는 것에서 사물들의 진리를 확실성 있게 파악할 수 없다.[10]

---

9. c.10, 1142b16-22; St. Thomas, lect.8, nn.1228-1229.
10. Cf. q.47, a.3, ad2; q.52, a.1, ad1.

AD TERTIUM dicendum quod in nullo peccatore, inquantum huiusmodi, invenitur eubulia. Omne enim peccatum est contra bonam consiliationem. Requiritur enim ad bene consiliandum non solum adinventio vel excogitatio eorum quae sunt opportuna ad finem, sed etiam aliae circumstantiae: scilicet tempus congruum, ut nec nimis tardus nec nimis velox sit in consiliis; et modus consiliandi, ut scilicet sit firmus in suo consilio; et aliae huiusmodi debitae circumstantiae, quae peccator peccando non observat. Quilibet autem virtuosus est bene consiliativus in his quae ordinantur ad finem virtutis: licet forte in aliquibus particularibus negotiis non sit bene consiliativus, puta in mercationibus vel in rebus bellicis vel in aliquo huiusmodi.[11]

Articulus 2
Utrum eubulia sit virtus distincta a prudentia

Ad secundum sic proceditur. Videtur quod eubulia non sit virtus distincta a prudentia.

1. Quia ut Philosophus dicit, in VI *Ethic.*,[1] *videtur prudentis esse bene consiliari*. Sed hoc pertinet ad eubuliam, ut dictum est.[2] Ergo eubulia non distinguitur a prudentia.

---

11. Cf. q.47, a.14.

1. cc.5 & 8 & 10, 1140a25-28; 1141b8-14; 1142b31-33; St. Thomas, lect.4, n.1162; lect.6, n.1193, lect.8, n.1233.

3. 어떤 죄인에게서도, 죄인인 한에서, 심사숙고가 발견되지 않는다. 모든 죄는 선한 숙고에 반하는 것이기 때문이다. 즉 잘 숙고하기 위해서는 목적을 위해 적절한 것(수단)들의 발견이나 고안뿐 아니라, 다른 상황들도, 예를 들어 숙고에 있어 너무 늦지도 너무 빠르지도 않은 적당한 시간, 자신의 숙고에 굳건하게 있는 숙고의 양태, 그리고 다른 여타의, 죄인들은 죄를 지음으로써 준수하지 않는, 마땅한 상황들도 요구되기 때문이다. 그런데 모든 유덕한 사람은 덕의 목적을 향해 질서 지어져 있는 것들과 관련해서 잘 숙고한다. 물론 어떤 특수한 업무에 있어서는, 예를 들어 장사나 전쟁 관련 일에서는 잘 숙고하지 못할 수도 있다.[11]

제2절 심사숙고는 현명과 구별되는 덕인가?

Parall.: I-II, q.57, a.6; *In Sent.*, III, d.33, q.3, a.1, qc.3

[반론] 둘째에 대해 다음과 같이 진행한다. 심사숙고는 현명과 구별되는 덕이 아닌 것으로 보인다.

1. 철학자가 『니코마코스 윤리학』 제6권에서[1] 말했듯이, "현명한 이에게 잘 숙고함이 속하는 것으로 보인다." 그런데 이것은 언급한 바와 같이,[2] 심사숙고에 속한다. 따라서 심사숙고는 현명과 구별되지 않는다.

---

2. a.1.

q.51, a.2

2. Praeterea, humani actus, ad quos ordinantur humanae virtutes, praecipue specificantur ex fine, ut supra[3] habitum est. Sed ad eundem finem ordinantur eubulia et prudentia, ut dicitur VI *Ethic.*[4]: idest non ad quendam particularem finem, sed ad communem finem totius vitae. Ergo eubulia non est virtus distincta a prudentia.

3. Praeterea, in scientiis speculativis ad eandem scientiam pertinet inquirere et determinare. Ergo pari ratione in operativis hoc pertinet ad eandem virtutem. Sed inquirere pertinet ad eubuliam, determinare autem ad prudentiam. Ergo eubulia non est alia virtus a prudentia.

SED CONTRA, *prudentia est praeceptiva,* ut dicitur in VI *Ethic..*[5] Hoc autem non convenit eubuliae. Ergo eubulia est alia virtus a prudentia.

RESPONDEO dicendum quod, sicut dictum est supra,[6] virtus proprie ordinatur ad actum, quem reddit bonum. Et ideo oportet secundum differentiam actuum esse diversas virtutes: et maxime quando non est eadem ratio bonitatis in actibus. Si enim esset eadem ratio bonitatis in eis, tunc ad eandem virtutem pertinerent diversi actus: sicut ex eodem dependet bonitas amoris, desiderii et gaudii, et ideo omnia ista pertinent ad eandem virtutem caritatis. Actus autem ra-

---

3. I-II, q.1, a.3; q.18, a.6.
4. c.10, 1142b31-33; St. Thomas, lect.8, n.1233.

2. 위에서[3] 주장했듯이, 인간적 덕이 그것을 향해 질서 지어져 있는 인간적 행위들은 무엇보다 목적에 근거해 종별화 된다. 그런데 『니코마코스 윤리학』 제6권에서[4] 말했듯이, 심사숙고와 현명은 같은 목적을 향해, 즉 어떤 특수한 목적이 아니라, 전체 삶의 공동 목적을 향해 질서 지어져 있다. 따라서 심사숙고는 현명과 구별되는 덕이 아니다.

3. 사변적 학문에서는 '탐색함'과 '결정함'이 같은 학문에 속한다. 따라서 같은 근거로 실천적 학문에서도 이것이 같은 덕에 속한다. 그런데 '탐색함'은 심사숙고에 속하고, '결정함'은 현명에 속한다. 따라서 심사숙고는 현명과 다른 덕이 아니다.

[재반론] 그러나 반대로 『니코마코스 윤리학』 제6권에서[5] 말했듯이, "현명은 명령을 내린다." 그런데 이것은 심사숙고에는 속하지 않는다. 따라서 심사숙고는 현명과 다른 덕이다.

[답변] 위에서[6] 말했듯이, 덕은 본래적으로 행위로 질서 지어져 있으며, 덕은 이 행위를 선하게 만든다. 그래서 행위들의 차이에 따라, 특히 행위들에 동일한 선성의 규정이 있지 않을 때, 서로 다른 덕들이 있어야 한다. 왜냐하면 만일 행위들에 동일한 선성의 규정이 있다고 가정한다면, 서로 다른 행위들이 동일한 덕에 속하게 될 것이기 때문이다. 예를 들어 사랑의 선성, 갈망의 선성 및 즐거움의 선성이 동일한 것에 의존하고, 그래서 이 모든 것들이 참사랑이라는 동일한 덕에 속

---

5. c.11, 1143a8-11; St. Thomas, lect.9, nn.1239-1240.
6. q.47, a.4; I-II, q.55, aa.2-3.

tionis ordinati ad opus sunt diversi, nec habent eandem rationem bonitatis: ex alia enim efficitur homo bene consiliativus, et bene iudicativus, et bene praeceptivus; quod patet ex hoc quod ista aliquando ab invicem separantur. Et ideo oportet aliam esse virtutem eubuliam, per quam homo est bene consiliativus; et aliam prudentiam, per quam homo est bene praeceptivus. Et sicut consiliari ordinatur ad praecipere tanquam ad principalius,[7] ita etiam eubulia ordinatur ad prudentiam tanquam ad principaliorem virtutem; sine qua nec virtus esset, sicut nec morales virtutes sine prudentia, nec ceterae virtutes sine caritate.[8]

AD PRIMUM ergo dicendum quod ad prudentiam pertinet bene consiliari imperative: ad eubuliam autem elicitive.[9]

AD SECUNDUM dicendum quod ad unum finem ultimum, quod est *bene vivere totum*,[10] ordinantur diversi actus secundum quendam gradum: nam praecedit consilium, sequitur iudicium, et ultimum est praeceptum, quod immediate se habet ad finem ultimum, alii autem duo actus remote se habent.[11] Qui tamen habent quosdam proximos fines: consilium quidem inventionem eorum quae sunt

---

7. Cf. q.47, a.8.
8. Cf. I-II, q.65, aa.1-2.
9. 토마스에 따르면 어떤 행위가 그것의 목적을 향해 그 행위가 질서 지어져 있는 그러한 습성으로부터 생겨날 때 유발의 방식으로 생겨난다고 말할 수 있다.(Cf. *In Sent.*, IV, d.5, q.1, a.1, qc.2, ad1: "aliquis actus ellicitive ab illo habitus proceditur ad cuius finem immediate ordinatur.") 반면 어떤 유발된 행위를 다른 습성(덕)의 목적을 향해 질서 지우는 경우 '명령의

하는 것과 같다. 그런데 행업을 향해 질서 지어진 이성의 행위들은 서로 다르며, 동일한 선성의 규정을 갖지도 않는다. 왜냐하면 인간은 서로 다른 근거에서 '잘 숙고'하게 되고, '잘 판단'을 하며, '잘 명령'하게 되기 때문이다. 이는 이것들이 때로 서로 분리된다는 사실로부터 드러난다. 그래서 그것을 통해 인간이 잘 숙고하는 것인 심사숙고와 그것을 통해 인간이 잘 명령하는 것인 현명은 서로 다른 덕이어야만 한다. '숙고함'이 그보다 더 주된 것인 '명령함'을 향해 질서 지어져 있듯이,[7] 심사숙고는 더 주된 덕인 현명을 향해 질서 지어져 있다. 이 주된 덕이 없이는 덕도 없을 것이다. 이는 현명이 없으면 도덕적 덕도, 참사랑이 없으면 여타 덕도 없는 것과 같다.[8]

[해답] 1. '잘 숙고함'은 명령의 방식으로는(imperative) 현명에, 반면 유발(誘發)의 방식으로는(elicitive) 심사숙고에 속한다.[9]

2. "온전한 복지"[10]라는 하나의 최종 목적을 향해 서로 다른 행위들이 일정한 단계에 따라 질서 지어져 있다. 왜냐하면 숙고가 앞서 오고, 판단이 그 뒤를 따르며, 마지막에 명령이 있다. 이 명령은 최종 목적과 직접적으로 관계한다. 반면 다른 두 행위는 [최종 목적과] 멀리 떨어져 관계한다.[11] 그렇지만 이것들도 근접 목적들을 갖는다. 숙고는 행해야 하는 것들의 발견을, 판단은 그것들에 대한 확실성을 목적으로 한다.

방식으로' 다른 습성에 속한다고 말할 수 있다.(Cf. II-II, q.32, a.1, ad2: "nihil prohibet actum qui est proprie unius virtutis elicitive, attribui alteri virtuti sicut imperanti et ordinanti ad suum finem.") 이에 따라 '잘 숙고함'은 '잘 숙고하는 덕'인 심사숙고로부터 유발된 행위이지만, '잘 명령하는 덕'인 '현명'의 행위로 질서 지어져 있는 한에서 '명령의 방식으로' 현명에 속하는 행위로 볼 수 있다.
10. Cf. Aristoteles, *Eth.*, VI, c.5, 1140a25-28; St. Thomas, lect.4, n.1162. Cf. supra, q.47, a.2.
11. Cf. q.47, a.8.

agenda; iudicium autem certitudinem. Unde ex hoc non sequitur quod eubulia et prudentia non sint diversae virtutes: sed quod eubulia ordinetur ad prudentiam sicut virtus secundaria ad principalem.

AD TERTIUM dicendum quod etiam in speculativis alia rationalis scientia est dialectica, quae ordinatur ad inquisitionem inventivam; et alia scientia demonstrativa, quae est veritatis determinativa.

Articulus 3
Utrum synesis sit virtus

Ad tertium sic proceditur. Videtur quod synesis non sit virtus.

1. Virtutes enim *non insunt nobis a natura*, ut dicitur in II *Ethic.*.[1] Sed synesis inest aliquibus a natura, ut dicit Philosophus, in VI *Ethic.*.[2] Ergo synesis non est virtus.

2. Praeterea, synesis, ut in eodem libro[3] dicitur, *est solum iudicativa*. Sed iudicium solum, sine praecepto, potest esse etiam in malis. Cum ergo virtus sit solum in bonis, videtur quod synesis non sit virtus.

3. Praeterea, nunquam est defectus in praecipiendo nisi sit aliquis defectus in iudicando, saltem in particulari operabili, in quo omnis malus errat.[4] Si ergo synesis ponitur virtus ad bene iudicandum, vi-

---

1. c.1, 1103a23-26; St. Thomas, lect.1, n.249.
2. c.11, 1143b6-9; St. Thomas, lect.9, nn.1250-1252.
3. c.11, 1143a9-11; St. Thomas, lect.9, n.1240.
4. Cf. Aristoteles, *Eth.*, III, c.2, 1110b30-1111a2; St. Thomas, lect.3, nn.411-412. Cf. I-II,

이로부터 심사숙고와 현명은 서로 다른 덕이 아니라는 결론이 나오는 것이 아니라, 심사숙고는 이차적 덕이 주덕을 향해 질서 지어지듯이 현명을 향해 질서 지어진다는 결론이 나온다.

3. 사변적인 학문들에서도 발견적 탐색을 향해 질서 지어진 이성적 학문인 변증법과 진리를 결정하는 증명적 학문은 서로 다른 학문이다.

제3절 판단력은 덕인가?

Parall.: I-II, q.57, a.6; In Sent., III, d.33, q.3, a.1, qc.3; In Ethic., VI, lect.9

[반론] 셋째에 대해 다음과 같이 진행된다. 판단력은 덕이 아닌 것으로 보인다.

1. 『니코마코스 윤리학』 제2권에서[1] 말했듯이, 덕들은 "본성적으로 우리에 내속하지 않는다." 반면 철학자가 『니코마코스 윤리학』 제6권에서[2] 말했듯이, 판단력은 어떤 이들에게 본성적으로 내속한다. 따라서 판단력은 덕이 아니다.

2. 같은 책에서[3] 말했듯이, 판단력은 "오직 판단을 하는 것이다." 그런데 판단은 명령 없이 홀로는 악한 이들에게도 있을 수 있다. 따라서 덕은 오직 선한 이들에게만 있으므로, 판단력은 덕이 아닌 것으로 보인다.

3. '명령함'에 있어 결함은 오직 '판단함'에 어떤 결함이, 적어도 — 거기에서 모든 악한 사람이 잘못을 범하는 것인[4] — 어떤 특수한 작용할

---

q.78, a.1, obj.1 et ad1.

detur quod non sit necessaria alia virtus ad bene praecipiendum. Et ideo prudentia erit superflua: quod est inconveniens. Non ergo synesis est virtus.

SED CONTRA, iudicium est perfectius quam consilium. Sed eubulia, quae est bene consiliativa, est virtus. Ergo multo magis synesis, quae est bene iudicativa, est virtus.

RESPONDEO dicendum quod synesis importat iudicium rectum non quidem circa speculabilia, sed circa particularia operabilia, circa quae etiam est prudentia. Unde secundum synesim dicuntur in Graeco aliqui *syneti*, idest sensati, vel *eusyneti*, idest homines boni sensus: sicut e contrario qui carent hac virtute dicuntur *asyneti*, idest insensati. Oportet autem quod secundum differentiam actuum qui non reducuntur in eandem causam sit etiam diversitas virtutum.[5] Manifestum est autem quod bonitas consilii et bonitas iudicii non reducuntur in eandem causam: multi enim sunt bene consiliativi qui tamen non sunt bene sensati, quasi recte iudicantes. Sicut etiam in speculativis aliqui sunt bene inquirentes, propter hoc quod ratio eorum prompta est ad discurrendum per diversa, quod videtur provenire ex dispositione imaginativae virtutis, quae de facili potest formare diversa phantasmata: et tamen huiusmodi quandoque non sunt boni iudicii, quod est propter defectum intellectus, qui maxime contingit

수 있는 것(행위)에 있어 '판단함'에 어떤 결함이 있을 때만 존재한다. 따라서 만일 판단력이 잘 판단하는 덕으로 인정된다면, 잘 명령하기 위한 다른 어떤 덕이 필요하지 않아 보인다. 그래서 현명은 불필요해질 텐데, 이것은 부적합하다. 따라서 판단력은 덕이 아니다.

[재반론] 그러나 반대로 판단은 숙고보다 더 완전하다. 그런데 잘 숙고하는 것인 심사숙고는 덕이다. 따라서 잘 판단하는 것인 판단력은 훨씬 더 덕이다.

[답변] 판단력은 사변적인 사안에 대해서가 아니라, 그것에 대해서도 현명이 관여하는 특수한 작용할 수 있는 것(행위)에 대한 올바른 판단을 포함한다. 그러므로 어떤 사람은 판단력에 따라 그리스어로 'syneti', 즉 "판단력 있는 사람" 또는 eusyneti, 즉 판단력이 좋은 사람이라 불리게 된다. 반면 이 덕을 결여한 사람들은 asyneti, 즉 '판단력이 없는 사람'이라 불린다. 그런데 같은 원인으로 소급되지 않는 행위들 간의 차이에 따라 덕의 다름도 있어야 한다.[5] 숙고의 선성과 판단의 선성은 같은 원인으로 소급되지 않는 것이 명백하다. 잘 숙고하는 사람들 중 많은 이가 판단력이 없는, 말하자면 잘 판단하지 못할 수 있기 때문이다. 사변적인 문제에서도 어떤 사람들은 그들의 이성이 서로 다른 사안들로 빠르게 추론을 진행하기 때문에(이는 쉽게 서로 다른 감각적 표상을 형성할 수 있는 상상력의 상태에 기인하는 것으로 보인다) 잘 탐색하지만, 때로는 좋은 판단을 내리지 못하는 경우가 있다. 좋은 판단을 내리지

---

5. Cf. a.2.

ex mala dispositione communis sensus non bene iudicantis. Et ideo oportet praeter eubuliam esse aliam virtutem quae est bene iudicativa. Et haec dicitur synesis.

AD PRIMUM ergo dicendum quod rectum iudicium in hoc consistit quod vis cognoscitiva apprehendat rem aliquam secundum quod in se est. Quod quidem provenit ex recta dispositione virtutis apprehensivae: sicut in speculo, si fuerit bene dispositum, imprimuntur formae corporum secundum quod sunt; si vero fuerit speculum male dispositum, apparent ibi imagines distortae et prave se habentes. Quod autem virtus cognoscitiva sit bene disposita ad recipiendum res secundum quod sunt, contingit quidem radicaliter ex natura, consummative autem ex exercitio vel ex munere gratiae. Et hoc dupliciter. Uno modo, directe ex parte ipsius cognoscitivae virtutis, puta quia non est imbuta pravis conceptionibus, sed veris et rectis: et hoc pertinet ad synesim secundum quod est specialis virtus. Alio modo, indirecte, ex bona dispositione appetitivae virtutis, ex qua sequitur quod homo bene iudicet de appetibilibus. Et sic bonum virtutis iudicium consequitur habitus virtutum moralium, sed circa fines, synesis autem est magis circa ea quae sunt ad finem.

AD SECUNDUM dicendum quod in malis potest quidem iudicium rectum esse in universali: sed in particulari agibili semper eorum iudicium corrumpitur, ut supra[6] habitum est.

AD TERTIUM dicendum quod contingit quandoque id quod

못하는 이유는 무엇보다 잘 판단하지 못하는 공통감각의 나쁜 상태로부터 일어날 수 있는 지성의 결함에 있다. 그래서 심사숙고 외에 잘 판단하는 다른 덕이 있어야 하며, 이것을 판단력이라 부른다.

[해답] 1. 올바른 판단은 인식 능력이 어떤 사물을 있는 그대로 파악하는 데 있다. 이것은 파악력의 올바른 상태로부터 생겨난다. 예를 들어 거울이 좋은 상태에 있다면, 그 안에 물체의 형상이 있는 그대로 반영되는 것과 같다. 반면 거울이 나쁜 상태에 있다면, 왜곡되고 뒤틀린 상태의 영상이 거기에 나타날 것이다. 인식 능력은 사물들을 있는 그대로 받아들이기 좋은 상태에 있을 수 있는데, 이는 근본적으로는 자연(본성)으로부터 그럴 수 있고, 그렇지만 완성의 관점에서는 실행과 은총의 선물에 근거해 일어난다. 그리고 이는 두 가지로 일어난다. 첫째, 직접적으로 인식 능력의 측면으로부터. 예를 들어 인식 능력이 뒤틀린 개념들이 아니라 참되고 올바른 개념들로 물들어 있기 때문이다. 그리고 이것은 종별되는 덕인 한에서 판단력에 속한다. 둘째, 욕구 능력의 좋은 상태에 근거해서 간접적으로 일어난다. 이로부터 사람은 '욕구할 만한 것'에 대해서 잘 판단하게 된다. 이러한 의미에서 덕의 좋은 판단이 도덕적 덕의 습성에서 생겨나지만, 이는 목적과 관련된 판단이다. 반면 판단력은 목적을 향해 있는 것(수단)과 관련된다.

2. 나쁜 이들에게 보편적인 것에서 올바른 판단이 있을 수 있다. 그렇지만 위에서[6] 주장한 것처럼 특수한 행할 수 있는 것에서 그들의 판단은 항상 부패한다.

---

6   I, q.63, a.1, ad4.

bene iudicatum est differri, vel negligenter agi aut inordinate. Et ideo post virtutem quae est bene iudicativa necessaria est finalis virtus principalis quae sit bene praeceptiva, scilicet prudentia.

Articulus 4
Utrum gnome sit specialis virtus

Ad quartum sic proceditur. Videtur quod gnome non sit specialis virtus a synesi distincta.

1. Quia secundum synesim dicitur aliquis bene iudicativus. Sed nullus potest dici bene iudicativus nisi in omnibus bene iudicet. Ergo synesis se extendit ad omnia diiudicanda. Non est ergo aliqua alia virtus bene iudicativa quae gnome vocatur.

2. Praeterea, iudicium medium est inter consilium et praeceptum. Sed una tantum virtus est bene consiliativa, scilicet eubulia; et una tantum virtus est bene praeceptiva, scilicet prudentia. Ergo una tantum est virtus bene iudicativa, scilicet synesis.

3. Praeterea, ea quae raro accidunt, in quibus oportet a communibus legibus discedere, videntur praecipue casualia esse, quorum non est ratio, ut dicitur in II *Phys.*.[1] Omnes autem virtutes intellectuales pertinent ad rationem rectam. Ergo circa praedicta non est aliqua virtus intellectualis.

3. 잘 판단 내려진 것이 때로 지연되거나, 나태하게 또는 무질서하게 행위될 수 있다. 그래서 잘 판단을 내리는 덕 다음에 잘 명령하는 최종적이고 주된 덕, 즉 현명이 필수적이다.

제4절 분별력은 특수한 덕인가?

Parall.: I-II, q.57, a.6, ad3; *In Sent.*, III, d.33, q.3, a.1, qc.3

[반론] 넷째에 대해 다음과 같이 진행한다. 분별력은 판단력과 구별되는 특수한 덕이 아닌 것으로 보인다.

1. 판단력에 따라 어떤 이는 잘 판단한다고 말해진다. 그런데 어느 누구도 모든 사안에서 잘 판단하지 않는다면 잘 판단한다고 말할 수 없다. 따라서 판단력은 모든 것에 대한 판단으로 확장된다. 분별력이라 불리는, 잘 판단하는 어떤 다른 덕은 없다.

2. 판단은 숙고와 명령의 중간이다. 그런데 잘 숙고하는 덕, 즉 심사숙고는 하나이고, 잘 명령하는 덕, 즉 현명도 하나이다. 따라서 잘 판단하는 덕, 즉 판단력도 하나이다.

3. 그 안에서 공통 법칙에서 벗어나야 하는 일이 벌어지는, 드물게 일어나는 것들은 무엇보다 우연히 일어나는 것으로 보인다. 이러한 우연히 일어나는 것에는, 『자연학』 제2권에서[1] 말했듯이, 이성이 관여하지 않는다. 그런데 모든 지성적 덕들은 올바른 이성에 속한다. 따라서

---

1. c.5, 197a18-21; St. Thomas, lect.9, n.4.

q.51, a.4

SED CONTRA est quod Philosophus determinat, in VI *Ethic.*,[2] gnomen esse specialem virtutem.

RESPONDEO dicendum quod habitus cognoscitivi distinguuntur secundum altiora vel inferiora principia: sicut sapientia in speculativis altiora principia considerat quam scientia, et ideo ab ea distinguitur.[3] Et ita etiam oportet esse in activis. Manifestum est autem quod illa quae sunt praeter ordinem inferioris principii sive causae reducuntur quandoque in ordinem altioris principii: sicut monstruosi partus animalium sunt praeter ordinem virtutis activae in semine, tamen cadunt sub ordine altioris principii, scilicet caelestis corporis, vel ulterius providentiae divinae.[4] Unde ille qui consideraret virtutem activam in semine non posset iudicium certum ferre de huiusmodi monstris: de quibus tamen potest iudicari secundum considerationem divinae providentiae. Contingit autem quandoque aliquid esse faciendum praeter communes regulas agendorum: puta cum impugnatori patriae non est depositum reddendum, vel aliquid aliud huiusmodi.[5] Et ideo oportet de huiusmodi iudicare secundum aliqua altiora principia quam sint regulae communes, secundum quas iudicat synesis. Et secundum illa altiora principia exigitur altior virtus iudicativa, quae

---

2. c.11, 1143a19-24; St. Thomas, lect.9, nn.1243-1244.

앞서 말한 것들과 관련된 어떤 다른 지성적 덕은 없다.

[재반론] 그러나 반대로 철학자는 『니코마코스 윤리학』 제6권에서[2] '분별력은 종별되는 덕이다'라고 결정하였다.

[답변] 인식적 습성은 더 높고 낮은 원리들에 따라 구별된다. 예를 들어 사변적인 영역에서 지혜는 지식보다 더 높은 원리들을 고찰하고, 그래서 지식과 구별된다.[3] 행위의 영역에서도 이와 같아야 한다. 그런데 하위 원리나 원인의 질서 밖에 놓여 있는 것들은 때로 더 높은 원리의 질서로 환원되곤 하는 것이 명백하다. 예를 들어 동물의 기형적 출산은 종자의 능동력의 질서 밖에 있지만, 더 높은 원리, 즉 천체의 질서 또는 더 나아가 신의 섭리의 질서 아래에 들어온다.[4] 그러므로 종자 안의 능동력을 고찰하는 사람은 그러한 기형에 대해 올바른 판단을 내릴 수 없다. 그렇지만 이에 대해서는 신적 섭리를 고찰함으로써 판단할 수 있다. 그런데 행해야 할 것(행위)의 공통 규칙을 벗어나서 어떤 것을 행해야 할 때가 있다. 예를 들어 맡은 물건을 조국의 적에게 되돌려주어서는 안 된다거나, 또는 그러한 종류의 다른 일이 있다.[5] 그러한 사안에 대해서는 공통의 규칙보다 더 높은 원리들에 따라 판단해야만 한다. 판단력은 바로 이 공통의 규칙에 따라서 판단한다. 그리고 이 더 높은 원리에 따르기 위해서는 더 높은 판단의 덕이 요구되는데, 이것이 분별력이라 불리는 것으로, 분별력은 판단의 어떤 통찰을 포함한다.

---

3. Cf. I-II, q.57, a.2.
4. Cf. I, q.103, a.7.
5. Cf. q.120, a.1; I-II, q.94, a.4.

vocatur gnome, quae importat quandam perspicacitatem iudicii.

AD PRIMUM ergo dicendum quod synesis est vere iudicativa de omnibus quae secundum communes regulas fiunt. Sed praeter[6] communes regulas sunt quaedam alia diiudicanda, ut iam dictum est.

AD SECUNDUM dicendum quod iudicium debet sumi ex propriis principiis rei: inquisitio autem fit etiam per communia. Unde etiam in speculativis dialectica, quae est inquisitiva, procedit ex communibus: demonstrativa autem, quae est iudicativa, procedit ex propriis.[7] Et ideo eubulia, ad quam pertinet inquisitio consilii, est una de omnibus: non autem synesis, quae est iudicativa. – Praeceptum autem respicit in omnibus unam rationem boni. Et ideo etiam prudentia non est nisi una.

AD TERTIUM dicendum quod omnia illa quae praeter communem cursum contingere possunt considerare pertinet ad solam providentiam divinam[8]: sed inter homines ille qui est magis perspicax potest plura horum sua ratione diiudicare. Et ad hoc pertinet gnome, quae importat quandam perspicacitatem iudicii.

---

6. 본론.
7. Cf. a.2, ad3.

[해답] 1. 판단력은 공통 규칙에 따라 생겨나는 모든 것에 대해 참되게 판단하는 것이다. 그런데 이미[6] 말한 것처럼, 어떤 다른 것들은 공통 규칙을 벗어나서 판단해야만 한다.

2. 판단은 사물의 고유한 원리에 근거해 내려져야만 하고, 반면 탐색은 공통 원리를 통해서도 이루어진다. 그러므로 사변적인 영역에서도 탐색하는 변증법은 공통 원리로부터 진행하고, 판단을 내리는 증명은 고유한 원리로부터 진행한다.[7] 그래서 숙고의 탐색이 속하는 심사숙고는 모든 것에 대해 하나이지만, 판단하는 것인 판단력은 그렇지 않다. 한편 명령은 모든 사안에 있어 선에 대한 하나의 규정과 관계한다. 그래서 현명도 오직 하나이다.

3. 공통적 진행을 벗어나 일어날 수 있는 모든 것들을 고찰하는 일은 오직 신적 섭리에만 속한다.[8] 그렇지만 사람들 가운데 보다 더 통찰력이 있는 사람은 공통적 진행을 벗어난 것들 중 많은 것들을 자신의 이성으로 판단할 수 있다. 이와 관련된 것이 분별력으로서, 분별력은 판단의 통찰을 포함한다.

---

8. Cf. I, q.22, a.2, ad1.

QUAESTIO LII
DE DONO CONSILII
in quatuor articulos divisa

Deinde considerandum est de dono consilii, quod respondet prudentiae.[1]

Et circa hoc quaeruntur quatuor.

Primo: utrum consilium debeat poni inter septem dona Spiritus Sancti.

Secundo: utrum donum consilii respondeat virtuti prudentiae.

Tertio: utrum donum consilii maneat in patria.

Quarto: utrum quinta beatitudo, quae est, *Beati misericordes,* respondeat dono consilii.

Articulus 1
Utrum consilium debeat poni inter dona Spiritus Sancti

Ad primum sic proceditur. Videtur quod consilium non debeat poni inter dona Spiritus Sancti.

1. Dona enim Spiritus Sancti in adiutorium virtutum dantur; ut patet per Gregorium, in II *Moral.*.[1] Sed ad consiliandum homo suf-

---

1. Cf. q.47, Introd.

제52문
숙고의 선물에 대하여
(전4절)

그리고 나서 현명에 대응하는 숙고의 선물에[1] 대해 고찰해야 한다. 이와 관련하여 네 가지 물음이 제기된다.

    1. 숙고를 성령의 일곱 선물 가운데 하나로 간주해야 하는가?
    2. 숙고의 선물은 현명의 덕에 대응하는가?
    3. 숙고의 선물은 본향에서도 남아 있는가?
    4. 다섯 번째 참행복, 즉 "행복하여라, 자비로운 사람들"은 숙고의 선물에 대응하는가?

제1절 숙고를 성령의 선물 가운데 하나로 간주해야 하는가?

Parall.: *In Sent.*, III, d.35, q.2, a.4, qc.1

[반론] 첫째에 대해 다음과 같이 진행한다. 숙고는 성령의 선물 가운데 하나로 간주해서는 안 되는 것으로 보인다.
    1. 그레고리우스의 『욥기의 도덕적 해설』 제2권을[1] 통해 분명하듯이, 성령의 선물은 덕을 돕기 위해 주어진다. 그런데 인간은 현명의 덕

---

1. c.49, al.27, in vet.36, n.77: PL 75, 592D.

ficienter perficitur per virtutem prudentiae, vel etiam eubuliae, ut ex dictis[2] patet. Ergo consilium non debet poni inter dona Spiritus Sancti.

2. Praeterea, haec videtur esse differentia inter septem dona Spiritus Sancti et gratias gratis datas, quod gratiae gratis datae non dantur omnibus, sed distribuuntur diversis; dona autem Spiritus Sancti dantur omnibus habentibus Spiritum Sanctum. Sed consilium videtur esse de his quae specialiter aliquibus a Spiritu Sancto dantur: secundum illud I *Machab.* 2, [65]: *Ecce Simon, frater vester: ipse vir consilii est.*[3] Ergo consilium magis debet poni inter gratias gratis datas quam inter septem dona Spiritus Sancti.

3. Praeterea, *Rom.* 8, [14] dicitur: *Qui Spiritu Dei aguntur, hi filii Dei sunt.*[4] Sed his qui ab alio aguntur non competit consilium. Cum igitur dona Spiritus Sancti maxime competant filiis Dei, qui *acceperunt Spiritum adoptionis filiorum* [ib. 15], videtur quod consilium inter dona Spiritus Sancti poni non debeat.

SED CONTRA est quod Isaiae 11, [2] dicitur: *Requiescet super eum Spiritus consilii et fortitudinis.*[5]

---

2. q.47, a.1, ad2; q.51, aa.1-2.
3. 불가타에는 "Ecce Simon, frater vester: ipse vir consilii est" 대신에, "Ecce Simon frater vester, scio, quod vir consilii est(너희들의 형제 시몬을 보라. 나는 그가 숙고하는 사람임을 알고 있다)."라고 되어 있다.

을 통해서 또는 심지어 심사숙고의 덕을 통해서 충분히 숙고함으로 완성된다. 이는 언급한 바로부터[2] 분명하다. 따라서 숙고는 성령의 선물 가운데 하나로 간주해서는 안 된다.

2. 성령의 일곱 가지 선물과 '거저 주어지는 은총(무상은총)'의 차이는 후자가 모든 이에게 주어지지 않고 서로 다른 이들에게 분배되고, 반면 성령의 선물은 성령을 받은 모든 이에게 주어진다는 것이다. 그런데 숙고는 성령에 의해 특별히 어떤 이들에게 주어지는 것들 가운데 속하는 것으로 보인다. 마카베오기 상권 2장 [65절]의 "너희들의 형제 시몬을 보라. 그는 숙고하는 사람이다."[3]에 따르면 그렇다. 따라서 숙고는 성령의 일곱 가지 선물보다는 거저 주어지는 은총 가운데 하나로 간주되어야 한다.

3. 로마서 8장 [14절]에 "하느님의 영에 따라 행위하게 되는 이들, 이들이 하느님의 아들입니다."[4]라고 되어 있다. 그런데 다른 것에 의해 행위하게 되는 이들에게 숙고는 적합하지 않다. 성령의 선물은 누구보다 "아들의 입양의 영을 받아들인"(15절) 하느님의 아들들에게 속하기 때문에, 숙고는 성령의 선물 가운데 하나로 여겨져서는 안 되는 것으로 보인다.

[재반론] 그러나 반대로 이사야서 11장 [2절]에 "그에게 숙고와 용기의 영이 내려 쉬었다."[5]라고 되어 있다.

---

4. 불가타에는 "Qui Spiritu Dei aguntur, hi filii Dei sunt." 대신에 "Quicumque enim Spiritu Dei aguntur, ii sunt filii Dei(즉 하느님의 영에 의해 행위하게 되는 이들은 모두 하느님의 아들이다)."라고 되어 있다.

5. Cf. I-II, q.68, a.4, sc.

RESPONDEO dicendum quod dona Spiritus Sancti, ut supra[6] dictum est, sunt quaedam dispositiones quibus anima redditur bene mobilis a Spiritu Sancto. Deus autem movet unumquodque secundum modum eius quod movetur: sicut *creaturam corporalem movet per tempus et locum, creaturam autem spiritualem per tempus et non per locum*, ut Augustinus dicit, VIII *super Gen. ad litt.*.[7] Est autem proprium rationali creaturae quod per inquisitionem rationis moveatur ad aliquid agendum: quae quidem inquisitio consilium dicitur.[8] Et ideo Spiritus Sanctus per modum consilii creaturam rationalem movet. Et propter hoc consilium ponitur inter dona Spiritus Sancti.

AD PRIMUM ergo dicendum quod prudentia vel eubulia, sive sit acquisita sive infusa, dirigit hominem in inquisitione consilii secundum ea quae ratio comprehendere potest: unde homo per prudentiam vel eubuliam fit bene consilians vel sibi vel alii. Sed quia humana ratio non potest comprehendere singularia et contingentia quae occurrere possunt, fit quod *cogitationes mortalium sunt*[9] *timidae, et incertae providentiae nostrae*, ut dicitur *Sap.* 9, [14].[10] Et ideo indiget homo in inquisitione consilii dirigi a Deo, qui omnia comprehendit. Quod fit per donum consilii, per quod homo dirigitur quasi consilio a Deo accepto. Sicut etiam in rebus humanis qui sibi ipsis non suffi-

---

6. I-II, q.68, a.1.
7. cc.20 & 22: PL 34, 388, 389.
8. Cf. I-II, q.14, a.1.

[답변] 성령의 선물은, 위에서[6] 말한 것처럼, 영혼이 성령에 의해 잘 움직여질 수 있도록 하는 어떤 상태이다. 그런데 하느님은 모든 개별적인 것들을 '움직여지는 것'의 양태에 따라 움직인다. 즉 하느님은 "물체적 피조물을 시간과 장소를 통해서 움직이고, 반면 영적 피조물은 시간을 통해서 그러나 장소를 통하지 않고 움직인다." 이는 아우구스티누스가 『창세기 문자적 해설』 제8권에서[7] 말한 바이다. 그런데 이성의 탐색을 통해서 어떤 것을 행하도록 움직여지는 것이 이성적 피조물의 고유한 특성이다. 이 이성의 탐색을 숙고라 부른다.[8] 그래서 성령은 숙고의 양태로 이성적 피조물을 움직인다. 이러한 까닭에 숙고는 성령의 선물 가운데 하나로 여겨진다.

[해답] 1. 현명 또는 심사숙고는 획득된 것이든 아니면 주입된 것이든, 숙고의 탐색에 있어 이성이 파악할 수 있는 것들에 따라 인간을 지도한다고 말해야 한다. 그러므로 인간은 현명 또는 심사숙고를 통해 자기 자신을 위해서나 또는 다른 이를 위해서 잘 숙고하게 된다. 그러나 인간 이성은 일어날 수 있는 개별적인 것과 우연적인 것들을 포괄적으로 파악할 수 없기 때문에, 지혜서 9장 14절에[9] 있는 것처럼, "사멸하는 [인간]의 사유는 두렵고,[10] 우리들의 예견은 불확실하다." 그래서 인간은 숙고의 탐색에 있어서도 모든 것을 남김없이 파악하시는 하느님에 의해 지도될 필요가 있다. 이것은 숙고의 선물을 통해서 일어나는 바, 이 선물을 통해 인간은 마치 하느님으로부터 숙고(조언)를 받은 것처럼 지도된다. 이는 인간사에서도 스스로가 숙고의 탐색에 있어

---

9. Cf. q.47, a.3, ad2.
10. 불가타에는 "sunt"가 생략되어 있다.

ciunt in inquisitione consilii a sapientioribus consilium requirunt.[11]

AD SECUNDUM dicendum quod hoc potest pertinere ad gratiam gratis datam quod aliquis sit ita boni consilii quod aliis consilium praebeat. Sed quod aliquis a Deo consilium habeat quid fieri oporteat in his quae sunt necessaria ad salutem, hoc est commune omnium sanctorum.

AD TERTIUM dicendum quod filii Dei aguntur a Spiritu Sancto secundum modum eorum, salvato scilicet libero arbitrio, quae est *facultas voluntatis et rationis*.[12] Et sic inquantum ratio a Spiritu Sancto instruitur de agendis, competit filiis Dei donum consilii.

Articulus 2
Utrum donum consilii respondeat virtuti prudentiae

Ad secundum sic proceditur. Videtur quod donum consilii non respondeat convenienter virtuti prudentiae.

1. Inferius enim in suo supremo attingit id quod est superius, ut patet per Dionysium, 7 cap. *de Div. Nom.*[1]: sicut homo attingit angelum secundum intellectum. Sed virtus cardinalis est inferior dono, ut

---

11. Cf. q.49, a.3.
12. Magister, *Sent.*, III, d.24.

충분한 능력이 없는 이는 더 지혜로운 이로부터의 숙고(조언)를 필요로 하는 것과 같다.[11]

2. 어떤 이가 숙고를 잘해서 다른 이에게 숙고(조언)를 제공하는 것은 '무상은총'에 속할 수 있다. 그런데 어떤 이가 구원을 위해 필수적인 사안에 있어 무엇이 일어나야 하는지 하느님으로부터 숙고(조언)를 받는 것, 이것은 모든 성인들에 공통적이다.

3. 하느님의 아들들은 그들의 양태에 따라, 즉 자유로운 선택을 보존한 채 성령에 의해 행위하게 된다. 이 자유로운 선택은 "의지와 이성의 기능"[12]이다. 이러한 점에서 이성이 성령에 의해 행해야 할 것에 대해 가르침을 받는 한, 하느님의 아들들에게 숙고의 선물이 적합하다.

제2절 숙고의 선물은 현명의 덕에 대응하는가?

Parall.: supra a.1, ad1; *In Sent.*, III, d.34, q.1, a.2; d.35, q.2, a.4, qc.1-2

[반론] 둘째에 대해 다음과 같이 진행한다. 숙고의 선물은 현명의 덕에 적합하게 대응하지 않는 것으로 보인다.

1. 『신명론』 제7장에서[1] 디오니시우스를 통해 분명히 알 수 있듯이, '아래 있는 것'은 그것의 가장 높은 부분이 '위에 있는 것'과 맞닿아 있다. 인간이 지성에 따라 천사와 접촉하는 것과도 같다. 그런데 추요덕

---

1. PG 3, 872B; St. Thomas, lect.4, n.733.

supra² habitum est. Cum ergo consilium sit primus et infimus actus prudentiae, supremus autem actus eius est praecipere, medius autem iudicare; videtur quod donum respondens prudentiae non sit consilium, sed magis iudicium vel praeceptum.

2. Praeterea, uni virtuti sufficienter auxilium praebetur per unum donum: quia quanto aliquid est superius tanto est magis unitum, ut probatur in libro *de Causis*.³ Sed prudentiae auxilium praebetur per donum scientiae, quae non solum est speculativa, sed etiam practica, ut supra⁴ habitum est. Ergo donum consilii non respondet virtuti prudentiae.

3. Praeterea, ad prudentiam proprie pertinet dirigere, ut supra⁵ habitum est. Sed ad donum consilii pertinet quod homo dirigatur a Deo, sicut dictum est.⁶ Ergo donum consilii non pertinet ad virtutem prudentiae.

SED CONTRA est quod donum consilii est circa ea quae sunt agenda propter finem. Sed circa haec etiam est prudentia.⁷ Ergo sibi invicem correspondent.

RESPONDEO dicendum quod principium motivum inferius praecipue adiuvatur et perficitur per hoc quod movetur a superiori motivo principio: sicut corpus in hoc quod movetur a spiritu. Manifestum est autem quod rectitudo rationis humanae comparatur ad ra-

---

2. I-II, q.68, a.8.
3. Prop.10, § *Quod est*; St. Thomas, lect.10, et prop.17, § *Et quod ipse*; St. Thomas, lect.17. Cf. Proclus, *Elem. theol.*, 95, 97, Plotinus, *Ennead.*, V, iv, 1.

은 위에서² 주장한 것처럼, 선물보다 아래 있다. 따라서 숙고는 현명에 속하는 첫 번째의 그리고 가장 낮은 행위이고, 현명의 가장 높은 행위는 명령함이며, 판단함은 중간 행위이기 때문에, 현명에 대응하는 선물은 숙고가 아니라 판단이나 명령인 것으로 보인다.

2. 하나의 덕에는 하나의 선물을 통해서 도움이 충분히 제공된다. 어떤 것이 높을수록, 그만큼 더 하나로 되어 있기 때문이다. 이는 『원인론』에서³ 입증되었다. 그런데 현명에는, 위에서⁴ 주장한 것처럼, 사변적일 뿐 아니라 실천적이기도 한 것인 지식의 선물을 통해 도움이 제공된다. 따라서 숙고의 선물은 현명의 덕에 대응하지 않는다.

3. 위에서⁵ 주장한 것처럼, 현명에는 본래적으로 '지도함'이 속한다. 그런데 언급한 바와 같이,⁶ 숙고의 선물에는 인간이 신에 의해 지도된다는 것이 속한다. 따라서 숙고의 선물은 현명의 덕에 속하지 않는다.

[재반론] 그러나 반대로 숙고의 선물은 목적 때문에 행해야 하는 것들에 관여한다. 그런데 이러한 것들은 현명도 관여한다.⁷ 따라서 숙고의 선물과 현명은 서로 대응한다.

[답변] 물체가 영에 의해 움직여지면서 도움을 받고 완성되듯이, 낮은 운동 원리는 높은 운동 원리에 의해 움직여짐으로써 특히 도움을 받고 완성된다. 그런데 마치 낮은 운동 원리가 높은 운동 원리와 비교되듯이, 인간 이성의 올바름이 신적 이성에 비교된다는 것은 명백하다.

---

4. q.9, a.3.
5. q.50, a.1, ad1.
6. a.6.
7. Cf. q.47, a.6.

tionem divinam sicut principium motivum inferius ad superius: ratio enim aeterna est suprema regula omnis humanae rectitudinis. Et ideo prudentia, quae importat rectitudinem rationis, maxime perficitur et iuvatur secundum quod regulatur et movetur a Spiritu Sancto. Quod pertinet ad donum consilii, ut dictum est.[8] Unde donum consilii respondet prudentiae, sicut ipsam adiuvans et perficiens.

AD PRIMUM ergo dicendum quod iudicare et praecipere non est moti, sed moventis. Et quia in donis Spiritus Sancti mens humana non se habet ut movens, sed magis ut mota, ut supra[9] dictum est; inde est quod non fuit conveniens quod donum correspondens prudentiae praeceptum diceretur vel iudicium, sed consilium, per quod potest significari motio mentis consiliatae ab alio consiliante.

AD SECUNDUM dicendum quod scientiae donum non directe respondet prudentiae, cum sit in speculativa: sed secundum quandam extensionem eam adiuvat. Donum autem consilii directe respondet prudentiae, sicut circa eadem existens.

AD TERTIUM dicendum quod movens motum ex hoc quod movetur movet.[10] Unde mens humana ex hoc ipso quod dirigitur a Spiritu Sancto, fit potens dirigere se et alios.

---

8. a.1, as2
9. a.1; I-II, q.68, a.1.

영원한 이성은 모든 인간적 올바름의 궁극적 규칙이기 때문이다. 그래서 이성의 올바름을 포함하는 현명은 성령에 의해 규제되고 움직여짐에 따라 최고로 완성되고 도움 받는다. 이것은, 언급한 바와 같이,[8] 숙고의 선물에 속한다. 그러므로 숙고의 선물은 현명을 돕고 완성하는 것으로서 현명에 대응한다.

[해답] 1. '판단함'과 '명령함'은 '움직임을 받는 것(피동자)'이 아니라, '움직임을 주는 것(원동자)'에 속한다. 위에서[9] 언급한 것처럼, 성령의 선물들과 관련하여 인간적 정신은 '움직임을 주는 것'이 아니라 오히려 '움직임을 받는 것'의 위치에 있기 때문에, 현명에 대응하는 선물은 명령이나 판단이 아니라 숙고라고 말하는 것이 적합하다. 이 '숙고'는 다른 어떤 숙고하는(조언을 주는) 정신에 의한, 숙고를 받는(조언을 받는) 정신의 움직임을 가리킬 수 있기 때문이다.

2. 지식의 선물은, 사변적인 영역에 관여하기 때문에, 현명에 직접적으로 대응하지 않고, 일종의 연장이라는 관점에서 현명을 돕는다. 그런데 숙고의 선물은 현명과 동일한 사안에 관여하기 때문에, 직접적으로 현명에 대응한다.

3. 피동된 원동자는 움직여짐으로써 움직임을 준다.[10] 그러므로 인간 정신은 성령에 의해 지도됨으로써 자기 자신 및 다른 이들을 지도할 수 있게 된다.

---

10. Cf. I, q.2, a.3.

Articulus 3
Utrum donum consilii maneat in patria

Ad tertium sic proceditur. Videtur quod donum consilii non maneat in patria.

1. Consilium enim est eorum quae sunt agenda propter finem. Sed in patria nihil erit agendum propter finem: quia ibi homines ultimo fine potiuntur. Ergo in patria non est donum consilii.

2. Praeterea, consilium dubitationem importat: in his enim quae manifesta sunt ridiculum est consiliari, sicut patet per Philosophum, in III *Ethic.*.[1] In patria autem tolletur omnis dubitatio. Ergo in patria non erit consilium.

3. Praeterea, in patria sancti maxime Deo conformantur: secundum illud I Ioan. 3, [2]: *Cum apparuerit, similes ei erimus.* Sed Deo non convenit consilium: secundum illud Rom. 11, [34]: *Quis consiliarius eius fuit?* Ergo etiam neque sanctis in patria competit donum consilii.

SED CONTRA est quod dicit Gregorius, XVII *Moral.*[2]: *Cumque*

---

1. c.5, 1112a34–b3; St. Thomas, lect.7, n.467.
2. c.12, al.8, in vet.7, n.17: PL 76, 20B.

제3절 숙고의 선물은 본향에서도 남아 있는가?

Parall.: *In Sent.*, III, d.35, q.2, a.4, qc.3

[반론] 셋째에 대해 다음과 같이 진행한다. 숙고의 선물은 본향에서는 남아 있지 않아 보인다.

1. 숙고는 목적 때문에 행해야 하는 것들에 관여한다. 그런데 본향에는 목적 때문에 행해야 할 것이 없다. 왜냐하면 인간은 본향에서 최종 목적을 소유하기 때문이다. 따라서 본향에서는 숙고의 선물이 있지 않다.

2. 숙고는 의심을 포함한다. 왜냐하면 『니코마코스 윤리학』제3권에서[1] 철학자를 통해서 밝혀진 바와 같이, 명백히 드러난 사안들에서 숙고한다는 것은 우습기 때문이다. 그런데 본향에서는 모든 의심이 제거된다. 따라서 본향에서는 숙고가 없을 것이다.

3. 본향에서는 성인들이 하느님과 최고로 같은 모습을 하게 된다. 요한 1서 3장 2절에서 "그가 모습을 드러내면 우리는 그와 비슷해질 것입니다."라고 되어 있기 때문이다. 그러나 하느님에게 숙고는 적합하지 않다. 로마서 11장 [34절]에 따르면 "누가 그에게 숙고(조언)를 해 줍니까?"라고 되어 있다. 따라서 본향의 성인들에게도 숙고의 선물이 적합하지 않다.

[재반론] 그러나 반대로 그레고리우스는 『욥기의 도덕적 해설』제17권에서[2] "모든 민족의 죄책이나 정의가 천상 심급의 숙고로 보내질 때, 그 민족의 수장은 전쟁에서 승리하였거나, 또는 승리하지 않았다고 주

q.52, a.3

uniuscuiusque gentis vel culpa vel iustitia ad supernae curiae consilium ducitur, eiusdem gentis praepositus vel obtinuisse in certamine vel non obtinuisse perhibetur.

RESPONDEO dicendum quod, sicut dictum est,[3] dona Spiritus Sancti ad hoc pertinent quod creatura rationalis movetur a Deo. Circa motionem autem humanae mentis a Deo duo considerari oportet. Primo quidem, quod alia est dispositio eius quod movetur dum movetur; et alia dum est in termino motus. Et quidem quando movens est solum principium movendi,[4] cessante motu cessat actio moventis super mobile, quod iam pervenit ad terminum: sicut domus, postquam aedificata est, non aedificatur ulterius ab aedificatore. Sed quando movens non solum est causa movendi, sed etiam est causa ipsius formae ad quam est motus,[5] tunc non cessat actio moventis etiam post adeptionem formae: sicut sol illuminat aerem etiam postquam est illuminatus. Et hoc modo Deus causat in nobis et virtutem et cognitionem non solum quando primo acquirimus, sed etiam quandiu in eis perseveramus. Et sic cognitionem agendorum causat Deus in beatis, non quasi in ignorantibus, sed quasi continuando in eis cognitionem eorum quae agenda sunt.

Tamen quaedam sunt quae beati, vel angeli vel homines, non co-

---

3. a.1; I-II, q.68, a.1.
4. 즉 작용자(agens)가 오직 생성의 관점에서만 작용 결과의 원인이고, 작용 결과의 존재의 관점에서는 직접적으로 원인이 아니라면: I, q.104, a.1.

장된다."고 말했다.

[답변] 언급한 바와 같이,³ 성령의 선물들은 이성적 피조물이 하느님에 의해 움직여지는 데 기여한다. 그런데 하느님에 의한 인간 정신의 움직여짐과 관련하여 두 가지를 고찰해야 한다. 첫째, 움직여지는 동안에 움직여지는 것의 상태는 운동의 종결점에 이르렀을 때 움직여지는 것의 상태와 다르다는 것을 고찰해야 한다. '움직임을 주는 것(원동자)'이 '움직임을 줌'의 원리일 뿐이라면,⁴ 움직임이 멈출 때 이미 종결점에 도달한 '움직여지는 것(가동자)'에 대한 원동자의 활동은 멈추게 된다. 예를 들어 집은, 다 지어진 후에는 더 이상 건축가에 의해 지어지지 않는다. 그런데 원동자가 움직임(운동을 줌)의 원인일 뿐만 아니라, 운동이 지향하는 형상의 원인이기도 하다면,⁵ 형상을 획득한 후에도 원동자의 활동은 그치지 않는다. 예를 들어 태양은 공기가 빛을 받은 후에도 공기를 계속 비춘다. 하느님은 이러한 방식으로, 우리가 처음 덕과 인식을 획득했을 때뿐 아니라, 우리가 지속적으로 그것들을 갖는 동안에도, 우리 안의 덕과 인식의 원인이다. 이러한 의미에서 하느님은 행해야 할 것에 대한 복된 이들의 인식의 원인이다. 이때 하느님은 복된 이들이 마치 인식이 없는 이들인 것처럼 그들의 인식의 원인이 되는 것이 아니라, 행해야 할 것들의 인식을 복된 이들 안에 지속시킴으로써 원인이 된다.

그러나 복된 이들이, 이들이 천사이건 인간이건, 알지 못하는 것들이 있다. 이것들은 참행복의 본질에 속하는 것이 아니라, 하느님의 섭

---

5. 즉 작용자가 생성뿐 아니라 존재의 원인이기도 하다면: *ibid*.

gnoscunt, quae non sunt de essentia beatitudinis, sed pertinent ad gubernationem rerum secundum divinam providentiam. Et quantum ad hoc est aliud considerandum, scilicet quod mens beatorum aliter movetur a Deo, et aliter mens viatorum. Nam mens viatorum movetur a Deo in agendis per hoc quod sedatur anxietas dubitationis in eis praecedens. In mente vero beatorum circa ea quae non cognoscunt est simplex nescientia, a qua etiam Angeli purgantur, secundum Dionysium, 6 cap. *Eccl. Hier.*[6]: non autem praecedit in eis inquisitio dubitationis, sed simplex conversio ad Deum. Et hoc est Deum consulere: sicut Augustinus dicit, V *super Gen. ad litt.*,[7] quod angeli *de inferioribus Deum consulunt*. Unde et instructio qua super hoc a Deo instruuntur consilium dicitur.

Et secundum hoc donum consilii est in beatis, inquantum in eis a Deo continuatur cognitio eorum quae sciunt; et inquantum illuminantur de his quae nesciunt circa agenda.

AD PRIMUM ergo dicendum quod etiam in beatis sunt aliqui actus ordinati ad finem: vel quasi procedentes ex consecutione finis, sicut quod Deum laudant; vel quibus alios pertrahunt ad finem quem ipsi sunt consecuti, sicut sunt ministeria angelorum et orationes

---

6. P.III, §6: PG 3, 537B.

리에 따르는 사물들의 통치에 관련된 것들이다. 이러한 관점에서 다른 것이 고찰되어야 한다. 즉 복된 이들의 정신은 나그네들의 정신이 하느님에 의해 움직여지는 것과 다른 방식으로 하느님에 의해 움직여진다는 사실을 고찰해야만 한다. 나그네들의 정신은 '행해야 할 것'에 있어, 그들 안에 선행하는 의심의 불안이 잠잠해짐으로써, 하느님에 의해 움직여지기 때문이다. 반면 복된 이들의 정신에는 그들이 알지 못하는 것과 관련해서 단순한 무지가 있다. 『천상 위계』 제6장에서[6] 디오니시우스에 따르면 이 무지로부터 천사들도 정화된다. 그런데 그들에게는 의심의 탐색이 선행하지 않고, 하느님을 향한 단순한 전향이 있다. 그리고 바로 이것이 '하느님께 자문함'이다. 이러한 맥락에서 아우구스티누스는 『창세기 문자적 해설』 제5권에서[7] 천사들은 "자기보다 낮은 것들에 대해 하느님께 자문한다."고 말하였다. 그러므로 이러한 문제에 대해 그들이 하느님으로부터 받는 가르침도 '숙고'라 불린다.

이러한 관점에서, 복된 이들이 아는 것들의 인식이 하느님에 의해 그들 안에서 지속되는 한, 그리고 그들이 행해야 할 것과 관련하여 그들이 알지 못하는 것들에 대해 비춤을 받는 한에서, 그런 한에서 복된 이들에게 숙고의 선물이 있다.

[해답] 1. 복된 이들에게도 목적을 향해 질서 지어진 어떤 행위들이 있다. 이 행위들은 목적의 추구로부터 진행하기 때문이거나(예를 들어 하느님을 찬양하기 위한 목적), 또는 그들이 이미 도달한 목적으로 다른 이들을 이끄는 행위(천사들의 직무와 성인들의 기도)와 같은 것들이다. 이

---

7. c.19, n.37: PL34, 334.

sanctorum. Et quantum ad hoc habet in eis locum donum consilii.⁸

AD SECUNDUM dicendum quod dubitatio pertinet ad consilium secundum statum vitae praesentis: non autem pertinet secundum quod est consilium in patria. Sicut etiam virtutes cardinales non habent omnino eosdem actus in patria et in via.⁹

AD TERTIUM dicendum quod consilium non est in Deo sicut in recipiente, sed sicut in dante.¹⁰ Hoc autem modo conformantur Deo sancti in patria, sicut recipiens influenti.

Articulus 4
Utrum quinta beatitudo, quae est de misericordia, respondeat dono consilii

Ad quartum sic proceditur. Videtur quod quinta beatitudo, quae est de misericordia, non respondeat dono consilii.

1. Omnes enim beatitudines sunt quidam actus virtutum, ut supra¹ habitum est. Sed per consilium in omnibus virtutum actibus dirigimur. Ergo consilio non respondet magis quinta beatitudo quam

---

8. 따라서 "천사들의 직무와 성인들의 기도는, 실행의 관점에서 숙고의 선물과 관계한다. 그리고 이것들은 참행복의 본질과 관계하지 않지만, 문자의 명백한 의미에 따라, 숙고의 두 번째 양태, 즉 무지로부터 정화하는 숙고의 양태와 관계한다. 이를 통해서 복된 이들은 말씀 안에서가 아니라 그러한 학문적 인식에서 우리를 위해 무엇을 행하고 어떤 기도를 해야 하는지 본다. 물론 아마도 그들은 그들을 향한 우리들의 기도를 말씀 안에서 볼 것이다." Caietanus in

러한 점에서 복된 이들에게 숙고의 선물이 자리한다.⁸

2. 의심은 현재 삶의 상태에 따르는 숙고에 속한다. 그렇지만 본향에서의 숙고인 한에서는 숙고에 속하지 않는다. 이는 추요덕들도 본향에서와 여정 중에 전적으로 같은 행위를 갖지 않는 것과 같다.⁹

3. 숙고는 하느님이 마치 수용자인 것처럼 하느님 안에 있지 않고, 수여자로서의 하느님 안에 있다.¹⁰ 수용자가 '영향을 주는 자'와 같은 형상을 갖듯이, 이러한 방식으로 본향에서 성인들은 하느님과 같은 형상을 하게 된다.

제4절 자비와 관련된 다섯 번째 참행복은 숙고의 선물에 대응하는가?

Parall.: I-II, q.69, a.3, ad3; *In Sent.*, III, d.34, q.1, a.4; *In Matth.*, c.5.

[반론] 넷째에 대해 다음과 같이 진행한다. 자비와 관련된 다섯 번째 참행복은 숙고의 선물에 대응하지 않는 것으로 보인다.

1. 위에서 주장한 것처럼,¹ 모든 참행복은 덕의 행위이다. 그런데 우리는 모든 덕의 행위에 있어 숙고를 통해서 지도받는다. 따라서 다른 행복보다 다섯 번째 참행복이 더 숙고에 대응하지는 않는다.

---

h. a.
9. Cf. I-II, q.67, a.1.
10. Cf. *ScG*, I, 93, n.787.

1. I-II, q.69, a.1.

alia.

2. Praeterea, praecepta dantur de his quae sunt de necessitate salutis: consilium autem datur de his quae non sunt de necessitate salutis. Misericordia autem est de necessitate salutis, secundum illud Iac. 2, [13]: *Iudicium sine misericordia ei* [2] *qui non fecit misericordiam*: paupertas autem non est de necessitate salutis, sed pertinet ad perfectionem vitae, ut patet Matth. 19, [21]. Ergo dono consilii magis respondet beatitudo paupertatis quam beatitudo misericordiae.

3. Praeterea, fructus consequuntur ad beatitudines: important enim delectationem quandam spiritualem quae consequitur perfectos actus virtutum. Sed inter fructus non ponitur aliquid respondens dono consilii, ut patet *Gal.* 5, [vv. 22-23]. Ergo etiam beatitudo misericordiae non respondet dono consilii.

SED CONTRA est quod Augustinus dicit, in libro *de Serm. Dom. in Monte*[3]: *Consilium convenit misericordibus: quia unicum remedium est de tantis malis erui, dimittere aliis et dare.*

RESPONDEO dicendum quod consilium proprie est de his quae sunt utilia ad finem. Unde ea quae maxime sunt utilia ad finem maxime debent correspondere dono consilii. Hoc autem est misericordia: secundum illud I *ad Tim.* 4, [8]: *Pietas ad omnia utilis est.* Et ideo specialiter dono consilii respondet beatitudo misericordiae, non sicut

---

2. 불가타에는 "ei" 대신에 "illi(저 이에게는)"으로 되어 있다.

2. 구원을 위해 필수적인 것들에 대해 명령이 주어진다. 그런데 숙고는 구원을 위해 필수적이지 않은 것들에 대해 주어진다. 자비는 구원의 필연성에 속한다. 야고보서 2장 [13절]에 따르면 "자비를 베풀지 않는 이에게는² 자비 없이 심판"이 내린다. 마태오복음서 19장 [21절]에서 분명히 알 수 있듯이, 가난은 구원의 필연성에 속하지 않고, 삶의 완성에 속한다. 따라서 숙고의 선물에는 자비의 참행복보다는 가난의 참행복이 더 대응한다.

3. 열매는 행복으로부터 나온다. 왜냐하면 열매는 덕의 완성된 행위로부터 나오는 영적 즐거움을 포함하기 때문이다. 그런데 갈라티아서 5장 [22-23절]에서 분명히 알 수 있듯이, 숙고의 선물에 대응하는 어떤 것이 열매 가운데 하나로 여겨지지 않는다. 따라서 자비의 행복은 숙고의 선물에 대응하지 않는다.

[재반론] 그러나 반대로 아우구스티누스는 『산상설교 주해』에서³ "숙고는 자비로운 이들에게 적합하다. 왜냐하면 유일한 치유는 그렇게 큰 악으로부터 풀려나는 것, 다른 이를 용서하는 것, 그리고 주는 것이기 때문이다."라고 말하였다.

[답변] 숙고는 본래적으로 목적을 위해 유용한 것들에 관여한다. 그러므로 목적에 가장 유용한 것이 숙고의 선물에 가장 대응해야 한다. 그런데 이것은 바로, "경건은 모든 것에 유용하다."는 티모테오 1서 4장 [8절]에 따르면 자비이다. 그래서 특히 숙고의 선물에 자비의 참행복이 대응하는데, 이때 숙고의 선물은 자비의 참행복을 일으키는 것이

---

3. c.4, n.11: PL 34, 1234-1235.

elicienti, sed sicut dirigenti.

AD PRIMUM ergo dicendum quod etsi consilium dirigat in omnibus actibus virtutum, specialiter tamen dirigit in operibus misericordiae, ratione iam[4] dicta.

AD SECUNDUM dicendum quod consilium, secundum quod est donum Spiritus Sancti, dirigit nos in omnibus quae ordinantur in finem vitae aeternae, sive sint de necessitate salutis sive non. Et tamen non omne opus misericordiae est de necessitate salutis.

AD TERTIUM dicendum quod fructus importat quoddam ultimum. In practicis autem non est ultimum in cognitione, sed in operatione, quae est finis. Et ideo inter fructus nihil ponitur quod pertineat ad cognitionem practicam, sed solum ea quae pertinent ad operationes, in quibus cognitio practica dirigit. Inter quae ponitur bonitas et benignitas,[5] quae respondent misericordiae.

---

4. 본론.

아니라 지도하는 것으로서 대응한다.

[해답] 1. 비록 숙고가 덕의 모든 행위에서 지도를 하지만, 특히 자비의 행업에서 지도한다. 이에 대한 근거는 이미[4] 말하였다.

2. 성령의 선물인 한에서 숙고는 영원한 생명이라는 목적으로 질서지어진 모든 것에서, 그것이 구원을 위해 필수적이건 그렇지 않건, 우리를 지도한다. 그렇지만 자비의 행업이 모두 구원을 위해 필수적이지는 않다.

3. 열매는 일종의 마지막 것을 포함한다. 그런데 실천적인 것에서 마지막 것은 인식에 있지 않고 목적이 되는 작용에 있다. 그래서 실천적 인식에 속하는 어떤 것도 열매 가운데 하나로 여겨지지 않고, 오직 그와 관련하여 실천적 인식이 지도하는, 작용에 관련된 것들만이 열매 가운데 하나로 인정된다. 이 작용에 관련된 것들 가운데 선성과 인자함이[5] 놓이며, 이 둘은 자비에 대응한다.

---

5. Cf. I-II, q.70, a.3.

QUAESTIO LIII
DE IMPRUDENTIA
in sex articulos divisa

Deinde considerandum est de vitiis oppositis prudentiae.[1] Dicit autem Augustinus, in IV contra *Iulian.*,[2] quod *omnibus virtutibus non solum sunt vitia manifesta discretione contraria, sicut prudentiae temeritas: verum etiam vicina quodammodo, nec veritate, sed quadam specie fallente similia, sicut ipsi prudentiae astutia.* Primo ergo considerandum est de vitiis quae manifeste contrarietatem habent ad prudentiam, quae scilicet vitia proveniunt ex defectu prudentiae vel eorum quae ad prudentiam requiruntur; secundo, de vitiis quae habent quandam similitudinem falsam cum prudentia quae scilicet contingunt per abusum eorum quae ad prudentiam requiruntur.[3] Quia vero sollicitudo ad prudentiam pertinet, circa primum consideranda sunt duo: primo quidem, de imprudentia; secundo, de negligentia, quae sollicitudini opponitur.[4]

Circa primum quaeruntur sex.

Primo: de imprudentia, utrum sit peccatum.

Secundo: utrum sit speciale peccatum.

---

1. Cf. q.47, Introd.
2. c.3: PL 44, 748.

제53문
경솔함에 대하여
(전6절)

그러고 나서 현명에 대립하는 악습에 대해 고찰해야 한다.[1] 그런데 아우구스티누스는 『율리아누스 반박』 제4권에서[2] "모든 덕에는 악습들이 명백히 구별되어 대립할 뿐 아니라—예를 들어 현명에 무모함이 대립하듯이—어떤 점에서 [덕과] 비슷한, 그렇지만 진실로 비슷한 것이 아니라 현혹시키는 외양으로 비슷한 악습도—예를 들어 현명에 대해 교활함이 그렇듯이—대립한다."고 말하였다. 따라서 첫째로 명백하게 현명과 대립성을 갖는 악습들에 대해 고찰해야 한다. 즉 이러한 악습은 현명의 결함이나 현명을 위해 요구되는 것들의 결함으로부터 생겨난다. 둘째, 현명과 거짓된 유사성을 갖는 악습에 대해 고찰해야 한다. 이러한 악습은 현명을 위해 요구되는 것들의 오용을 통해서 생겨난다.[3]

그런데 염려가 현명에 속하기 때문에, 첫째와 관련하여 두 가지를 고찰해야만 한다. 첫째, 경솔함에 대해, 둘째, 염려에 대립하는 게으름에 대해서 고찰해야 한다.[4]

첫째에 관하여 여섯 가지 물음이 제기된다.

1. 경솔함에 대해, 그것은 죄인가?
2. 경솔함은 특수한 죄인가?

---

3. q.55.
4. q.54.

Tertio: de praecipitatione, sive temeritate.

Quarto: de inconsideratione.

Quinto: de inconstantia.

Sexto: de origine horum vitiorum.

Articulus 1
Utrum imprudentia sit peccatum

Ad primum sic proceditur. Videtur quod imprudentia non sit peccatum.

1. Omne enim peccatum est voluntarium, ut Augustinus dicit.[1] Imprudentia autem non est aliquid voluntarium: nullus enim vult esse imprudens. Ergo imprudentia non est peccatum.

2. Praeterea, nullum peccatum nascitur cum homine nisi originale. Sed imprudentia nascitur cum homine: unde et iuvenes imprudentes sunt. Nec est originale peccatum, quod opponitur originali iustitiae.[2] Ergo imprudentia non est peccatum.

3. Praeterea, omne peccatum per poenitentiam tollitur. Sed imprudentia non tollitur per poenitentiam. Ergo imprudentia non est peccatum.

---

1. *De vera Relig.*, c.14, n.27: PL34, 133.
2. '본래의 의로움'은 첫 인간에 허락된 "은총의 초자연적 선물"이다. 토마스에 따르면 첫 인간들은 본래의 의로움 덕분에 육체는 영혼에, 영혼의 하위능력은 상위능력에, 영혼의 상위능력인 이성은 하느님에 복종하는 올바름(rectitudo)의 상태에 놓여 있었으며, 불사성을 누릴 수

3. 성급함 또는 무모함에 대해서
4. 무분별에 대해서
5. 강인하지 못함에 대해서
6. 이러한 악습들의 기원에 대해서

제1절 경솔함은 죄인가?

[반론] 첫째에 대해 다음과 같이 진행한다. 경솔함은 죄가 아닌 것으로 보인다.

1. 아우구스티누스가 말했듯이,[1] 모든 죄는 자발적인 것이다. 그런데 경솔함은 자발적인 것이 아니다. 어느 누구도 경솔하기를 원욕하지는 않기 때문이다. 따라서 경솔함은 죄가 아니다.

2. 원죄가 아니라면 어떤 죄도 인간과 함께 태어나지 않는다. 그런데 경솔함은 인간과 함께 태어난다. 그래서 젊은이들도 현명하지 못하다. 또한 그것은 본래의 의로움[2]에 대립하는 원죄도 아니다. 따라서 경솔함은 죄가 아니다.

3. 모든 죄는 참회를 통해 제거된다. 그런데 경솔함은 참회를 통해 제거되지 않는다. 따라서 경솔함은 죄가 아니다.

있었다. 그런데 이 본래의 의로움은 첫 인간의 죄로 인해 첫 인간뿐 아니라 첫 인간의 죄가 없었다면 그들에게도 선물로서 주어졌을 첫 인간의 후손들로부터 거둬들여지게 되었다. 원죄란 바로 이 "본래의 의로움이 결핍된 욕망"을 가리킨다. 이에 대해서는 바티스타 몬딘, 『성 토마스 개념사전』, 이재룡·안소근·윤주현 옮김, 한국성토마스연구소, 2020, 항목: '본래의 의로움'(258-259쪽) 및 '원죄'(500-504쪽) 참조.

q.53, a.1

SED CONTRA, spiritualis thesaurus gratiae non tollitur nisi per peccatum. Tollitur autem per imprudentiam: secundum illud *Prov.* 21, [20]: *Thesaurus desiderabilis et oleum in habitaculo iusti, et homo imprudens[3] dissipabit illud.*

RESPONDEO dicendum quod imprudentia dupliciter accipi potest: uno modo, privative; alio modo, contrarie. – Negative autem non proprie dicitur, ita scilicet quod importet solam carentiam prudentiae: quae potest esse sine peccato. – Privative quidem imprudentia dicitur inquantum aliquis caret prudentia quam natus est et debet habere. Et secundum hoc imprudentia est peccatum ratione negligentiae, qua quis non adhibet studium ad prudentiam habendam.

Contrarie vero accipitur imprudentia secundum quod ratio contrario modo movetur vel agit prudentiae. Puta, si recta ratio prudentiae agit consiliando, imprudens consilium spernit: et sic de aliis quae in actu prudentis observanda sunt. Et hoc modo imprudentia est peccatum secundum rationem propriam prudentiae. Non enim potest hoc contingere quod homo contra prudentiam agat, nisi divertens a regulis quibus ratio prudentiae rectificatur. Unde si hoc contingat per aversionem a regulis divinis, est peccatum mortale: puta cum quis quasi contemnens et repudians divina documenta, praecipitanter agit. Si vero praeter eas agat absque contemptu, et absque detrimento

---

3. 불가타에는 "homo imprudens" 대신에 "imprudens homo"로 되어 있다.

[재반론] 그러나 반대로, 은총의 영적 보화는 죄를 통해서가 아니라면 제거되지 않는다. 그런데 그것은 경솔함을 통해 제거된다. 잠언 21장 [20절]에 따르면 "의로운 이의 거처에는 바랄만한 보화와 기름이 있지만, 경솔한 인간은[3] 그것을 탕진한다."라고 되어 있다.

[답변] 경솔함은 두 가지 방식으로 받아들여질 수 있다. 첫째, 결핍의 의미에서, 둘째, 반대의 의미로서 취해질 수 있다. 그런데 경솔함은 본래적으로는 '부정'의 의미로 말해지지 않고, 그래서 단지 현명의 결핍만을 포함하는 것이 아니다. 현명의 결핍은 죄 없이도 있을 수 있다. 한편 어떤 이가 자연적으로 갖고, 가져야만 하는 현명을 결핍(carentia)하는 한에서, 결여의 의미에서 경솔함을 말할 수 있다. 이러한 점에서 경솔함은 어떤 이가 현명을 갖기 위한 노력을 하지 않는 '게으름'으로 인해 죄가 된다.

다른 한편 경솔함은 이성이 현명에 반대되는 방식으로 움직여지거나 행위하는 한에서 반대의 의미에서 취해진다. 예를 들어, 만일 현명의 올바른 이성이 숙고함으로써 행위한다면, 경솔한 자는 숙고를 업신여기고, 현명한 이의 행위에서 준수되어야 할 것들에 대해서도 이러한 식으로 대한다. 이러한 방식으로 경솔함은 현명의 본래적 규정의 관점에서 죄이다. 왜냐하면 인간이 현명에 반해서 행위하는 일은, 만일 인간이 현명의 이성을 올바르게 만드는 규칙에서 벗어나지 않는다면 일어날 수 없기 때문이다. 그러므로 만일 이것이 신적 규칙에 등을 돌림으로써 일어난다면, 그것은 사죄(대죄)이다. 예를 들어 어떤 이가 신적 가르침을 경멸하고 거부하면서 성급하게 행위할 때 그러한 일이 일어난다. 반면 만일 어떤 이가 경멸 없이 그리고 구원을 위해 필수적인 것

eorum quae sunt de necessitate salutis, est peccatum veniale.

AD PRIMUM ergo dicendum quod deformitatem imprudentiae nullus vult: sed actum imprudentiae vult temerarius, qui vult praecipitanter agere. Unde et Philosophus dicit, VI *Ethic.*,[4] quod *ille qui circa prudentiam peccat volens, minus acceptatur.*[5]

AD SECUNDUM dicendum quod ratio illa procedit de imprudentia secundum quod sumitur negative. – Sciendum tamen quod carentia prudentiae et cuiuslibet virtutis includitur in carentia originalis iustitiae, quae totam animam perficiebat.[6] Et secundum hoc omnes isti defectus virtutum possunt reduci ad originale peccatum.

AD TERTIUM dicendum quod per poenitentiam restituitur prudentia infusa, et sic cessat carentia huius prudentiae. Non tamen restituitur prudentia acquisita quantum ad habitum, sed tollitur actus contrarius, in quo proprie consistit peccatum imprudentiae.

---

4. c.5, 1140b23-25; St. Thomas, lect.4, n.1173.
5. Cf. q.46, a.2, ad2.

들에 해를 끼치지 않고 신적 규범에서 벗어나 행위한다면, 그것은 용서받을 수 있는 죄(소죄)이다.

[해답] 1. 누구라도 경솔함의 추함을 원욕하지는 않지만, 성급하게 행위하기를 원욕하는 경솔한 이는 경솔함의 행위를 원욕한다. 그러므로 철학자도 『니코마코스 윤리학』 제6권에서[4] "현명과 관련하여 원욕하면서 죄를 짓는 이는 덜 받아들여진다."[5]고 말하였다.

2. 이 논거는 '부정'의 의미에서 이해되는 경솔함으로부터 진행한다. 그렇지만 현명 및 다른 모든 덕의 결핍은 영혼 전체를 완성하였던 본래의 의로움의 결핍 안에 포함된다는 점을 알아야 한다.[6] 이러한 점에서 이 모든 덕의 결함들은 원죄로 환원될 수 있다.

3. 참회를 통해서는 주입된 현명이 회복되고, 이러한 방식으로 그러한 현명의 결핍이 중단될 것이다. 그렇지만 습성의 관점에서 획득된 현명은 회복되지 않고, 본래적 의미에서 경솔함의 죄가 놓여 있는 반대 행위는 제거된다.

---

6. Cf. I-II, q.81, a.5, ad2; q.82, a.1, ad3; a.2, ad3; a.3; q.83, a.2, ad2; q.85, a.3.

Articulus 2
Utrum imprudentia sit speciale peccatum

Ad secundum sic proceditur. Videtur quod imprudentia non sit speciale peccatum.

1. Quicumque enim peccat agit contra rationem rectam, quae est prudentia. Sed imprudentia consistit in hoc quod aliquis agit contra prudentiam, ut dictum est.[1] Ergo imprudentia non est speciale peccatum.

2. Praeterea, prudentia magis est affinis moralibus actibus quam scientia. Sed ignorantia, quae opponitur scientiae, ponitur inter generales causas peccati.[2] Ergo multo magis imprudentia.

3. Praeterea, peccata contingunt ex hoc quod virtutum circumstantiae corrumpuntur: unde et Dionysius dicit, 4 cap. *de Div. Nom.*,[3] quod *malum contingit ex singularibus defectibus*. Sed multa requiruntur ad prudentiam: sicut ratio, intellectus, docilitas, et cetera quae supra[4] posita sunt. Ergo multae sunt imprudentiae species. Ergo non est peccatum speciale.

SED CONTRA, imprudentia est contrarium prudentiae, ut dictum est.[5] Sed prudentia est una virtus specialis[6]. Ergo imprudentia est unum vitium speciale.

---

1. a.1.
2. Cf. I-II, q.76.
3. PG 3, 729C; St. Thomas, lect.22, n.572.

제2절 경솔함은 특수한 죄인가?

[반론] 둘째에 대해 다음과 같이 진행한다. 경솔함은 특수한 죄가 아닌 것으로 보인다.

1. 죄를 범하는 사람은 모두 올바른 이성에 반하여 행위한다. 이 올바른 이성이 현명이다. 그러나 언급한 바와 같이,[1] 경솔함은 어떤 이가 현명에 반하여 행위하는 데서 성립한다. 따라서 경솔함은 특수한 죄가 아니다.

2. 지식보다 현명이 도덕적 행위에 더 가깝다. 그런데 지식에 대립하는 무지는 죄의 일반적 원인 가운데 하나로 여겨진다.[2] 따라서 경솔함은 훨씬 더 그렇다.

3. 죄는 덕의 상황들이 부패함으로써 생겨난다. 그러므로 디오니시우스도 『신명론』 제4장에서[3] "악은 개별적 결함으로부터 생긴다."고 말하였다. 그러나 현명에는 많은 것들이 필요하다. 즉 이성, 이해, 습득력 및 그 밖에 위에서[4] 주장한 것들이 필요하다. 경솔함에는 많은 종이 있다. 따라서 그것은 특수한 죄가 아니다.

[재반론] 그러나 반대로 경솔함은, 위에서[5] 말한 것처럼, 현명에 반대된다. 그런데 현명은 하나의 특수한 덕이다.[6] 따라서 경솔함은 하나의 특수한 악습이다.

---

4. qq.48-49.
5. a.1
6. Cf. q.47, a.5.

q.53, a.2

RESPONDEO dicendum quod aliquod vitium vel peccatum potest dici generale dupliciter: uno modo, absolute, quia scilicet est generale respectu omnium peccatorum; alio modo, quia est generale respectu quorundam vitiorum quae sunt species eius. Primo autem modo potest dici aliquod vitium generale dupliciter. Uno modo, per essentiam: quia scilicet praedicatur de omnibus peccatis. Et hoc modo imprudentia non est generale peccatum, sicut nec prudentia generalis virtus: cum sint circa actus speciales, scilicet circa ipsos actus rationis. – Alio modo, per participationem. Et hoc modo imprudentia est generale peccatum. Sicut enim prudentia participatur quodammodo in omnibus virtutibus, inquantum est directiva earum,[7] ita et imprudentia in omnibus vitiis et peccatis: nullum enim peccatum accidere potest nisi sit defectus in aliquo actu rationis dirigentis, quod pertinet ad imprudentiam.

Si vero dicatur peccatum generale non simpliciter, sed secundum aliquod genus, quia scilicet continet sub se multas species; sic imprudentia est generale peccatum. Continet enim sub se diversas species tripliciter. Uno quidem modo, per oppositum ad diversas partes subiectivas prudentiae. Sicut enim distinguitur prudentia in monasticam, quae est regitiva unius, et in alias species prudentiae quae sunt multitudinis regitivae, ut supra[8] habitum est; ita etiam imprudentia. – Alio modo, secundum partes quasi potentiales prudentiae, quae

---

7. Cf. q.47, a.5, ad1-2.

[답변] 어떤 악습이나 죄는 두 가지 방식으로 '일반적인' 악습이나 죄라 불린다. 첫째, 절대적으로. 즉 모든 죄와 관련하여 일반적이기 때문이다. 둘째, 그것의 종(種)에 해당하는 어떤 악습들과 관련하여 일반적(유적)이기 때문이다. 그런데 첫째 방식으로[절대적으로], 어떤 악습은 두 가지 방식으로 일반적이라 불릴 수 있다. 첫째, 본질을 통해서 일반적이라 불린다. 즉 그것이 모든 죄에 대해 진술되기 때문이다. 이러한 방식으로 경솔함은 일반적 죄가 아니다. 현명도 일반적 덕이 아닌 것과 같다. 이것들은 특수한 행위, 즉 이성의 행위에 관여하기 때문이다. 둘째, 참여를 통해서 일반적이라 불린다. 이러한 방식으로 경솔함은 일반적 죄이다. 즉 현명이 모든 덕들을 지도하는 한에서,[7] 어떤 방식으로 모든 덕이 현명에 참여하듯이, 경솔함에 모든 악습과 죄가 참여한다. 왜냐하면 만일 지도하는 이성의 행위에 결함이—이 결함이 바로 경솔함에 속한다—있지 않다면 어떤 죄도 일어날 수 없기 때문이다.

그런데 만일 죄가 단적인 의미에서가 아니라, 어떤 특정한 유의 관점에서, 즉 자체 안에 많은 종을 포함하고 있기 때문에 일반적(유적)이라 불린다면, 이러한 의미에서 경솔함은 일반적(유적) 죄이다. 왜냐하면 경솔함은 서로 다른 종을 세 가지 방식으로 자기 안에 포함하고 있기 때문이다. 첫째, 현명의 서로 다른 종속적 부분들과의 대립을 통해서 [종을] 포함한다. 위에서[8] 설명했듯이, 현명이 한 사람을 다스리는 경제적 현명과 다수를 다스리는 현명의 여타 종으로 구별되듯, 현명하지 못함도 그렇기 때문이다. 둘째, 경솔함은 현명의 잠재적 부분들의 관점에서 [종을] 포함한다. 이 잠재적 부분들은 부가적으로 연결된 덕

---

8. q.48.

sunt virtutes adiunctae, et accipiuntur secundum diversos actus rationis. Et hoc modo, quantum ad defectum consilii, circa quod est eubulia, est *praecipitatio*, sive *temeritas*, imprudentiae species.[9] Quantum vero ad defectum iudicii, circa quod sunt synesis et gnome, est *inconsideratio*.[10] Quantum vero ad ipsum praeceptum, quod est proprius actus prudentiae, est *inconstantia*[11] et *negligentia*.[12] – Tertio modo possunt sumi per oppositum ad ea quae requiruntur ad prudentiam, quae sunt quasi partes integrales prudentiae.[13] Sed quia omnia illa ordinantur ad dirigendum praedictos tres rationis actus, inde est quod omnes defectus oppositi reducuntur ad quatuor praedictas partes. Sicut incautela et incircumspectio includitur sub inconsideratione. Quod autem aliquis deficiat a docilitate vel memoria vel ratione, pertinet ad praecipitationem. Improvidentia vero et defectus intelligentiae et solertiae pertinent ad negligentiam et inconstantiam.

AD PRIMUM ergo dicendum quod ratio illa procedit de generalitate quae est secundum participationem.

AD SECUNDUM dicendum quod quia scientia est magis remota a moralibus quam prudentia secundum propriam rationem utriusque, inde est quod ignorantia non habet de se rationem peccati moralis, sed solum ratione negligentiae praecedentis vel effectus sequentis.[14] Et propter hoc ponitur inter generales causas peccati. Sed

---

9. Cf. a.3.
10. Cf. a.4.
11. Cf. a.5.

들이며, 서로 다른 이성의 행위에 따라 취해진다. 이러한 방식으로, 심사숙고가 관여하는 숙고의 결함의 관점에서, 성급함 또는 무모함이 경솔함의 종이다.[9] 반면에 판단력과 분별력이 관련된 판단에 있어서의 결함의 관점에서는 무분별이 있다.[10] 다른 한편 현명의 고유한 행위인 명령의 관점에서는 강인하지 못함[11]과 게으름이 있다.[12]

셋째, [경솔함의 종들은] 현명을 위해 요구되는 것들, 즉 현명의 통전적 부분들과의 대립을 통해서 취해질 수 있다.[13] 이 모든 것들은 앞서 말한 이성의 세 가지 행위를 지도하도록 질서 지어져 있기 때문에, 대립하는 모든 결함들은 앞서 말한 네 가지 부분들로 환원된다. '신중하지 못함'과 '주도면밀하지 못함'이 무분별 아래 포함되는 것과 같다. 그런데 어떤 이가 습득력, 기억, 이성의 결함이 있다는 것은 성급함에 속한다. 반면 단견과 이해 및 영민의 결함은 게으름과 강인하지 못함으로 환원된다.

[해답] 1. 그 논변은 참여의 관점에서 일반성으로부터 진행한다.

2. 현명과 지식 각각의 본래적 규정에 따르면 현명보다 지식이 도덕적인 것에서 더 멀리 떨어져 있기 때문에, 무지는 도덕적 죄의 규정을 자기 자신으로부터 갖는다기보다는, 선행하는 게으름이나 뒤따르는 결과에 근거해서 도덕적 죄의 규정을 갖는다.[14] 이러한 이유로 무지는 죄의 일반적 원인 가운데 하나로 여겨진다. 반면에 경솔함은 그것

---

12. Cf. q.54.
13. 이에 대해서는: Cf. q.49.
14. Cf. I-II, q.6, a.8; q.76, a.3. 토마스는 죄의 원인으로 '무지', '정념의 공격' 및 '악의'를 들고 있다.(I-II, qq.76-78) 그런데 무지는 그 자체로 고찰하면 행위를 '비자발적인 것'으로 만들고 이에 따라 죄의 규정을 갖지 않는다. 그러나 무지 자체가 자발적인 경우에는 죄로 규정된

imprudentia secundum propriam rationem importat vitium morale. Et ideo magis potest poni speciale peccatum.

AD TERTIUM dicendum quod quando corruptio diversarum circumstantiarum habet idem motivum, non diversificatur peccati species: sicut eiusdem speciei est peccatum ut aliquis accipiat non sua ubi non debet, et quando non debet. Sed si sint diversa motiva, tunc essent diversae species: puta si unus acciperet unde non deberet ut faceret iniuriam loco sacro, quod faceret speciem sacrilegii; alius quando non debet propter solum superfluum appetitum habendi, quod esset simplex avaritia.[15] Et ideo defectus eorum quae requiruntur ad prudentiam non diversificant species nisi quatenus ordinantur ad diversos actus rationis, ut dictum est.[16]

다. 즉 더 자유롭게 죄를 범하기 위해 어떤 것의 무지를 의도하거나, 다시 말해 알아야 할 것을 의도적으로 알려고 하지 않거나, 또는 어떤 이유로 알아야 할 것을 아는 데 게으리함으로써 무지가, 간접적으로 의도된(자발적) 것이 되어 그러한 무지로부터 비롯된 행위는 죄가 된다.(Cf. I-II, q.76, a.8)

자체의 규정에 따라 도덕적 악습을 포함한다. 그래서 경솔함은 특수한 죄 가운데 하나로 간주될 수 있다.

3. 서로 다른 상황들의 부패가 같은 동인을 갖는 경우에는 서로 다른 죄의 종이 생겨나지 않는다. 예를 들어 어떤 이가 '자기 것이 아닌 것'을 '해서는 안 되는(마땅하지 않은) 장소'에서 취하는 것과 '해서는 안 되는(마땅하지 않은) 시간'에 취하는 것은 같은 종에 속하는 죄이다. 그렇지만 만일 서로 다른 동인이 있다면, 그때에는 서로 다른 종들이 있을 것이다. 예를 들어 어떤 이가 '해서는 안 되는 곳'으로부터 ['자기 소유가 아닌 것']을 취했다면, 그래서 성스러운 장소에 불의를 끼쳤다면, 이것은 '신성모독'이라는 종을 낳게 된다. 반면에 다른 이가 '해서는 안 되는 시간'에 과잉된 소유의 욕구로 인하여 [자기의 소유가 아닌 것을] 취했다면, 이것은 단순한 '인색'이 될 것이다.[15] 그래서 언급한 것처럼,[16] 현명을 위해 요구되는 것들의 결함은 이성의 서로 다른 행위로 질서 지어지지 않은 한에서는 서로 다른 종을 낳지 않는다.

---

15. Cf. I-II, q.72, a.9.
16. 본론.

Articulus 3
Utrum praecipitatio sit peccatum sub imprudentia contentum

Ad tertium sic proceditur. Videtur quod praecipitatio non sit peccatum sub imprudentia contentum.

1. Imprudentia enim opponitur virtuti prudentiae. Sed praecipitatio opponitur dono consilii: dicit enim Gregorius, in II *Moral.*,[1] quod donum consilii datur contra praecipitationem. Ergo praecipitatio non est peccatum sub imprudentia contentum.

2. Praeterea, praecipitatio videtur ad temeritatem pertinere. Temeritas autem praesumptionem importat, quae pertinet ad superbiam. Ergo praecipitatio non est vitium sub imprudentia contentum.

3. Praeterea, praecipitatio videtur importare quandam inordinatam festinationem. Sed in consiliando non solum contingit esse peccatum per hoc quod aliquis est festinus, sed etiam si sit nimis tardus, ita quod praetereat opportunitas operis; et etiam secundum inordinationes aliarum circumstantiarum, ut dicitur in VI *Ethic.*.[2] Ergo non magis praecipitatio debet poni peccatum sub imprudentia contentum quam tarditas, aut aliqua alia huiusmodi ad inordinationem consilii pertinentia.

SED CONTRA est quod dicitur *Prov.* 4, [19]: *Via impiorum tene-*

---

1. c.49, al.27, in vet. 36, n.77: PL 75, 592D.

제3절 성급함은 경솔함 아래 포함되는 죄인가?

Parall.: *De Malo*, q.15, a.4.

[반론] 셋째에 대해 다음과 같이 진행한다. 성급함은 경솔함에 포함되는 죄가 아닌 것으로 보인다.

1. 경솔함은 현명의 덕에 대립한다. 그런데 성급함은 숙고의 덕에 대립한다. 그레고리우스가 『욥기의 도덕적 해설』 제2권에서[1] 숙고의 선물은 성급함에 반대하여 주어진다고 말하였기 때문이다. 따라서 성급함은 경솔함에 포함되는 죄가 아니다.

2. 성급함은 무모함과 관련된 것으로 보인다. 그런데 무모함은 교만에 속하는 자만을 포함한다. 따라서 성급함은 경솔함 아래에 포함되는 악습이 아니다.

3. 성급함은 질서를 잃은 서두름을 포함하는 것으로 보인다. 그런데 숙고에 있어 죄는 어떤 이가 서두름으로써 일어날 뿐만 아니라, 지나치게 더뎌 행업의 기회가 사라져버린 경우에도, 그리고 또 다른 여타 상황들의 무질서로 인해서도 생겨난다. 이는 『니코마코스 윤리학』 제6권에서[2] 말한 바와 같다. 따라서 성급함은 더딤이나, 또는 숙고에 있어 무질서와 관련된 다른 것들보다 더 경솔함에 포함되는 죄 가운데 하나로 간주되어서는 안 된다.

[재반론] 그러나 반대로 잠언 4장 [19절]에서 "경건하지 못한 이들의

---

2. c.10, 1142b26-28; St. Thomas, lect.8, n.1232.

brosa: nesciunt ubi corruant. Tenebrae autem viae impietatis pertinent ad imprudentiam. Ergo corruere, sive praecipitari, ad imprudentiam pertinet.

RESPONDEO dicendum quod praecipitatio in actibus animae metaphorice dicitur secundum similitudinem a corporali motu acceptam. Dicitur autem praecipitari secundum corporalem motum quod a superiori in ima pervenit secundum impetum quendam proprii motus vel alicuius impellentis, non ordinate incedendo per gradus. Summum autem animae est ipsa ratio. Imum autem est operatio per corpus exercita. Gradus autem medii, per quos oportet ordinate descendere, sunt memoria praeteritorum, intelligentia praesentium, solertia in considerandis futuris eventibus, ratiocinatio conferens unum alteri, docilitas, per quam aliquis acquiescit sententiis maiorum: per quos quidem gradus aliquis ordinate descendit recte consiliando. Si quis autem feratur ad agendum per impetum voluntatis vel passionis, pertransitis huiusmodi gradibus, erit praecipitatio. Cum ergo inordinatio consilii ad imprudentiam pertineat, manifestum est quod vitium praecipitationis sub imprudentia continetur.

AD PRIMUM ergo dicendum quod consilii rectitudo pertinet ad donum consilii et ad virtutem prudentiae, licet diversimode, ut supra[3] dictum est. Et ideo praecipitatio utrique contrariatur.

---

3. q.52, a.2.

길은 어둡다. 이들은 자신들이 어디에서 넘어질지 알지 못한다."라고 되어 있다. 그런데 불경의 어두운 길은 경솔함에 속한다. 따라서 '넘어짐' 또는 '성급함'은 경솔함에 속한다.

[답변] 영혼의 행위에서 성급함은 물체적 운동으로부터 취해진 유사성에 따라 비유적으로 말해진다. 물체적 운동의 관점에서 자기의 운동의 추동이나 다른 어떤 추동하는 것의 추동에 따라 높은 곳에서 바닥에 이르되, 단계적으로 질서 있게 내려가지 않을 때 '곤두박질(praecipitari)'했다고 말한다. 그런데 영혼의 정점은 이성 자체이다. 한편 바닥은 육체를 통해 실행된 작용이다. 이성이 질서 있게 아래로 내려갈 때 거쳐야 하는 중간 단계에는 과거의 기억, 현재의 이해, 미래 사건을 고찰함에 있어서 영민함, 하나를 다른 하나와 비교하는 추론, 어떤 이가 연장자의 판결을 받아들이게 하는 습득력(유순함)이 있다. 이러한 단계를 통해서 사람들은 올바르게 숙고하면서 질서 있게 아래로 내려간다. 그런데 만일 어떤 이가 의지나 정념의 추동에 의해 행위로 나아가면서 그러한 단계들을 지나쳐버린다면 성급함이 있게 될 것이다. 따라서 숙고의 무질서는 경솔함에 속하기 때문에, 성급함의 악습이 경솔함에 포함되는 것은 명백하다.

[해답] 1. 숙고의 올바름은 숙고의 선물 그리고 현명의 덕에 속한다. 물론 위에서³ 말한 것처럼, 서로 다른 방식으로 속한다. 그래서 성급함은 숙고와 현명, 두 가지 모두와 대립한다.

AD SECUNDUM dicendum quod illa dicuntur fieri temere quae ratione non reguntur. Quod quidem potest contingere dupliciter. Uno modo, ex impetu voluntatis vel passionis. Alio modo, ex contemptu regulae dirigentis: et hoc proprie importat temeritas. Unde videtur ex radice superbiae provenire, quae refugit subesse regulae alienae. Praecipitatio autem se habet ad utrumque. Unde temeritas sub praecipitatione continetur: quamvis praecipitatio magis respiciat primum.[4]

AD TERTIUM dicendum quod in inquisitione consilii multa particularia sunt consideranda: et ideo Philosophus dicit, in VI *Ethic.*[5]: *Oportet consiliari tarde.* Unde praecipitatio directius opponitur rectitudini consilii quam tarditas superflua, quae habet quandam similitudinem recti consilii.[6]

Articulus 4
Utrum inconsideratio sit speciale peccatum sub imprudentia contentum

Ad quartum sic proceditur. Videtur quod inconsideratio non sit peccatum speciale sub imprudentia contentum.

1. Lex enim divina ad nullum peccatum nos inducit: secundum

---

4. 따라서 무모함은, 여기에서 카예타누스가 지적하듯이, 성급함의 한 종으로서 경멸을 더한다.
5. c.10, 1142b5; St. Thomas, lect.8, n.1219.

2. 이성에 의해 다스려지지 않는 것들은 무모하게 일어난다고 말해진다. 그런데 이것은 두 가지 방식으로 일어날 수 있다. 첫째, 의지나 정념의 추동에 근거해서. 둘째는 지도하는 규칙을 경멸함으로써. 그리고 무모함은 이 후자를 본래적으로 포함한다. 그러므로 무모함은 교만의 뿌리로부터 생겨나는 것으로 보인다. 교만은 다른 이의 규칙에 복종하려 하지 않는 것이다. 그런데 성급함은 이 둘 모두와 관련된다. 그러므로 성급함은 비록 첫 번째 방식에 더 관련되지만, 무모함은 성급함에 포함된다.[4]

3. 숙고의 탐색에서는 많은 특수한 것들을 고찰해야만 한다. 그래서 철학자는 『니코마코스 윤리학』 제6권에서[5] "숙고는 천천히 해야 한다."고 말하였다. 그러므로 성급함은 더딤이 과한 것이 그런 것보다 더 직접적으로 숙고의 올바름과 대립한다. 과한 더딤은 올바른 숙고와 어느 정도 유사성을 갖기 때문이다.[6]

제4절 무분별은 경솔함에 포함되는 특수한 죄인가?

Parall.: *De Malo*, q.15, a.4.

[반론] 넷째에 대해 다음과 같이 진행한다. 무분별은 경솔함 아래에 포함되는 특수한 죄가 아닌 것으로 보인다.

1. 신법은 우리를 어떤 죄로도 이끌지 않는다. 시편 19[18]편 [8절]

---

6. Cf. q.49, a.4, ad2.

illud *Psalm.* [Ps. 18, 8]: *Lex Domini immaculata.* Inducit autem ad non considerandum: secundum illud Matth. 10, [19]: *Nolite cogitare quomodo aut quid loquamini.* Ergo inconsideratio non est peccatum.

2. Praeterea, quicumque consiliatur oportet quod multa consideret. Sed per defectum consilii est praecipitatio; et per consequens ex defectu considerationis. Ergo praecipitatio sub inconsideratione continetur. Non ergo inconsideratio est speciale peccatum.

3. Praeterea, prudentia consistit in actibus rationis practicae, qui sunt consiliari, iudicare de consiliatis, et praecipere.[1] Sed considerare praecedit omnes istos actus: quia pertinet etiam ad intellectum speculativum. Ergo inconsideratio non est speciale peccatum sub imprudentia contentum.

SED CONTRA est quod dicitur *Prov.* 4, [25]: *Oculi tui videant recta,*[2] *et palpebrae tuae praecedant gressus tuos,* quod pertinet ad prudentiam. Sed contrarium huius agitur per inconsiderationem. Ergo inconsideratio est speciale peccatum sub imprudentia contentum.

RESPONDEO dicendum quod consideratio importat actum intellectus veritatem rei intuentis. Sicut autem inquisitio pertinet ad rationem, ita iudicium pertinet ad intellectum[3]: unde et in speculativis

---

1. Cf. q.47, a.8.
2. 불가타에는 "videant recta" 대신 "recta videant"로 되어 있다.
3. 탐색 또는 발견의 길(방법)과 판단의 길(방법)에 대해서는 제1부 제79문 제8절에서 말한 것

에 따르면 "주님의 법은 흠이 없다." 그런데 "우리가 어떻게 또는 무엇을 말할지 생각하려 하지 말라."는 마태오복음서 10장 [19절]에 따르면 신법은 우리를 고찰하지 않도록 이끈다. 따라서 무분별은 죄가 아니다.

2. 숙고하는 이는 모두 많은 것을 고찰해야만 한다. 그런데 숙고의 결함을 통해서 성급함이 있고, 그 결과 고찰의 결함으로부터 성급함이 있게 된다. 따라서 성급함은 무분별 아래에 포함된다. 그러므로 무분별은 특수한 죄가 아니다.

3. 현명은 실천이성의 행위들, 즉 숙고함, 숙고한 것에 관해 판단함 및 명령함에 있다.[1] 그런데 고찰함은 이 모든 행위에 선행한다. 사변지성에도 속하기 때문이다. 따라서 무분별은 경솔함 아래에 포함되는 특수한 죄가 아니다.

[재반론] 그러나 반대로 잠언 4장 [25절]에서는 "당신의 눈이 올바른 것을 보고,[2] 당신의 눈꺼풀은 당신의 발걸음에 앞세워라."고 말한다. 그런데 이것은 현명에 속한다. 반면에 이것과 반대되는 것은 무분별로 인해 행해진다. 따라서 무분별은 현명하지 못함 아래 포함된 종별되는 죄이다.

[답변] 고찰은 사물의 진리를 직관하는 지성의 행위를 포함한다. 그런데 탐색이 이성에 속하듯이, 판단은 지성에 속한다.[3] 그러므로 사변

들을 상기하라. 여기에서 토마스는 탐색의 길 또는 발견의 길과 판단의 길에 대해 각각 다음과 같이 말한다: "인간의 추론(ratiocinatio)은 탐구와 발견의 길에 따라, 단적으로 이해된 어떤 것으로부터(a quibusdam simpliciter intellectis), 즉 제일 원리들로부터 진행한다. 그리고 다시, 판단의 길로(in via iudicii) 해소함으로써(resolvendo) 제일 원리로 되돌아가서, 이 제일 원

demonstrativa scientia dicitur iudicativa, inquantum per resolutionem in prima principia intelligibilia de veritate inquisitorum diiudicatur. Et ideo consideratio maxime pertinet ad iudicium. Unde et defectus recti iudicii ad vitium inconsiderationis pertinet: prout scilicet aliquis in recte iudicando deficit ex hoc quod contemnit vel negligit attendere ea ex quibus rectum iudicium procedit. Unde manifestum est quod inconsideratio est peccatum.

AD PRIMUM ergo dicendum quod Dominus non prohibet considerare ea quae sunt agenda vel dicenda, quando homo habet opportunitatem. Sed dat fiduciam discipulis in verbis inductis ut, deficiente sibi opportunitate vel propter imperitiam vel quia subito praeoccupantur, in solo divino confidant consilio: quia *cum ignoramus quid agere debeamus, hoc solum habemus residui, ut oculos nostros dirigamus ad Deum*, sicut dicitur II *Paral.* 20, [12].[4] Alioquin, si homo praetermittat facere quod potest, solum divinum auxilium expectans, videtur tentare Deum.[5]

AD SECUNDUM dicendum quod tota consideratio eorum quae in consilio attenduntur ordinatur ad recte iudicandum: et ideo consideratio in iudicio perficitur. Unde etiam inconsideratio maxime opponitur rectitudini iudicii.

AD TERTIUM dicendum quod inconsideratio hic accipitur se-

리에 따라 '발견된 것(inventa)'을 검사한다." 이러한 추론의 구조에 대해서는: Cf. Westberg, *Right Practical Reasoning*, pp.66-68. 한편 원리로부터 진행하는 추론과 원리로 소급해 들어가

적인 것에서 증명적 지식을, 제일의 가지적 원리로 분해함으로써 탐색한 것들의 진리에 대한 판단이 이루어지는 한에서, '판단적 [지식]'이라 부른다. 그래서 고찰은 무엇보다 판단에 속한다. 올바른 판단의 결함도, 어떤 이가 그것에 근거해 올바른 판단이 진행하는 것들을 경멸하거나 주목하는 데 게을리함으로써 올바르게 판단하지 못하는 한에서, 무분별의 악습에 속한다. 그러므로 무분별이 죄라는 것은 명백하다.

[해답] 1. 주께서는, 인간이 기회가 있을 때, 행해야 할 것 또는 말해야 할 것을 고찰하는 것을 금지하지 않으셨다. 그렇지만 인용된 말에서 주께서는 제자들에게 신앙을 주셨고, 그래서 그들은, 미숙함 때문에 또는 갑작스럽게 부름을 받았기 때문에 [고찰할] 기회가 없었을 때 오직 신적 숙고(조언)에만 의지하였다. 역대기 하권 20장 [12절]의 말씀처럼 "우리가 무엇을 해야 할지 모를 때, 우리 눈을 하느님께 돌리는 것만이 우리에게 남아 있"[4]기 때문이다. 그렇지만 만일 사람이 할 수 있는 것을 하지 않고 오직 하느님의 도움만을 기대한다면, 하느님을 시험하는 것으로 보일 것이다.[5]

2. 숙고에서 주목되는 것들의 전체 고찰은 올바르게 판단함으로 질서 지어져 있다. 그래서 고찰은 판단에서 완성된다. 그러므로 무분별도 판단의 올바름에 가장 대립한다.

3. 무분별은 여기에서 특정 질료에 따라, 즉 인간이 행할 수 있는 것

는 형이상학적 해소의 방법에 대해서는: Cf. Jan Aertsen, "Method and Metaphysics: The via resolutionis in Thomas Aquinas", *The New Scholasticism* 63(1989), pp.405-418.
4. 불가타에는 "ignoramus" 대신에 "ignoremus", "ad Deum" 대신에 "ad te"로 되어 있다.
5. Cf. q.97, a.1.

cundum determinatam materiam, idest secundum agibilia humana: in quibus plura sunt attendenda ad recte iudicandum quam etiam in speculativis; quia operationes sunt in singularibus.[6]

Articulus 5
Utrum inconstantia sit vitium sub imprudentia contentum

Ad quintum sic proceditur. Videtur quod inconstantia non sit vitium sub imprudentia contentum.

1. Inconstantia enim videtur in hoc consistere quod homo non persistat in aliquo difficili. Sed persistere in difficilibus pertinet ad fortitudinem. Ergo inconstantia magis opponitur fortitudini quam prudentiae.

2. Praeterea, Iac. 3, [16] dicitur: *Ubi zelus et contentio, ibi inconstantia et omne opus pravum*. Sed zelus ad invidiam pertinet. Ergo inconstantia non pertinet ad imprudentiam, sed magis ad invidiam.

3. Praeterea, ille videtur esse inconstans qui non perseverat in eo quod proposuerat. Quod quidem pertinet in delectationibus ad *incontinentem*, in tristitiis autem ad *mollem* sive *delicatum*, ut dicitur VII *Ethic.*.[1] Ergo inconstantia non pertinet ad imprudentiam.

---

6. Cf. *Prol.* huius P.; q.8, a.3, obj.1; q.47, a.3; a.9, ad2; q.60, a.3, obj.1; q.106, a.2; q.120, a.1.; q.142, a.3.

1. c.8, 1150a13-16; b1-16; St. Thomas, lect.7, nn.1406-1407, 1413-1415.

들에 따라 취해졌다. 인간이 행할 수 있는 것들에서는(실천의 영역에서는) 올바른 판단을 위해 사변적인 것에서보다 더 많은 것들을 주목해야 한다. 작용은 개별 사물에 관련되기 때문이다.[6]

제5절 강인하지 못함은 경솔함 아래 포함되는 악습인가?

Parall.: *De Malo*, q.15, a.4.

[반론] 다섯째에 대해 다음과 같이 진행한다. 강인하지 못함은 경솔함 아래 포함되는 악습이 아닌 것으로 보인다.

1. 강인하지 못함은 인간이 어떤 어려운 문제에서 항구함을 견지하지 못하는 데서 성립하는 것으로 보인다. 그런데 어려운 문제에서 항구함을 견지하는 것은 용기에 속한다. 따라서 강인하지 못함은 현명보다는 용기에 더 대립한다.

2. 야고보서 3장 [16절]에서 "시기와 다툼이 있는 곳에, 강인하지 못함과 모든 그릇된 행업이" 있다고 되어 있다. 그런데 시기는 질투에 속한다. 따라서 강인하지 못함은 경솔함에 속하기보다는 오히려 질투에 속한다.

3. 작정한 것을 견지하지 못하는 이가 강인하지 못한 이로 보인다. 이것은, 『니코마코스 윤리학』 제7권에서[1] 말했듯이, 쾌락과 관련된 사안에 있어 자제력 없음에 속하고, 슬픔과 관련된 일에서는 유약함 또는 연약함에 속한다. 따라서 강인하지 못함은 경솔함에 속하지 않는다.

SED CONTRA est quod ad prudentiam pertinet praeferre maius bonum minus bono. Ergo desistere a meliori pertinet ad imprudentiam. Sed hoc est inconstantia. Ergo inconstantia pertinet ad imprudentiam.

RESPONDEO dicendum quod inconstantia importat recessum quendam a bono proposito definito. Huiusmodi autem recessus principium quidem habet a vi appetitiva: non enim aliquis recedit a priori bono proposito nisi propter aliquid quod sibi inordinate placet. Sed iste recessus non consummatur nisi per defectum rationis, quae fallitur in hoc quod repudiat id quod recte acceptaverat: et quia, cum possit resistere impulsui passionis, si non resistat, hoc est ex debilitate ipsius, quae non tenet se firmiter in bono concepto. Et ideo inconstantia, quantum ad sui consummationem, pertinet ad defectum rationis. Sicut autem omnis rectitudo rationis practicae pertinet aliqualiter ad prudentiam, ita omnis defectus eiusdem pertinet ad imprudentiam. Et ideo inconstantia, secundum sui consummationem, ad imprudentiam pertinet. Et sicut praecipitatio est ex defectu circa actum consilii, et inconsideratio circa actum iudicii, ita inconstantia circa actum praecepti: ex hoc enim dicitur aliquis esse inconstans quod ratio deficit in praecipiendo ea quae sunt consiliata et iudicata.[2]

---

2. Cf. q.54, a.2, ad3.

[재반론] 그러나 반대로 현명에는 작은 선보다 큰 선을 선호함이 속한다. 따라서 '더 큰 선을 포기함'은 현명하지 못함에 속한다. 그런데 이것이 바로 강인하지 못함이다. 따라서 강인하지 못함은 경솔함에 속한다.

[답변] 강인하지 못함은 앞에 놓인 특정한 선의 기피를 포함한다. 그런데 그러한 기피는 욕구 능력에서 시작된다. 왜냐하면 어떤 이는 '질서 없이 그의 마음에 드는 어떤 것' 때문이 아니라면 '먼저 앞에 놓인 선'을 기피하지 않기 때문이다. 이 기피는 올바르게 받아들였던 것을 배척한다는 점에서 속임을 당하는 이성의 결함에 의하지 않고서는 완결되지 않는다. 그리고 이성은 정념의 충동에 저항할 수 있기 때문에, 만일 저항하지 않는다면, 이것은 파악된 선을 굳건히 견지하지 못하는 이성 자신의 허약함에 기인한다. 그래서 강인하지 못함은 완결의 관점에서 이성의 결함에 속한다. 그런데 실천이성의 모든 올바름이 어떤 방식으로 현명에 속하듯이, 마찬가지로 실천이성의 모든 결함은 현명하지 못함에 속한다. 따라서 강인하지 못함은 완결의 관점에서 현명하지 못함에 속한다. 성급함은 숙고의 행위와 관련된 결함으로부터, 그리고 무분별은 판단의 행위와 관련된 결함으로부터 생겨나듯이, 강인하지 못함은 명령의 행위와 관련된 결함에 기인한다. 어떤 이는, 숙고하고 판단한 것들을 그의 이성이 명령하는 데 있어 결함을 보임으로써, 강인하지 못하다고 불리기 때문이다.[2]

AD PRIMUM ergo dicendum quod bonum prudentiae participatur in omnibus virtutibus moralibus[3]: et secundum hoc persistere in bono pertinet ad omnes virtutes morales. Praecipue tamen ad fortitudinem, quae patitur maiorem impulsum ad contrarium.

AD SECUNDUM dicendum quod invidia et ira, quae est contentionis principium, faciunt inconstantiam ex parte appetitivae virtutis, ex qua est principium inconstantiae, ut dictum est.[4]

AD TERTIUM dicendum quod continentia et perseverantia non videntur esse in vi appetitiva, sed solum in ratione.[5] Continens enim patitur quidem perversas concupiscentias, et perseverans graves tristitias, quod designat defectum appetitivae virtutis: sed ratio firmiter persistit, continentis quidem contra concupiscentias, perseverantis autem contra tristitias. Unde continentia et perseverantia videntur esse species constantiae ad rationem pertinentis, ad quam etiam pertinet inconstantia.

Articulus 6
Utrum praedicta vitia oriantur ex luxuria

Ad sextum sic proceditur. Videtur quod praedicta vitia non oriantur ex luxuria.

---

3. Cf. a.2.
4. 본론.

[해답] 1. 모든 도덕적 덕은 현명의 선에 참여하며,³ 이러한 점에서 '선에 항구함'은 모든 도덕적 덕에 속한다. 그럴지만 이는 무엇보다도 용기에 속한다. 용기는 반대되는 것을 향한 더 큰 충동을 겪기 때문이다.

2. 다툼의 시작인 질투와 분노는 욕구 능력의 측면에서 강인하지 못함을 낳는다. 언급한 것처럼⁴ 욕구 능력에서 강인하지 못함이 시작되기 때문이다.

3. 자제와 항구함은 욕구 능력이 아니라, 오직 이성에만 있는 것으로 보인다.⁵ 자제하는 사람은 비뚤어진 욕망을, 그리고 항구한 사람은 깊은 슬픔을 겪지만—이것은 욕구 능력의 결함을 지시한다—이성은 굳건히 견디어 내기 때문이다. 즉 자제하는 사람의 이성은 욕망을, 항구한 사람의 이성은 슬픔을 이겨낸다. 그러므로 자제력과 항구함은 이성에 속하는 강인함의 종인 것으로 보인다. 강인하지 못함도 이것과 연관된다.

제6절 앞서 말한 악습들은 색욕으로부터 생겨나는가?

Parall.: Infra, q.153; *De Malo*, q.15, a.4.

[반론] 여섯째에 대해 다음과 같이 진행한다. 앞서 말한 악습들은 색욕으로부터 일어나지 않는 것으로 보인다.

---

5. Cf. I-II, q.58, a.3, ad2.

1. Inconstantia enim oritur ex invidia, ut dictum est.¹ Sed invidia est vitium distinctum a luxuria. Ergo praedicta vitia non oriuntur ex luxuria.

2. Praeterea, Iac. 1, [8] dicitur: *Vir duplex animo inconstans est in omnibus viis suis.* Sed duplicitas non videtur ad luxuriam pertinere, sed magis ad dolositatem, quae est filia avaritiae, secundum Gregorium, XXXI *Moral.*.² Ergo praedicta vitia non oriuntur ex luxuria.

3. Praeterea, praedicta vitia pertinent ad defectum rationis. Sed vitia spiritualia propinquiora sunt rationi quam vitia carnalia. Ergo praedicta vitia magis oriuntur ex vitiis spiritualibus quam ex vitiis carnalibus.

SED CONTRA est quod Gregorius, XXXI *Moral.*,³ ponit praedicta vitia ex luxuria oriri.

RESPONDEO dicendum quod, sicut Philosophus dicit, in VI *Ethic.*,⁴ *delectatio maxime corrumpit existimationem prudentiae:* et praecipue delectatio quae est in venereis, quae totam animam absorbet et trahit ad sensibilem delectationem; perfectio autem prudentiae, et cuiuslibet intellectualis virtutis, consistit in abstractione a sensibilibus. Unde cum praedicta vitia pertineant ad defectum prudentiae et rationis practicae, sicut habitum est,⁵ sequitur quod ex luxuria

---

1. a.5, ad2.
2. c.45, al.17, in vet.31, n.88: PL 76, 621B.

1. 언급한 것처럼,[1] 강인하지 못함은 질투로부터 일어난다. 그런데 질투는 색욕과 구별되는 악습이다. 따라서 앞서 말한 악습들은 색욕으로부터 일어나지 않는다.

2. 야고보서 1장 [8절]에 "두 마음을 가진 사람은 자신의 모든 길에서 강인하지 못하다."고 하였다. 그런데 이중성은 색욕이 아니라, 그레고리우스의 『욥기의 도덕적 해설』 제31권에[2] 따르면 인색의 자식(딸)인 간계에 속하는 것으로 보인다. 따라서 앞서 말한 악습은 색욕으로부터 일어나지 않는다.

3. 앞서 말한 악습은 이성의 결함과 관련된다. 그런데 영적 악습은 육적 악습보다 더 이성에 가깝다. 따라서 앞서 말한 악습은 육적 악습보다는 영적 악습으로부터 일어난다.

[재반론] 그러나 반대로 그레고리우스는 『욥기의 도덕적 해설』 제31권에서[3] 앞서 말한 악습들이 색욕으로부터 일어난다고 주장하였다.

[답변] 철학자가 『니코마코스 윤리학』 제6권에서[4] "쾌락은 현명의 평가를 가장 크게 파괴"하는데, 무엇보다 성적 기관의 쾌락이 그렇다고 말하였다. 성적 기관의 쾌락은 영혼 전체를 빨아들여 감각적 쾌락으로 끌고 가기 때문이다. 그런데 현명과 모든 지성적 덕의 완성은 감각적인 것으로부터의 추상에서 성립한다. 그러므로 주장한 것처럼,[5] 앞서 말한 악습은 현명 및 실천이성의 결함과 관련되기 때문에, 이것들은

---
3. Ibid.
4. c.5: 1140b13-21; St. Thomas, lect.4, nn.1169-1170.
5. aa.2 & 5.

maxime⁶ oriantur.

AD PRIMUM ergo dicendum quod invidia et ira causant inconstantiam pertrahendo rationem ad aliud: sed luxuria causat inconstantiam totaliter extinguendo iudicium rationis. Unde Philosophus dicit, in VII *Ethic.*,⁷ quod *incontinens irae audit quidem rationem, sed non perfecte, incontinens autem concupiscentiae totaliter eam non audit.*

AD SECUNDUM dicendum quod etiam duplicitas animi est quoddam consequens ad luxuriam, sicut et inconstantia, prout duplicitas animi importat vertibilitatem animi ad diversa. Unde et Terentius dicit, in *Eunucho*,⁸ quod *in amore est bellum, et rursus pax et indutiae.*

AD TERTIUM dicendum quod vitia carnalia intantum magis extinguunt iudicium rationis inquantum longius abducunt a ratione.

---

6. "가장 크게(maxime)": 왜냐하면 "그러한 이성의 결함은 다른 악습으로부터도 일어나기 때문이다: 이는 인색이나 야심에 사로잡혀, 무분별하고 강인하지 못한 사람들에게서 경험이 확인해준다. 그러나 색욕은, 성서에서 말하듯이, 이성을 무력화하고, 그래서 동일한 악습들을 가장 크게 야기한다." Caietanus in h. a.

가장 크게[6] 색욕으로부터 일어난다는 결론이 나온다.

[해답] 1. 질투와 분노는 이성을 다른 것으로 끌고 감으로써 강인하지 못함의 원인이 된다. 반면 색욕은 이성의 판단을 완전히 제압함으로써 강인하지 못함의 원인이 된다. 그러므로 철학자는 『니코마코스 윤리학』 제7권에서[7] "분노를 자제하지 못하는 이는 이성[의 말]을 비록 완전하게는 아니라도 듣지만, 욕망을 자제하지 못하는 이는 전적으로 이성에 귀 기울이지 않는다."라고 말하였다.

2. 마음의 이중성은 색욕으로부터 나오는 어떤 것이다. 마음의 이중성이 서로 다른 것들로 마음이 이리저리 흔들림을 포함하는 한에서, 강인하지 못함도 그렇다. 그러므로 테렌티우스는 『환관』에서,[8] "사랑 안에 전쟁이 있고, 평화와 휴전도 사랑 안에 있다."고 말하였다.

3. 육체적 악습들은 이성에서 멀리 벗어나게 하는 만큼, 그만큼 이성의 판단을 제압한다.

---

7. c.7, 1149a25-b3; St. Thomas, lect.6, nn.1386-1389. Cf. q.156, a.4, sc; q.158, a.4; I-II, q.73, a.5, ad3.
8. Act.I, scen.I, vv.59-61; ed A. Fleckeisen, Lipsiae, 1910, p.109, ll.14-16.

QUAESTIO LIX
DE NEGLIGENTIA
in tres articulos divisa

Deinde considerandum est de negligentia.[1]

Et circa hoc quaeruntur tria.

Primo: utrum negligentia sit peccatum speciale.

Secundo: cui virtuti opponatur.

Tertio: utrum negligentia sit peccatum mortale.

Articulus 1
Utrum negligentia sit peccatum speciale

Ad primum sic proceditur. Videtur quod negligentia non sit peccatum speciale.

1. Negligentia enim diligentiae opponitur. Sed diligentia requiritur in qualibet virtute, sicut et eligentia. Ergo negligentia non est peccatum speciale.

2. Praeterea, illud quod invenitur in quolibet peccato non est speciale peccatum. Sed negligentia invenitur in quolibet peccato: quia omnis qui peccat negligit ea per quae a peccato retraheretur; et qui in peccato perseverat negligit conteri de peccato. Ergo negligentia non

제54문

게으름에 대하여
(전3절)

그리고 나서 게으름에 대해 고찰해야 한다.[1] 이와 관련하여 세 가지 물음이 제기된다.

1. 게으름은 특수한 죄인가?
2. 게으름은 어느 덕과 대립하는가?
3. 게으름은 사죄인가?

제1절 게으름은 특수한 죄인가?

[반론] 첫째에 대해 다음과 같이 진행한다. 게으름은 특수한 죄가 아닌 것으로 보인다.

1. 게으름은 부지런함과 대립한다. 그런데 부지런함은, 선택(eligentia)도 그렇듯이, 모든 덕에서 요구된다. 따라서 게으름은 특수한 죄가 아니다.

2. 모든 죄에서 발견되는 것은 특수한 죄가 아니다. 그런데 게으름은 모든 죄에서 발견된다. 죄를 범하는 이는 모두 죄로부터 물러서게 해주는 것을 게을리하고, 죄에 머무르는 이는 죄를 뉘우치는 데 게을리

---

1. Cf. q.53, Introd.

est speciale peccatum.

3. Praeterea, omne peccatum speciale habet materiam determinatam. Sed negligentia non videtur habere determinatam materiam: neque enim est circa mala aut indifferentia, quia ea praetermittere nulli ad negligentiam deputatur; similiter etiam non est circa bona, quia si negligenter aguntur, iam non sunt bona. Ergo videtur quod negligentia non sit vitium speciale.

SED CONTRA est quod peccata quae committuntur ex negligentia distinguuntur contra peccata quae committuntur ex contemptu.

RESPONDEO dicendum quod negligentia importat defectum debitae sollicitudinis.[1] Omnis autem defectus debiti actus habet rationem peccati. Unde manifestum est quod negligentia habet rationem peccati: et eo modo quo sollicitudo est specialis virtutis actus, necesse est quod negligentia sit speciale peccatum. Sunt enim aliqua peccata specialia quia sunt circa aliquam materiam specialem, sicut luxuria est circa venerea: quaedam autem sunt vitia specialia propter specialitatem actus se extendentis ad omnem materiam. Et huiusmodi sunt omnia vitia quae sunt circa actum rationis: nam quilibet actus rationis se extendit ad quamlibet materiam moralem.[2] Et ideo, cum sollicitudo sit quidam specialis actus rationis, ut supra[3] habitum est, consequens est quod negligentia, quae importat defectum sollici-

하기 때문이다. 따라서 게으름은 특수한 죄가 아니다.

3. 모든 종별되는 죄는 특정 질료를 갖는다. 그런데 게으름은 특정 질료를 갖는 것으로 보이지 않는다. 즉 게으름은 악 또는 중립적인 것과 관여하지 않는다. 왜냐하면 '악이나 중립적인 것을 생략'한다고 해서 누구도 게으르다고 판단되지 않기 때문이다. 그리고 또한 마찬가지로 선과도 관여하지 않는다. 왜냐하면 [그것을] 행하는 것을 게을리한다면 이미, 그것은 선이 아니기 때문이다. 따라서 게으름은 특수한 악습이 아닌 것으로 보인다.

[재반론] 그러나 반대로 게으름 때문에 범해지는 죄들은 경멸로 인해 범해지는 죄와 구별된다.

[답변] 게으름은 마땅히 해야 할 염려의 결함을 포함한다.[1] 그런데 마땅한 행위의 결함은 모두 죄의 규정을 갖는다. 그러므로 게으름은 죄의 규정을 갖는 것이 명백하다. 그리고 염려가 특수한 덕의 행위인 것에 상응하여, 게으름은 특수한 죄임이 필연적이다. 즉 어떤 죄들은 특수한 질료와 관련되기 때문에 특수한 죄이다. 예를 들어 색욕은 성적 문제와 관련된다. 한편 어떤 죄들은 모든 질료에 미치는 행위의 특수성 때문에 특수한 죄이다. 이성의 행위와 관련된 모든 악습들이 그러한 종류의 죄이다. 이성의 모든 행위는 모든 도덕적 질료에 미치기 때문이다.[2] 그래서 위에서[3] 주장했듯이, 염려는 이성의 특수한 행위이기 때문에, 염려

---

1. 이에 대해서는: Cf. supra q.48, a.un., ad5; q.47, a.9.
2. 앞 절, 답변 참조.
3. q.47, a.9.

tudinis, sit speciale peccatum.

AD PRIMUM ergo dicendum quod diligentia videtur esse idem sollicitudini: quia in his quae diligimus maiorem sollicitudinem adhibemus. Unde diligentia, sicut et sollicitudo, requiritur ad quamlibet virtutem, inquantum in qualibet virtute requiruntur debiti actus rationis.

AD SECUNDUM dicendum quod in quolibet peccato necesse est esse defectum circa aliquem actum rationis: puta defectum consilii et aliorum huiusmodi.[4] Unde sicut praecipitatio est speciale peccatum propter specialem actum rationis qui praetermittitur, scilicet consilium, quamvis possit inveniri in quolibet genere peccatorum[5]; ita negligentia est speciale peccatum propter defectum specialis actus rationis qui est sollicitudo, quamvis inveniatur aliqualiter in omnibus peccatis.

AD TERTIUM dicendum quod materia negligentiae proprie sunt bona quae quis agere debet: non quod ipsa sunt bona cum negligenter aguntur; sed quia per negligentiam accidit defectus bonitatis in eis, sive praetermittatur totaliter actus debitus propter defectum sollicitudinis, sive etiam aliqua debita circumstantia actus.

---

4. Cf. q.53, a.2.

의 결함을 포함하는 게으름은 특수한 죄라는 결론이 나온다.

[해답] 1. 부지런함은 염려와 같은 것으로 보인다. 왜냐하면 우리는 우리가 부지런히 하는 일에 큰 염려를 기울이기 때문이다. 그러므로 부지런함은, 모든 덕에서 이성의 마땅한 행위들이 요구되는 한에서, 염려와 마찬가지로 모든 덕에 요구된다.

 2. 모든 죄에는 이성의 어떤 행위와 관련된 결함이, 예를 들어 숙고의 결함이나 여타 등등의 결함이 반드시 있다.[4] 그러므로 성급함이, 어떤 배제된 이성의 종별되는 행위, 즉 숙고 때문에 ─ 비록 이 숙고는 모든 유의 죄에서 발견될 수 있지만 ─ 종별되는 죄가 되듯이,[5] 게으름도 염려라는 이성의 종별되는 행위의 결함 때문에 ─ 물론 이것도 어떤 방식으로 모든 죄에서 발견된다 ─ 특수한 죄이다.

 3. 게으름의 질료는 본래적으로 어떤 이가 마땅히 행해야 하는 선이다. 그런데 게으름의 질료가 선인 이유는 그것을 행하는 데 게으리할 때 그것이 선이기 때문이 아니라, 게을리함으로써 그 안에 ─ 염려의 결함 때문에 마땅한 행위가 전적으로 배제되거나, 또는 행위의 마땅한 어떤 상황이 배제되거나 해서 ─ 선성의 결함이 발생하기 때문이다.

---

5. Cf. q.53, a.3.

Articulus 2
Utrum negligentia opponatur prudentiae

Ad secundum sic proceditur. Videtur quod negligentia non opponatur prudentiae.

1. Negligentia enim videtur esse idem quod pigritia vel torpor, qui pertinet ad acediam, ut patet per Gregorium, XXXI *Moral.*.[1] Acedia autem non opponitur prudentiae, sed magis caritati, ut supra[2] dictum est. Ergo negligentia non opponitur prudentiae.

2. Praeterea, ad negligentiam videtur pertinere omne peccatum omissionis. Sed peccatum omissionis non opponitur prudentiae, sed magis virtutibus moralibus executivis. Ergo negligentia non opponitur prudentiae.

3. Praeterea, imprudentia est circa aliquem actum rationis.[3] Sed negligentia non importat defectum neque circa consilium, in quo deficit praecipitatio; neque circa iudicium, in quo deficit inconsideratio; neque circa praeceptum, in quo deficit inconstantia. Ergo negligentia non pertinet ad imprudentiam.

4. Praeterea, dicitur *Eccle.* 7, [19]: *Qui timet Deum nihil negligit.* Sed unumquodque peccatum praecipue excluditur per virtutem oppositam. Ergo negligentia magis opponitur timori quam prudentiae.

---

1. c.45, al.17, in vet.31, n.88: PL 76, 621B.
2. q.35, a.3.

제2절 게으름은 현명과 대립하는가?

[반론] 둘째에 대해 다음과 같이 진행한다. 게으름은 현명에 대립하는 것으로 보인다.

1. 게으름은 '태만' 또는 '빈둥거림'과 같은 것으로 보인다. 후자는 그레고리우스의 『욥기의 도덕적 해설』 제31권을[1] 통해 분명히 알 수 있듯이 나태(acedia)에 속한다. 그런데 위에서[2] 말했듯이, 나태는 현명에 대립하지 않고, 오히려 참사랑과 더 대립한다. 따라서 게으름은 현명과 대립하지 않는다.

2. 모든 불이행의 죄는 게으름과 연관된 것으로 보인다. 그런데 불이행의 죄는 현명과 대립하지 않고, 오히려 실행적인 도덕적 덕과 대립한다. 따라서 게으름은 현명과 대립하지 않는다.

3. 경솔함은 이성의 어떤 행위와 연관된다.[3] 그런데 게으름은 어떤 결함도, 즉 성급함이 잘못을 범하는 숙고와 관련된 결함도, 무분별이 잘못을 일으키는 판단과 관련된 결함도, 그리고 강인하지 못함이 잘못을 범하는 명령과 관련된 결함도 포함하지 않는다. 따라서 게으름은 현명하지 못함과 관련이 없다.

4. 코헬렛 7장 [19절]에서 "하느님을 경외하는 이는 어떤 것도 게을리하지 않는다."라고 하였다. 그런데 모든 죄는 무엇보다 그것과 대립하는 덕을 통해서 제거된다. 따라서 게으름은 현명보다는 경외와 대립한다.

---

3. Cf. q.53, a.2.

SED CONTRA est quod dicitur *Eccli.* 20, [7]: *Lascivus et imprudens non observant*[4] *tempus.* Sed hoc pertinet ad negligentiam. Ergo negligentia opponitur prudentiae.

RESPONDEO dicendum quod negligentia directe opponitur sollicitudini. Sollicitudo autem ad rationem pertinet, et rectitudo sollicitudinis ad prudentiam.[5] Unde, per oppositum, negligentia ad imprudentiam pertinet. – Et hoc etiam ex ipso nomine apparet. Quia sicut Isidorus dicit, in libro *Etymol.*,[6] *negligens dicitur quasi nec eligens.* Electio autem recta eorum quae sunt ad finem ad prudentiam pertinet.[7] Unde negligentia pertinet ad imprudentiam.

AD PRIMUM ergo dicendum quod negligentia consistit in defectu interioris actus, ad quem pertinet etiam electio. Pigritia autem et torpor magis pertinent ad executionem: ita tamen quod pigritia importat tarditatem ad exequendum; torpor remissionem quandam importat in ipsa executione. Et ideo convenienter torpor ex acedia nascitur: quia acedia est *tristitia aggravans,*[8] idest impediens animum ab operando.

AD SECUNDUM dicendum quod omissio pertinet ad exteriorem actum: est enim omissio quando praetermittitur aliquis actus debitus.

---

4. 불가타에는 "observant" 대신 "servabunt"로 되어 있다.
5. Cf. q.47, a.9.
6. X, ad litt.*N*, n.193: PL 82, 387C.

[재반론] 그러나 반대로 집회서 20장 [7절]에서 "방종한 이와 현명하지 못한 이는 시간을 지키지⁴ 않는다."라고 되어 있다. 그런데 이것은 게으름에 속한다. 따라서 게으름은 현명과 대립한다.

[답변] 게으름은 염려와 직접적으로 대립한다. 그런데 염려는 이성에 속하고, 염려의 올바름은 현명에 속한다.⁵ 그러므로 게으름은, 대립의 방식으로, 현명하지 못함과 연관된다. 이는 이름 자체에 근거해서도 명백하다. 그 이유는 이시도루스가 『어원론』에서⁶ 말했듯이, "게을리 하는 이는 말하자면 '선택하지 않는 이(nec eligens)'로 불린다."라는 데 있다. 그런데 목적을 향한 것의 올바른 선택은 현명에 속한다.⁷ 그러므로 게으름은 현명하지 못함에 속한다.

[해답] 1. 게으름은 내적 행위의 결함에서 성립한다. 이 내적 행위에는 선택도 속한다. 그런데 태만과 빈둥거림은 실행과 연관되지만, 태만은 실행을 지연함을, 반면 빈둥거림은 실행하는 데 있어 굼뜸을 포함한다. 그래서 빈둥거림은 나태로부터 태어나는 것이 적합하다. 나태는 "무겁게 짓누르는 슬픔",⁸ 즉 정신을 방해해 작용하지 않도록 막기 때문이다.

2. 불이행은 외적 행위에 속한다. 왜냐하면 불이행은, 어떤 마땅히 해야 할 행위를 하지 않았을 때 있기 때문이다. 그래서 불이행은 정의

---

7. 위에서(I-II, q.13, a.1) 말했듯이, 선택은 본래적 의미에서 이성의 행위가 아니라, 의지의 행위이다. 따라서 여기에서는 엄격한 의미가 아니라 넓은 의미에서 이해된다. 즉 "보편적으로 선택의 올바름은 현명에서 온다."는 의미에서 선택이다.(Cf. Caietanus in h. a.)
8. Cf. supra q.35, a.1.

Et ideo opponitur iustitiae. Et est effectus negligentiae, sicut etiam executio iusti operis est effectus rationis rectae.

AD TERTIUM dicendum quod negligentia est circa actum praecipiendi ad quem etiam pertinet sollicitudo. Aliter tamen circa hunc actum deficit negligens, et aliter inconstans. Inconstans enim deficit in praecipiendo quasi ab aliquo impeditus[9]: negligens autem per defectum promptae voluntatis.

AD QUARTUM dicendum quod timor Dei operatur ad vitationem cuiuslibet peccati: quia ut dicitur *Prov.* 15, [27], *per timorem Domini declinat omnis a malo.* Et ideo timor facit negligentiam vitare. Non tamen ita quod directe negligentia timori opponatur: sed inquantum timor excitat hominem ad actus rationis. Unde etiam supra[10] habitum est, cum de passionibus ageretur, quod timor facit consiliativos.

Articulus 3
Utrum negligentia possit esse peccatum mortale

Ad tertium sic proceditur. Videtur quod negligentia non possit esse peccatum mortale.

1. Quia super illud *Iob* 9, [28], *Verebar opera mea* etc., dicit Glossa

---

9. Cf. q.53, a.5.

와 대립한다. 그리고 정의로운 행업의 실행이 올바른 이성의 결과이듯이, 불이행은 게으름의 결과이기도 하다.

3. 게으름은 명령의 행위에 관여한다. 이 명령의 행위에는 또한 염려도 관련된다. 그렇지만 게을리하는 이와 강인하지 못한 이는 각기 다른 방식으로 이 명령의 행위와 관련하여 결함을 보인다. 즉 강인하지 못한 이는 말하자면 어떤 것에 의해 방해를 받아 명령에 결함을 보이고,[9] 게을리하는 이는 준비된 의지의 결함으로 인한 명령에 실패한다.

4. 하느님에 대한 경외는 모든 죄를 피하도록 작용한다. 잠언 15장 27절에서 "주님에 대한 경외로 모든 이가 악을 피한다."고 되어 있기 때문이다. 그래서 경외는 게으름을 피하게 만들지만, 게으름이 경외와 직접적으로 대립해서 그런 것은 아니고, 경외가 인간을 고무하여 이성의 행위를 하게 하는 한에서 게으름을 피하게 만든다. 그러므로 위에서[10] 정념에 대해 다룰 때 주장하였듯이, 경외는 우리를 숙고하도록 만든다.

제3절 게으름은 사죄일 수 있는가?

[반론] 셋째에 대해 다음과 같이 진행한다. 게으름은 사죄일 수 없는 것으로 보인다.

1. "나는 나의 행업을 두려워한다." 등 욥기 9장 [28절]에 대해 그레

---

10. I-II, q.44, a.2.

Gregorii[1] quod *illam,* scilicet negligentiam, *minor amor Dei exaggerat.* Sed ubicumque est peccatum mortale, totaliter tollitur amor Dei. Ergo negligentia non est peccatum mortale.

2. Praeterea, super illud *Eccli.* 7, [34], *De negligentia*[2] *purga te cum paucis,* dicit Glossa[3]: *Quamvis oblatio parva sit, multorum delictorum purgat negligentias.* Sed hoc non esset si negligentia esset peccatum mortale. Ergo negligentia non est peccatum mortale.

3. Praeterea, in lege fuerunt statuta sacrificia pro peccatis mortalibus, sicut patet in *Levitico* [c. 4 sqq.]. Sed nullum fuit statutum sacrificium pro negligentia. Ergo negligentia non est peccatum mortale.

SED CONTRA est quod habetur *Prov.* 19, [16]: *Qui negligit vitam*[4] *suam mortificabitur.*

RESPONDEO dicendum quod, sicut supra[5] dictum est, negligentia provenit ex quadam remissione voluntatis, per quam contingit quod ratio non sollicitatur ut praecipiat ea quae debet vel eo modo quo debet. Potest ergo dupliciter contingere quod negligentia sit peccatum mortale. Uno modo, ex parte eius quod praetermittitur per negligentiam. Quod quidem si sit de necessitate salutis, sive sit actus sive circumstantia, erit peccatum mortale. — Alio modo, ex par-

---

1. Cf. *Moral.,* IX, c.34, al.17, in vet. 26, n.53: PL 75, 888C.
2. 불가타에는 "De negligentia" 대신에 "De negligentia tua(당신의 게으름으로부터)"로 되어 있다.

고리우스의[1] 주해는 "저것", 즉 게으름은 "하느님에 대한 사랑이 적으면 확대된다."고 말하였다. 그런데 사죄가 있는 경우에는 항상, 하느님에 대한 사랑이 전적으로 제거된다. 따라서 게으름은 사죄가 아니다.

2. "적은 봉헌들을 통해 당신을 게으름으로부터[2] 정화하라."는 집회서 7장 [34절]에 대해 난외 주석에서[3] "봉헌은 비록 적더라도, 많은 잘못의 게으름을 정화한다."고 하였다. 그런데 이것은 만일 게으름이 사죄라면 있을 수 없는 일이다. 따라서 게으름은 사죄가 아니다.

3. 레위기에서 분명히 알 수 있듯이, 율법에는 사죄를 위한 희생 제의가 규정되어 있다. 그런데 게으름에 대해서는 어떠한 희생 제의도 규정된 바가 없다. 따라서 게으름은 사죄가 아니다.

[재반론] 그러나 반대로 잠언 19장 [16절]에서는 "자기 삶[4]에 게으른 이는 죽임을 당할 것이다."라고 말한다.

[답변] 위에서[5] 말했듯이, 게으름은 의지의 이완으로부터 생겨난다. 이 이완으로 인해 이성이 마땅히 명령해야 할 것을, 또는 마땅한 명령의 방식으로 명령하는데 염려하지(마음 쓰지) 않는 일이 생겨난다. 따라서 두 가지 방식으로 게으름이 사죄가 되는 일이 벌어질 수 있다. 첫째, 게으름을 통해 생략되는 것의 측면에서 일어날 수 있다. 만일 생략되는 것이, 행위이건 또는 상황이건, 구원의 필연성에 속한다면(구원을 위해 필수적이라면) 사죄가 될 것이다.

---

3. Ordin.: PL 113, 1193B. Cf. Rabani M. *Comment.* in *Eccli.*, II, c.10: PL 109, 810C.
4. 불가타에는 "vitam" 대신에 "viam(길을)"으로 되어 있다.
5. a.2. ad3.

te causae. Si enim voluntas intantum sit remissa circa ea quae sunt Dei ut totaliter a Dei caritate deficiat, talis negligentia est peccatum mortale. Et hoc praecipue contingit quando negligentia sequitur ex contemptu.⁶ – Alioquin, si negligentia consistat in praetermissione alicuius actus vel circumstantiae quae non sit de necessitate salutis; nec hoc fiat ex contemptu, sed ex aliquo defectu fervoris, qui impeditur interdum per aliquod veniale peccatum, tunc negligentia non est peccatum mortale, sed veniale.

AD PRIMUM ergo dicendum quod minor amor Dei potest intelligi dupliciter. Uno modo, per defectum fervoris caritatis: et sic causatur negligentia quae est peccatum veniale. Alio modo, per defectum ipsius caritatis: sicut dicitur minor amor Dei quando aliquis diligit Deum solum amore naturali. Et tunc causatur negligentia quae est peccatum mortale.

AD SECUNDUM dicendum quod *parva oblatio cum humili mente et pura dilectione facta*, ut ibi⁷ dicitur, non solum purgat peccata venialia, sed etiam mortalia.

AD TERTIUM dicendum quod quando negligentia consistit in praetermissione eorum quae sunt de necessitate salutis, tunc trahitur ad aliud genus peccati magis manifestum. Peccata enim quae consis-

---

6. 경멸은 의지가 "율법이나 규칙의 지시에 복종하기를 거부하고, 이로부터 율법이나 규칙에 반

둘째, 원인의 측면에서 일어날 수 있다. 즉 만일 의지가 하느님에 대한 참사랑에서 전적으로 떨어져 나가도록 그렇게 하느님에 관한 일에 이완된다면, 그러한 게으름은 사죄이다. 그리고 이것은 무엇보다 게으름이 경멸로부터 생겨날 때 발생한다.[6] 그렇지만 만일 게으름이 구원을 위해 필수적이지 않은 어떤 행위나 상황의 생략에서 성립하고, 이것이 경멸로부터 생겨나지 않고, 때때로 어떤 소죄로 인해 방해를 받는 열성의 결함에 근거해서 일어난다면, 그 경우 게으름은 사죄가 아니라 용서받을 수 있는 죄(소죄)이다.

[해답] 1. 하느님에 대한 사랑이 작다는 것은 두 가지로 이해될 수 있다. 첫째, 참사랑의 열성의 결함으로 인해 작을 수 있다. 예컨대 이러한 의미에서 소죄로서의 게으름이 야기된다. 둘째, 참사랑 자체의 결함으로 인해 작을 수 있다. 어떤 이가 자연적 사랑으로만 하느님을 사랑할 때 하느님에 대한 사랑이 작다고 말한다. 이 경우 사죄로서의 게으름이 야기된다.

2. 여기에서[7] 말하는, "겸손한 정신 및 순수한 사랑으로 이루어진 작은 봉헌"은 소죄뿐 아니라 사죄도 정화한다.

3. 게으름이 구원을 위해 필수적인 것들의 생략에서 성립할 때, 게으름은 보다 명백한 어떤 다른 죄의 유로 끌려간다. 내적 행위에서 성립하는 죄는 더 숨겨져 있기 때문이다. 그래서 이를 위한 명확한 희생 제

하는 행위를 할 때" 하게 된다. q.186, a.9, ad3.
7. Glossa loc. cit.

tunt in interioribus actibus sunt magis occulta. Et ideo pro eis certa sacrificia non iniungebantur in lege: quia sacrificiorum oblatio erat quaedam publica protestatio peccati, quae non est facienda de peccato occulto.

의는 율법에 부과되지 않았다. 희생 제의의 봉헌은 죄의 공개적 고백이기 때문이다. 그렇지만 공개적 고백은 숨겨진 죄에 대해서는 해서는 안 된다.

QUAESTIO LV
DE VITIIS OPPOSITIS PRUDENTIAE QUAE HABENT SIMILITUDINEM CUM IPSA
in octo articulos divisa

Deinde considerandum est de vitiis oppositis prudentiae quae habent similitudinem cum ipsa.[1]

Et circa hoc quaeruntur octo.

Primo: utrum prudentia carnis sit peccatum.

Secundo: utrum sit peccatum mortale.

Tertio: utrum astutia sit peccatum speciale.

Quarto: de dolo.

Quinto: de fraude.

Sexto: de sollicitudine temporalium rerum.

Septimo: de sollicitudine futurorum.

Octavo: de origine horum vitiorum.

---

1. Cf. q.53, Introd.

제55문
현명과 유사성을 갖는, 현명에 대립하는 악습에 대하여
(전8절)

그리고 나서 현명과 유사성을 갖는, 현명에 대립하는 악습들에 대해 고찰해야만 한다.[1] 이와 관련하여 여덟 가지 물음이 제기된다.

1. 육의 현명은 죄인가?
2. 그것은 사죄인가?
3. 교활함은 종별되는 죄인가?
4. 속임수에 대해서
5. 사기에 대해서
6. 현세적 사물에 대한 염려에 대해서
7. 미래사에 대한 염려에 대해서
8. 이러한 악습들의 기원에 대해서

Articulus 1
Utrum prudentia carnis sit peccatum

Ad primum sic proceditur. Videtur quod prudentia carnis non sit peccatum.

1. Prudentia enim est nobilior virtus quam aliae virtutes morales, utpote omnium regitiva. Sed nulla iustitia vel temperantia est peccatum. Ergo etiam neque aliqua prudentia est peccatum.

2. Praeterea, prudenter operari ad finem qui licite amatur non est peccatum. Sed caro licite amatur: *nemo enim unquam carnem suam odio habuit*, ut habetur *ad Ephes.* 5, [29]. Ergo prudentia carnis non est peccatum.

3. Praeterea, sicut homo tentatur a carne, ita etiam tentatur a mundo, et etiam a Diabolo. Sed non ponitur inter peccata aliqua prudentia mundi, vel etiam Diaboli. Ergo neque debet poni inter peccata aliqua prudentia carnis.

SED CONTRA, nullus est inimicus Deo nisi propter iniquitatem: secundum illud *Sap.* 14, [9]: *Simul odio sunt Deo impius et impietas eius.* Sed sicut dicitur *ad Rom.* 8, [7], *prudentia carnis inimica est Deo*.[1] Ergo prudentia carnis est peccatum.

---

1. 불가타에는 "prudentia carnis" 대신에 "Sapientia carnis(육의 지혜는)"로 되어 있다. 그러나 이 전 절은 다음과 같다: "육의 현명은 죽음이다."

제1절 육의 현명은 죄인가?

Parall.: *In Ep. ad Rom.*, c.8, lect.1-2

[반론] 첫째에 대해 다음과 같이 진행한다. 육의 현명은 죄가 아닌 것으로 보인다.

1. 현명은 모든 도덕적 덕을 다스리는 덕으로서 다른 도덕적 덕들보다 고귀하다. 그런데 정의나 절제는 죄가 아니다. 따라서 어떤 현명도 죄가 아니다.

2. 그것을 사랑하는 것이 법에 맞는 어떤 목적을 위해 현명하게 작용함은 죄가 아니다. 그런데 육체를 사랑하는 것은 법에 맞는다. 즉 에페소서 5장 [29절]에 있는 것처럼, "어느 누구도 자기 육체를 미워하지 않는다." 따라서 육의 현명은 죄가 아니다.

3. 사람은 육체에 의해 시험을 받듯이, 세상에 의해서도 그리고 또 악마에 의해서도 시험을 받는다. 그런데 세상의 현명은 또는 악마의 현명도 죄 가운데 하나로 여겨지지 않는다. 따라서 육의 현명도 죄 가운데 하나로 간주할 필요는 없다.

[재반론] 그러나 반대로 "하느님께 불경한 이 그리고 그의 불경함은 모두 미움을 받는다."는 지혜서 14장 [9절]에 따르면 어느 누구도 불의 때문이 아니라면 하느님께 적대적이지 않다. 그런데 로마서 8장 [7절]에 있듯이, "육의 현명은 하느님께 적대적이다."[1] 따라서 육의 현명은 죄이다.

RESPONDEO dicendum quod, sicut supra[2] dictum est, prudentia est circa ea quae sunt ad finem totius vitae. Et ideo prudentia carnis proprie dicitur secundum quod aliquis bona carnis habet ut ultimum finem suae vitae. Manifestum est autem quod hoc est peccatum: per hoc enim homo deordinatur circa ultimum finem, qui non consistit in bonis corporis, sicut supra[3] habitum est. Et ideo prudentia carnis est peccatum.

AD PRIMUM ergo dicendum quod iustitia et temperantia in sui ratione important id unde virtus laudatur, scilicet aequalitatem et concupiscentiarum refrenationem: et ideo nunquam accipiuntur in malo. Sed nomen prudentiae sumitur a providendo, sicut supra[4] dictum est: quod potest etiam ad mala extendi. Et ideo, licet prudentia simpliciter dicta in bono accipiatur, aliquo tamen addito potest accipi in malo. Et secundum hoc dicitur prudentia carnis esse peccatum.

AD SECUNDUM dicendum quod caro est propter animam sicut materia propter formam et instrumentum propter principale agens. Et ideo sic licite diligitur caro ut ordinetur ad bonum animae sicut ad finem.[5] Si autem in ipso bono carnis constituatur ultimus finis, erit inordinata et illicita dilectio. Et hoc modo ad amorem carnis ordinatur prudentia carnis.

AD TERTIUM dicendum quod Diabolus nos tentat non per

---

2. q.47, a.13.
3. I-II, q.2, a.5.

[답변] 위에서[2] 말했듯이, 현명은 전체 삶의 목적을 향해 있는 것에 관여한다. 그래서 본래적 의미에서 육의 현명이라는 말은 어떤 이가 육체의 선을 자기 삶의 최종 목적으로 삼는 한에서 하는 말이다. 이것이 죄라는 것은 명백하다. 이를 통해서 사람이 최종 목적과 관련하여 질서를 벗어나게 되기 때문이다. 그런데 위에서[3] 말했듯이 최종 목적은 육체의 선에 있지 않다. 그래서 육의 현명은 죄이다.

[해답] 1. 정의와 절제는 본질적 규정상 덕이 칭송받는 근거를, 즉 평등과 욕망의 억누름을 포함한다. 그래서 이것들은 결코 악하게 받아들여지지 않는다. 그러나 '현명'이라는 말은, 위에서[4] 말했듯이, '예견(providere)'에서 왔는데, 이 말은 악한 것으로도 연장될 수 있다. 단적으로 말해 현명은 선하게 받아들여지지만, 어떤 것이 더해지면 악하게 이해될 수 있다. 이러한 점에서 육의 현명은 죄라고 말한다.

2. 질료는 형상 때문에 그리고 도구는 주된 행위자 때문에 있듯이, 육체는 영혼 때문에 존재한다. 그래서 목적으로서 영혼의 선을 향해 질서 지어지도록 그렇게 육체를 사랑하는 것은 법에 맞는다.[5] 그런데 최종 목적을 이 육체의 선 자체에 세워놓는다면, 질서를 잃은 법에 맞지 않는 사랑이 있게 된다. 이러한 방식으로 육의 현명은 육체에 대한 사랑으로 질서 지어지게 된다.

3. 악마는 욕구할 만한 것의 양태로 우리를 유혹하지 않고, 제안의 방식으로 유혹한다. 그래서 현명은 어떤 욕구할 만한 목적을 향한 질

---

4. q.49, a.6, ad1.
5. Cf. q.25, a.5.

modum appetibilis, sed per modum suggerentis. Et ideo, cum prudentia importet ordinem ad aliquem finem appetibilem, non ita dicitur *prudentia diaboli* sicut prudentia respectu alicuius mali finis, sub cuius ratione tentat nos mundus et caro, inquantum scilicet proponuntur nobis ad appetendum bona mundi vel carnis.[6] Et ideo dicitur *prudentia carnis*, et etiam *prudentia mundi*, secundum illud Luc. 16, [8]: *Filii huius saeculi prudentiores sunt in generatione sua* etc..[7] Apostolus autem totum comprehendit sub prudentia carnis, quia etiam exteriores res mundi appetimus propter carnem.

Potest tamen dici quod quia prudentia quodammodo dicitur *sapientia*, ut supra[8] dictum est, ideo secundum tres tentationes potest intelligi triplex prudentia. Unde dicitur Iac. 3, [15] sapientia esse *terrena, animalis, diabolica*, ut supra[9] expositum est cum de sapientia ageretur.

Articulus 2
Utrum prudentia carnis sit peccatum mortale

Ad secundum sic proceditur. Videtur quod prudentia carnis sit peccatum mortale.

---

6. Cf. I, q.114, a.2.
7. 불가타에는 "Filii huius saeculi prudentiores sunt in generatione sua" 대신에 "Filii huius saeculi prudentiores filiis lucis in generatione sua sunt(이세상의 자식들이 자기 세대에서 빛의 자식보

서를 포함하기 때문에, "악마의 현명"이 어떤 악한 목적과 연관된 현명과 같은 것으로 말하지 않는다. 세상이나 육체는, 이 악한 목적의 관점에서, 즉 우리가 세상이나 육체의 선을 욕구하도록 [그것들이] 우리 앞에 놓이는 한에서, 우리를 유혹하게 된다.[6] 그래서 "이 세상의 자식들은 자기 세대에서 더 현명하다." 등[7] 루카복음서 16장 [8절]에 따라 "육의 현명"이라는 그리고 또 "세상의 현명"이라는 말을 하게 된다. 그런데 사도는 육의 현명 아래 전체를 포괄적으로 파악하고 있다. 우리는 육체 때문에 세상의 외적 사물도 욕구하기 때문이다.

그렇지만 현명은 위에서[8] 말했듯이 어떤 방식으로는 "지혜"라 불리기 때문에 세 가지 유혹에 따라 세 가지 현명을 이해할 수 있다고 말할 수 있다. 야고보서 3장 [15절]에서 지혜는 "세속적"이고, "동물적"이고, "악마적"이라고 하였다. 이에 대해서는 위에서[9] 지혜에 대해 다룰 때 설명하였다.

제2절 육의 현명은 사죄인가?

Parall.: *In Ep. ad Rom.*, c.8, lect.1-2

[반론] 둘째에 대해 다음과 같이 진행한다. 육의 현명은 사죄인 것으로 보인다.

다 더 현명하다)."라고 되어 있다.
8. q.47, a.2, ad1.
9. q.45, a.1, ad1.

1. Rebellare enim divinae legi est peccatum mortale: quia per hoc Dominus contemnitur. Sed *prudentia carnis non est subiecta legi Dei*, ut habetur *Rom.* 8, [7].[1] Ergo prudentia carnis est peccatum mortale.

2. Praeterea, omne peccatum in Spiritum Sanctum est peccatum mortale. Sed prudentia carnis videtur esse peccatum in Spiritum Sanctum: *non enim potest esse subiecta legi Dei*, ut dicitur *Rom.* 8, [ib.][2]; et ita videtur esse peccatum irremissibile, quod est proprium peccati in Spiritum Sanctum. Ergo prudentia carnis est peccatum mortale.

3. Praeterea, maximo bono opponitur maximum malum; ut patet in VIII *Ethic.*.[3] Sed prudentia carnis opponitur prudentiae quae est praecipua inter virtutes morales. Ergo prudentia carnis est praecipuum inter peccata moralia. Et ita est peccatum mortale.

SED CONTRA, illud quod diminuit peccatum non importat de se rationem peccati mortalis. Sed caute prosequi ea quae pertinent ad curam carnis, quod videtur ad prudentiam carnis pertinere, diminuit peccatum.[4] Ergo prudentia carnis de sui ratione non importat peccatum mortale.

RESPONDEO dicendum quod, sicut supra[5] dictum est, prudens dicitur aliquis dupliciter: uno modo, simpliciter, scilicet in ordine ad finem totius vitae; alio modo, secundum quid, scilicet in ordine

---

1. 불가타에는 "prudentia carnis(육의 현명)" 대신 "sapientia carnis(육의 지혜)"가 오며, 전체 문장은 "Sapientia carnis ⋯ legi ⋯ Dei non est subiecta."로 되어 있다
2. 불가타에는 "non enim potest esse subiecta legi Dei" 대신에 "Legi ⋯ Dei non est subiecta, nec enim potest."로 되어 있다.

1. 신법에 반역하는 것은 사죄이다. 왜냐하면 이를 통해 주께서 모욕을 당하시기 때문이다. 그런데 로마서 8장 [7절]에 있듯이, "육의 현명은 하느님의 법에 복종하지 않는다."[1] 따라서 육의 현명은 사죄이다.

2. 성령을 거스르는 모든 죄는 사죄이다. 그런데 육의 현명은 성령을 거스르는 죄로 보인다. 로마서 8장 [7절]에 있듯이 "하느님의 법에 복종할 수 없기 때문이다."[2] 그래서 용서받지 못할 죄로 보이는 바, 이는 성령을 거스르는 죄의 고유한 특징이다. 따라서 육의 현명은 사죄이다.

3. 『니코마코스 윤리학』 제8권에서[3] 분명히 알 수 있듯이, 가장 큰 악이 가장 큰 선에 대립한다. 그런데 육의 현명은 도덕적 덕 가운데 가장 앞에 있는 현명과 대립한다. 따라서 육의 현명은 사죄 가운데 첫째 가는 죄이다. 그래서 육의 현명은 사죄이다.

[재반론] 그러나 반대로 죄를 약하게 하는 것은 스스로 사죄의 규정을 포함하지 않는다. 그런데 육을 돌보는 것과 관련된 것들을 신중하게 추구하는 것은 육의 현명에 속하는 일로 보이며, 그것은 죄를 약하게 만든다.[4] 따라서 육의 현명은 그것의 본질 규정상 사죄를 포함하지 않는다.

[답변] 위에서[5] 말한 것처럼, 어떤 사람은 두 가지 방식으로 현명하다고 불린다. 첫째, 단적으로, 즉 삶 전체의 목적과의 질서 관계에서 현명하다고 불린다. 둘째, 특정한 관점에서, 즉 어떤 특수한 목적과의 질

---

3. c.12, 1160b9-12; St. Thomas, lect.10, n.1677.
4. 잠언 6, 30.
5. q.47, a.2, ad1; a.13.

ad finem aliquem particularem, puta sicut dicitur aliquis prudens in negotiatione vel in aliquo huiusmodi. Si ergo prudentia carnis accipiatur secundum absolutam prudentiae rationem, ita scilicet quod in cura carnis constituatur ultimus finis totius vitae, sic est peccatum mortale: quia per hoc homo avertitur a Deo, cum impossibile sit esse plures fines ultimos, ut supra[6] habitum est.

Si vero prudentia carnis accipiatur secundum rationem particularis prudentiae, sic prudentia carnis est peccatum veniale. Contingit enim quandoque quod aliquis inordinate afficitur ad aliquod delectabile carnis absque hoc quod avertatur a Deo per peccatum mortale: unde non constituit finem totius vitae in delectatione carnis. Et sic adhibere studium ad hanc delectationem consequendam est peccatum veniale, quod pertinet ad prudentiam carnis.

Si vero aliquis actu curam carnis referat in finem honestum, puta cum aliquis studet comestioni propter corporis sustentationem, non vocatur prudentia carnis: quia sic utitur homo cura carnis ut ad finem.

AD PRIMUM ergo dicendum quod Apostolus loquitur de prudentia carnis secundum quod finis totius vitae humanae constituitur in bonis carnis. Et sic est peccatum mortale.

AD SECUNDUM dicendum quod prudentia carnis non importat peccatum in Spiritum Sanctum.[7] Quod enim dicitur quod *non*

---

6. I-II, q.1, a.5.

서 관계에서 현명하다고 불린다. 예를 들어 어떤 사람은 거래 또는 기타 그러한 일에서 현명하다고 불린다. 따라서 육의 현명을 현명의 절대적 규정의 관점에서 받아들인다면, 즉 그래서 육체를 돌보는 일에 삶 전체의 최종 목적을 세워놓는다면, 육의 현명은 사죄이다. 왜냐하면 이렇게 함으로써, 위에서[6] 설명했듯이 다수의 최종 목적이 있기는 불가능하므로, 인간은 하느님으로부터 등을 돌리기 때문이다.

그런데 만일 육의 현명을 특수한 현명의 규정에 따라 받아들인다면, 육의 현명은 소죄가 된다. 어떤 이가 사죄로 인해 하느님으로부터 등 돌리지 않고서도 육에 쾌락적인 것으로 무질서하게 마음이 움직여지는 일이 가끔 벌어질 수 있기 때문이다. 그는 삶 전체의 목적을 육의 쾌락에 두지 않는다. 이러한 방식으로 그러한 쾌락을 좇는 데 애쓰는 것은 소죄이며, 이것은 육의 현명에 속한다.

만일 어떤 이가 실제로 육의 돌봄을 도덕적 목적과 연관시킨다면, 예를 들어 어떤 이가 육체를 지탱하기 위해 먹는 일에 애쓴다면, 그것은 육의 현명이라 부르지 않는다. 왜냐하면 인간은 이렇게 육의 돌봄을 목적을 위한 것(수단)으로 사용하기 때문이다.

[해답] 1. 사도는, 인간 삶 전체의 목적이 육의 선에 세워지는 한에서의 육의 현명에 대해서 말하고 있다. 이러한 의미에서 그것은 사죄이다.

2. 육의 현명은 성령을 거스르는 죄를 포함하지 않는다.[7] 즉 "그것이 하느님의 법에 복종할 수 없다."고 말한 것을 육의 현명을 가진 이

---

7. 이에 대해서는: Cf. supra q.14, aa.1-3.

potest esse subiecta legi Dei, non sic est intelligendum quasi ille qui habet prudentiam carnis non possit converti et subiici legi Dei: sed quia ipsa prudentia carnis legi Dei non potest esse subiecta, sicut nec iniustitia potest esse iusta, nec calor potest esse frigidus, quamvis calidum posset esse frigidum.[8]

AD TERTIUM dicendum quod omne peccatum opponitur prudentiae, sicut et prudentia participatur in omni virtute.[9] Sed ideo non oportet quod quodlibet peccatum prudentiae oppositum sit gravissimum, sed solum quando opponitur prudentiae in aliquo maximo.

Articulus 3
Utrum astutia sit speciale peccatum

Ad tertium sic proceditur. Videtur quod astutia non sit speciale peccatum.

1. Verba enim sacrae Scripturae non inducunt aliquem ad peccatum. Inducunt autem ad astutiam, secundum illud *Prov.* 1, [4]: *Ut detur parvulis astutia*. Ergo astutia non est peccatum.

2. Praeterea, *Prov.* 13, [16] dicitur: *Astutus omnia agit cum consilio*. Aut ergo ad finem bonum; aut ad finem malum. Si ad finem bonum, non videtur esse peccatum. Si autem ad finem malum, videtur pertinere ad prudentiam carnis vel saeculi. Ergo astutia non est speciale

---
8. Cf. I–II, q.93, a.6, ad2.

가 하느님의 법으로 전향해서 그것에 복종할 수 없다는 의미로 이해해서는 안 된다. 육의 현명 자체가 하느님의 법에 복종할 수 없기 때문이다. 마치 불의가 의로울 수 없다거나, 뜨거운 것이 차가워질 수는 있지만 열기가 차가울 수 없는 것과 같다.[8]

3. 모든 덕이 현명에 참여하듯이, 모든 죄는 현명과 대립한다.[9] 그러나 그렇다고 해서 현명과 대립하는 모든 죄가 가장 중대한 죄인 것은 아니다. 다만 어떤 아주 중대한 사안에서 현명과 대립하는 경우에만 중대한 죄이다.

제3절 교활함은 특수한 죄인가?

[반론] 셋째에 대해 다음과 같이 진행한다. 교활함은 특수한 죄가 아닌 것으로 보인다.

1. 성서의 말씀들은 어떤 사람을 죄로 이끌지 않는다. 그런데 [성서 말씀은] "우둔한 이에게 교활함을 주기 위해"라는 잠언 1장 [4절]에 따르면 교활함으로 이끈다. 따라서 교활함은 죄가 아니다.

2. 잠언 13장 [16절]에 "교활한 자는 모든 것을 숙고해서 행한다."라고 되어 있다. 따라서 교활한 자는 좋은 목적을 위해서 또는 나쁜 목적을 위해서 [행위한다]. 만약 좋은 목적을 위해서라면, 교활함은 죄로 보이지 않는다. 반면 나쁜 목적을 위해서라면, 교활함은 육의 현명이

---

9. Cf. q.53, a.2.

peccatum a prudentia carnis distinctum.

3. Praeterea, Gregorius, X *Moral.*,[1] exponens illud *Iob* 12, [4], *Deridetur iusti simplicitas*, dicit: *Sapientia huius mundi est cor machinationibus tegere, sensum verbis velare, quae falsa sunt vera ostendere, quae vera sunt falsa demonstrare.* Et postea subdit: *Haec prudentia usu a iuvenibus scitur, a pueris pretio discitur.* Sed ea quae praedicta sunt videntur ad astutiam pertinere. Ergo astutia non distinguitur a prudentia carnis vel mundi; et ita non videtur esse speciale peccatum.

SED CONTRA est quod Apostolus dicit, II *ad Cor.* 4, [2]: *Abdicamus occulta dedecoris, non ambulantes in astutia, neque adulterantes verbum Dei.* Ergo astutia est quoddam peccatum.

RESPONDEO dicendum quod prudentia est recta ratio agibilium, sicut scientia est recta ratio scibilium. Contingit autem contra rectitudinem scientiae dupliciter peccari in speculativis: uno quidem modo, quando ratio inducitur ad aliquam conclusionem falsam quae apparet vera; alio modo, ex eo quod ratio procedit ex aliquibus falsis quae videntur esse vera, sive sint ad conclusionem veram sive ad conclusionem falsam.[2] Ita etiam aliquod peccatum potest esse con-

---

1. c.29, al.16, in vet.27, n.48: PL 75, 947A.

나 세상의 현명에 속할 것으로 보인다. 따라서 교활함은 육의 현명과 구별되는 특수한 죄가 아니다.

3. 그레고리우스는 『욥기의 도덕적 해설』 제10권에서[1] "의로운 이의 단순성이 조롱받았다."라는 욥기 12장 [4절]을 주해하면서 "이 세상의 지혜는 마음을 장치들로 감추는 것, 뜻을 말로 가리는 것, 거짓된 것을 참된 것으로 드러내는 것, 참된 것을 거짓으로 증명하는 것이다."라고 말하였다. 그리고 나중에 "이 현명을, 젊은이들이 사용할 줄 알았고, 소년들은 상으로 배웠다."고 덧붙였다. 그런데 앞서 말한 것들은 교활함에 속하는 것으로 보인다. 따라서 교활함은 육의 현명 또는 세상의 현명과 구별되지 않는다. 그래서 교활함은 특수한 죄가 아니다.

[재반론] 그러나 반대로 코린토 2서 4장 [2절]에서 사도는 "우리는 감춰진 부끄러운 것을 버렸고, 교활해지지도 않았고 하느님의 말씀을 왜곡하지도 않았다."라고 말하였다. 따라서 교활함은 죄이다.

[답변] 지식이 '알 수 있는 것'들의 올바른 이성이듯이, 현명은 '행할 수 있는 것'들의 올바른 이성이다. 그런데 사변적인 것에서 두 가지 방식으로 지식의 올바름에 반해 잘못을 범하는 일이 벌어질 수 있다. 첫째, 이성이 겉으로는 참으로 보이는 거짓된 결론으로 이끌릴 때 잘못을 범할 수 있다. 둘째, 이성이 참되게 보이는 어떤 거짓된 것들로부터 진행함으로써, 그런데 이러한 진행으로 참된 결론에 이르건 아니면 거짓된 결론에 이르건 관계없이,[2] 잘못을 범할 수 있다. 이렇게 어느 죄

---

2. Cf. q.51, a.1, ad1.

tra prudentiam habens aliquam similitudinem eius dupliciter. Uno modo, quia studium rationis ordinatur ad finem qui non est vere bonus sed apparens: et hoc pertinet ad prudentiam carnis. Alio modo, inquantum aliquis ad finem aliquem consequendum, vel bonum vel malum, utitur non veris viis, sed simulatis et apparentibus: et hoc pertinet ad peccatum astutiae. Unde est quoddam peccatum prudentiae oppositum a prudentia carnis distinctum.

AD PRIMUM ergo dicendum quod, sicut Augustinus dicit, in IV *contra Iulian.*,[3] sicut prudentia abusive quandoque in malo accipitur, ita etiam astutia quandoque in bono: et hoc propter similitudinem unius ad alterum. Proprie tamen astutia in malo accipitur; sicut et philosophus dicit, in VI *Ethic.*.[4]

AD SECUNDUM dicendum quod astutia potest consiliari et ad finem bonum et ad finem malum: nec oportet ad finem bonum falsis viis pervenire et simulatis, sed veris.[5] Unde etiam astutia si ordinetur ad bonum finem, est peccatum.

AD TERTIUM dicendum quod Gregorius sub *prudentia mundi* accepit omnia quae possunt ad falsam prudentiam pertinere. Unde etiam sub hac comprehenditur astutia.

---

3. c.3, n.20: PL 44, 748.
4. c.13, 1144a27-28; St. Thomas, lect.10, n.1272. Cf. supra q.47, a.13, ad3.

라도 현명과 어떤 유사성을 가짐으로써 두 가지 방식으로 현명에 반할 수 있다. 첫째, 이성의 노력이 '참으로 선하지 않고 겉으로 보기에만 선한 목적'을 향해 질서 지어졌기 때문이다. 이것은 육의 현명에 관련된다. 둘째, 어떤 이가 선한 목적이건 악한 목적이건 어떤 목적을 좇으면서 참된 길을 이용하지 않고, '참된 시늉만 내는 겉으로만 참되게 보이는 길'을 사용하는 한에서 현명을 거스를 수 있다. 그리고 이것이 교활함의 죄에 속한다. 그러므로 교활함의 죄는 육의 현명과 구별되는, 현명에 반하는 죄이다.

[해답] 1. 아우구스티누스가 『율리아누스 반박』 제4권에서[3] 말한 것처럼, 현명이 때로 말을 남용하여 악한 의미에서 취해질 수 있듯이, 교활함도 또한 때로 선한 의미에서 취해질 수 있다. 이것은 하나가 다른 하나와 닮았기 때문에 생기는 일이다. 그렇지만 본래적으로 교활함은 나쁜 의미로 이해된다. 철학자도 『니코마코스 윤리학』 제6권에서[4] 말한 바와 같다.

2. 교활함은 선한 목적을 위해서도 악한 목적을 위해서도 숙고할 수 있다. 그런데 선한 목적에는 잘못된 길 그리고 참된 시늉만 내는 길을 통해서 도달해서는 안 되고, 참된 길로만 도달해야 한다.[5] 그러므로 교활함은 비록 선한 목적을 향해 질서 지어졌다고 하더라도 죄이다.

3. 그레고리우스는 "세상의 현명"으로 거짓 현명과 연관될 수 있는 모든 것을 의미하고 있다. 그러므로 여기에는 교활함도 포함된다.

---

5. Cf. I-II, q.19, a.7.

Articulus 4
Utrum dolus sit peccatum ad astutiam pertinens

Ad quartum sic proceditur. Videtur quod dolus non sit peccatum ad astutiam pertinens.

1. Peccatum enim in perfectis viris non invenitur, praecipue mortale. Invenitur autem in eis aliquis dolus: secundum illud II *ad Cor.* 12, [16]: *Cum essem astutus, dolo vos cepi*. Ergo dolus non est semper peccatum.

2. Praeterea, dolus maxime ad linguam pertinere videtur: secundum illud Psalm. [Ps. 5, 11]: *Linguis suis dolose agebant*. Astutia autem, sicut et prudentia, est in ipso actu rationis. Ergo dolus non pertinet ad astutiam.

3. Praeterea, *Prov.* 12, [20] dicitur: *Dolus in corde cogitantium mala*. Sed non omnis malorum cogitatio pertinet ad astutiam. Ergo dolus non videtur ad astutiam pertinere.

SED CONTRA est quod astutia ad circumveniendum ordinatur[1]: secundum illud Apostoli, *ad Ephes.* 4, [14]: *In astutia ad circumventionem erroris*. Ad quod etiam dolus ordinatur. Ergo dolus pertinet ad astutiam.

---

1. Cf. a.5, sc.

제4절 속임수는 교활함에 속하는 죄인가?

[반론] 넷째에 대해 다음과 같이 진행한다. 속임수는 교활함에 속하는 죄가 아닌 것으로 보인다.

1. 죄는, 특히 사죄는 완전한 사람(남자)들에게서 발견되지 않는다. 그런데 "나는 교활하여, 여러분을 속임수로 잡았다."라고 한 코린토 2서 12장 [16절]에 따르면, 완전한 사람(남자)들에게서 어떤 속임수가 발견된다. 따라서 속임수가 항상 죄는 아니다.

2. 속임수는 혀와 가장 연관된 것으로 보인다. 시편 5편 [11절]에 "그들의 혀로 속이면서 행하였다."고 되어 있기 때문이다. 그런데 교활함은, 현명이 그런 것처럼, 이성의 행위 안에 있다. 따라서 속임수는 교활함과 관련이 없다.

3. 잠언 12장 [20절]에 "악을 생각하는 이의 마음 안에 속임수"라고 되어 있다. 그러나 악에 관한 생각이 모두 교활함에 속하지는 않는다. 따라서 속임수는 교활함과 관련 있어 보이지 않는다.

[재반론] 그러나 반대로 "속이려고 교활하게 술책을 부려"라고 한 에페소서 4장 [14절]의 사도의 말에 따르면 교활함은 '술책을 부림'으로 질서 지어져 있다.[1] 이를 향해 속임수 또한 질서 지어져 있다. 따라서 속임수는 교활함에 속한다.

q.55, a.4

RESPONDEO dicendum quod, sicut supra[2] dictum est, ad astutiam pertinet assumere vias non veras, sed simulatas et apparentes, ad aliquem finem prosequendum vel bonum vel malum. Assumptio autem harum viarum potest dupliciter considerari. Uno quidem modo, in ipsa excogitatione viarum huiusmodi: et hoc proprie pertinet ad astutiam, sicut etiam excogitatio rectarum viarum ad debitum finem pertinet ad prudentiam. Alio modo potest considerari talium viarum assumptio secundum executionem operis: et secundum hoc pertinet ad dolum. Et ideo dolus importat quandam executionem astutiae. Et secundum hoc ad astutiam pertinet.

AD PRIMUM ergo dicendum quod sicut astutia proprie accipitur in malo, abusive autem in bono[3]; ita etiam et dolus, qui est astutiae executio.

AD SECUNDUM dicendum quod executio astutiae ad decipiendum primo quidem et principaliter fit per verba, quae praecipuum locum tenent inter signa quibus homo significat aliquid alteri, ut patet per Augustinum, in libro *de Doct. Christ.*.[4] Et ideo dolus maxime attribuitur locutioni. Contingit tamen esse dolum et in factis: secundum illud Psalm. [Ps. 104, 25]: *Et dolum facerent in servos eius*. Est etiam et dolus in corde: secundum illud *Eccli.* 19, [23]: *Interiora eius plena sunt dolo*. Sed hoc est secundum quod aliquis dolos excogitat:

---

2. a.3.
3. Cf. a.3, ad1.

[답변] 위에서² 말했듯이, 교활함에는 선한 목적이건 아니면 악한 목적이건 어떤 목적을 이루기 위해, 참되지 않고 참된 체하는, 겉으로 참돼 보이는 길을 취하는 것이 속한다. 그런데 그러한 길을 취하는 것은 두 가지로 고찰될 수 있다. 첫째, 그러한 길들을 생각해 낸다는 의미로 고찰할 수 있다. 이것이 본래적으로 교활함에 속한다. 마땅한 목적을 향한 올바른 길을 생각해 내는 것이 현명에 속하는 것과 같다. 둘째, 행업의 실행의 관점에서 그러한 길들을 취하는 것을 고찰할 수 있다. 그리고 이러한 관점에서는 속임수에 속한다. 그래서 속임수는 교활함의 실행을 포함한다. 이러한 점에서 속임수는 교활함에 속한다.

[해답] 1. 교활함은 본래적으로 악한 의미에서 취해지고, 말을 남용해서 좋은 의미로 취해지듯이,³ 교활함의 실행인 속임수도 마찬가지이다.

2. 속이기 위한 교활함의 실행은 첫째로 그리고 주로 말을 통해서 이루어진다. 그런데 말은 무엇보다도 그것을 가지고 사람이 어떤 것을 다른 이에게 지시하는 것인 기호 가운데 자리한다. 이는 『그리스도교 교양』에서⁴ 아우구스티누스를 통해서 분명히 알 수 있다. 그래서 속임수는 무엇보다도 말하기에 귀속된다. 그렇지만 속임수는 '행해진 것'에서도 생길 수 있다. 시편 105[104]편 [25절]에 따르면 "그리고 그의 종들을 속일 것이다."라고 되어 있기 때문이다. 속임수는 또한 마음 안에도 있다. 집회서 19장 [23절]에 "그의 내면은 속임수로 가득 차 있다."라고 되어 있다. 그러나 "그들은 종일 속임수를 궁리했다."는 시편

---

4. II, c.3: PL 34, 37.

secundum illud Psalm. [Ps. 37, 13]: *Dolos tota die meditabantur.*

AD TERTIUM dicendum quod quicumque cogitant aliquod malum facere, necesse est quod excogitent aliquas vias ad hoc quod suum propositum impleant: et ut plurimum excogitant vias dolosas, quibus facilius propositum consequantur. Quamvis contingat quandoque quod absque astutia et dolo aliqui aperte et per violentiam malum operentur. Sed hoc, quia difficilius fit, in paucioribus accidit.

Articulus 5
Utrum fraus ad astutiam pertineat

Ad quintum sic proceditur. Videtur quod fraus ad astutiam non pertineat.

1. Non enim est laudabile quod aliquis decipi se patiatur, ad quod astutia tendit. Est autem laudabile quod aliquis patiatur fraudem: secundum illud I *ad Cor.* 6, [7]: *Quare non magis fraudem patimini?* Ergo fraus non pertinet ad astutiam.

2. Praeterea, fraus pertinere videtur ad illicitam acceptionem vel receptionem exteriorum rerum: dicitur enim *Act.* 5, [1-2] quod *vir quidam nomine Ananias, cum Saphira uxore sua, vendidit agrum et fraudavit de pretio agri.* Sed illicite usurpare vel retinere res exteriores pertinet ad iniustitiam vel illiberalitatem. Ergo fraus non pertinet ad astutiam, quae opponitur prudentiae.

38[37]편 [13절] 말씀에 따르면, 이것은 어떤 이가 속임수를 생각해 낸다는 의미이다.

3. 나쁜 짓을 하려고 생각하는 사람은 모두 자기 의도를 충족시키기 위한 어떤 길들을 생각해 낼 필요가 있고, 많은 경우 쉽게 의도를 달성할 수 있는, 속이는 길을 생각해 낸다. 물론 때로 교활함과 속임수 없이 공공연하게 강제를 통해 악을 행하는 일이 벌어지기도 한다. 그러나 이것은, 일어나기가 보다 어렵기 때문에, 드물게 일어나는 일이다.

제5절 사기는 교활함에 속하는가?

[반론] 다섯째에 대해 다음과 같이 진행한다. 사기는 교활함과 관련이 없어 보인다.

1. 어떤 이가 기만당하는 것은—이것을 교활함이 지향한다—칭찬할 일이 아니다. 그런데 어떤 이가 사기를 당하는 것은 칭찬할 만한 일이다. 코린토 1서 6장 [7절]에 "우리는 무엇 때문에 사기를 당하지 않습니까?"라고 되어 있기 때문이다. 따라서 사기는 교활함과 관련이 없다.

2. 사기는 외적 사물의 불법적 수취 또는 입수와 관련된 것으로 보인다. 사도행전 5장 [1-2절]에서 "하나니아스라는 이름의 어떤 남자가 그의 아내 사피라와 함께 땅을 팔고 땅의 보상을 사취했다."고 되어 있기 때문이다. 그런데 외적 사물들을 불법적으로 탈취 또는 보유하는 것은 불의 또는 '옹졸함'과 관련된다. 따라서 사기는 현명과 대립하는 교활함에 속하지 않는다.

3. Praeterea, nullus astutia utitur contra seipsum. Sed aliquorum fraudes sunt contra seipsos: dicitur enim *Prov.* 1, [18] de quibusdam quod *moliuntur fraudes contra animas suas*. Ergo fraus non pertinet ad astutiam.

SED CONTRA, fraus ad deceptionem ordinatur: secundum illud *Iob* 13, [9]: *Numquid decipietur ut homo vestris fraudulentiis?* Ad idem etiam ordinatur astutia.[1] Ergo fraus ad astutiam pertinet.

RESPONDEO dicendum quod sicut dolus consistit in executione astutiae, ita etiam et fraus: sed in hoc differre videntur quod dolus pertinet universaliter ad executionem astutiae, sive fiat per verba sive per facta; fraus autem magis proprie pertinet ad executionem astutiae secundum quod fit per facta.

AD PRIMUM ergo dicendum quod Apostolus non inducit fideles ad hoc quod decipiantur in cognoscendo: sed ad hoc quod effectum deceptionis patienter tolerent in sustinendis iniuriis fraudulenter illatis.

AD SECUNDUM dicendum quod executio astutiae potest fieri per aliquod aliud vitium,[2] sicut et executio prudentiae fit per virtutes. Et hoc modo nihil prohibet defraudationem pertinere ad avaritiam vel illiberalitatem.

3. 어떤 사람도 자기 자신에 대해 교활함을 사용하지 않는다. 그런데 어떤 사람들의 사기는 자기 자신에 반하는 것이다. 잠언 1장 18절에 어떤 사람들에 대해 "그들이 자기 영혼에 반하여 사기를 꾀했다."고 되어 있다. 따라서 사기는 교활함에 속하지 않는다.

[재반론] 그러나 반대로 사기는 기만을 향해 질서 지어졌다. 욥기 13장 [9절]에 따르면 "그가 인간으로서 당신들의 간계에 넘어가겠습니까?"라고 되어 있기 때문이다. 같은 것을 향해 교활함도 질서 지어져 있다.[1] 따라서 사기는 교활함에 속한다.

[답변] 속임수가 교활함의 실행에서 성립하는 것처럼, 사기도 그렇다. 그렇지만 말을 통해서 일어나든 아니면 행위를 통해서 일어나든, 속임수가 보편적으로 교활함의 실행과 연관되는 반면, 사기는 본래적으로 행위를 통해 일어나는 한에서의 교활함의 실행에 관여한다는 점에서 둘이 차이가 있는 것으로 보인다.

[해답] 1. 사도는 신자들을, 그들이 인식할 때 기만당하도록 이끈 것이 아니라, 사기를 통해 그들에게 가해진 불의를 견디면서 기만의 결과를 참을성 있게 용인하도록 이끈 것이다.

2. 교활함의 실행은 어떤 악습을 통해서 일어날 수 있다.[2] 현명의 실행이 덕을 통해서 일어나는 것과 같다. 그래서 이러한 방식으로 사취가 인색이나 옹졸함에 속하는 것을 막는 것은 없다.

---

1. Cf. a.4, sc.
2. Cf. q.69, a.2; q.111, a.3, ad2.

AD TERTIUM dicendum quod illi qui fraudes faciunt ex eorum intentione non moliuntur aliquid contra seipsos vel contra animas suas: sed ex iusto Dei iudicio provenit ut id quod contra alios moliuntur contra eos retorqueatur; secundum illud Psalm. [Ps. 7, 16]: *Incidit in foveam quam fecit.*

Articulus 6
Utrum licitum sit sollicitudinem habere de temporalibus rebus

Ad sextum sic proceditur. Videtur quod licitum sit sollicitudinem habere de temporalibus rebus.

1. Ad praesidentem enim pertinet sollicitum esse de his quibus praeest: secundum illud *Rom.* 12, [8]: *Qui praeest in sollicitudine.* Sed homo praeest ex divina ordinatione temporalibus rebus: secundum illud Psalm. [Ps. 8 ,8]: *Omnia subiecisti sub pedibus eius, oves et boves* etc. Ergo homo debet habere sollicitudinem de temporalibus rebus.

2. Praeterea, unusquisque sollicitus est de fine propter quem operatur. Sed licitum est hominem operari propter temporalia, quibus vitam sustentet: unde Apostolus dicit, II *ad Thess.* 3, [10]: *Si quis non vult operari, non manducet.* Ergo licitum est sollicitari de rebus temporalibus.

3. 사기를 치는 이들은 그들의 의도에서 자기 자신이나 자신의 영혼을 거슬러 어떤 짓을 꾀하는 것이 아니고, "자신이 판 구덩이에 빠진다."고 되어 있는 시편 7편 [16절]에 따르면, 하느님의 의로운 심판으로부터 다른 이들을 거슬러 꾀한 것이 그들 자신을 거슬러 되돌아가는 것이다.

제6절 현세적 사물에 대해 염려하는 것은 법에 맞는가?

Parall.: Infra, q.188, a.7; I-II, q.108, a.3, ad5; *ScG.*, III, c.135; *Quodlib.*, VII, q.7, a.1, ad7; *In Matth.*, c.6; *In Ep. ad Philipp.*, c.4, lect.1

[반론] 여섯째에 대해 다음과 같이 진행한다. 현세적 사물에 대해 염려하는 것은 법에 맞는 것으로 보인다.

1. "인도자는 염려하여"라고 한 로마서 12장 [8절]에 따르면 그가 인도하는 사람들에 대해 염려하는 것은 인도자의 임무이다. 그런데 인간은 하느님의 명령으로 현세적 사물들을 이끈다. 시편 8편에 따르면 "너는 그의 발 아래 양과 소 등 모든 것을 복종시켜라."라고 되어 있기 때문이다. 따라서 인간은 현세적 사물들에 대해 염려를 해야 한다.

2. 모든 이는 그것 때문에 그가 작용하는 것인 목적에 대해 염려한다. 그런데 인간이 삶을 유지하기 위한 현세적 사물 때문에 작용하는 것은 법에 맞는다. 그러므로 사도는 테살로니카 2서 3장 [10절]에서 "어떤 이가 작용하려 의욕하지 않는다면, 먹지도 않게 하라."고 말한다. 따라서 현세적 사물들에 대해 염려하는 것은 법에 맞는다.

3. Praeterea, sollicitudo de operibus misericordiae laudabilis est: secundum illud II *ad Tim.* 1, [17]: *Cum Romam venisset, sollicite me quaesivit.* Sed sollicitudo temporalium rerum quandoque pertinet ad opera misericordiae: puta cum quis sollicitudinem adhibet ad procurandum negotia pupillorum et pauperum. Ergo sollicitudo temporalium rerum non est illicita.

SED CONTRA est quod Dominus dicit, Matth. 6, [31]: *Nolite solliciti esse, dicentes: Quid manducabimus aut quid bibemus, aut quo operiemur?* quae tamen sunt maxime necessaria.

RESPONDEO dicendum quod sollicitudo importat studium quoddam adhibitum ad aliquid consequendum.[1] Manifestum est autem quod maius studium adhibetur ubi est timor deficiendi: et ideo ubi est securitas consequendi, minor intervenit sollicitudo. Sic ergo sollicitudo temporalium rerum tripliciter potest esse illicita. Uno quidem modo, ex parte eius de quo sollicitamur: si scilicet temporalia tanquam finem quaeramus. Unde et Augustinus dicit, in libro *de Operibus Monach.*[2]: *Cum Dominus dicit, Nolite solliciti esse etc., hoc dicit ut non ista intueantur, et propter ista faciant quidquid in Evangelii praedicatione facere iubentur.*

Alio modo potest esse temporalium sollicitudo illicita propter superfluum studium quod apponitur ad temporalia procuranda, prop-

---

1. 그래서 염려는 "예견의 본질 규정 안에 포함된다." q.48, a.un., ad5.

3. 자비의 행업에 대한 염려는 칭찬할 만하다. 티모테오 2서 1장 [17절]에 따르면 "그가 로마에 오면, 그는 염려하여 나를 찾았다."라고 되어 있다. 그런데 현세적 사물들에 대한 염려는 때로는 자비의 행업에 속한다. 예를 들어 어떤 이가 고아나 가난한 이들의 사정을 돌보는 데 염려하는 마음을 보이는 것이 그렇다. 따라서 현세적 사물들에 대한 염려는 법에 어긋나지 않는다.

[재반론] 그러나 반대로 마태오복음서 6장 [31절]에서 주께서 "우리는 무엇을 먹을까, 무엇을 마실까, 아니면 무엇을 입을까 말하며 염려하지 마라."고 하셨다. 그렇지만 이것들은 가장 필요한 것들이다.

[답변] 염려는 어떤 것을 얻기 위해 바쳐진 노력을 포함한다.[1] 그런데 결함의 두려움이 있는 곳에 더 큰 노력을 바치고, 그래서 안전하게 얻을 수 있는 경우에는 염려를 덜 하는 것이 명백하다. 따라서 이러한 의미에서 현세적 사물들에 대한 염려(걱정)는 세 가지 방식으로 법에 어긋날 수 있다. 첫째, 우리가 염려하는 것의 측면에서, 즉 우리가 '현세적인 것'을 목적으로서 구한다면, 법에 어긋날 수 있다. 그러므로 아우구스티누스도 『수도승의 노동』에서[2] "주께서 '염려하지 마라.' 등을 말씀하실 때, 주께서는 이것들에 마음을 쓰지 말라고 하신 것이고, 복음서의 강론에서 하라고 명령한 것들을 이것들 때문에 하지는 말라고 하신 것이다."라고 말하였다.

둘째, 현세적인 것들에 대한 염려(걱정)는 현세적인 것들을 돌보기

---

2. c.26, n.34: PL 40, 573.

ter quod homo a spiritualibus, quibus principalius inservire debet, retrahitur. Et ideo dicitur Matth. 13, [22] quod *sollicitudo saeculi suffocat verbum.*

Tertio modo, ex parte timoris superflui: quando scilicet aliquis timet ne, faciendo quod debet, necessaria sibi deficiant. Quod dominus tripliciter excludit.[3] Primo, propter maiora beneficia homini praestita divinitus praeter suam sollicitudinem, scilicet corpus et animam. Secundo, propter subventionem qua Deus animalibus et plantis subvenit absque opere humano, secundum proportionem suae naturae. Tertio, ex divina providentia, propter cuius ignorantiam[4] gentiles circa temporalia bona quaerenda principalius sollicitantur. Et ideo concludit quod principaliter nostra sollicitudo esse debet de spiritualibus bonis, sperantes quod etiam temporalia nobis provenient ad necessitatem, si fecerimus quod debemus.

AD PRIMUM ergo dicendum quod temporalia bona subiecta sunt homini ut eis utatur ad necessitatem: non ut in eis finem constituat, et superflue circa ea sollicitetur.

AD SECUNDUM dicendum quod sollicitudo eius qui corporali labore panem acquirit non est superflua, sed moderata.[5] Et ideo Hi-

---

3. 마태 6,25 이하.
4. Cf. I, q.8, a.3: *Fuerunt vero alii qui, licet crederent...*; q.22, a.2, ad4.

위해서 주어진 과잉 노력 때문에 법에 어긋날 수 있다. 이렇게 하면 인간은 그가 무엇보다도 따라야 하는 영적인 것들에서 물러서게 되기 때문이다. 그래서 마태오복음서 13장 [22절]에 "세상에 대한 염려가 말씀을 질식시킨다."라고 되어 있다.

셋째, 과잉된 두려움의 측면에서 법에 어긋날 수 있다. 즉 어떤 이가 마땅히 해야 할 일을 하면서 필요한 것이 그에게 부족하지 않을까 염려하는 경우이다. 이것을 주께서 세 가지로 없애주셨다.³ 첫째, 하느님께서 인간이 염려하지 않아도 인간에게 베풀어주신 더 큰 특전, 즉 육체와 영혼 때문이다. 둘째, 하느님께서 인간의 행업 없이 동물과 식물을, 그것들의 본성에 걸맞게 도와주시는 그 도움 때문이다. 셋째, 하느님의 섭리에 근거해서이다. 이 하느님의 섭리를 알지 못해서⁴ 이교도들은 현세적 선을 찾는 데 주로 염려하였다. 그래서 주께서는 우리는 주되게 영적 선을 염려하고, 현세적인 선들도 만일 우리가 마땅한 것을 행한다면 필요에 맞게 우리에게 찾아오리라 희망해야 한다고 결론 내리신다.

[해답] 1. 현세적 선은 인간이 필요에 따라 그것을 이용하도록 인간에게 종속되지, 그것들에 목적을 두고 그것들에 대해 과잉되게 염려하도록 종속되지 않는다.

2. 육체적 노동으로 빵을 얻는 사람의 염려는 지나치지 않고 조절된 것이다.⁵ 그래서 히에로니무스는 "노동은 해야 하고, 염려는", 즉 너무

---

5. 복음서에서 주께서는 노동이 아니라, 삶에 필요한 것들에 대한 정신의 염려를 금지하셨다. ScG. III, c.135.

eronymus dicit[6] quod *labor exercendus est, sollicitudo tollenda,* superflua scilicet, animum inquietans.

AD TERTIUM dicendum quod sollicitudo temporalium in operibus misericordiae ordinatur ad finem caritatis. Et ideo non est illicita, nisi sit superflua.

Articulus 7
Utrum aliquis debeat esse sollicitus in futurum

Ad septimum sic proceditur. Videtur quod aliquis debeat esse sollicitus in futurum.

1. Dicitur enim *Prov.* 6, [6 sqq.]: *Vade ad formicam, o piger, et considera vias eius, et disce sapientiam: quae cum non habeat ducem nec praeceptorem,*[1] *parat in aestate cibum sibi, et congregat in messe quod comedat.* Sed hoc est in futurum sollicitari. Ergo laudabilis est sollicitudo futurorum.

2. Praeterea, sollicitudo ad prudentiam pertinet. Sed prudentia praecipue est futurorum: praecipua enim pars eius est *providentia futurorum,* ut supra[2] dictum est. Ergo virtuosum est sollicitari de futuris.

---

6. *In Matth.*, I, super 6, 25: PL 26, 45A.

지나쳐 마음을 안정시키지 못하는 염려는 "없애야 한다."고 말하였다.⁶

3. 자비의 행업에는 현세적인 것들에 대한 염려(걱정)가 참사랑의 목적으로 질서 지어졌다. 그래서 만일 지나치지 않다면 법에 어긋나지 않는다.

제7절 사람은 미래에 대해 염려(걱정)해야 하는가?

Parall.: Infra, q.188, a.7, ad2; *ScG*, III, c.135; *In Matth.*, c.6; *In Ioan.*, c.13, lect.5.

[반론] 일곱째에 대해 다음과 같이 진행한다. 어떤 이는 미래에 대해 염려(걱정)해야 하는 것으로 보인다.

1. 잠언 6장 [6절 이하]에서 "개미에게 가라, 게으른 자여, 그리고 개미의 길을 생각하고 지혜를 배워라. 개미는 지도자도 명령하는 자도 없지만¹ 여름에 음식을 마련하고 수확기에는 먹을 것을 모아둔다."라고 되어 있다. 그런데 이것은 미래를 염려하는 것이다. 따라서 미래에 대한 염려는 칭찬할 일이다.

2. 염려는 현명에 속한다. 그런데 현명은 무엇보다도 미래사에 대한 것이다. 왜냐하면 위에서² 말했듯이, 현명의 우선적인 부분이 "미래사의 예견"이기 때문이다. 따라서 미래에 대해 염려하는 것은 유덕한 일이다.

---

1. 불가타에는 "nec praeceptorem" 대신에 "nec praeceptorem nec principem"으로 되어 있다.
2. q.49, a.6, ad1.

3. Praeterea, quicumque reponit aliquid in posterum conservandum sollicitus est in futurum. Sed ipse Christus legitur, Ioan. 12, [6], loculos habuisse ad aliquid conservandum, quos Iudas deferebat. Apostoli etiam conservabant pretia praediorum, quae ante pedes eorum ponebantur, ut legitur *Act.* 4, [35]. Ergo licitum est in futurum sollicitari.

SED CONTRA est quod Dominus dicit, Matth. 6, [34]: *Nolite solliciti esse in crastinum.* Cras autem ibi ponitur pro futuro, sicut dicit Hieronymus.[3]

RESPONDEO dicendum quod nullum opus potest esse virtuosum nisi debitis circumstantiis vestiatur; inter quas una est debitum tempus, secundum illud *Eccle.* 8, [6]: *Omni negotio tempus est et opportunitas.* Quod non solum in exterioribus operibus, sed etiam in interiori sollicitudine locum habet. Unicuique enim tempori competit propria sollicitudo: sicut tempori aestatis competit sollicitudo metendi, tempori autumni sollicitudo vindemiae. Si quis ergo tempore aestatis de vindemia iam esset sollicitus, superflue praeoccuparet futuri temporis sollicitudinem. Unde huiusmodi sollicitudinem tanquam superfluam Dominus prohibet, dicens: *Nolite solliciti esse in crastinum.*[4] Unde subdit: *Crastinus enim dies sollicitus erit sibi ipsi,*

---

3. *In Matth.*, .I, super 6, 31 sqq: PL 26, 46B.

3. 어떤 것을 다음날을 위해 저장해두는 사람은 모두 미래를 염려(걱정)하는 사람이다. 요한복음서 12장 [6절]에서 그리스도께는 어떤 것을 저장하기 위한 궤가 있었고 이를 유다가 들고 다녔다는 것을 읽을 수 있다. 사도들 또한 그들 발 앞에 놓인 토지의 대가를 보존하였다고 사도행전 4장 [35절]에서 알려준다. 따라서 미래를 염려(걱정)하는 것은 법에 맞는다.

[재반론] 그러나 반대로 마태오복음서 제6장 [34절]에서 주님께서는 "내일 일을 걱정하지 말라."고 하셨다. 여기에서 "내일"은, 히에로니무스가 말했듯이,[3] "미래"를 가리키는 말이다.

[답변] 만일 마땅한 상황을 갖추지 않는다면, 어떤 행업도 유덕할 수 없다. 그런데 "모든 일에는 때(시간)와 기회가 있다."는 코헬렛 8장 [6절]에 따르면, 이 상황들 가운데 하나가 '마땅한 시간'이다. 이것은 외적 행업뿐 아니라 내적인 염려에도 해당한다. 모든 시간에는 그 시간에 고유한 염려(걱정)가 속하기 때문이다. 예를 들어 여름의 날(시간)에는 곡식 수확에 대한 염려(걱정)가, 가을의 날(시간)에는 포도 수확에 대한 염려(걱정)가 속한다. 따라서 만일 누가 여름날(시간)에 포도 수확을 미리 염려(걱정)한다면, 미래 시간의 염려(걱정)에 지나치게 미리 사로잡힌 것이다. 그러므로 그러한 종류의 염려를 지나친 것이라고 주께서 금지하시면서, "내일 일을 걱정하지 말라."[4]고 하셨다. 주께서는 "내일은 내일 자신이 걱정할 것이다."라고, 즉 내일은 정신을 괴롭히기 충분

---

4. 재반론의 논거를 보라.

idest, suam propriam sollicitudinem habebit, quae sufficiet ad animum affligendum. Et hoc est quod subdit: *Sufficit diei malitia sua*, idest afflictio sollicitudinis.

AD PRIMUM ergo dicendum quod formica habet sollicitudinem congruam tempori: et hoc nobis imitandum proponitur.

AD SECUNDUM dicendum quod ad prudentiam pertinet providentia debita futurorum. Esset autem inordinata futurorum providentia vel sollicitudo si quis temporalia, in quibus dicitur praeteritum et futurum,[5] tanquam fines quaereret; vel si superflua quaereret ultra praesentis vitae necessitatem; vel si tempus sollicitudinis praeoccuparet.

AD TERTIUM dicendum quod, sicut Augustinus dicit, in libro *de Serm. Dom. in Monte*,[6] *cum viderimus aliquem servum Dei providere ne ista necessaria sibi desint, non iudicemus eum de crastino sollicitum esse. Nam et ipse Dominus propter exemplum loculos habere dignatus est; et in Actibus Apostolorum scriptum est ea quae ad victum sunt necessaria procurata esse in futurum propter imminentem famem. Non ergo Dominus improbat si quis humano more ista procuret: sed si quis propter ista militet Deo.*

---

5. 현세적인 것 안에, 카예타누스가 여기에서 지적했듯이, 그것의 고유한 유(genus)로서 과거와 미래가 자리한다: "영적인 것은 유적으로 시간을 넘어서 있기 때문이다." 그래서 이 절의 의미는 어떤 이는 "현세적인" 미래의 일에 대해 염려(걱정)해야 하는가이다.

한 자기 걱정을 갖게 될 것이라고 덧붙이셨다. 이것이 바로 주께서 덧붙이신 말, 즉 "그날에는 자기 악으로 충분하다." 즉 염려(걱정)의 괴로힘으로 충분하다는 말씀의 의미이다.

[해답] 1. 개미는 시간에 걸맞은 염려(걱정)를 하며, 이것이 바로 [우리가] 따라하도록 우리 앞에 놓인 것이다.

2. 현명에는 미래에 대한 마땅한 예견이 속한다. 그런데 만일 어떤 이가 현세적인 것을—이 현세적인 것 안에서 '과거'와 '미래'라는 말을 하게 된다[5]—목적으로서 추구한다면, 또는 현세적인 것을 현재 삶의 필요를 넘어 과잉되게 추구하거나 염려(걱정)의 시간에 미리 마음을 빼앗긴다면, 미래에 대한 예견이나 염려(걱정)는 무질서한 예견이나 염려일 것이다.

3. 『주님의 산상설교』에서[6] 아우구스티누스가 말했듯이, "우리가 하느님의 어떤 종이 저 필수적인 것들이 그에게 부족하지 않을지 마음 쓰는 것을 볼 때, 우리는 그가 내일에 대해 염려한다고 판단해서는 안 된다. 주께서 모범을 보이시려고 궤를 갖는 것은 합당하기 때문이며, 양식으로 필요한 것들을 위급한 기근 때문에 미래를 위해 장만했다고 사도행전에 쓰여 있기 때문이다. 따라서 주께서 만일 어떤 이가 인간적 관습으로 이것들을 장만했다면 [그를] 꾸짖지 않으시지만, 만일 이것들 때문에 하느님과 싸운다면 비난하신다."

---

6. II, c.17, n.57: PL 34, 1294-1295.

Articulus 8
Utrum huiusmodi vitia oriantur ex avaritia

Ad octavum sic proceditur. Videtur quod huiusmodi vitia non oriantur ex avaritia.

1. Quia sicut dictum est,[1] per luxuriam maxime ratio patitur defectum in sua rectitudine. Sed huiusmodi vitia opponuntur rationi rectae, scilicet prudentiae. Ergo huiusmodi vitia maxime ex luxuria oriuntur: praesertim cum philosophus dicat, in VII *Ethic.*,[2] quod *Venus est dolosa, et eius corrigia est varia,* et quod *ex insidiis agit incontinens concupiscentiae.*

2. Praeterea, praedicta vitia habent quandam similitudinem prudentiae, ut dictum est.[3] Sed ad prudentiam, cum sit in ratione, maiorem propinquitatem habere videntur vitia magis spiritualia, sicut superbia et inanis gloria. Ergo huiusmodi vitia magis videntur ex superbia oriri quam ex avaritia.

3. Praeterea, homo insidiis utitur non solum in diripiendis bonis alienis, sed etiam in machinando aliorum caedes: quorum primum pertinet ad avaritiam, secundum ad iram. Sed insidiis uti pertinet ad astutiam, dolum et fraudem. Ergo praedicta vitia non solum oriuntur

---

1. q.53, a.6.
2. c.7, 1149b13-20; St. Thomas, lect.6, nn.1393-1395.

제8절 그러한 악습들은 인색으로부터 기인하는가?

Parall.: Infra, q.118, a.8; *De Malo*, q.13, a.3.

[반론] 여덟째에 대해 다음과 같이 진행한다. 그러한 종류의 악습은 인색으로부터 일어나지 않는 것으로 보인다.

1. 언급한 바와 같이,[1] 이성은 색욕을 통해서 자신의 올바름에 있어 가장 크게 결함을 겪는다. 그런데 그러한 악습은 올바른 이성, 즉 현명에 대립한다. 따라서 그러한 악습들은 색욕으로부터 가장 많이 일어난다. 무엇보다도 철학자가 『니코마코스 윤리학』 제7권에서[2] "비너스는 기만적이고, 그의 띠는 다채롭다.", 그리고 "욕망을 자제하지 않는 이는 간계로써 행위한다."고 말하였기 때문이다.

2. 언급한 것처럼,[3] 앞에서 말한 악습들은 현명과 유사성을 갖는다. 그런데 현명은 이성 안에 있기 때문에, 예를 들어 교만이나 허영과 같은 보다 영적인 악습들이 현명에 더 큰 근접성을 갖는 것으로 보인다. 따라서 그러한 악습들은 인색보다는 교만으로부터 더 일어나는 것으로 보인다.

3. 인간은 다른 사람의 재화를 빼앗기 위해서 뿐 아니라, 다른 사람들을 해치려는 계략을 꾸밀 때에도 간계를 이용한다. 이 중에서 전자는 인색에, 후자는 분노에 관련된다. 그런데 간계를 씀은 교활함, 속임수 및 사기와 관계된다. 따라서 앞서 말한 악습들은 인색뿐 아니라 분노로부터도 일어난다.

---

3. a.3; q.47, a.13. Cf. q.53, Introd.; et Introd. huius q.

ex avaritia, sed etiam ex ira.

SED CONTRA est quod Gregorius, XXXI *Moral.*,⁴ ponit fraudem filiam avaritiae.

RESPONDEO dicendum quod, sicut dictum est,⁵ prudentia carnis et astutia, cum dolo et fraude, quandam similitudinem habent cum prudentia in aliquali usu rationis. Praecipue autem inter alias virtutes morales usus rationis rectae apparet in iustitia, quae est in appetitu rationali.⁶ Et ideo usus rationis indebitus etiam maxime apparet in vitiis oppositis iustitiae.⁷ Opponitur autem sibi maxime avaritia. Et ideo praedicta vitia maxime ex avaritia oriuntur.

AD PRIMUM ergo dicendum quod luxuria, propter vehementiam delectationis et concupiscentiae, totaliter opprimit rationem, ne prodeat in actum.⁸ In praedictis autem vitiis aliquis usus rationis est, licet inordinatus. Unde praedicta vitia non oriuntur directe ex luxuria. – Quod autem Philosophus Venerem dolosam appellat, hoc dicitur secundum quandam similitudinem: inquantum scilicet subito hominem surripit, sicut et in dolis agitur; non tamen per astutias, sed magis per violentiam concupiscentiae et delectationis. Unde et subdit quod *Venus furatur intellectum multum sapientis.*⁹

---

4. c.45, al.17, in vet.31, n.88; PL 76, 621B.
5. Loc. cit. in obj.2.
6. 욕망을 억누름은 무엇보다 절제에서, 그리고 정신의 굳건함은 용기에서 가장 잘 드러나는 것과 같다.

[재반론] 그러나 반대로 그레고리우스는 『욥기의 도덕적 해설』 제31권에서[4] 사기를 인색의 자식(딸)으로 간주하였다.

[답변] 언급한 바와 같이,[5] 속임수 및 사기와 함께 육의 현명과 교활함은 이성의 사용이라는 점에서 현명과 어느 정도 유사성을 갖는다. 그런데 여타 도덕적 덕 가운데 올바른 이성의 사용은 무엇보다 이성적 욕구 안에 있는 정의에서 드러난다.[6] 그래서 이성의 마땅하지 않은 사용도 정의와 대립하는 악습에서 가장 잘 드러난다.[7] 그런데 정의와 가장 대립하는 것은 인색이다. 그래서 앞서 말한 악습들은 인색으로부터 가장 많이 일어난다.

[해답] 1. 색욕은 쾌락과 욕망의 격렬함 때문에 행위로 나아가지 못하게 이성을 전적으로 억압한다.[8] 그런데 앞서 말한 악습들에는, 비록 질서를 잃은 것이지만, 이성의 사용이 있다. 그러므로 앞서 말한 악습들은 색욕으로부터 직접 일어나지 않는다.

철학자가 비너스를 기만적이라고 불렀는데, 이것은 일종의 비유로서, 즉 비너스가 인간이 마치 속아서 행위하는 것처럼, 인간을 갑작스럽게 채어가는 한에서, 그러나 교활함을 통해서가 아니라 욕망과 쾌락의 강제를 통해서 채어가는 한에서 한 말이다. 그래서 그는 "비너스는 지혜로운 이의 많은 지성을 도둑질했다."[9]고 덧붙였다.

---

7. 조절되지 않은 욕망은 절제와 대립하는 악습에서, 그리고 저급한 정신은 용기와 대립하는 악습에서 가장 잘 드러나는 것과 같다.
8. Cf. q.53, a.6.
9. c.7, 1149b17-20; St. Thomas, lect.6, n.1394.

AD SECUNDUM dicendum quod ex insidiis agere ad quandam pusillanimitatem pertinere videtur: magnanimus enim in omnibus vult manifestus esse, ut Philosophus dicit, in IV *Ethic.*.[10] Et ideo quia superbia quandam similitudinem magnanimitatis habet vel fingit, inde est quod non directe ex superbia huiusmodi vitia oriuntur, quae utuntur fraude et dolis. Magis autem hoc pertinet ad avaritiam, quae utilitatem quaerit, parvipendens excellentiam.

AD TERTIUM dicendum quod ira habet subitum motum: unde praecipitanter agit et absque consilio; quo utuntur praedicta vitia, licet inordinate. Quod autem aliqui insidiis utantur ad caedes aliorum, non provenit ex ira, sed magis ex odio: quia iracundus appetit esse manifestus in nocendo, ut dicit Philosophus, in II *Rhet.*.[11]

---

10. c.8, 1124b29; St. Thomas, lect.10, n.774.

2. 간계로 행위하는 것은 일종의 '소심함'과 연관된 것으로 보인다. '웅지를 품은 이'는 모든 일에서 명명백백하기를 의욕하기 때문이다. 이는 철학자가 『니코마코스 윤리학』 제4권에서[10] 말한 바와 같다. 그래서 교만은 '웅지'와 어느 정도 유사성을 갖거나 유사성을 꾸며내기 때문에, 교만으로부터 사기와 속임수를 이용하는 그러한 악습이 직접적으로 일어나는 것은 아니다. 오히려 이것은 인색과 더 관련이 있는데, 인색은 탁월성을 작게 보고 유용성을 추구한다.

3. 분노는 갑작스럽게 운동하며, 그러므로 성급하게 숙고 없이 행위한다. 앞서 말한 악습들은 비록 무질서하지만 숙고를 사용한다. 그런데 어떤 이들이 다른 이들을 해치기 위해 간계를 이용하는 것은 분노로부터 생겨나지 않고 오히려 미움으로부터 생겨난다. 분노하는 사람은 해를 끼칠 때 드러내놓고 하기를 욕구하기 때문이다. 이는 철학자가 『수사학』 제2권에서[11] 말한 바와 같다.

---

11. c.2, 1378a31-33. Cf. *Eth.*, VII, c.7, 1149b13-20; St. Thomas, lect.6, n.1393.

QUAESTIO LVI
DE PRAECEPTIS AD PRUDENTIAM PERTINENTIBUS

in duos articulos divisa

Deinde considerandum est de praeceptis ad prudentiam pertinentibus.[1]

Et circa hoc quaeruntur duo.

Primo: de praeceptis pertinentibus ad prudentiam.

Secundo: de praeceptis pertinentibus ad vitia opposita.

Articulus 1
Utrum de prudentia fuerit dandum aliquod praeceptum inter praecepta decalogi

Ad primum sic proceditur. Videtur quod de prudentia fuerit dandum aliquod praeceptum inter praecepta decalogi.

1. De principaliori enim virtute principaliora praecepta dari debent. Sed principaliora praecepta legis sunt praecepta decalogi. Cum ergo prudentia sit principalior inter virtutes morales, videtur quod de prudentia fuerit dandum aliquod praeceptum inter praecepta Decalogi.

2. Praeterea, in doctrina evangelica continetur lex maxime quantum ad praecepta decalogi. Sed in doctrina evangelica datur prae-

제56문
현명에 속하는 계명들에 대하여
(전2절)

그러고 나서 현명과 연관된 계명에 대해서 고찰해야만 한다.[1] 이와 관련하여 두 가지 물음이 제기된다.
1. 현명과 연관된 계명에 대해서
2. [현명에] 대립하는 악습과 연관된 계명에 대해서

제1절 십계명 가운데 현명에 대한 어떤 계명이 주어졌어야 했는가?

[반론] 첫째에 대해 다음과 같이 진행한다. 현명에 대해서 십계명 가운데 어떤 한 계명이 주어졌어야 했던 것으로 보인다.

1. 더 주요한 덕에 대해서는 더 주요한 계명이 주어져야 한다. 그런데 십계명은 더 주된 법의 계명이다. 따라서 현명은 도덕적 덕 가운데 더 주요한 덕이기 때문에, 현명에 대해서는 십계명 가운데서 어떤 한 계명이 주어졌어야 했던 것으로 보인다.

2. 복음의 가르침에 특히 십계명과 관련된 법이 포함되어 있다. 그런

---

1. Cf. q.47, Introd.

ceptum de prudentia: ut patet Matth. 10, [16]: *Estote prudentes sicut serpentes*. Ergo inter praecepta Decalogi debuit praecipi actus prudentiae.

3. Praeterea, alia documenta veteris Testamenti ad praecepta decalogi ordinantur: unde et Malach. ult. [4] dicitur: *Mementote legis Moysi, servi mei, quam mandavi ei in Horeb*. Sed in aliis documentis veteris Testamenti dantur praecepta de prudentia: sicut *Prov*. 3, [5]: *Ne innitaris prudentiae tuae;* et infra, 4 cap. [25]: *Palpebrae tuae praecedant gressus tuos*. Ergo et in lege debuit aliquod praeceptum de prudentia dari, et praecipue inter praecepta Decalogi.

SED CONTRARIUM patet enumeranti praecepta decalogi.

RESPONDEO dicendum quod, sicut supra[1] dictum est cum de praeceptis ageretur, praecepta decalogi, sicut data sunt omni populo, ita etiam cadunt in aestimatione omnium, quasi ad naturalem rationem pertinentia. Praecipue autem sunt de dictamine rationis naturalis fines humanae vitae, qui se habent in agendis sicut principia naturaliter cognita in speculativis, ut ex supradictis[2] patet. Prudentia autem non est circa finem, sed circa ea quae sunt ad finem, ut supra[3] dictum est. Et ideo non fuit conveniens ut inter praecepta decalogi

---

1. I-II, q.100, a.3; a.5, ad1.

데 복음의 가르침에 현명에 대한 계명이 주어져 있다. 이는 "뱀처럼 현명해져라."라는 마태오복음서 10장 [16절]에서 분명히 알 수 있다. 따라서 십계명 가운데 현명의 행위가 명령되어야 했다.

3. 구약의 다른 교훈들은 십계명으로 질서 지어져 있다. 그러므로 말라키서 마지막 장에도 "나의 종, 모세의 율법을 기억하라. 이 율법을 나는 호렙산에서 그에게 명하였다."고 되어 있다. 그러나 구약의 다른 교훈들에 현명에 대한 계명들이 주어져 있다. 예를 들어 잠언 3장 [5절]에서는 "너의 현명에 기대지 마라.", 그리고 아래 4장 [25절]에서는 "너의 눈꺼풀을 너의 발걸음에 앞세워라."라고 말한다. 따라서 율법에도, 그리고 특히 십계명 가운데 현명에 대한 계명이 주어졌어야 한다.

[재반론] 그러나 이와 반대되는 것이 십계명을 열거하는 이에게 분명히 드러난다.

[답변] 위에서[1] 계명들에 대해 다룰 때 언급했듯이, 십계명들은, 모든 민족에게 주어졌던 것과 마찬가지로, 그것이 마치 자연적 이성에 속하는 것인 듯이, 그렇게 모든 이들의 평가에 들어간다. 그런데 무엇보다도 자연적 이성의 지시(명령)에 인간 삶의 목적들이 속한다. 위에서 말한 것으로부터[2] 분명히 알 수 있듯이, '행해야 할 것(행위)'에서 인간 삶의 목적들은 사변적인 것에서 '자연적으로 인식된 원리'들과 같은 위치에 있다. 또한 위에서[3] 말한 것처럼, 현명은 목적에 관여하지 않고

---

2. q.47, a.6.
3. Ibid.

aliquod praeceptum poneretur ad prudentiam directe pertinens. Ad quam tamen omnia praecepta decalogi pertinent secundum quod ipsa est directiva omnium virtuosorum actuum.[4]

AD PRIMUM ergo dicendum quod licet prudentia sit simpliciter principalior virtus aliis virtutibus moralibus, iustitia tamen principalius respicit rationem debiti,[5] quod requiritur ad praeceptum, ut supra[6] dictum est. Et ideo principalia praecepta legis, quae sunt praecepta decalogi, magis debuerunt ad iustitiam quam ad prudentiam pertinere.

AD SECUNDUM dicendum quod doctrina evangelica est doctrina perfectionis: et ideo oportuit quod in ipsa perfecte instrueretur homo de omnibus quae pertinent ad rectitudinem vitae, sive sint fines sive ea quae sunt ad finem. Et propter hoc oportuit in doctrina evangelica etiam de prudentia praecepta dari.

AD TERTIUM dicendum quod sicut alia doctrina veteris testamenti ordinatur ad praecepta Decalogi ut ad finem, ita etiam conveniens fuit ut in subsequentibus documentis veteris Testamenti homines instruerentur de actu prudentiae, qui est circa ea quae sunt ad finem.

---

4. Cf. q.47, a.5, ad2; q.53, a.2.

목적을 향한 것(수단)에 관여한다. 그래서 현명에 직접적으로 속하는 어떤 계명을 십계명 가운데 한 계명으로 간주하는 것은 적합하지 않다. 그렇지만 십계명의 모든 계명들은, 현명이 모든 유덕한 행위들을 지도하는 한에서, 현명과 관련된다.[4]

[해답] 1. 현명은 단적으로는 여타 도덕적 덕보다 더 주된 덕이지만, 위에서[5] 말한 바대로 정의는 [다른 덕들보다] 계명을 위해 요구되는 '마땅한 것'의 규정과 더 주되게 관련된다.[6] 그래서 십계명인 율법의 주된 계명들은 현명보다는 정의와 더 연관되었어야 한다.

2. 복음의 가르침은 완성의 가르침이다. 그래서 복음의 가르침에서, 그것들이 목적이건 아니면 목적을 향한 것(수단)이건, 인간은 삶의 올바름에 속하는 것들 모두에 대해 가르침을 받아야 한다. 그러한 이유로 복음의 가르침에 현명에 대해서도 계명이 주어져야만 했다.

3. 구약의 다른 가르침들이 목적으로서 십계명을 향해 질서 지어져 있듯이, 인간들은 구약의 뒤따르는 교훈들에서 목적을 향해 있는 것(수단)과 관련된 현명의 행위에 대해 가르침을 받는 것이 적합하다.

---

5. q.44, a.1; I-II, q.99, aa.1 & 5; q.100, a.5, ad1.
6. Cf. I-II, q.100, a.3, ad3.

Articulus 2
Utrum in veteri lege fuerint convenienter praecepta prohibitiva proposita de vitiis oppositis prudentiae

Ad secundum sic proceditur. Videtur quod in veteri lege fuerint inconvenienter praecepta prohibitiva proposita de vitiis oppositis prudentiae.

1. Opponuntur enim prudentiae non minus illa quae habent directam oppositionem ad ipsam, sicut imprudentia et partes eius, quam illa quae cum ipsa similitudinem habent, sicut astutia et quae ad ipsam pertinent. Sed haec vitia prohibentur in lege: dicitur enim *Lev.* 19, [13]: *Non facies calumniam proximo tuo;* et *Deut.* 25, [13]: *Non habebis in sacculo tuo[1] diversa pondera, maius et minus.* Ergo et de illis vitiis quae directe opponuntur prudentiae aliqua praecepta prohibitiva dari debuerunt.

2. Praeterea, in multis aliis rebus potest fraus fieri quam in emptione et venditione. Inconvenienter igitur fraudem in sola emptione et venditione lex prohibuit.

3. Praeterea, eadem ratio est praecipiendi actum virtutis et prohibendi actum vitii oppositi. Sed actus prudentiae non inveniuntur in lege praecepti. Ergo nec aliqua opposita vitia debuerunt in lege prohiberi.

SED CONTRARIUM patet per praecepta legis inducta.[2]

제2절 현명에 대립하는 악습들을 금지하는 계명들이 옛 법에 적합하게 제안되었는가?

[반론] 둘째에 대해 다음과 같이 진행한다. 옛 법에 현명과 대립하는 악습들에 대해 금지하는 계명들이 부적합하게 제시된 것으로 보인다.

1. 현명하지 못함이나 그것의 부분들과 같이 현명과 직접적 대립성을 갖는 악습들은 교활함이나 이에 속하는 것 같은, 현명과 유사성을 갖는 악습들보다 못하게 현명과 대립하지 않는다. 그런데 현명과 유사성을 갖는 악습들은 율법에 금지되어 있다. 레위기 19장 [13절]에서는 "너는 너의 이웃을 중상하지 마라."라고, 그리고 신명기 25장 [13절]에서는 "크건 작건 서로 다른 저울추를 너의 자루에¹ 갖지 마라."라고 가르치기 때문이다. 따라서 현명에 직접적으로 대립하는 다른 악습들에 대해서도 어떤 금지하는 계명(금령)들이 주어졌어야 한다.

2. 사고파는 일과는 다른 많은 일에서 사기가 일어날 수 있다. 따라서 율법이 사고파는 일에서만 사기를 금하는 것은 적합하지 않다.

3. 덕의 행위를 명령하는 것과 [덕에] 대립하는 악습의 행위를 금지하는 것은 같은 근거를 갖는다. 그런데 현명의 행위는 계명의 율법에서 발견되지 않는다. 따라서 어떤 대립하는 악습들도 율법에서 금지되어서는 안 된다.

[재반론] 그러나 그 반대되는 것이 인용된² 율법의 계명을 통해서 분

---

1. 불가타에는 "너의(tuo)"가 생략되었다.
2. obj..1.

RESPONDEO dicendum quod, sicut supra[3] dictum est, iustitia maxime respicit rationem debiti, quod requiritur ad praeceptum: quia iustitia est ad reddendum debitum alteri, ut infra[4] dicetur. Astutia autem quantum ad executionem maxime committitur in his circa quae est iustitia, ut dictum est.[5] Et ideo conveniens fuit ut praecepta prohibitiva darentur in lege de executione astutiae inquantum ad iniustitiam pertinet: sicut cum dolo vel fraude aliquis alicui calumniam ingerit, vel eius bona surripit.

AD PRIMUM ergo dicendum quod illa vitia quae directe opponuntur prudentiae manifesta contrarietate non ita pertinent ad iniustitiam sicut executio astutiae. Et ideo non ita prohibentur in lege sicut fraus et dolus, quae ad iniustitiam pertinent.

AD SECUNDUM dicendum quod omnis fraus vel dolus commissa in his quae ad iustitiam pertinent potest intelligi esse prohibita, *Lev.* 19[6] in prohibitione calumniae. Praecipue autem solet fraus exerceri et dolus in emptione et venditione: secundum illud *Eccli.* 26, [28]: *Non iustificabitur caupo a peccato[7] labiorum.* Propter hoc specialiter praeceptum prohibitivum datur in lege de fraude circa emptiones et venditiones commissa.[8]

---

3. a.1.
4. q.58, a.2.

명하다.

[답변] 위에서³ 말했듯이, 정의는 계명을 위해 요구되는 '마땅한 것'의 규정과 가장 크게 관련된다. 정의는 타인에게 마땅한 것을 돌려주기 위한 것이기 때문이다. 이는 아래에서⁴ 이야기될 것이다. 그런데 언급한 바대로,⁵ 실행의 관점에서 교활함은 정의가 관여하는 것들에서 가장 크게 저질러진다. 예를 들어 어떤 이가 속임수나 사기로 어떤 이를 중상하거나 그의 재화를 채어가 버릴 때와 같이, 불의에 속하는 한에서의 교활함의 실행에 대해 금지하는 계명(금령)들이 율법에서 주어지는 것은 적합하다.

[해답] 1. 현명에 명백하게 반대되어 그것과 직접 대립하는 저 악습들은 교활함의 실행과 같은 식으로 불의에 속하지는 않는다. 그래서 그것들은 불의와 연관된 사기와 속임수처럼 율법에서 금지되지 않았다.

2. 정의와 연관된 것들에서 저질러진 모든 사기나 속임수는 레위기 19장 [13절]에서⁶ 중상을 금지할 때 금지된 것으로 이해할 수 있다. 그런데 사기와 속임수는 무엇보다 팔고 살 때 행해지곤 한다. 집회서 26장 [28절]에 따르면 "상인은 입술의 죄로부터⁷ 의롭게 되지 않는다."라고 되어 있기 때문이다. 따라서 율법에 금지하는 계명이 율법에서 팔고 살 때 저질러지는 사기에 대해 특별히 주어진다.⁸

---

5. q.55, a.8.
6. Cf. obj.1.
7. 불가타에는 "peccato" 대신에 "죄들로부터(peccatis)"로 되어 있다.
8. 레위 19, 35-36; 신명 25, 13절 이하.

AD TERTIUM dicendum quod omnia praecepta de actibus iustitiae in lege data pertinent ad executionem prudentiae: sicut et praecepta prohibitiva data de furto, calumnia et fraudulenta venditione pertinent ad executionem astutiae.

3. 율법에 주어진 정의의 행위에 대한 모든 계명은 현명의 실행과 관련된다. 절도, 중상 및 사기성 판매에 대해 주어진 금지하는 계명들이 교활함의 실행과 연관된 것과 같다.

〈주제 색인〉

[ㄱ]

감각(sensus) 46, 47, 51, 53, 57, 65, 67, 77, 79, 155, 157, 169, 177

강인하지 못함(inconstantia) 57, 279, 289, 303~307, 309, 311, 319, 323

개별적인 것(singula) 143, 177, 257

건축술(architectonica) 7, 119, 127, 219

게으름(negligentia) 277, 281, 289, 313~329

결론(conclusio) 25, 67, 77, 82, 97, 99, 123, 145, 167, 173, 175, 177, 197, 233, 241, 311, 317, 345, 361

결핍(carentia) 279, 281, 283

결함(defectus) 29, 31, 39, 47, 69, 107, 131, 132, 133, 191, 241, 243, 245, 277, 283, 285, 287, 289, 291, 299, 301, 305, 307, 309, 310, 315, 317, 319, 321, 323, 327, 359, 369

경계(警戒, vigilantia) 61, 111

경멸(contemptus) 49, 182, 183, 281, 296, 297, 301, 315, 326, 327

경솔함(imprudentia) 277~311, 319

경외(timor) 5, 11, 39, 319, 323

경향(inclinatio) 14, 103, 145

경험(experimentum) 13, 79, 139, 143, 147, 149, 151, 167, 169, 181, 310

계명(praeceptum) 51, 53, 61, 111, 117, 375~385

공동 본성성(connaturalitas) 13, 14, 15, 25

공동선(bonum commune) 63, 113, 115, 117, 119~123, 213, 219, 227

관상(contemplatio) 6, 11, 19, 21, 29, 31, 39, 53, 69

교만(superbia) 9, 56, 183, 201, 293, 297, 369, 373

교활함(astutia) 135, 277, 331, 343~347, 349~357, 369, 371, 381, 383, 385

구원(salus) 29, 115, 139, 225, 259, 273, 275, 325, 327

　　구원을 위해 필수적인 것(necessaria ad salutem; quae sunt de necessitate salutis) 139, 259, 273, 275, 281, 325, 327

근면(industria) 135, 139, 169
기예(ars) 65, 69, 71, 75, 81, 85, 87, 91, 95, 107, 127, 149, 169, 193, 203, 219, 221, 225, 227

[ㄴ]
나태(acedia) 56, 181, 247, 319, 321

[ㄷ]
다름(diversitas) 91, 121, 123, 157, 181, 221, 243
다스림(regimen, regere) 61, 113~119, 127, 211, 213, 215, 217, 221, 223
단견(improvidentia) 289
담대함(audacia) 101
덕(virtus) 5, 9, 10, 11, 14, 15, 21, 65, 79~103, 109, 113, 119, 123, 125, 127, 129, 136, 137, 141, 143, 145, 147, 156, 157, 159, 161, 167, 173, 175, 179, 181, 189, 193, 203, 205, 211, 213, 221, 229~251, 253, 255, 259~263, 267, 271, 273, 275, 277, 283, 285, 287, 293, 295, 309, 313, 315, 317, 319, 335, 343, 355, 375, 379, 381
   도덕적 덕(virtus moralis) 61, 65, 83, 85, 89, 91, 93~103, 117, 133, 136, 199, 203, 213, 239, 245, 307, 319, 333, 339, 371, 375, 379
   신학적 덕(virtus theologica) 5, 61, 136
두려움(timor) 11, 39, 101, 113, 359, 361 → 경외

[ㅁ]
매개념(medium) 159, 187, 233
명령(praeceptum) 64, 83, 84, 85, 95, 111, 113, 115, 125, 129, 133, 151, 157, 159, 163, 179, 199, 211, 215, 217, 237, 238, 239, 241, 243, 247, 251, 261, 263, 273, 305, 319, 323, 325, 357, 359, 363, 377, 381
명령함(praecipere) 61, 103~107, 125, 149, 155, 163, 195, 239, 241, 261, 263, 299
명석함(Eustochia) 186

목적(finis) 91, 39, 49, 51, 56, 61, 64, 65, 69, 71, 73, 75, 82, 83, 84, 85, 87, 89, 93~99, 101, 105, 115, 121, 123, 131, 132, 133, 135, 137, 145, 147, 159, 177, 181, 191, 197, 199, 201, 203, 205, 213, 221, 223, 231, 233, 235, 237, 238, 239, 245, 261, 265, 269, 273, 275, 321, 333, 335, 337, 339, 341, 343, 347, 351, 357, 359, 361, 367, 377, 379

목적을 향해 있는 것(수단, quae sunt ad finem) 67, 89, 95, 97, 99, 101, 121, 145, 191, 195, 245, 335, 341, 379

무모함(temeritas) 227, 279, 289, 293, 296, 297

무분별(inconsideratio) 57, 279, 289, 297~303, 305, 319

[ㅂ]

배치(dispositio) 95, 97, 99, 101, 115, 131, 133, 171, 225, 227 → 태세

본래의 의로움(iustitia originalis) 278, 279, 283

보편, 보편적인 것(universale) 75, 77, 147, 149, 151, 173, 175, 193, 197, 219, 221, 245

보편적 원리(universalia principia) 77, 97, 143, 175, 193

보편적 인식(universalis cognitio) 143, 151, 169, 175

복된 이[들](beati) 267, 269, 270, 271

본향(patria) 107, 253, 265~271

부분(pars) 19, 57, 61, 65, 71, 93, 95, 117, 153~163, 165, 167, 169, 171, 173, 175, 177, 179, 181, 183, 185, 187, 189, 191, 193, 195, 197, 199, 201, 203, 205, 211, 215, 218, 221, 223, 259, 289, 363, 381

    잠재적 부분(partes potentiales) 82, 153, 156, 157, 161, 229~251

    종속적 부분(partes subiectivae) 153, 156, 157, 159, 209~227, 287

    통전적 부분(partes integrales) 153, 156, 157, 165~207, 289

분별력(gnome) 82, 85, 141, 155, 163, 229, 247~251, 289

불이행(omissio) 319, 321, 323

[ㅅ]

사기(fraus) 331, 353~357, 369, 371, 373, 381, 383

상황(circumstantia) 82, 83, 84, 85, 159, 199, 201, 203, 235, 285, 291, 293, 317, 325, 327, 365
색욕(luxuria) 53, 55~59, 307~311, 315, 369, 371
섭리(providentia) 195, 249, 251, 361
성급함(praecipitatio) 279, 289, 293~297, 299, 305, 317, 319
성령의 선물(dona Spiritus Sancti) 3~11, 15, 25, 33, 39, 173, 177, 253~259, 263, 267, 275
속임수(dolus) 331, 349~353, 355, 371, 373, 383
수단 64, 65, 67, 82, 85, 87, 115, 145, 147, 195, 201, 235, 245, 341, 379 → 목적을 향해 있는 것
숙고(조언), 숙고(consilium) 64, 65, 67, 69, 71, 73, 75, 82, 87, 107, 111, 113, 115, 125, 127, 131, 133, 135, 139, 147, 155, 161, 167, 171, 185, 187, 191, 193, 225, 229, 231, 233, 235, 239, 243, 247, 251, 253~275, 281, 289, 293, 295, 297, 299, 301, 305, 317, 319, 323, 343, 347, 373
숙고함(consiliari) 103, 105, 129, 155, 185, 191, 195, 225, 235, 239, 255, 288, 299
숙고된 것(consiliata) 67, 105
습득력(docilitas) 453, 155, 157, 159, 163, 165, 179~183, 185, 186, 289, 295
습성(habitus) 6, 14, 15, 33, 83, 54, 87, 91, 101, 119, 121, 123, 133, 139, 155, 187, 215, 219, 238, 239, 245, 249, 283
신앙(fides) 5, 9, 10, 11, 129, 133, 301
신중(cautio) 155, 157, 159, 163, 165, 186, 203~207, 289, 339
신중하지 못함(incautela) 289
실행(exercitium) 64, 73, 83, 85, 113, 117, 139, 141, 151, 167, 169, 213, 215, 227, 245, 270, 295, 321, 323, 351, 355, 383, 384
심사숙고(eubulia) 82, 83, 84, 147, 155, 161, 187, 229~241, 243, 245, 251, 255, 257

[ㅇ]
악(malum) 5, 9, 39, 84, 107, 135, 141, 175, 203, 205, 207, 273, 285, 315, 323,

339, 349, 353, 367
악습(vitium) 3, 46, 61, 82, 277, 279, 285, 287, 291, 293, 295, 301, 303~311, 315, 331~373, 375, 381~385
양지(良知, synderesis) 97, 98, 99
어리석음(stultitia) 13, 29, 43~59
염려(걱정), 염려(sol, licitudo) 61, 109~113, 155, 163, 171, 181, 182, 185, 277, 315, 317, 321, 323, 325, 331, 357~367
영민함(solertia) 111, 187, 295
예견(providentia) 79, 135, 153, 155, 157, 159, 163, 165, 193~199, 201, 203, 205, 257, 335, 358, 363, 367
온전한 복지(totum bene vivere) 73, 223, 239
올바른 이성(recta ratio) 71, 73, 75, 87, 89, 95, 101, 105, 115, 123, 175, 231, 247, 281, 285, 323, 345, 369, 371
욕구 능력(vis appetitiva) 63~69, 83, 91, 93, 109, 111, 305, 307
욕구(appetitus) 57, 65, 67, 79, 82, 83, 85, 133, 137, 149, 233, 245, 291, 335, 337, 371, 373
용기(fortitudo) 81, 101, 115, 117, 225, 227, 255, 303, 307, 370, 371
우연, 우연적인 것(contingentia) 19, 21, 91, 113, 147, 167, 175, 183, 197, 205, 207, 233, 247, 257
웅지(mananimitas) 109, 113, 373
원리(principium, principia) 10, 11, 19, 21, 56, 77, 84, 97, 98, 99, 111, 133, 143, 145, 167, 175, 177, 181, 193, 249, 251, 261, 267, 299, 300, 301, 377
원죄(peccatum originale) 279, 283
은총(gratia) 3, 23~33, 135~141, 169, 245, 255, 259, 278, 281
    거저 주어지는 은총(무상은총, gratia gratis data) 31, 255, 259
    하느님을 기쁘시게 하는 은총(성화은총, gratia gratum data) 3, 29, 31
의로움(iustitia) 278, 279, 283
의지(voluntas) 13, 15, 61, 64, 65, 67, 69, 82, 83, 84, 85, 105, 107, 137, 259, 295, 297, 321, 323, 325, 326, 327
이성(논변, ratio) 13, 15, 19, 25, 33, 35, 57, 61, 67, 71, 73, 75, 77, 79, 82, 83,

84, 85, 87, 89, 91, 93, 95, 97, 101, 103, 105, 107, 109, 111, 115, 117, 123, 127, 129, 139, 141, 143, 147, 149, 151, 153, 155, 157, 159, 163, 165, 175, 182, 189~193, 199, 201, 205, 207, 217, 227, 231, 233, 239, 243, 247, 257, 259, 261, 263, 267, 278, 281, 285, 287, 289, 291, 295, 297, 299, 305, 307, 309, 310, 311, 315, 317, 319, 321, 323, 325, 345, 347, 349, 369, 371, 377
실천이성(ratio practica) 61, 64, 65, 69, 71, 77, 97, 105, 107, 155, 299, 305, 309
사변이성(ratio specultativa) 61, 69, 71, 73, 75, 105, 143
자연적 이성(ratio naturalis) 97, 101, 377
이해(intellectus) 10, 11, 17, 25, 37, 46, 47, 53, 57, 91, 97, 98, 99, 153, 155, 157, 165, 173~177, 181, 189, 191, 285, 289, 295
인색(avaritia) 56, 291, 309, 310, 355, 369~373
인식 능력(vis cognitiva) 63~69, 245
인식(cognitio) 5, 7, 9, 10, 11, 14, 23, 25, 37, 61, 65, 67, 73, 75, 77, 79, 83, 133, 143, 145, 147, 149, 151, 155, 157, 159, 169, 173, 175, 177, 199, 267, 269, 270, 275, 355, 377
일반적, 일반적인 것(generale) 82, 187, 285, 287, 289

[ㅈ]
자만(praesumptio) 293
자문함(consulere) 269
자비(misericordia) 35, 39, 253, 271~275, 359, 363
자제, 자제력(continentia) 83, 303, 307, 311, 369
적성(aptitudo) 47, 145, 169, 181
절제(temperantia) 81, 101, 115, 117, 333, 335, 370, 371
정감(affectus) 13, 83
정결(castitas) 15
정의(iustitia) 81, 89, 113, 117, 209, 211, 213, 265, 321, 323, 333, 335, 371, 379, 383, 385
종(種, species) 73, 89, 93, 115, 119~123, 125, 147, 159, 209, 211, 213, 215, 217,

219, 221, 223, 225, 227, 287, 289, 291, 307
죄(peccatum) 25, 29, 39, 43, 51~53, 56, 57, 82, 133, 231, 235, 277, 279~283, 285~291, 293~303, 313~317, 319, 323, 327, 329, 331, 333~337, 339, 343~353, 383
사죄(대죄, peccatum mortale) 3, 23~27, 29, 281, 313, 323~329, 331, 337~343, 349
소죄(용서받을 수 있는 죄, peccatum veniale) 283, 327, 341
죄인(peccator) 129~135, 221, 223, 231, 235
주도면밀(circumspectio) 153, 157, 159, 163, 165, 186, 199~203
주도면밀하지 못함(incircumspectio) 289
중용(medium) 61, 87, 99~103
지도함(dirigere) 261
지식(scientia) 13, 15, 17, 19, 45, 53, 71, 81, 85, 91, 97, 98, 99, 121, 143, 145, 147, 149, 151, 161, 249, 261, 263, 285, 289, 301, 345
지혜(sapientia) 3~41, 43~49, 55, 57, 69, 71, 73, 79, 89, 91, 141, 181, 189, 249, 332, 337, 338, 349, 345, 363
지혜롭지 못함(insipientia) 43, 47
진리(veritas) 9, 11, 23, 53, 73, 109, 189, 191, 193, 233, 241, 299, 301
질료(materia) 77, 81, 83, 89, 91, 93, 103, 111, 113, 121, 161, 301, 315, 317, 335
질서지움(ordinare) 37, 73, 107, 199, 201

[ㅊ]
차이(differentia) 121, 163, 237, 243, 255, 355
참, 진리(verum) 71, 82, 93, 205, 345
참사랑(caritas) 3, 13, 15, 23, 25, 27, 29, 33, 35, 37, 39, 115, 136, 137, 237, 239, 319, 327, 363
참행복(beatitudo) 3, 33~41, 253, 267, 270, 271~275
'찾음(quaerere)' 105
천사(angelus) 191, 259, 267, 269, 270
추요덕(cardinalis virtus) 61, 259, 271

[ㅋ]

쾌락(delectatio) 13, 53, 57, 83, 131, 149, 303, 341, 371

[ㅌ]

탐색(inquisitio) 15, 25, 82, 84, 191, 231, 237, 241, 251, 257, 269, 297, 298, 299, 301

태세(dispositio) 145, 147

특수, 특수한 것(particulare) 77, 79, 177, 193

특수한(specialis) 73, 77, 87~93, 97, 131, 132, 133, 135, 145, 175, 177, 179, 191, 193, 221, 223, 227, 229, 235, 237, 241, 243, 245, 247~251, 277, 285~291, 297~303, 313~317, 339, 341, 343~347

[ㅍ]

파악(comprehensio) 7, 64, 75, 79, 85, 191, 199, 205, 207, 233, 245, 257, 305, 337

파악력(vis comprehensiva) 245

판단(iudicium) 7, 10, 11, 13, 14, 15, 17, 21, 25, 27, 29, 31, 35, 46, 47, 51, 57, 64, 65, 79, 82, 83, 84, 85, 101, 105, 107, 111, 115, 127, 131, 133, 141, 145, 153, 155, 159, 161, 163, 177, 191, 195, 199, 201, 213, 239, 241, 243, 245, 247, 249, 251, 261, 263, 289, 299, 301, 303, 305, 311, 315, 319, 367

판단의 길(via iudicii) 298, 299

판단의 올바름(rectitudo iudicii) 13, 301

판단력(synesis) 82, 85, 141, 155, 161, 229, 241~247, 251, 289

판단함(iudicare) 15, 51, 105, 107, 155, 195, 241, 243, 261, 263, 299, 301

[ㅎ]

항구함(perseverantia) 303, 307

행업(opus) 69, 77, 81, 83, 89, 105, 107, 129, 133, 151, 157, 191, 239, 275, 293, 303, 323, 351, 359, 361, 363, 365

행위(actus) 15, 17, 214, 31, 33, 39, 61, 64, 65, 67, 68, 73, 83, 84, 85, 89, 91,

103~107, 111, 117, 131, 132, 133, 139, 149, 155, 157, 161, 163, 177, 185, 189, 191, 193, 195, 201, 205, 211, 215, 217, 231, 233, 237, 238, 239, 243, 249, 261, 269, 271, 273, 275, 281, 283, 285, 287, 289, 290, 291, 295, 299, 305, 315, 317, 319, 321, 323, 325, 327, 349, 355, 371, 377, 379, 381, 385
행위하다(agere) 9, 67, 82, 84, 137, 217, 247, 255, 259, 281, 283, 285, 343, 369, 371, 373
행할 수 있는 것(agibilia) 68, 71, 89, 91, 93, 95, 97, 105, 123, 133, 175, 233, 245, 301, 303, 345
행해야 할 것(agenda) 67, 69, 111, 191, 219, 231, 239, 249, 259, 261, 265, 267, 269, 301, 317, 377
현명(prudentia) 61~151, 153~163, 165~207, 209~227, 229~251, 253, 257, 259~263, 277, 279, 281, 283, 285, 287, 289, 291, 293, 295, 299, 303, 305, 307, 309, 319~323, 331~373, 375~385
경제적 [현명](oeconomica) 121, 155, 161, 209, 219, 221, 223, 287
군사적 [현명](militaris) 155, 161, 209, 225, 227
변증법적 [현명](dialectica) 155
불완전한 현명(prudentia imperfecta) 131, 132, 133
세상의 현명(prudentia mundi) 333, 337, 345, 347
수사학적 [현명](rhetorica) 155
악마의 현명(prudentia diaboli) 333, 337
완전한 현명(prudentia perfecta) 131, 213
육의 현명(prudentia carnis) 131, 135, 331, 332, 333~343, 345, 347, 371
자연학적 [현명](physica) 155
정치적 현명(politica) 117, 119, 121, 123, 125, 155, 209, 215~219, 221, 223
통치적 [현명](regnativa) 155, 161, 209~215, 217, 218, 219, 221, 223
현세적(temporalis) 357, 359, 361, 363, 366, 367
형상(forma) 11, 81, 83, 84, 89, 91, 103, 121, 197, 245, 267, 271, 335
효경(pietas) 5, 11

《인명 색인》

그레고리우스 13, 19, 21, 29, 45, 49, 55, 56, 57, 81, 137, 253, 265, 293, 309, 319, 323, 345, 347, 371
디오니시우스 15, 31, 95, 259, 269, 285
마크로비우스 153, 157, 173, 179, 191, 195, 201
바오로 사도 31, 33, 49, 57, 115, 161, 141, 205, 337, 341, 345, 349, 355, 357, 365
보에티우스 195
아리스토텔레스 118, 155, 157
아우구스티누스 5, 11, 15, 19, 23, 35, 51, 63, 69, 79, 85, 103, 107, 111, 229, 257, 269, 273, 277, 279, 347, 351, 359, 367
안드로니코스 154, 186
암브로시우스 71, 73,
이시도루스 45, 47, 65, 109, 111, 185, 195, 211, 321
카예타누스 182, 296, 366
키케로 73, 101, 153, 157, 163, 167, 169, 171, 195
테렌티우스 311
플로티누스 153, 179, 191
히에로니무스 361, 365

〈고전작품 색인〉

그레고리우스
『욥기의 도덕적 해설』(Moralia) 13, 19, 29, 45, 55, 56, 81, 137, 253, 265, 293, 309, 319, 345, 371

디오니시우스
『신명론』(De divinis nominibus) 15, 95, 259, 285
『천상 위계』(De caelesti hierarchia) 269

마크로비우스
『스키피오의 꿈에 대한 주해』(In somn. Scipionis) 153, 173, 179, 190

보에티누스
『철학의 위안』(De Consol. phil.) 195

아리스토텔레스
『기억론』(De Memoria) 171
『니코마코스 윤리학』(Ethica Nicomachea) 10, 11, 65, 67, 71, 73, 75, 77, 79, 81, 87, 89, 95, 103, 105, 107, 109, 111, 113, 115, 117, 119, 125, 127, 129, 135, 139, 141, 143, 147, 149, 155, 157, 159, 167, 173, 175, 177, 181, 185, 187, 189, 191, 193, 209, 211, 213, 217, 221, 223, 225, 231, 233, 235, 237, 241, 249, 265, 283, 293, 297, 303, 309, 311, 339, 347, 369, 373
『범주론』(Categ.) 81, 109
『분석론 후서』(Anal. Poster.) 159, 183
『수사학』(Rhetorica) 101, 153, 167, 169, 171, 373
『영혼론』(De anima) 77, 173
『자연학』(Physica) 75, 231, 247
『정치학』(Politica) 95, 119, 125, 211, 223

『형이상학』(*Metaphysica*) 7, 9, 27, 37, 149, 169

아우구스티누스
『가톨릭 교회의 관습과 마니교도의 관습』(*De moribus eccl.*) 63, 111
『고백록』(*Confessiones*) 117
『그리스도교 교양』(*De doctrina christiana*) 351
『삼위일체론』(*De Trnitate*) 5, 19, 23, 103
『수도승의 노동』(*De operibus Monach.*) 359
『신약의 은총에 대하여』(*De Gratia Novi Test.*) 11
『여든세 가지 다양한 질문』(*Octoginta trium quaest.*) 65
『율리아누스 반박』(*Contra Iulianum*) 277, 347
『자유재량』(*De libero arbitrio*) 5, 79, 203, 229
『주님의 산상설교』(*De serm. Dom. in monte*) 35, 367
『창세기 문자적 해설』(*De genesi ad litteram*) 257, 269

암브로시우스
『성직자의 의무』(*De officiis ministrorum*) 71

이시도루스
『어원론』(*Etymologiae*) 45, 65, 109, 111, 185, 195, 211, 321

키케로
『수사학』(*Rhetorica*) 101, 153, 167, 169, 171, 373

테렌티우스
『환관』(*Eunucho*) 311

〈성경 색인〉

갈라티아서 273
다니엘서 149
레위기 325, 381, 383
로마서 23, 33, 131, 255, 265, 333, 339, 357
루카복음서 129, 337
마카베오기 상권 255
마태오복음서 32, 115, 273, 299, 359, 361, 365, 377
말라키서 377
베드로 1서 111
사도행전 353, 365, 367
시편 33, 39, 297, 345, 351, 357
야고보서 5, 9, 35, 39, 273, 303, 309, 337
에페소서 205, 333, 349
역대기 하권 81, 301
열왕기 상권 109
예레미야서 9, 23, 45
요한 1서 31, 139
요한복음서 365
욥기 5, 9, 323, 345, 355
이사야서 5, 27, 45, 255
잠언 25, 29, 51, 55, 69, 81, 181, 225, 281, 293, 299, 323, 325, 339, 343, 349, 355, 363, 377
지혜서 18, 25, 29, 35, 79, 89, 257, 333
집회서 13, 181, 321, 325, 351, 383
코린토 1서 7, 15, 25, 27, 31, 45, 49, 53, 55, 115, 353
코린토 2서 23, 345, 349
코헬렛 319, 365
탈출기 149

테살로니카 2서 357
티모테오 1서 273
티모테오 2서 359
히브리서 141

■ 지은이: 토마스 아퀴나스(S. Thomas Aquinas)

성 토마스 아퀴나스는 1244/5년 이탈리아 중남부의 귀족 가문에서 태어나 도미니코 수도회에 입회하였고, 때 묻지 않은 '천사적' 순수함과 진리에 대한 지칠 줄 모르는 열정으로 13세기라는 역사상 드문 정치적-사상적 격변기를 헤쳐나갔다. 그는 아리스토텔레스의 대부분의 작품들과 복음서 및 바오로의 주요 서간들에 대해 주해서를 집필하였고, 『대이교도대전』과 『토론문제집』 등 중요한 저작들을 남겼다. 특히 그리스 철학의 제학파와 아랍 세계의 선진 이슬람 문명 등 당대까지 유럽에 전해져 서로 충돌하던 다양한 사상들을 그리스도교 진리의 빛 속에서 웅장하게 체계적으로 종합한 『신학대전』(Summa Theologiae)은 인류 문화사적 걸작으로 꼽힌다. 그는 1274년 리옹공의회에 참석하러 가던 길에 중병을 얻어 포사노바에서 선종하였다.

1879년 교황 레오 13세는 회칙 『영원하신 아버지』를 통해 토마스의 사상을 가톨릭교회의 공식 학설로 공표하였다.

■ 옮긴이: 이상섭

연세대학교 학부와 대학원을 졸업하고 독일 보훔대학교에서 토마스 아퀴나스 연구로 (Wirklichsein und Gedachtsein) 철학박사 학위를 취득하였고, 현재 서강대학교 철학과 교수로 재직 중이다. 스콜라 철학, 특히 토마스 아퀴나스와 마이스터 에크하르트를 연구하면서 「지복직관, 누구의 것인가?」, 「의지의 자유선택에서 이성의 역할」, 「실제 학문 vs 보편학문」 등 다수의 연구논문을 발표하였고, 최근에는 저서 『악(惡)과 죄종(罪宗): 토마스 아퀴나스의 「악에 대한 토론문제집」 풀어 읽기』(서강대학교출판부, 2021)를 출간하였으며, 번역서로는 『신학대전 17: 인간적 행위』, 『마이스터 에크하르트: 유비, 일의성, 그리고 단일성』 등을 출간한 바 있다.

■ 진리의 협력자들

가르멜수도회(윤주현 신부) 가톨릭교리신학원(최승정 신부-김진태 신부) 가톨릭출판사(홍성학 신부) 강윤희신부 †곽성명마티아 교리48기(김순진 요안나) 구요비주교 기쁜소식(전갑수 사장) 김경애유스타 김남필아가다 김두라소화데레사 김명순소피아 김미라크레센시아 김미리파비올라 김미숙도미나 김복원요안나 김수남글라라 김영남신부 김영진신부 김영희글라라 김운장(대화제약 회장) 김운회주교 김웅태신부 김월자안젤라 김은주율리아나 김장이베로니카 김정렬사도요한 김정이아네스 김정임세실리아 김종국신부 김철련스테파노 김청자아가다 김항희마르타 김해영아나다시아 김혜경세레나 김혜경아네스 김효숙노엘라 김훈겸신부 김희중대주교 로사리오 성모의 도미니코수녀회(오하정 수녀) 마천동성당(장강택 신부) 목동성당(민병덕 신부) 문정동성당(이철호 신부) 박동균신부 박무학신부 박상수신부 박영규사도요한 박용선소화데레사 박정자소화데레사 박종호시몬 박찬윤신부 박표열정혜엘리사벳 박현숙글라라 방배4동성당(최동진 신부-이동익 신부) 방배동성당(안병철 신부) 배기현주교 배옥순시모니아 분당성마리아성당(윤종대 신부) 사랑의시튼수녀회(김영선 수녀) 상도동성당(곽성민 신부) 서명숙루치아 서인숙아네스 서초동성당(이찬일 신부) 서호숙데레사 세종로성당(박동균 신부) 성도미니코선교수녀회(안소근 수녀) 손삼석주교 손윤정마리아 손희송주교 송기인신부 송인섭안드레아 신수정비비안나 신옥현루시아 심상태몬시뇰 양영복로사 양정희루시아 여규태요셉 염수정추기경 오금동성당(박희원 신부) 오승원신부 원종철신부 †위재숙아나다시아 유경촌주교 유덕희(경동제약 회장) 유식용(일도TCS 회장) 유영숙스콜라스티카 †윤정자님파 이경상신부 이계숙루시아 이동익신부 이동호신부 이문성당(박동호 신부) 이민주신부 이명순토마스 이범현신부 이병호주교 이선용알베르토 이영기실비아 이완숙미카엘라 이용훈주교 이윤하신부 † 이정국미카엘 이정석요한 이종상요셉 이종진사도요한 이 진안드레아 이준영아우구스티노 이화주가브리엘라 이효재로마노 임경희미카엘라 잠실7동성당(김종수 신부) 잠원동성당(박항오 신부) 장석호모세 장우일레오 장춘복세바스티아나 장혜순카타리나 (재)신학과사상(백운철 신부) 전상순요안나 전상직(더맨 회장) 절두산순교지성당(정연정 신부) 정달용신부 정미애율리아나 정순택대주교 정복신안나 †정영숙(다빈치 회장) 정의채몬시뇰 정종휴암브로시오 †정진석추기경 조 광이냐시오 조규만주교 조선영카타리나 조신호델피노 조용주마리안나 조욱현신부 차상금이사벨 청담동성당(김민수 신부) 최명주율리아 최미묘분다 최학분에디타 하계동성당(김웅태 신부) 학교법인가톨릭학원(김영국 신부) 한무숙문학관(김호기 박사) 혜화동성당(홍기범 신부) 홍순자요셉피나 황예성세실리아

지금까지 출간된 분책(2023년 현재)

- 제1권(I, qq.1-12), [하느님의 존재], 정의채 옮김, 1985, 3판 2014, 751쪽.
  제1문 거룩한 가르침에 관하여. 제2문 신론-하느님이 존재하는가. 제3문 하느님의 단순성에 대하여. 제4문 하느님의 완전성에 대하여. 제5문 선 일반에 대하여. 제6문 하느님의 선성에 대하여. 제7문 하느님의 무한성에 대하여. 제8문 사물에 있어서의 하느님의 실재에 대하여. 제9문 하느님의 불변성에 대하여. 제10문 하느님의 영원성에 대하여. 제11문 하느님의 일체성(단일성)에 대하여. 제12문 하느님은 우리에게 어떻게 인식되는가에 대하여.

- 제2권(I, qq.13-19), [하느님의 생명], 정의채 옮김, 1993, 2판 2014, 572쪽.
  제13문 하느님의 명칭에 대하여. 제14문 하느님의 지식에 대하여. 제15문 이데아에 대하여. 제16문 진리에 대하여. 제17문 허위에 대하여. 제18문 하느님의 생명에 대하여. 제19문 하느님의 의지에 대하여.

- 제3권(I, qq.20-30), [하느님의 작용과 위격], 정의채 옮김, 1994, 2판 2000, 495쪽.
  제20문 하느님의 사랑에 대하여. 제21문 하느님의 정의와 자비에 대하여. 제22문 하느님의 섭리에 대하여. 제23문 예정에 대하여. 제24문 생명의 책에 대하여. 제25문 하느님의 능력에 대하여. 제26문 하느님의 지복에 대하여. 제27문 하느님의 위격들의 발출에 대하여. 제28문 하느님 안에서의 관계들에 대하여. 제29문 하느님의 위격들에 대하여. 제30문 하느님 안에서의 위격들의 복수성에 대하여.

- 제4권(I, qq.31-38), [위격들의 구별], 정의채 옮김, 1997, 293쪽.
  제31문 하느님 안에서 단일성 혹은 복잡성에 속하는 것들에 대하여. 제32문 하느님의 위격들의 인식에 대하여. 제33문 성부의 위격에 대하여. 제34문 성자의 위격에 대하여. 제35문 모습(혹은 모상)에 대하여. 제36문 성령의 위격에 대하여. 제37문 사랑이라는 성령의 명칭에 대하여. 제38문 은사라는 성령의 명칭에 대하여.

- 제5권(I, qq.39-43), [위격들의 관계], 정의채 옮김, 1998, 345쪽.
제39문 본질과 비교된 위격들에 대하여. 제40문 관계들 내지는 고유성들과의 비교에 있어서의 위격들에 대하여. 제41문 인식 표징적(혹은 식별 표징적) 작용들과의 비교에 있어서의 위격들에 대하여. 제42문 하느님의 위격들 상호간의 동등성과 유사성에 대하여. 제43문 하느님의 위격들의 파견에 대하여.

- 제6권(I, qq.44-49), [창조], 정의채 옮김, 1999, 339쪽.
제44문 피조물들의 하느님으로부터의 발출과 모든 유의 제1원인에 대하여. 제45문 사물들의 제1근원으로부터의 유출의 양태에 대하여. 제46문 창조된 사물들의 지속의 시작에 대하여. 제47문 사물들의 구별 일반에 대하여. 제48문 사물들의 구별에 대한 각론. 제49문 악의 원인에 대하여.

- 제7권(I, qq.50-57), [천사], 윤종국 옮김, 정의채 감수, 2010, 379쪽.
제50문 천사의 실체 자체에 대하여. 제51문 천사와 물체의 비교에 대하여. 제52문 장소에 대한 천사의 비교에 대하여. 제53문 천사의 장소적 운동에 대하여. 제54문 천사의 인식 작용에 대하여. 제55문 천사의 인식 수단에 대하여. 제56문 비물질적 사물의 일부에서 얻는 천사의 인식에 대하여. 제57문 질료적 사물들의 성찰에 따른 천사의 인식에 대하여.

- 제8권(I, qq.58-64), [천사의 활동], 강윤희 옮김, 2020, 368쪽.
제58문 천사의 인식 양태에 대하여. 제59문 천사의 의지에 대하여. 제60문 천사의 사랑 혹은 애정에 대하여. 제61문 천사가 본성적 존재로 창조되었음에 대하여. 제62문 천사가 은총과 영광의 상태로 완성됨에 대하여. 제63문 천사의 악의와 탓에 대하여 제64문 악령들의 형벌에 대하여.

- 제9권(I, qq.65-74), [우주 창조], 김춘오 옮김, 정의채 감수, 2010, 424쪽.
제65문 물체적 피조물들의 창조 작업에 대하여. 제66문 구별에 대한 피조물의 질서에 대하여. 제67문 자체 안에서의 구별 작업에 대하여. 제68문 둘째 날의 작업에 대하여. 제69문 셋째 날의 작업에 대하여. 제70문 넷째 날에 대한 장식 작업에 대하여. 제71문 다섯째 날에 대하여. 제72문 여섯째 날에 대하여. 제73문 일곱째 날에 속한 어떤 것에 대하여. 제74문 공통적인 것들 안에서 모든 일곱 날에 대하여.

- 제10권(I, qq.75-78), [인간], 정의채 옮김, 2003, 383쪽.
제75문 인간론: 영적 실체와 물체적 실체로 복합된 인간에 대하여. 제76문 혼의 신체와의 하나됨(합일)에 대하여. 제77문 혼의 능력 일반에 속하는 것들에 대하여. 제78문 혼의 개별적 능력들에 대하여.

- 제11권(I, qq.79-83), [인간 영혼의 능력], 정의채 옮김, 2003, 320쪽.
제79문 지성적 능력들에 대하여. 제80문 욕구적 능력 일반에 대하여. 제81문 감성적 능력에 대하여. 제82문 의지에 대하여. 제83문 자유의사에 대하여.

- 제12권(I, qq.84-89), [인간의 지성], 정의채 옮김, 2013, 511쪽.
제84문 신체와 결합된 영혼은 어떻게 자신보다 하위에 있는 물체적인 것들을 인식하는가. 제85문 지성 인식의 양태와 서열에 대하여. 제86문 우리 지성은 질료적 사물들에 있어 무엇을 인식하는가. 제87문 지성적 혼은 어떻게 자기 자신과 자기 안에 있는 것들을 인식하는가. 제88문 인간 혼은 어떻게 자기의 상위에 있는 것들을 인식하는가. 제89문 분리된 영혼의 인식에 대하여.

- 제13권(I, qq.90-102), [하느님의 모상으로 창조된 인간], 김율 옮김, 2008, 505쪽.
제90문 인간 혼의 첫 산출에 대하여. 제91문 첫 인간의 신체의 산출에 대하여. 제92문 여자의 산출에 대하여. 제93문 인간의 산출 목적 또는 결말에 대하여. 제94문 첫 인간의 지성 상태와 조건에 대하여. 제95문 첫 인간의 의지에 관련된 사항들, 곧 은총과 정의에 대하여. 제96문 무죄의 상태에서 인간이 가지고 있던 지배권에 대하여. 제97문 첫 인간의 상태에서 개인의 보존. 제98문 종의 보존에 대하여. 제99문 태어났을 자손의 신체적 조건에 대하여. 제100문 태어났을 자손의 정의의 조건에 대하여. 제101문 태어났을 자손의 지식의 조건에 대하여. 제102문 인간의 거처, 곧 낙원에 대하여.

- 제14권(I, qq.103-114), [하느님의 통치], 이상섭 옮김, 2009, 607쪽.
제103문 사물들의 통치 일반에 대하여. 제104문 하느님 통치의 특수한 결과들에 대하여. 제105문 하느님에 의한 피조물들의 변화에 대하여. 제106문 한 피조물은 다른 피조물들을 어떻게 움직이는가. 제107문 천사들의 말에 대하여. 제108문 위계와 질서에 따르는 천사들의 질서지움에 대하여. 제109문 악한 천사들의 질서지움에 대하여. 제110문 물체적 피조물들에 대한 천사들의 통할에 대하여. 제111문 인간들에 대한 천사들의 작용에 대하여. 제112문 천사들의 파견에 대하여. 제113문 선한 천사들의 보호에 대하여. 제114문 마귀들의 공격에 대하여.

- 제15권(I, qq.115-119), [우주의 질서], 김정국 옮김, 2010, 307쪽.
  제115문 물체적 피조물의 작용에 대하여. 제116문 숙명에 대하여. 제117문 인간의 작용과 관련된 것에 대하여. 제118문 혼과 관련한 인류의 번식에 대하여. 제119문 육체에 관련된 인류의 번식에 대하여.

- 제16권(I-II, qq.1-5), [행복], 정의채 옮김, 2000, 417쪽.
  제1문 인간의 궁극 목적에 대하여. 제2문 인간의 행복이 있는 것들에 대하여. 제3문 행복이란 무엇인가. 제4문 행복을 위해 요구되는 것들에 대하여. 제5문 행복에의 도달에 대하여.

- 제17권(I-II, qq.6-17), [인간적 행위], 이상섭 옮김, 2019, xlviii-444쪽.
  제6문 의지적인 것과 비의지적인 것에 대하여. 제7문 인간적 행위의 상황들에 대하여. 제8문 의지에 대하여, 의지는 무엇을 대상으로 갖는가? 제9문 의지의 동인에 대하여. 제10문 의지가 움직여지는 방식에 대하여. 제11문 향유라는 의지 작용에 대하여. 제12문 지향에 대하여. 제13문 수단과 관련된 의지의 작용인 선택에 대하여. 제14문 선택에 앞서는 숙고에 대하여. 제15문 수단과 관련된 의지 작용인 동의에 대하여. 제16문 수단과 관련된 의지의 작용인 사용에 대하여. 제17문 의지에 의해 명령된 작용에 대하여.

- 제18권(I-II, qq.18-21), [도덕성의 원리], 이재룡 옮김, 2019, lx-264쪽.
  제18문 인간적 행위에서의 선성과 악성에 대하여. 제19문 의지의 내적 행위의 선성과 악성에 대하여. 제20문 인간의 외적 행위의 선성과 악성에 대하여. 제21문 인간적 행위의 귀결들과 그 선성 또는 악성에 대하여.

- 제19권(I-II, qq.22-30), [정념], 김정국 옮김, 2020, I-270쪽.
  제22문 영혼의 정념의 주체에 대하여. 제23문 정념 상호간의 차이에 대하여. 제24문 영혼의 정념들에 있어서 선과 악에 대하여. 제25문 정념들 상호간의 질서에 대하여. 제26문 사랑에 대하여. 제27문 사랑의 원인에 대하여. 제28문 사랑의 결과에 대하여. 제29문 미움에 대하여. 제30문 욕망에 대하여.

- 제20권(I-II, qq.31-39), [쾌락], 이재룡 옮김, 2020, lviii-236쪽.
  제31문 쾌락 그 자체에 대하여. 제32문 쾌락의 원인에 대하여. 제33문 쾌락의 결과에 대하여. 제34문 쾌락의 선성과 악성에 대하여. 제35문 고통 또는 슬픔 그 자체에 대하여. 제36문 슬픔 또는 고통의 원인에 대하여. 제37문 고통 또는 슬픔의 결과에 대하여. 제38문 슬픔 또는 고통의 결과에 대하여. 제39문 슬픔 또는 고통의 선성과 악성에 대하여.

- 제21권(I-II, qq.40-48), [두려움과 분노], 채이병 옮김, 2020, lxii-278쪽.
  제40문 분노적 정념들에 대하여. 먼저 희망과 절망에 대하여. 제41문 두려움 그 자체에 대하여. 제42문 두려움의 대상에 대하여. 제43문 두려움의 원인에 대하여. 제44문 두려움의 결과에 대하여. 제45문 담대함에 대하여. 제46문 분노 그 자체에 대하여. 제47문 분노를 일으키는 원인과 그 대처 수단에 대하여. 제48문 분노의 결과에 대하여.

- 제22권(I-II, qq.49-54), [습성], 이재룡 옮김, 2020, lviii-234쪽.
  제49문 습성의 실체 자체에 대하여. 제50문 습성의 주체에 대하여. 제51문 습성의 생성 원인에 대하여. 제52문 습성의 성장에 대하여. 제53문 습성의 소멸과 약화에 대하여. 제54문 습성의 구별에 대하여.

- 제23권(I-II, qq.55-67), [덕], 이재룡 옮김, 2020, lxxvi-558쪽.
  제55문 덕의 본질에 대하여. 제56문 덕의 주체에 대하여. 제57문 지성적 덕의 구별에 대하여. 제58문 도덕적 덕과 지성적 덕의 구별에 대하여. 제59문 도덕적 덕과 정념 사이의 구별에 대하여. 제60문 도덕적 덕들 상호간의 구별에 대하여. 제61문 추요덕에 대하여. 제62문 대신덕에 대하여. 제63문 덕의 원인에 대하여. 제64문 덕의 중용에 대하여. 제65문 덕들 사이의 상호 연관성에 다하여. 제66문 덕들의 동등성에 대하여. 제67문 후세에서의 덕의 지속에 대하여.

- 제24권(I-II, qq.68-70), [성령의 선물], 채이병 옮김, 2020, liv-152쪽.
  제68문 선물들에 대하여. 제69문 참행복에 대하여. 제70문 성령의 열매에 대하여.

- 제25권(I-II, qq.71-80), [죄], 안소근 옮김, 2020, l-452쪽.
  제71문 악습과 죄 자체에 대하여. 제72문 죄의 구별에 대하여. 제73문 죄들의 상호 비교에 대하여. 제74문 죄의 주체에 대하여. 제75문 죄의 일반적 원인에 대하여. 제76문 죄의 특수 원인에 대하여. 제77문 감각적 욕구 편에서 본 죄의 원인에 대하여. 제78문 죄의 원인인 악의에 대하여. 제79문 죄의 외부적 원인에 대하여(1): 하느님. 제80문 죄의 외부적 원인에 대하여(2): 악마

- 제26권(I-II, qq.81-85), [원죄], 정현석 옮김, 2021, lii-191쪽.
  제81문 인간 편에서의 원죄의 원인에 대하여. 제82문 원죄의 본질에 대하여. 제83문 원죄의 주체에 대하여. 제84문 어떤 죄가 죄의 원인이 된다는 점에서 죄의 원인에 대하여. 제85문 죄의 결과에 대하여.

- 제27권(I-II, qq.86-89), [죄의 결과], 윤주현 옮김, 2021, xlviii-164쪽.
  제86문 죄의 흠결에 대하여. 제87문 벌의 죄책에 대하여. 제88문 경죄와 사죄에 대하여. 제89문 경죄 자체에 대하여.

- 제28권(I-II, qq.90-97), [법], 이진남 옮김, 2020, l-289쪽.
  제90문 법의 본질에 대하여. 제91문 법의 종류에 대하여. 제92문 법의 효력에 대하여. 제93문 영원법에 대하여. 제94문 자연법에 대하여. 제95문 인정법에 대하여. 제96문 인정법의 효력에 대하여. 제97문 법의 개정에 관하여.

- 제29권(I-II, qq.98-105) [옛 법], 이경상 옮김, 2021, lxiv-608쪽.
  제98문 옛 법에 대하여. 제99문 옛 법의 규정들에 대하여. 제100문 옛 법의 도덕적 규정들에 대하여. 제101문 예식 규정들에 대하여. 제102문 예식 규정들의 원인에 대하여. 제103문 예식 규정들의 기한에 대하여. 제104문 사법 규정들에 대

하여. 제105문 사법 규정들의 근거에 대하여.

- 제30권(I-II, qq.106-114), [새 법과 은총], 이재룡 옮김, 2021, lxxviii-570쪽.
제106문 복음의 새 법에 대하여. 제107문 새 법과 옛 법의 비교에 대하여. 제108문 새 법의 내용에 대하여. 제109문 은총의 필요성에 대하여. 제110문 은총의 본질 대하여. 제111문 은총의 구분에 대하여. 제112문 은총의 원인에 대하여. 제113문 은총의 효과인 불경한 자의 의화에 대하여. 제114문 공로에 대하여.

- 제31권(II-II, qq.1-7), [신앙], 박승찬 옮김, 2022, cxiv-412쪽.
제1문 신앙의 대상에 대하여. 제2문 신앙의 내적 행위에 대하여. 제3문 신앙의 외적인 행위에 대하여. 제4문 신앙의 덕 자체에 대하여. 제5문 신앙을 지닌 이들에 대하여. 제6문 신앙의 원인에 대하여. 제7문 신앙의 효과에 대하여.

- 제32권(II-II, qq.8-16), [신앙(II)], 박승찬 옮김, 2022, xlix-366쪽.
제8문 통찰의 선물에 대하여. 제9문 지식의 선물에 대하여. 제10문 불신앙 일반에 대하여. 제11문 이단에 대하여. 제12문 배교에 대하여. 제13문 독성의 죄 일반에 대하여. 제14문 성령을 거스르는 독성에 대하여. 제15문 정신의 맹목과 감각의 우둔함에 대하여. 제16문 신앙, 지식, 통찰에 관련된 계명에 대하여.

- 제33권(II-II, qq.17-22), [희망], 이재룡 옮김, 2022, lviii-266쪽.
제17문 희망 그 자체에 대하여. 제18문 희망의 주체에 대하여. 제19문 두려움의 선물에 대하여. 제20문 절망에 대하여. 제21문 자만에 대하여. 제22문 희망과 두려움에 속하는 계명들에 대하여.

- 제34권(II-II, qq.23-33), [참사랑], 안소근 옮김, 2022, lvi-604쪽.
제23문 참사랑 그 자체. 제24문 참사랑의 주체. 제25문 참사랑의 대상. 제26문 참사랑의 질서. 제27문 참사랑의 주요 행위인 사랑. 제28문 즐거움. 제29문 평화. 제30문 자비. 제31문 선행. 제32문 자선. 제33문 형제적 교정.

- 제35권(II-II, qq.34-44), [참사랑(II)], 안소근 옮김, 2022, lii-322쪽.
제34문 미움에 대하여. 제35문 나태에 대하여. 제36문 질투에 대하여. 제37문 불화에 대하여. 제38문 논쟁에 대하여. 제39문 이교에 대하여. 제40문 전쟁에 대하여. 제41문 싸움에 대하여. 제42문 반란에 대하여. 제43문 걸림돌에 대하여. 제44문 참사랑의 계명들에 대하여.

- 제36권(II-II, qq.45-56), [지혜와 현명], 이상섭 옮김, 2023, lxxiv-410쪽.
제45문 지혜의 선물에 대하여. 제46문 어리석음에 대하여. 제47문 현명 자체에 대하여. 제48문 현명의 부분들에 대하여. 제49문 현명의 통전적 부분들 각각에 대하여. 제50문 현명의 종속적 부분들에 대하여. 제51문 현명의 잠재적 부분들에 대하여. 제52문 숙고의 선물에 대하여. 제53문 경솔함에 대하여. 제54문 게으름에 대하여. 제55문 현명과 유사성을 갖는, 현명에 대립하는 악습에 대하여. 제56문 현명에 속하는 계명들에 대하여.